KB264319

조봉암과 1950년대 (하)

- 피해대중과 학살의 정치학 -

역비한국학연구총서 16

조봉암과 1950년대 (하)

- 피해대중과 학살의 정치학 -

서중석 지음

제4절 피해대중과 극우반공체제의 형성 / 712

제5절 부역자문제, 인민군 점령 및 군·경에 의한 피해와
극우반공체제 / 742

제1장　조봉암의 정당조직 활동과 대통령선거

제4장 피해대중과 극우반공체제

제4장 피해대중과 극우반공체제

제1절 조봉암의 피해대중론과 농민

1. 조봉암의 피해대중에 대한 연대의식

1956년 5·15정부통령선거에서 조봉암 후보가 내세운 두 가지 주요 구호는 '평화통일'과 "피해대중은 단결하라"는 것이었다. 그것은 진보당 발당대회에서 조봉암에 의하여 다시 강조되었다. 조봉암과 평화통일, 피해대중을 위한 정치는 뗄 수 없는 불가분의 관계에 있었다.

일반적으로 사회주의자들은 자유와 평등에 대하여 강한 집념을 가지고 있다. 그것은 압박받고 학대받는 모든 인간에 대한 연대의식과 깊숙이 연결되어있다.[1] 한국의 경우 일제강점기에는 말할 나위도 없지만, 해방 후에도 압박받고 수탈당하고 학대받는 인민이 다수였고, 그것은 전쟁의 참화 속에서, 그리고 휴전 후 그 참화의 독을 먹고 성장한 극우반공세력에 의하여 심화되었다. 이들을 조봉암은 '피해대중'이라고 불렀는데, 이보다 더 적절한 말을 찾기는 어려울 것이다. 다른 지역에도 피해대중이 인민의 다수를 차지하는 경우가 많겠지만, 이와 같은 맥락에서 볼 때 피해대중은 한국적 현실의 산물이었다. 그러나 바로 그 이유 때문에 한국에서 피해대중이라는 말을 사용한다는 것은 쉽지 않았다. '피해대중은 단결하라'는 주장은 다른 정파의 혁신계 인사한테서는 나오지 않는다. 진보당에서도 그것은 주로 조봉암에 의해서 내세워졌다는 점에서 평화통일 주장과도 차별성을 갖는다.

---

1) 아이힐러, 『독일사회민주주의 100년』, 李泰永 역, 중앙교육문화, 1989, 144쪽.

피해대중에 대한 조봉암의 지대한 관심은 그의 당대사에 대한 인식의 성격과 직결되어있다. 그는 피해대중이 한국 현대사의 특징을 집중적으로 보여주는 것으로 파악하였다. 조봉암은 피해대중에 대하여 뜨거운 연대의식을 지니고 있었다. 평화통일은 바로 성취되는 것이 아니기 때문에, 피해대중이 자유롭게 숨쉴 수 있고 생존권이 보장된 속에서 인간다운 삶을 살 수 있게 하는 것이 그가 당면한 최대의 정치적 과제였다고 볼 수 있다. 한국전쟁은 거의 모든 인민을 피해대중으로 만들었던바, 참혹한 전화 속에서 평화통일론과 함께 피해대중을 위한 정치의 주장이 피어났다. 그렇지만 피해대중은 전쟁의 산물만은 아니었다. 전쟁 전에도 이미 제주4·3학살, 여순사건, 1949년 하반기의 국가보안법피의자 사태와 극우반공세력의 억압과 수탈이 말해주듯 무수한 피해대중이 산출되었다. 그것은 휴전 후에도 비슷하였다. 그러한 상태에서 멸공북진통일의 구호가 전시상태를 방불케 하는 긴장된 분위기를 연출하면서 쉬지 않고 고창되었다.

피해대중이야말로 평화통일을 갈망하였지만, 대중에게 학살과 동족상잔, 전쟁의 참혹상을 상기시키면서 평화를 강조하는 평화통일론[2)]과 흡사하게 피해대중을 위한 정치의 강조는 북진통일운동과 그것에 의하여 강화되어가는 이승만 독재, 극우반공체제에 대한 정면도전이었다. 따라서 그것의 좌절은 극우반공세력에 의하여 피해대중의 정신과 육체가 유린되는 것을 말해줌과 동시에, 피해대중의 공포와 침묵 속에 극우반공체제가 막강한 유일적 위력을 발휘하게 될 것임을 말해주는 것이었다. 조봉암의 피해대중론의 역사적 위상은 이러한 분기점에 놓여있었다.

1952년 8·5정부통령선거 공약의 하나로 "동포가 서로 사랑하고 아끼는 정신을 크게 일으키어 국민의 사상을 순화시키고 억지로 반대파를 공산당으로 만들려는 죄악적인 파쟁을 근절할 것이다"를 내세운 바와 같이, 조봉암의 글과 연설에는 피해대중에 대한 관심을 나타내는 것이 많지만, '피해대중'이란 말이 구체적으로 사용된 것은 1955년 12월 22일에 발표된 진보당 발기취지문에서였다. 진보당은 발기취지문에서 "우리는 진정한 혁신은

---

2) 『한국일보』 1956. 4. 23. 참조.

오로지 피해를 받고 있는 대중 자신의 단결 위에서만 실현될 수 있다는 것을 깊이 인식하고 관료적 특권정치, 자본가의 특권경제를 쇄신하여 진정한 민주책임정치와 대중 본위의 균형있는 경제체제를 확립할 것을 기약"하였던바, 관료적 특권정치, 자본가의 특권경제 등이 모두 피해대중과 직결되어 있음을 볼 수 있다.3)

 1956년 3월 31일에 진보당추진위원대표자회의가 열렸을 때─이날 진보당(가칭)선거대책위원회 간담회에서 정부통령후보가 지명되었다─발표된 선언에서도 "우리는 진정한 혁신은 오로지 피해를 받고 있는 대중 자신의 자각과 단결 위에서만 실현될 수 있다는 것을 깊이 인식하고" 특권정치, 특권경제를 쇄신하겠음을 다짐하였다.4) 이날 조봉암은 "여러분은 모든 피압박 대중의 대표"라고 말하고, 피압박 대중의 승리가 박두하였다고 강조하였다.5) 곧이어 정부통령선거가 시작되었을 때, 진보당에서는 '피압박 민중의 이익을 옹호하고 진보세력의 전위'라는 '프래시'한 기치를 내걸었다고 보도되었다.6) '피압박 민중'이란 일제강점기에 어필하였던 '피압박 민족'을 연상케 하는 말이었다. 1956년 11월 10일 진보당이 발당식을 가졌을 때 발표된 진보당 선언문에는 근로인민이나 국민대중이란 말은 중요시되었으나 피해대중이란 말은 나오지 않았다. 그러나 조봉암은 이날 개회사에서 인간에 대한 착취를 없애고 인간의 존엄성과 자유가 보장되는 사회를 만들 것을 역설하면서, 진보당은 "필연적으로 광범한 근로대중을 사회적 기반으로 하는 피해대중의 당"이 되는 것이고, 또 "근로대중의 벗이 되고 피해대중의 전위대"가 되는 것이라고 설명하여 진보당을 피해대중의 당, 피해대중의 전위대로 규정하였다. 조봉암의 피해대중에 대한 소명의식이 잘 드러나있다.

---

3) 발기취지문 작성에는 조봉암이 많이 관여하였다고 필자는 생각한다. 이 글에 나오는 용어도 그가 자주 사용한 것이지만, 진보당 창당대회에서 채택한 기본 문건 가운데 조봉암의 진보당 창당대회 개회사를 제외하고는 진보당 선언문이나 강령, 정책 등에서는 이 글과 같은 표현이 나오지 않기 때문이다.

4) 『조선일보』 1956. 4. 21.

5) 『한국일보』 1956. 4. 1.

6) 『한국일보』 1956. 4. 9.

피해대중은 누구인가. 조봉암은 「우리의 당면과업」에서 초기 자유당의 주류이자 실세를 형성하였던 족청계를 반국가·반정부분자처럼 취급하는 것의 부당성을 지적하였다.[7] 그렇지만 족청계를 피해대중이라고 볼 수는 없을 것이다. 조봉암은 또한 앞의 글에서 김규식·김구를 따르던 민족주의자들을 중간파니 협상파니 하여 사갈시하고 역적처럼 보면서 괴롭히는 것을 비판하였다.[8] 이들이 극우반공세력에 의하여 심한 피해를 당한 것은 사실이지만 이들도 피해대중으로 간주할 수는 없을 것이다. 진보당 강령에서는 전문의 앞부분 '자본주의적 공과'에서 노동자, 농민과 진보적 인텔리를 중심으로 한 광범한 근로민중이 자본주의체제하에서 큰 고통과 희생을 당하고 있음을 서술하였다.[9] 피해대중을 광의로 해석하면 자본주의체제에서 고통과 희생을 당하는 사람들을 포함시킬 수 있겠지만, 그러나 이것은 한국에 특별한 현상이 아니고 굳이 피해대중이라고 부를 필요도 없을 것이다. 조봉암이 피해대중에 대하여 언급한 부분이 없는 것이 아니다. 그는 "피해대중은 단결하라"는 표어가 맑스의 계급투쟁론으로 비난받기도 하고 부역자나 부역자 가족을 가리키는 것이 아니냐는 말을 듣는 등 시비가 분분하자 『중앙정치』 1957년 10월호에 발표한 「평화통일에의 길」에서 다음과 같이 변명하였다.

우리 진보당에서 피해대중이라 함은 공산침략군에 의하여 민족의 다수가 생명, 재산의 피해를 입었다는 것과 우리나라의 정치적 현실로 보아 일부 특권적인 특혜적인 몇몇 사람은 잘살 수도 있고 거부도 되어있지만은 그러한 특권층 때문에 국민대중이 사실상으로 대중적인 수탈을 당하는 엄연한 현실에 입각해서 그 대중적인 수탈을 당하는 국민대중을 가리켜 이르는 말이다.[10]

---

7) 조봉암, 「우리의 당면과업」, 정태영, 『조봉암과 진보당』, 한길사, 1991, 500~501쪽.

8) 위의 글, 492~494쪽.

9) 권대복 편, 『進步黨』, 지양사, 1985, 17쪽.

10) 조봉암, 「평화통일에의 길」, 권대복 편, 위의 책, 82쪽.

조봉암이나 진보당에서는 국민대중이 특권층에 의하여 수탈을 당하는 것을 비판하고, 수탈 없는 경제정책을 추진할 것임을 여러 번 천명하였다. 한국에서 특권층에 의한 국민대중의 수탈은 서유럽에서 자본가에 의한 프롤레타리아의 수탈과 성격을 같이하는 것은 아니다. 그러나 위의 진술에는 피해대중과 관련해서 한국에서 나타난 가장 중요한 부분인 권력에 의한 여러 형태의 피해, 곧 정치세력에 의한 억압과 수탈이 고의로 빠져있다는 점에서 피해대중의 진면목을 올바로 설명하였다고 보기가 어렵다. 그 점에서 진보당 선언문의 다음과 같은 구절은 실상을 비교적 잘 전하고 있다.

첫째로는 동족상잔적인 6·25의 참변을 일으킨 저 공산역도들의 침략 때문임은 물론입니다. 그러나 그뿐이 아닙니다. 8·15 이후 지주, 자본가로서 미군정에 중용되었던 한국민주당 중심의 고루한 정치세력과 대한민국 수립 이후에 있어 한국정치의 추기(樞機)를 장악하고 민주주의의 이름 밑에 반(半)전제적 정치를 수행하여온 특권관료적 매판자본적 정치세력의 과오에 기인하였다는 것도 명백한 사실입니다.

그렇지만 위의 글에서도 직접 언급하지 않은 부분이 있다. 그것은 뒤에서 상세히 기술하겠지만, 양민학살과 관련되어있는 부분이다.

조봉암은 제헌국회 초기부터 인민에 대한 권력의 횡포를 경계하였다. 그는 헌법제정시 경찰이 하고자 하면 어떤 구실로든지 양민을 구금할 수 있어 신체의 자유가 없는 상태이므로 그에 대한 제한은 오직 현행범에 국한하여야 한다고 주장하였다.[11] 조봉암은 1952년 8·5정부통령선거에서 제시한 10가지 정견에서 네번째로 "억지로 반대파를 공산당으로 만들려는 죄악적인 파쟁을 근절할 것"을, 여섯번째로 "독재적 경향이 빚어내는 질식상태에서 모든 국민을 해방시키고 관권남용을 방지함으로써 민폐를 일소하고 동시에 국민의 기본권리를 절대적으로 옹호할 것"을 내세웠다. 이 두 조항에서 조봉암이 강조하고자 한 것은 극우반공독재에 의하여 반대파가 공산당으로 몰리고 있고 인민이 질식상태에 처해있다는 점이었다. 네번째

---

11) 『국회속기록』 제1회 21호, 1948. 6. 30.

도 그러하거니와, 여섯번째의 독재적 경향이라는 것도 우회적 표현일 뿐, 극우반공독재를 가리킨 것이었다. 경찰이 하고자 하면 어떤 구실로든지 양민을 구금할 수 있다는 것도 그것과 연관되어있고, 한민당이나 이승만 특권세력이 한국정치의 추기를 장악하고 민주주의의 이름 밑에 반전제적 정치를 수행하여왔다는 것도 극우반공독재에 의한 인민의 질식상태를 가리킨 것에 다름아니었다. 또한 억지로 반대파를 공산당으로 만들었다는 비판에는 후술할 양민학살이 함축되어있다고 해석할 수 있다. 그것은 조봉암이 1956년의 정부통령선거를 앞두고 차기 대통령이 될 사람이 갖추어야 할 자질에 대하여 다섯번째로 동족동포를 사랑하고 아낄 줄 아는 분을 꼽고, "6·25사변 이래로 얼만지도 모를 만치 수많은 동포가 여러가지 이유와 가지각색의 죄목으로 살해되는 것을 목도하였는데…… 평상시에도 음모와 모략으로 동포를 해하고 또 혹은 체포로서 유위한 인재를 살해"하였다고 부연설명한 데서 명백히 드러난다. 그것은 민국당이 1950년 2월 내각책임제 개헌안을 제출하였을 때, 그것에 반대하면서 한 다음의 연설에서도 잘 볼 수 있다. 여기서 조봉암의 비판 대상이 민국당만이 아니라는 것 또한 분명하다. 이 연설은 또한 극우반공독재에 의한 인민의 질식상태를 지적하는 것일 뿐만 아니라, 그것과 중첩되는 바이지만, 전쟁 전에 이미 공산당으로 몰려 수많은 사람이 희생되었다는 것을 시사한 것이기도 하였다.

한민당이 우리 대한민국의 국시로 반공정책을 세운 것을 기화로 해서 자기 정당 이외의 다른 정당이나 자기 당파 이외의 다른 사람들을, 즉 자기를 반대하는 분자에 대해서는 가리켜서 모두 공산당 혹은 빨갱이라 하는 것으로써 능사를 삼고, 그렇게 하는 것으로써 자기의 반대파를 제압하는 것을 기본정책으로 하고 있다는 것도 세상에 모르는 사람이 없는 것입니다. …… 공산주의라는 공(共) 자도 모르고 또는 정반대로 공산당에 반대하는 사람들까지도 자기네 반대파인 경우에는 공산당으로 몰아서 얼마나 많은 공산주의자 아닌 공산주의자를 만들고 또 혹은 공산당 아닌 공산당이 생겼으며, 또 그로 말미암아 얼마나 많은 민심으로 하여금 대한민국 정부를 이반케 하며 대량으로 공산당을 제조하고 있는가 하는 것도 천하

가 다 아는 사실입니다.[12]

제주4·3학살 등에 대해서는 후술하겠지만, 조봉암이 이 연설을 할 무렵을 전후해서 감옥은 국가보안법 피의자로 넘쳐흘렀다. 법무부장관 권승렬은 1949년 10월, 일제시기의 죄수는 남북을 합하여 1만 2천 명이었고, 미군정에서는 남의 죄수 정원이 1만 8천 명이라고 하였는데, 자신이 장관에 취임한 1949년 6월 6일에는 죄수가 2만 2천 명이나 되었다고 설명하였다. 그런데 그것이 7월 말에 3만 명으로 늘었고, 10월 초에는 3만 6천 명이 되었다는 것이다. 죄수의 8할은 좌익관계 피의자였다.[13] 이 시기에는 한 신문이 사설에서 지적한 바와 같이, 정적이나 반대파나 개인감정이 있으면 상대방을 빨갱이로 몰고 고발하여, 빨갱이는 약국의 감초처럼 어디에나 이용되지 않는 곳이 없었고, 사람들은 언제 어떠한 모략에 걸릴지 불안하여 안심하고 살기가 어려웠다.[14] 그러나 이것도 전쟁 후의 상황에 비하면 약과였다. 또 빨갱이로 몰리지 않더라도 서민은 권력한테 어떠한 형태로든지 '피해'를 받지 않는 경우가 드물었다.

조봉암은 피해대중 가운데서도 보도연맹 관계자들에 대하여 각별히 마음을 썼다. 조봉암의 설명에 의하면 보도연맹원들은 극소수를 제외하고는 대한민국이 수립된 이후 공산당뿐만 아니라 노동조합, 농민조합 등에서 탈퇴하여 정부 말을 믿고 덮어놓고 보도연맹에 가입하였는데, 전쟁으로 이루 말할 수 없는 참혹한 희생을 당하였다는 것이었다. 그는 이들은 전쟁이 나자 대한민국정부로부터 죽임을 당하였고. 또 한편 이들은 공산당으로부터는 공산당을 이탈하고 대한민국을 지지하였다는 이유로 학살당하였는데,

---

12) 조봉암, 「우리는 왜 개헌을 반대했나」, 정태영, 앞의 책, 434~435쪽.

13) 『국회속기록』 제5회 13호, 1949. 10. 4. 죄수 중 상당수는 군인이었다. 권승렬의 발표에 따르면 7월 말 3만 명 중 무려 7천 명이 군인이었다(당시 군인은 10만 명이 약간 못 되었음). 권승렬은 1949년 12월에 국가보안법으로 구속된 수는 3만 명에 가까우며(『국회속기록』 제5회 56호, 1949. 12. 2), 1950년 2월에 국가보안법 위반 피의자수가 전죄수의 약 8할을 차지한다고 국회에서 보고하였다(『국회속기록』 제6회 28호, 1950. 2. 11).

14) 『조선일보』 1950. 4. 1.

그나마 생존한 사람들은 국민으로서의 모든 권리를 박탈당하고 심지어는 아무리 억울하고 불합리한 일을 당하여도 어디 가서 호소 한마디 하지 못하고 노예와 같은 생활을 하지 않으면 안되게 되어있다고 지적하였다.[15]

6·25사변 이래로 얼만지도 모를 만치 수많은 동포가 여러가지 이유와 가지각색의 죄목으로 살해당했다고 조봉암이 말하였을 때, 보도연맹원 학살은 제주4·3학살과 비견되는 엄청난 대규모 학살임에는 틀림없지만, 그것은 그것의 중요한 한 부분일 뿐이었다. 거창양민학살과 같이 작전과 관련하여 집단으로 학살을 당한 사람도 많았고 부역자들의 경우도 있는데, 보도연맹 관계자들에 관하여 조봉암이 각별히 관심을 기울인 것은 이유가 있었을 것이다. 부역자들의 억울함을 호소하는 발언은 여차하면 조봉암이 「평화통일에의 길」에서도 언급한 바대로, 극우반공세력으로부터 '피해'를 당할 수가 있었다. 그래서 다른 피학살자에 대해서 언급하기가 쉽지 않았을 것이다. 그러한 점도 있지만, 조봉암은 이승만 정권에 의한 보도연맹원 학살에 대하여 "다만 살기 위한 욕구로서, 또 무식의 소치로서 이리저리 이 단체 저 단체에 가입하였다가 탈퇴한 그들이 이런 참변을 당하고 보니, 그 얼마나 본인들이 억울할 것이며 또 그것이 얼마나 가엾은 일인가. 목숨을 가진 백성이 살아보겠다고 발버둥질친 것밖에 그 무슨 다른 죄가 있으랴"라고 표현하였는데,[16] 보도연맹원에 대한 학살이 너무나 규모가 컸고 비인간적 만행이었다는 점이 그의 가슴을 짓눌렀을 것이다.

그와 함께 조봉암은 보도연맹원에 가입하지 않았지만, 보도연맹 가입 대상이 될 수도 있었다는 점, 그 자신이 공산당에서 이탈하였는데도 정부통령선거 등에서 보도연맹원처럼 심하게 당하였다는 점도 작용하였을 것이다. 그는 같은 글에서 공산당을 비롯하여 모든 좌익단체에서 탈퇴하였고 반공투사로서 활약하였는데도, 국회부의장인 자신을 극우세력들이 계속 누(累)를 뒤집어씌우고 죄를 얽어붙여 구렁에다가 몰아넣으려 하고, 일부 인사들(조병옥, 김준연 등을 가리킴—필자)은 공산당과 연결된 것으로 계속

---

15) 조봉암, 「우리의 당면과업」, 495~497쪽.
16) 위의 글, 496쪽.

모략하고 있으니, 하물며 지방에서 어떤 일을 당하고 호소 한마디 못하고 지내는 보도연맹원 및 '그와 유사한 사람들'(따옴표는 필자)의 처지가 그 얼마나 괴로울 것이냐고 반문하였다.[17]

"피해대중은 단결하라"는 구호는 평화통일 구호와 함께 1956년 5·15정부통령선거 결과가 말해주듯 극우반공세력을 궁지에 몰아넣었고, 더욱이 그들은 직접 피해대중을 양산한 자들이었기 때문에 '피해'의식을 가지지 않을 수 없었다. 이 때문에 피해대중의 단결, 피해대중을 위한 정치의 주장은 평화통일론 다음으로 심한 공격을 받았다. 이러한 공격에 대하여 진보당 내에서도 동요가 있었다. 조봉암-진보당 사건이 발생하기 직전에 쓰여진 한 잡지 기자의 글에 의하면, 진보당 내 비주류측에서는 평화통일론과 함께 "피해대중은 단결하라"는 구호에 대하여 재검토를 요구하였다고 한다.[18] 사상검사 오제도는 조봉암이 처형당하기 직전에 쓴 글에서, 진보당이 강령에서 매판자본을 비판하고 언론·출판의 자유를 제한한다고 지적한 것은 북의 조국통일민주주의전선 호소문과 같고, 조봉암이 1956년 11월 진보당 발당대회 개회사에서 진보당은 광범한 근로대중을 사회적 기반으로 하는 피해대중의 전위대라고 표현한 것은 북의 노동당 규약에서 조선로동당은 조선노동대중의 이익의 대표이며 옹호자라고 말한 것과 같다고 주장하였다. 사상검찰측에서는 진보강 강령의 작성자 이동화도 일종의 간첩으로 파악하였다.[19]

2. 피해대중으로서의 농민

1) 이승만 정부의 농민희생정책

조봉암은 앞에서 언급한 바와 같이 노동자, 농민 중 농민한테 악센트를 더 주었는데, 일제강점기건 해방 이후건 억압받고 수탈당하고 끌려다니고

---

17) 위의 글, 498~499쪽.

18) 「당을 움직이는 인물들」(진보당 편), 『인물계』 1958. 2, 50~52쪽.

19) 오제도, 「진보당 사건에 대한 나의 견해」, 『인물계』 1959. 4, 37~39쪽 참조. 이와 함께 윤기정, 『한국공산주의운동비판』, 통일춘추사, 1959, 247, 271쪽 참조.

학살당한 피해대중의 대부분은 농민이었다.

전화를 겪은 것이 중요한 배경이 되겠지만, 1950년대 남한사회는 도시건 농촌이건 살기가 어려웠다. 정부통령선거가 있었던 1956년에 한 언론인은 도시의 정경을 다음과 같이 묘사하였다.

> 극단으로 형용하면 요즈음의 도시는 모든 사람들이 환장한 사람만 모인 곳이라 해도 그리 망발은 아닐 것 같다. 대다수가 봉급생활자, 노동자, 소시민, 중소상공업자들로 형성된 도시는 생존경쟁의 수라장으로 화하고 실업자의 홍수에다가 유직자(有職者)라 할지라도 정상적 수입으로서는 생활비의 3분의 1에 미달할 지경이니 자연 파생되는 온갖 부정과 협잡에 서로 시기하고 경계하며 말세기적(末世紀的)인 향락과 음울한 허설(虛說) 속에 강절도가 횡행하고 인생을 저주하는 신음소리만 충만하고 있다. 인간다운 애환의 정서는 찾아볼래야 구할 길이 어려운 기막힌 처지다.[20]

그래도 도시로 도시로 몰려드는 것을 보면 농촌보다 도시가 괜찮은 것이 틀림없었다. 1950년대는 농업사회였다. 전체 인구 중 농민이 차지하는 비중이 1949년에 71.5%(1949년 5월 1일 현재 총인구 2,016만 6,756명, 그 중 농가인구 1,441만 6,365명)였던 것이 전쟁이 끝난 1953년에 61.4%(총인구 2,154만 6,248명, 그 중 농가인구 1,315만 1,480명)로 낮아졌고, 1960년에는 58.3%(총인구 2,495만 4천 명, 그 중 농가인구 1,455만 9천 명)으로 60%가 안 되었으나,[21] 여전히 남한 인구의 다수를 차지하였다. 국민생산에서 차지하는 비중도 신빙성에 문제는 있지만, 농업·임업·어업이 1953년에 37.7%(제조업은 12.3%), 1957년에 34.6%(제조업은 17.6%)로,[22] 농업생산성이 무척 낮았는데도 GNP 비중이 높은 산업의 위치에 있었다.

1945년에서 1950년에 걸친 소작농의 자작농화와 농지개혁은 지주제를 청산하였다는 점에서, 그리하여 산업화뿐만 아니라 정치·사회면에서도

---

20) 최석채, 『서민의 抗爭』, 凡潮社, 1956, 125쪽.

21) 한국산업은행 조사부, 『한국산업경제 10년사』, 1955, 964, 1060쪽 ; 이대근, 『한국전쟁과 1950년대의 자본축적』, 까치, 1987, 217쪽.

22) 한국은행 조사부, 『한국의 국민소득(1953~63)』, 1965, 10쪽.

근대화를 추진할 수 있는 바탕을 형성하였다는 점에서 중요한 의의가 있었다. 또 농지개혁에서 농민이 평년 '농지'소출의 150%를 상환한다는 것도 처음 제헌국회에서 통과된 125%보다는 부담이 커진 것이었지만, 부담률만 가지고 볼 때는 평상시라면 상환부담이 그다지 크다고 보기는 어렵다.

그러나 정부에서는 농지개혁을 인적 자원과 물적 자원을 공업에 동원할 수 있는 공업화계획 없이 하였고, 지가보상액을 산업자금으로 유도하지도 못하였다.[23) 지주에 대한 보상금 지불이 1955년 5월 말로 완료되어야 함에도 불구하고 그때까지 겨우 28%만이 지급되었을 뿐이고, 그것도 분할지급된 데다 적시에 지급되지도 않았기 때문에 보상금이 소비자금화되고 말았다.[24) 다만 집권당인 자유당에 흡수된 일부 대지주나 헐값으로 지가증권을 사들인 자본가가 귀속기업체 또는 국영기업체를 불하받을 때 담보로 이용하여 신흥재벌로 전환하였다.[25) 농민의 경우도 부담이 아주 컸다. 150%를 30%씩 5년 동안에 상환하게 되어있었는데, 전쟁이 바로 일어나 농민이 엄청난 피해와 부담을 지는 상황에서 30%라는 연 상환율은 큰 짐이 되었다. 또한 30%는 평균생산액을 기준으로 하였기 때문에 흉년이 들면 훨씬 더 큰 부담이 되게 되어있었다. 더욱이 농지를 분배받은 농가가 영세농이어서 절대수확량이 부족하여 자가식량조차 확보하기 어려운 상태였다.[26) 농지개혁으로 영농규모의 영세성이 청산되기는커녕 더 악화되었다. 1947년에 5반보(反步) 미만의 농가가 42.2%(89만 4,775호), 5반보에서 1정보 미만이 33.3%(72만 4,167호)로 1정보 미만의 농가가 75.5%였는데, 1953년에는 5반보 미만이 44.9%(101만 1,032호), 5반보 이상 1정보 미만이 34.2%(76만 8,600호)로 1정보 미만의 농가가 79.1%로 3.6%나 증가한 것이다.[27)

1950년대에 분배농지상환액과 '공출', 수다한 잡부금도 농민들을 짓눌렀

---

23) 박희범, 「경제개발계획과 한국의 민주주의」, 『신동아』 1966. 12, 122쪽.

24) 한국산업은행 조사부, 앞의 책, 62쪽.

25) 金炳台, 「농지개혁의 평가와 반성」, 『한국경제의 전개과정』, 돌베개, 1981, 57쪽 참조.

26) 한국산업은행 조사부, 앞의 책, 59쪽.

27) 위의 책, 61쪽.

지만, 이 시기에 농민들한테 가장 크게 부담을 지운 것은 토지수득세였다. 이승만 정권은 처음부터 농민한테 희생을 강요하는 정책을 썼지만, 전쟁이 나자 주로 농민수탈로 정부재정의 어려움을 해결하고자 하였다. 1950년 11월 국회는 정부에서 지세를 종래의 금납에서 물납으로 하자는 개정법률안, 곧 현물세안을 내놓았으나 농민의 부담을 고려하여 금납제로 통과시켰다. 그러자 정부는 국회 폐회중인 12월 1일 대통령 긴급명령을 내려 그대로 현물세로 받게 하였고,[28] 국회에서는 그것을 법적 근거가 없는 것으로 비판하였다.[29] 현물세제는 양곡수집을 위한 자금방출에 따른 통화량 팽창을 막고 군량미와 공무원 배급미 등 각종 배급미를 확보하기 위하여 농민한테 희생을 강요한 정책이었다.

더 나아가 정부에서는 미곡수확을 앞둔 1951년 9월에 농민한테 큰 짐이 되는 잡부금을 간소화한다는 것을 미끼로 하여 지대나 다름없는 고율의 현물세제인 임시토지수득세법을 내놓고 조속한 통과를 재촉하여[30] 그 달에 국회를 통과하였고, 9월 25일 공포되었다. 한 농업 관료의 말대로 중세기로 돌아간 듯한 느낌을 주는 부세였다.[31] 수확량을 기준으로 현물세가 5석 이하는 100분의 8.5, 5~10석은 100분의 14, 10~20석은 100분의 20, 20~30석은 100분의 24, 30~50석은 100분의 26, 50석을 초과하는 경우 100분의 28이었다.[32] 따라서 농지분배를 받은 농민의 부담이 아주 컸다. 예컨대 소작농은 임시토지수득세를 최고 23%까지 내게 되어있는데, 그 경우 상환액을 합하여 53%를 부담하여야 했다. 더구나 첫해인 1951년에는 큰 흉년까지 들어 농민의 고통이 대단하였다.[33] 임시토지수득세제를 2년 실

---

28) 『국회속기록』 제9회 폐회식, 1950. 12. 18, 총무국장 曹仲瑞 발언 ; 제10회 38호, 1951. 3. 3, 蘇宣奎 의원 발언.

29) 『국회속기록』 제10회 28호, 1951. 2. 19, 권중돈 의원 발언.

30) 『국회속기록』 제11회 61호, 1951. 9. 8, 국무총리 장면 발언 참조.

31) 元容奭, 『전란하의 농업경제』, 三協문화사, 1953, 9쪽.

32) 한국산업은행 조사부, 앞의 책, 626쪽.

33) 宋邦鏞 의원은 토지보상액이 1951년에 흉년으로 인하여 이해 생산액의 50~60%를 내야만 되어, 여기에 소작농의 토지수득세 상한치 23%를 보태면 83%를 정부에 내야 한다고 지적하였다(『국회속기록』 제11회 66호, 1951. 9. 29).

시한 결과 토지를 분배받은 영세농은 양곡마당에서 빈손으로 돌아와야 하였다.[34]

농민의 상황과는 반대로 임시토지수득세는 정부 조세수입의 대종을 이루었다. 총조세수입 중 임시토지수득세가 차지하는 비중이 1951년 22.5%, 1952년 30.4%, 1953년 26.0%, 1954년 14.1%로 나와있다.[35] 그렇지만 정부의 미곡수매가격 기준은 대체로 시가의 3분의 1 또는 2분의 1 이하였다.[36] 국회에서는 여러 차례 현물세를 금납제로 바꾸거나 임시토지수득세제를 폐지하려 기도하였고, 자유당에서도 당론으로 주장하였으나, 이승만의 고집을 꺾을 수 없었다.[37] 그래서 자유당 정권기에는 세율을 인하하는 수준에 머물다가[38] 1961년 민주당 장면 정부에 와서 물납제에서 금납제로의 전환이 이루어졌다.

농민들의 고통은 미국으로부터의 농산물 도입 때문에 가중되었다. 해방된 첫해부터 식료품과 함께 농산물 원자재인 밀, 보리, 원면, 원당 등이 원조형태로 대규모로 도입되었고, 1956년부터는 그것과 함께 미국의 농업과 잉생산 해소책의 일환으로 PL480호에 의한 막대한 양의 미잉여농산물이 도입되었다.[39] 미국으로부터의 농산물 도입은 소맥, 원면, 잠사, 대마 등

---

34) 원용석, 앞의 책, 113쪽.

35) 한국산업은행 조사부, 앞의 책, 403쪽. 그런데 홍성유가 인용한 경제기획원, 『예산개요 1962~1964』와 한국은행 『경제통계연보 1955~1963』에 따르면 총조세수입 중 토지수득세가 차지하는 비중이 1951년 21.5%, 1952년 30.4%, 1953년 22.8%, 1954년 14.7%, 1957년 23.8%, 1958년 14.0%, 1959년 8.9%, 1960년 6.1%로 나와있어 차이가 있다(홍성유, 『한국경제의 자본축적과정』, 고려대학교 출판부, 1965, 45쪽).

36) 한 경제학자는 임시토지수득세의 비중을 시가로 평가한다면 그것은 총조세수입의 70~90%가 될 것으로 계량하였다(이대근, 앞의 책, 174쪽. 이와 함께 朴文玉, 「행정과 경제」, 『한국행정의 역사적 분석 1948~1967)』, 한국행정문제연구소, 1969, 38쪽 참조). 전자의 계산은 과다한 것으로 보인다, 박문옥은 곡가조정액을 합산하면 토지수득세는 총조세수입의 42%를 차지한다고 기술하였다.

37) 『국회속기록』 제19회 29호, 1954. 8. 11, 李重宰 재무부장관 답변 ; 백광하 편, 『단상단하』 4(1955. 7. 14), 白文社, 1958, 75쪽 ; (1955. 7. 16), 78쪽 ; (1955. 7. 17), 80쪽.

38) 『국회속기록』 제19회 43호, 1954. 9. 13, 임시토지수득세 중 개정법률안 등 참조.

39) 박찬일, 「미국의 경제원조의 성격과 그 경제적 귀결」, 『한국경제의 전개과정』,

원료농업의 파탄을 불러일으켜[40] 농업과 공업 간의 연관을 차단하고 내포적 공업발달을 저지시켰을 뿐만 아니라, 이승만 정부의 농민희생정책과 맞물려 농업의 정체를 심화시켰다.[41] 또한 1957년부터는 국내 부족량을 초과하는 양곡이 도입되어[42] 아이러니컬하게도 양곡의 수출문제가 제기되었으며,[43] 1957년의 풍년에 이어 1958년에 쌀농사가 해방 후 최고의 풍작을 보게 되어 심한 곡가하락을 수반하였다.[44]

농산물의 가격하락은 협상가격차를 더욱 심화시켰다. 1955년을 100으로 하였을 경우 곡물이 1956년 10월에서 1957년 1월에 이르는 4개월간 평균이 174.4까지 올라갔다가, 1958년 10월에서 1959년 1월에 이르는 4개월간 평균은 133.1이었고, 1959년 10월에서 1960년 1월에 이르는 4개월간 평균은 120.4였다. 그런데 같은 기간에 곡물을 제외한 물가는 1955년을 100으로 하였을 때, 각각 131.4, 142.7, 163.6이어서 10월에서 1월 사이가 미가 하락기라는 것을 감안하더라도 곡물과 심한 차이를 보이고 있다.[45] 특히 1950년대 후반에 5천만 달러 내외의 외화가 소요되어 총수입의 12~16%를 차지한 비료의 경우 1955년을 100으로 하였을 때, 1956년 10월에서 1959년 1월에 이르는 시기는 지수가 약 313이었고, 1959년 10월에서 1961년 1월 사이의 4개월 평균은 360.0이나 되었다. 1950년대 내내 전량 수입해야 하는 비

돌베개, 1981, 84쪽. 원조 종별 농산물 원조의 비중과 穀種別 양곡도입 실적은 이대근, 앞의 책, 180~181쪽 참조. PL480호 잉여농산물 도입 실적은 김대환, 「1950년대 한국경제의 연구」, 『1950년대의 인식』, 한길사, 1981, 222쪽 참조.

40) 이대근, 위의 책, 185~192쪽.

41) 미곡의 反當생산량은 1930년대나 1950년대가 별차이 없었다. 1936년 이후 1961년까지의 연도별 생산량은 김병태, 앞의 글, 63~64쪽 참조.

42) 초과도입량은 1957년에 41만 9천 석(精穀), 1958년에 2,077석, 1959년에 872석이었다(김대환, 앞의 글, 222쪽).

43) 송인상, 『외화와 생활』, 동아출판사, 1959, 161~163쪽 ;「좌담 : 한국의 숙제」, 『신태양』 1958. 12, 34쪽, 金永善 발언.

44) 한 자료에는 쌀값이 1957년보다 1958년에 석당 2,600환 정도가 떨어졌는데, 이것을 생산량에 비하면 석당 약 8,000환이 헐해진 셈이라고 쓰여있다. 1958년 12월 31일 현재 서울 도매물가 시세는 경기미 20立 5斗入 한 가마니가 1만 2,400환이었다(세계통신사, 『세계연감 1959』, 634쪽).

45) 김대환, 앞의 글, 223쪽.

료는 농정의 최대 과제였는데, 더구나 앞의 지수는 공정가격일 뿐 실제 농민의 구매가격은 이보다 월등 높을 때가 많아[46] 비료문제는 국회의 최대 논란거리 중 하나였다. 신뢰성에 문제가 있지만, 한국은행 조사에 의한 농가수지를 보면 1955~56년에 각각 4,008환, 2,578환의 흑자를 보이고 있었으나, 1957년에는 풍년이 들었는데도 1,641환의 적자를 보였고, 1958년 1월에서 10월까지의 적자는 3만 8,565환으로 되어있다.[47] 농촌과 도시주민 간의 생활격차가 크지 않을 수 없었고,[48] 농민은 빚더미에 쌓이게 되어[49] 농촌고리채 문제는 비단 진보당에서뿐만 아니라 자유당, 민주당에서도 중시하지 않을 수 없었다.

농가가 빚더미에 쌓여있고, 그것도 현물부채가 대부분이며 식량용이 많다는 것은 농민들이 그만큼 굶주리고 있음을 말해준다. 특히 1930년대부터 심하였지만, 봄만 되면 찾아오는 절량농가가 1953년 1월 정부에서는 3월 말에 80만 호, 5월 말에 110만 호를 예상하였는데, 전체 농가 약 220만 호의 절반에 이르는 수치였다.[50] 한 신문에서는 1954년 5월 하순에 45만여

---

46) 1954년의 경우 7월 20일까지 시비하여야 하는데, 6월 말 현재 도입계획대로 들어오지 않고 도입부분도 상인 손에 들어가 암매매가 성하여 가마니당 460환짜리 비료가 3천 환까지 간다고 지적받았다(『국회속기록』 제19회 25호, 1954. 7. 16, 黃慶秀 의원 발언). 한 외국인은 『새터디 이브닝 포스트』지에 기고한 글에서, 흙과 같이 싼 비료의 대부분이 중간상인 손으로 넘어가, 농민들의 56%가 공식가격의 5~11배의 가격을 주고 비료를 샀다고 기술하였다(윌리엄 워든, 「묵과할 수 없는 한국사태」, 『신태양』 1958. 2, 81쪽).

47) 세계통신사, 앞의 연감, 635쪽. 1월에서 10월까지는 적자가 많은 시기임을 감안해야 한다.

48) 홍성유, 앞의 책, 50쪽.

49) 통계에 따른다면 1953년 현재 농가부채 총액은 약 201억 환, 농가 1호당 부채액은 8,971환이었다. 더욱이 부채총액의 71.5%가 1정보 미만의 영세농가 부채였고, 그것의 60% 이상이 현물부채였으며, 식량용이 전체의 46.3%나 되었다. 그리고 이 중 68% 정도가 고리사채였다(이대근, 앞의 책, 209쪽). 호당 농가부채액은 1950년대 후반에 더욱 늘어나 1956년 10월 말에 3만 9,370환(이 중 고리사채 82%), 1957년 10월 말에 4만 6,232환(이 중 고리사채 78%), 1958년 9월 말에 6만 5,252환(이 중 고리사채 79%)로 되어있다(이대근, 같은 책, 210쪽). 그런데 김병태, 앞의 글, 132쪽에는 1958년 10월 말이 기준으로 되어있다.

50) 이대근, 위의 책, 211쪽.

호가 절량농가라고 보도하였다.[51] 1956년 3월에는 절량농가가 22만 7,174호로 집계되었다.[52] 1957년 3월 농림부의 절량농가 조사에 의하면, 충남북과 경북, 강원, 제주 5도의 경우 총농가호수가 96만 984호인데, 그 중 절량농가는 31.5%인 30만 2,743호였다.[53] 5, 6월에는 훨씬 많아졌을 것이다. 절량농가들은 초근목피로 살아간다지만, 1953년 5월 국회의원들의 조사에는 불에 볶은 왕겨가루와 나무를 썰어 만든 나무죽과 누르스름한 백토가루 등의 음식물이 나와있었다. 쑥이나 나물로 만든 죽은 상등 음식이었다. 의원들은 부황병든 얼굴을 차마 눈으로 볼 수 없었고, 그저 살게 해달라는 애소를 받고 돌아왔다고 전하였다. 전북 옥구에서는 미군부대에서 흘러나온 음식찌꺼기를 도맡아다가 물을 부어 끓여 한 그릇에 30환씩 받았다.[54] 이러한 목불인견의 정황인데도 충남도에서는 4만 5천여 석의 양곡을 극빈자 긴급구호로 가장하여 극소수 특수층이 차지하였고, 전남도에서는 1만 2,700석을 공문서에는 춘궁기 긴급타개용이니 절대로 유용치 말라고 지시하여 놓고는 몰래 특배(特配)를 지시하여 양곡을 처분하였다. 전북에서도 비슷한 일이 발생하였다고 한다.[55]

2) 잡부금, 노무동원

농민들은 먹을 양식도 없는데, 또 정부에서 임시토지수득세법안을 내놓을 때 각종 잡부금을 간소화하겠다고 약속하였는데도 불구하고, 유명 무명의 잡부금 갹출은 끝이 없었다. 기부금의 종류가 얼마나 되는지는 밝혀져 있지 않다. 비공식적인 강요도 아주 많았기 때문에 알아낼 방법이 없었을 것이다.[56] 1953년 9월 백한성(白漢成) 내무부장관은 잡부금이 한 30여 종 있다고 증언하였지만, 58종의 농촌잡부금을 일절 금지키로 내무부서에서

---

51) 『조선일보』 1954. 5. 26.

52) 『국회속기록』 제22회 11호, 1956. 3. 30, 曹泳珪 의원 발언.

53) 『동아일보』 1957. 3. 23.

54) 백광하 편, 앞의 책(1953. 5. 25), 세계출판사, 1955, 128~129쪽.

55) 위의 책(1953. 8. 26), 195쪽.

56) 한 경제부 기자는 농촌에 180여 종의 잡부금이 있다고 기술하였으나, 근거를 제시하지 않았다(임묘민, 『벌거벗긴 한국경제의 생태』, 育英社, 1959, 6쪽).

결정하였다는 보도를 보면,[57] 1953년에 잡부금은 58종보다는 많았을 것이다. 1955년 전북 순창의 경우 80여 종의 잡부금 중 경찰관계만 30여 종이라는 보도가 그것을 말해준다.[58] 물론 액수가 얼마인지도 알 수가 없다. 1953년의 경우 전국 학교관계 예산은 3억 환이었는데, 이해 전북 1개도의 중고등 사친회비가 1억 7천만 환에 이르렀다는 데서[59] 세금보다도 많았을 것이라고 추측해볼 따름이다.[60]

잡부금의 종류도 가지각색이었다. 국채·공채의 소화 외에 합법적으로 징수되는 잡부금이라고 하는 것만 해도 군경원호회비, 성인교육협회비, 산림계비, 축산협회비, 국민회비, 적십자회비 등 20여 종이었다.[61] 희한한 명목의 잡부금도 많았다. 5·20선거비, 고적보존회비, 미군철수반대경비, 전북대학교사증축비, 올림픽선수출전경비성량대, 부채대, 파리채대, 서경사령관모친상조회금, 여순사건유족위문대대(袋代), 지서주임친척결혼비 등[62] 각출방법도 여러 종류였다. 부인회비, 국민회비 등은 법규에 없는 단체인데도 불구하고 모든 부인이나 국민을 대상으로 세금처럼 일방적인 할당을 강요하였다. 지서유지비, 경비미(警備米) 등은 추수기를 노려 한 면에서 수십 석씩 거두었는데, 지서에서 단독으로 내라고 하지 않고, 동·리장 회의나 유지회의를 소집하여 지서에서 내통한 사람이 발언하도록 하여 징수하였다. 반대하고 싶어도 후환이 두려워 할 수 없게 되어있었다.[63] 액수나 대상 결정에 정실이 개재하는 경우도 많았다.[64]

---

57) 백광하 편, 앞의 책(1953. 10. 29), 254쪽.

58) 『한국일보』 1955. 8. 18. 이 신문은 순창군의 경우 빨치산 출몰이 심하였는데, 그것이 진정되어 고향에 돌아오니 "국민의 의무 이상의 의무만 수행"하게 되어, 80여 종목의 잡부금, 세정 무질서, 구호물자 횡령착복, 각종 양곡의 횡류, 비료 부정처분, 공금유용현상에 직면하였다고 보도했다.

59) 『한국일보』 1954. 8. 29.

60) 한 저서에서는 1953년에 농촌에서 징수한 잡부금을 230억 환으로 추산하였으나, 그해 임시토지수득세 징수액이 공정가격으로 47억 환이었음을 볼 때, 230억 환은 과도하게 평가된 것 같다고 한 연구자는 기술하였다(이대근, 앞의 책, 207쪽).

61) 『한국일보』 1956. 8. 29.

62) 『한국일보』 1955. 8. 18.

63) 최석채, 앞의 책, 158~159쪽.

잡부금이 성행하여 농민한테 '국민의 의무 이상의 의무'를 지우는 데는 몇 가지 요인이 있었다. 1954년에 원용석 기획처장은 국회에서 3개월간의 세출예정에 161억 환을 배정하였는데, 이 중 국방예산, 경찰예산 등 전란 수습예산이 131억 환으로 80%나 차지하고 있으며, 나머지 20%인 30억 환으로 일반행정비에 충용하는데, 그 중 10억 환은 2만 5천 명의 공무원 급료이고, 5억 환은 현물양곡급여대금이고, 나머지 15억 환이 일반행정비라고 설명하였다.[65] 그러니 수많은 형태의 각종 행정비는 농민한테 뜯어쓰라는 것이나 다름없었다. 정확히 계산할 수는 없어도 빨치산 토벌비용이나 지서, 경찰서 활동비도 나오지 않는 경우가 아주 많았다.[66]

실제로 농민들이 가장 시달린 것은 군관계나 경찰에 대한 부담이었다는 점을 특히 유의하여야 한다. 군·경 관계자나 관공리, 유력자들, 각종 형태의 백수건달들이 권력을 믿고 또는 권력과 결탁하여 사복을 채우거나 '생활비'를 조달한 방법이 정부수립 이후 기부금 또는 잡부금으로 통칭되었다는 점도 잡부금의 성격을 잘 말해준다. 예산상의 이유 못지않게 이 부분이 크게 작용하였을 것이다. 잡부금의 징수대상이 주로 농민이라는 점에도 주목할 필요가 있다. 권력을 많이 거머쥐었건 적게 가졌건 '힘센 자'들은 각종 위협에 떨고 있는 농민들을 주대상으로 하여 잡부금을 거두었다. 입에 풀칠도 하기 어려운 농민들이었지만, 무서운 세상을 목도하였던 그들은 살아야 했기 때문에 짜면 나오게 되어있었다. 정약용(丁若鏞)의 '애절양(哀折陽)'은 조선후기에만 있었던 일이 아니었다. '산골 대통령'[67] 앞에 농민은 무력하기 짝이 없는 존재였다.

임시토지수득세가 봉건시대의 조(租)에 해당된다면, 기부금이나 잡부금은 조(調)나 공납(貢納)에 해당된다고 할까. 그런데 농민들한테는 잡부금의 일종인 부역이 또 있었다. 옛날로 따지면 용(庸) 또는 역(役)일 것이다. 부역

---

64) 이대근, 앞의 책, 207쪽 참조.

65) 『국회속기록』 제19회 28호, 1954. 8. 9.

66) 『국회속기록』 제11회 61호, 1951. 9. 8, 郭義榮 의원 발언 등 참조.

67) 최석채는 지서주임을 산골 대통령으로 야유한다고 기술하였다(최석채, 앞의 책, 169쪽).

은 1950년대 내내 있었는데, 1954년 경북의 경우 산림부역, 도로부역, 동리부역 등으로 1인당 평균 5회 이상 출역(出役)하였다. 1호당 13명 이상이 부역에 나간 셈이었다.[68] 1950년대 전반기에 농민을 괴롭힌 것의 하나가 전시근로동원법 등에 의한 노무동원이었다. 남자들은 징병이나 방위군 등의 장정소집 등으로 동원되었을 뿐만 아니라, 전쟁기에는 약 10만 명이 노무자로 동원되었다.[69] 이들은 법으로 3개월만 군 노역에 종사하게 되어있었는데, 1953년 전반기의 경우 10개월 이상 계속 노역한 자가 3분의 2나 되었고, 그 이후에도 6~7개월을 넘기기가 예사였다. 대우도 나빠서 이 시기 주식은 수수에 보리를 섞어 하루 4홉 내지 4홉 7작 정도 주는데, 그것도 껍질이 있어 소화가 안되고 부식이나 의복, 지게도 형편없었다.[70]

　노무자들에 대해서는 오랫동안 겨우 하루 1백 환을 지불하였다. 정부에서 미8군에 한 사람당 2백 환씩 주자고 제의하였지만, 미8군에서 45환밖에 내지 못하겠다고 나와 55환을 정부에서 보조하여 1백 환이 된 것이다. 그런데 1954년 6월부터는 사회부가 돈이 없어 55환을 못 줌으로써 일반 농민들이 이것을 부담하였다. 농민들은 장정 징소집비도 물었지만, 노무자가 동원되어 나갈 때 5백 환을 부담하여야 했다.[71] 조선전기의 봉족제(奉足制)가 출현한 셈이다. 전쟁이 끝나자 노무자들은 주로 유엔군에서 사역을 시켜 약 3만 명이 되었는데, 그 중 약 2만 5천 명이 농촌에서 끌려왔다.[72] 빈농, 세궁민 등 가장 약한 자들만 끌어갔고, 길가에서도 붙들어가 어느 도, 어느 군 사람인지도 모르는 실정이었다. 그나마 하루 1백 환씩 주던 것을 제대로 주지 않아 1955년 3월 현재 전체적으로 2억 환이 지불되지 않았다.

---

68) 『한국일보』 1955. 8. 28, 사설 「농민과 부역」.

69) 『국회속기록』 제19회 55호, 1954. 10. 8, 장정징집 및 노무동원의 적정 실시에 관한 건의안.

70) 이상은 국회의원조사단의 보고인데, 부식으로 3인이 하나씩 먹는 오징어와 피복, 지게는 모두 일본에서 들어왔다고 한다[백광하 편, 앞의 책(1953. 5. 23), 126쪽]. 지게조차 일본에서 들여왔다는 것이 관심을 끈다. 이와 함께 『국회속기록』 제19회 55호, 1954. 10. 8, 장정징집 및 노무동원의 적정 실시에 관한 건의안 참조).

71) 『국회속기록』 제19회 57호, 1954. 10. 18, 李泳熙 의원, 사회부차관(金容澤) 발언.

72) 위와 같음.

국회에서는 환율 60 : 1 당시 1백 환이었으므로 500 : 1의 상황에서는 800 환을 주어야 한다고 주장하였고, 동원제를 폐지하고 자유모집제로 바꾸자는 건의안을 통과시켰다.[73]

농촌은 매사에 관의 압력으로 질식상태에 빠져 울화증이 가슴에 가득찼다. 빈궁은 마을을 끼고 도는 아침안개처럼 따라붙었고 나날이 갹출금에 쪼달렸다. 자유당 간판과 경찰의 비호 아래 횡행하는 '세도배(勢道輩)'들에 대하여는 증오심만 가질 뿐이었다.[74] 모두 다 농촌을 떠나려고 하였다.[75] 청년층은 농촌을 떠나려 하였고, 제대장병도 도회지를 그리워하였다. 각급 학교 졸업생들도 그들의 고향인 농촌에 돌아가지 않으려 하였지만, 농업요원으로 양성한 농고 졸업생까지도 도시에서 '월급쟁이' 되기를 원하였다. 농업은 침체되고 농촌은 피폐된 속에서 주로 노인과 부녀자, 아이들이 농촌에 남았다.[76] 수십 년간 계속될 도시의 이상비대화, 도·농 분리, 농촌황폐화의 시작이었다.

---

73) 보건사회부장관 崔在裕는 미군측과 시간당 65환 지급하는 것을 협상중이라고 답변하였다[백광하 편, 앞의 책 2(1955. 3. 8), 414~415쪽].
74) 김수선, 『누구를 위한 정치인가』, 통일천년웅변회, 1958, 122~123쪽.
75) 1950년대의 이농현상에 대하여는 이대근, 앞의 책, 216~219쪽 참조.
76) 최석채, 앞의 책, 125~127쪽.

제주도에서 '게릴라'로 붙잡힌 사람들. 개중에는 앳되보이는 여자들도 끼어있다.
오른쪽 사람들도 게릴라라고 하기엔 늙고 나약해 보인다

여순사건에서 주민들을 국민학교 운동장에 모아놓고 폭도와 양민을 가리고 있다

신병 훈련을 떠나는
남자들을 전송하는
여인들(1950년 여름,
대구에서)

국민방위군에 소집된
장정들. 준비되지 않은
소집령과 군 장성들의
군수물자 독식 등 부패로
인해 이 젊은이들 중
상당수는 굶주림과
추위에 죽어갔다

제2절 학살

  농민들이 대부분이었지만, 한국인이 1948~53년간에 입은 가장 참혹한 피해는 조봉암이 여러 곳에서 시사한 학살이었다. 그 때문에 가족으로서 그것을 경험하였거나, 목도하였거나, 그것에 관한 사실을 들었던 피해대중은 수십 년간 공포와 위축 속에서 억눌려 지냈다. 이 점에서 학살은 극우 반공체제의 공고화에 가장 분명한 기여를 하였다.

  이 글에서 학살이라 함은 전투원 혹은 조직적으로 활동하는 총기 소지자로부터 비전투원 곧 민간인이 법적 절차를 밟지 않고 살해된 것을 말한다. 이 글에서는 특히 집단학살(genocide)에 비중을 두었다. 이러한 집단학살은 제주도에서건 전쟁기 11사단에 의해서건 초토화작전에 의하여 자행되었다. 만주와 중국에서 일본군에 의하여 저질러진 바 있는 초토화작전은 근대전에서는 국제법상 엄격히 금지되어있는 것으로, 비전투원을 학살한 죄목으로 초토화작전을 명령한 사령관은 제2차 세계대전 후의 일본 도쿄 재판이나 독일 뉘른베르크 재판에서와 같이 전범으로 규정되어 '평화와 인도에 대한 죄'로 처벌받게 되어있다.[77] 마찬가지로 문명세계에서 집단학살은 엄격히 금지되어있다. 1948년 12월 9일 제노사이드 범죄의 방지와 처벌에 관한 국제연합의 협약을 보면, 제노사이드는 국제연합의 정신과 목적에 위배됨을 천명하고 문명세계에 의하여 단죄되어야 함을 명시하고 있다.

---

77) 金益烈, 「4·3의 진실」, 『4·3은 말한다』 2, 전예원, 1994, 302~303쪽 및 이장희, 「노근리 사건 소멸시효 적용 안돼」, 『한국일보』 1999. 10. 4. 참조. 김익렬은 4·3이 발생하였을 당시 제주도 주둔 9연대장이었다. 그는 4·3을 미군정의 감독부족과 실정으로 인하여 도민과 경찰이 충돌한 사건으로서 관의 극도의 압정에 견디다 못한 민이 최후에 들고일어난 민중폭동으로 판단하였다(같은 글, 355쪽). 그리하여 평화적으로 해결하기 위하여 유격대사령관 金達三과 게릴라지역에서 회견하여 일단 평화적 해결방안을 마련하였으나, 그것은 곧 경찰과 미군정의 방해로 수포로 돌아갔으며, 자신은 딘 군정장관에 의하여 즉각 해임되었다. 그는 1969년 중장으로 예편하였다. 부산정치파동 때의 李鍾贊 육군참모총장과 함께 귀감이 될 만한 군인이었다.

그리고 1968년 11월 26일 국제연합총회에서는 제노사이드 같은 비인도적 (Crimes against Humanity) 범죄행위 등 전쟁범죄(War Crimes)와 비인도적 범죄 행위는 국내법상의 제한을 둘 수 없게 하였고, 공소시효가 적용되지 않고 범행 일시에 관계없이 소추가 가능하도록 규정하였다.[78]

1948~53년 사이에 민간인이 얼마나 학살되었는지 밝힐 수 있는 자료는 아직 없다. 존 메릴은 1950년 6월 25일 이전에 정치적 혼란과 유격대 활동 및 38선에서 벌어진 충돌로 10만여 명의 인명이 쓰러져 갔을 것으로 추산 하였다.[79] 이 추산의 근거는 제시되지 않았는데, 제주도에서의 사망자 추 정에서와 같이 어느 자료를 근거로 제시하느냐에 따라 큰 차이가 있을 수 있지만, 제주도에서의 사망자를 메릴처럼 3만 명 정도로 본다면 과장된 인 원일 것이다. 전쟁으로 인한 사망자수를 커밍스와 할리데이는 3백만 명 이 상 4백만 명으로 추정하였다지만,[80] 이것도 근거 제시가 없고 신빙성이 약 하다.

정부 통계로는 1952년 3월 말 현재의 전쟁 인명피해 통계가 있다. 전쟁 은 1953년 7월에 끝나고 인명피해는 그 뒤에도 계속되긴 하지만, 민간인의 인명피해는 대부분이 1952년 3월 이전에 발생하였다고 볼 수 있으므로, 조 사시점 때문에 큰 차이가 발생하지는 않게 되어있다. 이 통계는 인명피해 를 사망, 납치, 행방불명, 부상, 학살로 나누었는바, 각각이 무엇을 의미하 는지가 불확실하다. 사망이 23만 6,475명으로 되어있지만, 폭격 등 전투행 위로 민간인이 입은 피해는 이보다 적을 것이 분명하다. 따라서 이 사망에 는 다른 요인에 의한 것이 다수 포함되어있음에 틀림없다. 납치는 8만 2,959명인데, 이것도 어떠한 경로로 조사하여 그와 같은 결과가 나왔는지

---

78) 박원순, 「일본전쟁범죄 처벌 지금도 가능한가」, 『역사비평』 1993 봄, 218~219쪽 및 이장희, 앞의 글.

79) 존 메릴, 『침략인가 해방전쟁인가』, 신성환 역, 과학과사상, 1988, 338쪽.

80) 이 숫자에는 200만 명 이상의 북한 민간인과 약 50만 명의 북측 병사, 약 100만 명의 중국군 사망자, 남한 민간인 사망자 약 100만 명 등을 염두에 둔 것으로 보 이는데(정근식, 「한국전쟁과 지방사회의 갈등」, 『한국전쟁과 한국사회변동』, 풀빛, 1992, 308쪽), 어느 것이나 불확실하다. 특히 남과 북의 민간인 사망자 수는 과장 되었다.

알 수 없다. 행방불명은 29만 8,175명으로 가장 수효가 많은데, 그것이 월북인지 입산자인지 피학살자인지 전혀 판가름할 수 없다. 부상은 22만 5,582명으로 나와있는데, 이 경우도 전투행위로 인한 부상자만은 아닐 것이다. 학살도 어느 쪽에서 한 것인지 불명확하다. 예컨대 국회에서 크게 논란이 되었던 거창양민학살이 여기에 포함되었는지 알 수 없다. 학살 12만 2,799명 중 전라남도가 6만 5,501명으로 되어있고, 전라북도가 1만 4,207명으로 되어있어 유난히 전남이 많고, 그 다음이 전북인데, 유독 전남에서만 이러한 학살이 있었다는 자료는 국회에서의 발언을 제외한다면 다른 조사에는 나오지 않고 있다. 총수 95만 5,990명으로 되어있는 이 통계는[81] 그 숫자나 각각의 내용이나 어느 것도 신빙성이 약한 것으로 생각된다. 전쟁 이전의 경우도 마찬가지이지만, 1990년대 제주도의회에서 조사한 선례를 귀감으로 삼아, 전쟁기의 학살자수는 이제부터라도 중앙정부 차원이든 지방정부 차원이든 민간 차원이든 엄밀히 조사하여야 한다.

전쟁 이전이나 전쟁기나 엄청난 희생자를 낸 것은 미국, 남과 북의 책임자, 그리고 그들의 명령을 수행한 자들의 비인간적 반문명적인 도덕적 불감성에 절대적 책임이 있지만, 전쟁기의 경우 전쟁의 특수성도 상당한 역할을 하였다. 강원도에서는 이 전쟁을 톱질전쟁이니 피스톤전쟁이니 하고 불렀고, 춘천에는 인민군이 다섯 번이나 들어오고 나갔다지만,[82] 너무 들쑥날쑥하여 그만큼 민간인들의 피해가 가중되었다. 북에서는 미군이 초기에 전면적으로 개입하지 않으리라고 판단하고 속전속결로 끝낸다는 것을 전제로 남침하였다. 이 예상은 부분적으로는 맞아떨어져 순식간에 부산, 대구 부근으로 밀고내려가 남의 거의 전역을 점령하였다. 그러나 후비군이 미약하였기 때문에 곧이은 국군과 미군 등 유엔군의 진격에 순식간에 압록강-두만강 부근까지 밀려가 이제는 반대로 북의 대부분이 유엔군과 국군에 점령되었다. 그리고 다시 중국군의 동절 기습공격에 미군이 눈사태처럼 패배하여 평택, 제천지역까지 후퇴하게 되었다. 결국 1951년 늦봄에서

---

81) 대한민국공보처통계국, 『대한민국통계연감』, 1953, 321~322쪽.
82) 『국회속기록』 제11회 22호, 1951. 7. 10.

초여름까지 지금의 휴전선 부근에서는 백마고지전투에서처럼 일전일퇴가
거듭되었다.

　전쟁 초기 이승만 정부는 북의 침략에 제대로 대응하지 못하고 허둥지
둥댔고, 이승만은 국회 모르게 혼자서 몰래 피신하였다. 그것에 이어 정부
각료들이 각자 피신하였기 때문에, 평택 이북의 형무소 재소자나 보도연맹
원은 죽임을 당하지 않았지만, 대체로 평택 이남에서부터는 경찰과 군에
의하여 집단학살이 자행되었다. 그리고는 곧 인민군이 들어오자 학살당한
보도연맹원 가족이나 좌익으로부터 경찰, 청년단원과 그 가족이 보복당하
였다. 남한 거의 전역에 인민위원회 등 공산주의자들의 통치기구, 치안조
직 및 각종 동원조직과 그들에 의한 '변혁'이란 것이 있었기 때문에, 전세
가 역전되자 이들 조직이나 단체의 관계자들은 산이나 북으로 피신하면서
후환이 두려워 학살을 자행하였다. 그 뒤를 따라들어온 국군과 경찰, 청년
단체 등에서는 대거 부역자들을 색출하였던바, 그 와중에서 역시 학살이
자행되었다. 또 하나의 규모가 큰 학살은 중국군의 개입을 전후한 시기부
터 그 다음해 2월 말까지 주로 11사단에 의하여 게릴라 출몰지역에서 발생
하였다. 이와 같이 전쟁의 특이한 양태는 민간인 희생자가 대량으로 발생
하는 중요한 요인이 되었다.

1. 인민군, 빨치산(무장대), 좌익단체 소속원에 의한 학살

1) 한국전쟁 이전

　한국전쟁 이전에 가장 참혹한 양민학살이 일어난 지역은 제주도이다. 제
주도의회　4·3특별위원회의　『제주도4·3피해조사보고서』　수정보완판
(1997. 1)에 따르면, 피해신고서를 받은 인원은 1만 1,665명이고, 미신고자로
명단만 파악한 인원은 2,839명이다. 그래서 도합 1만 4,504명의 명단과 주
소 등이 이 보고서의 명부에 올라있다. 희생자신고서가 접수된 1만 1,665
명 중 토벌대에 의하여 사망한 사람은 전체의 82.93%인 9,674명이고, 무장
대에 의하여 사망한 사람은 전체의 11.26%인 1,314명이다. 그리고 기타 164
명, 분류불능 513명으로 되어있다.[83]

무장대에 의하여 희생된 1,314명 가운데 대부분의 민간인은 1948년 10월, 그것도 주로 11월 이후 군에 의하여 초토화작전이 펼쳐지고, '계엄령'이 선포된 후 중산간 마을에서 무장대에 대한 감시·신고체제가 강화되었을 때 발생하였다.

1948년 10월 말경에 발생한 무장대의 민간인 학살은 주로 우익을 대상으로 하였다. 10월 26일 일제 때 경방단장과 면직원을 지낸 남원면장 양기형 부부가 피살되었고, 10월 27일에는 국민학교 교사 부두형이 칼로 난자당한 채 살해되었다. 10월 28일에는 애월면 신엄3구(현재 용흥리)에서 우익활동을 하던 3명이, 10월 28일 조천면 신흥리에서는 경찰 김태배의 가족과 친척 4명이, 11월 11일에는 김태배의 친척 등 6명이 학살당하였고, 11월 2일에는 성산면 수산1리 구장이, 11월 4일에는 한림면 청수2구(현재 한경면 산양리)에서 경찰가족 2명이 칼로 난자당하여 죽었다.84) 11월 2일 애월면의 중산간 마을에 사는 3명도 무장대에 희생된 것으로 전해진다.85)

무장대에 의한 참혹한 제노사이드(집단학살)는 구좌면 세화리, 표선면 성읍리, 남원면 남원리 등에서 발생하였다. 1948년 12월 3일 밤 9시께 무장대가 구좌면 세화리를 공격하여 48명을 숨지게 한 것은 무장대에 의하여 저질러진 만행 중 가장 규모가 큰 것이었다. 학살당한 사람들은 노인, 여자, 어린이들이 대부분이었다. 이 집단학살은 경찰가족이나 우익청년단 가족을 지목하여 살해한 것과는 유형이 달랐다. 세화리에 지서가 있었고 청년들이 토벌전에 나섰던 것에 대한 보복이었는데, 무장대는 정작 지서는 공격하지 않고 주민들을 무차별 학살한 것이다. 이 학살극이 자행되었을 때 세화지서에는 35명 정도의 경찰이 있었지만, 무장대가 자취를 감출 때까지 움직이지 않았다. 그리고 날이 밝자 토벌대는 세화지서에 그동안 감금해놓았던 종달리 주민 16명(제민일보4·3취재반 명단 확인 12명)을 주민들이 보는 가운데 집단학살하였다.86) 구좌면 종달리에서는 1948년 11월 18일 보초

---

83) 제주도의회 4·3특별위원회, 『제주도4·3피해조사보고서』(수정·보완판), 1997, 27, 49~51쪽.

84) 제민일보4·3취재반, 『4·3은 말한다』 4, 전예원, 1997, 113~117쪽.

85) 위의 책 4, 298쪽.

를 서던 2명이 오인사격으로 토벌대에게 죽었고, 11월 19일에는 민보단원 3명이 무장대에게 납치되어 희생되었다. 12월 3일 밤과 4일 새벽 세화리를 습격하였던 무장대는 4일 새벽 종달리에서 민보단원 7명을 살해하였다. 한편, 종달리 주민 16명을 학살하였던 토벌대는 종달리로 달려와 노인과 여인 등 9명을 총개머리판이나 돌로 찍어 학살하였다. 이렇게 되자 종달리 주민들은 산으로 피신하였는데, 12월 18일 토벌작전 때 대부분이 희생되었다. 1992년 3월 말 현 구좌읍 세화리 부근의 다랑쉬굴에서 11구의 시신이 발견되어 4·3의 참극을 적나라하게 일깨워준 바 있는데,[87] 이들 11명이 사망한 날도 이날이었다.[88]

표선면 성읍리 주민들은 1949년 1월 13일 참극을 탕하였다. 토벌대들은 산중에서 돌아오는 도중 남녀 노인 두 명을 살해하였고, 토벌대가 산중에서 수색작업을 벌일 때 경찰이 남편이 산에 오르자 성읍리 마을에 와서 살고 있던 여인을 발가벗긴 후 민보단원과 부인회원에게 창으로 찌르라고 강요하다 자신이 쏘아 죽였다. 생후 한 달도 안된 아이가 엄마 곁에서 바둥거리자 경찰은 아기얼굴에도 총을 쏘았다. 그날 오후 토벌대가 자리를 비운 것을 이용하여 무장대가 보초 서던 주민들을 죽이고 식량을 순순히 내놓지 않는 주민들도 살해하였는데, 이날 희생된 무려 34명이나 되는 명단이 제민일보4·3취재반에 의하여 확인되었다. 그 가운데는 14, 15세의 소년소녀도 있었다. 이튿날 토벌대는 마을청년 2명을 총살하였고, 도피자 가족이라고 하여 감금하였던 3명(그 중 한 명은 두 살 난 어린아이)을 총살하였다. 무장대는 2월 8일에도 식량을 탈취하러 와 성읍리에서 보초 서고 있는 2명을 죽였다.[89]

남원면 태흥리에서는 1948년 11월 17일 토벌대가 일본으로 도피한 사람들의 집에 불을 지르고 4명을 살해하였고, 11월 20일께부터 태흥 1구에서

---

86) 위의 책 5, 전예원, 1998, 48~51쪽.
87) 다랑쉬굴 참사의 전말과 시신처리의 문제점에 대하여는 위의 책 2, 전예원, 1994, 416~439쪽 참조.
88) 위의 책 5, 56~58쪽
89) 위의 책, 87~92쪽.

주민 30여 명을 잡아 남원지서에 수감하였다. 그러자 11월 23일 무장대가 태흥 2구를 습격하여 보초 서던 5명을 살해하였다. 11월 28일에도 무장대가 태흥리를 덮쳐 보초 서던 4명을 살해하였다. 무장대가 물러서자 토벌대는 남원리에 있던 태흥리 사람 2명을 잡아내어 총살하였고, 태흥리 주민 6명을 지서에 끌고와 죽였다. 이날 무장대는 남원면사무소와 지서가 있는 남원리 1구를 오전 7시에 습격하여 주민 30명 가량을 집단학살하는 만행을 저질렀다. 그리고 퇴각하면서 11명을 끌고올라가 죽였는데, 어린이들이 태반이었다. 무장대가 퇴각하자 토벌대는 우선 남원 2구에서 소개하여 내려온 6명을 주민들 앞에서 처형하고 이후에도 계속하여 많은 인명을 살해하였다. 11월 18일에는 남원면 위미리도 무장대가 습격하여 약 30여 명을 집단학살하는 만행을 저질렀다. 이때도 경찰은 지서 안에서 꼼짝하지 않았고, 무장대는 부녀자와 어린아이까지 학살하였다. 무장대는 위미리에서 12월 31일에도 보초 서던 주민 3~4명을 죽이고 식량을 탈취하였다.[90] 1949년 1월 3일 남원면 하례리에서는 처음이자 마지막으로 무장대의 습격을 받아 25명이 집단학살되었다. 토벌대에게 협조하였다는 것이 이유였다.[91] 중문면 강정 2구에서는 11월 23일 토벌대에 의하여 주민 4명이 총살되었는데, 12월 1일에는 무장대가 들이닥쳐 강정 2구 염돈 마을에서 노인과 부녀자 소년이 포함된 9명을 학살하였다. 12월 11일에는 무장대가 강정 2구의 내팟마을을 습격하여 8명을 학살하였다.[92]

1948년 10월 19일 밤 제주도 지원부대로 떠날 예정이던 여수주둔 14연대에서 지창수(池昌洙) 상사가 주동이 되어 반란이 일어났다. 반란군은 다음날 새벽 여수를 점령하여 인민위원회가 세워지고, 김지회(金智會) 중위 등은 병력을 이끌고 순천으로 들어가 전남 동남부일대가 한때 반란군에 들어가는 사태가 벌어졌을 때도 인명희생이 많았다. 이때 인민위원회 관계자 등 좌익에 의하여 살해된 인원은 자료마다 차이가 난다. 1948년 11월 1일 전라남도 보건후생국에서는 여수에서 사망이 1,300명, 중상 900명, 경상

---

90) 위의 책, 115~130쪽.
91) 위의 책, 152~154쪽.
92) 위의 책, 196~198쪽.

350명, 행방불명 3,500명, 순천에서 사망이 1,135명, 중상 103명, 행방불명 818명, 그밖에 사망이 보성 80명, 고흥 26명, 광양 57명, 구례 30명, 곡성 6명이라고 발표하였다. 또한 계엄사령부에서는 여수지구에서 반군에게 피살된 관민이 1,200명, 순천지구에서 사망이 1,134명이라고 발표하였다.[93] 다른 자료에 의하면 여수 점령기간중 폭동·반란군에 의한 즉결처분 및 인민재판에 의하여 피살된 인원은 경찰 74명을 포함하여 200여 명이었고, 순천의 경우 점령기간이 짧았음에도 불구하고 경찰 186명(그 중 11명은 전사자)을 포함하여 400여 명이 피살된 것으로 나타나있다.[94] 이 사망자수는 과장된 것으로 보인다.

김계유의 조사에 의하면, 여수에서 희생된 인원은 지창수가 반란을 일으켰을 때 희생된 21명의 군인과 여러 지역에서 살해된 민간인 46명을 제외한다면,[95] 우익인사 16명, 경찰 72명 등 88명으로 파악되었다. 민간인의 경우 반란군이 시내로 들어오던 20일 새벽에 유탄에 맞아 2명이 사망하였고, 20일 밤 외촌동에서 과격 청년들에 의하여 지방유지 3명이 희생되었다. 그리고 23일 보안서 2층에 갇혀있던 연창희(경찰후원회장), 박귀환(대동청년단장)이 뛰어내리다 보초의 총에 숨졌으며, 이날 밤 우익인사 8명이 '처형'되었다. 여기에 강창수 한 명이 더 죽어 우익인사는 모두 16명이 희생되었다. 경찰의 경우 21일 경찰서장 고연수 등 10명이 '살해'되었다. 그리고 23일 인민위원장실에서 토론이 벌어져 인민위원장 이용기 등은 '처형'을 자제할 것을 주장하였고, 행동대장으로 과격파인 서종현 등이 강경론을 주장하였는데, 우익인사 8명과 사찰계 형사 2명을 '처형'하기로 하고, 보안과장, 수

---

93) 김계유, 「1948년 여순봉기」, 『역사비평』 1991 겨울, 296쪽.

94) 황남준, 「전남지방정치와 여순사건」, 『해방전후사의 인식』 3, 한길사, 1987, 461쪽. 황남준은 국회속기록과 김석학·임종명, 『광복30년』 2(여순반란 편), 전남일보사, 1975, 53쪽 ; 대한민국 국방부 전사편찬위원회, 『한국전쟁사』 1, 1967, 458쪽에 의거하였다.

95) 여순사건 50년을 맞아 여수지역사회연구소에서 낸 『여순사건실태조사보고서』 제1집(여수지역 편), 1998, 86쪽에는, 반란군에 의하여 14명이 살해된 것을 포함하여 여수일대에서 군인 21명, 경찰 72명, 우익인사 16명 외에 민간인 46명이 반란군과 지방좌익에 의하여 살해된 것으로 조사결과가 기술되어있다(이 중 반란군에 의한 학살 37명, 지방좌익에 의한 학살 9명).

사과장을 포함하여 경찰관 28명은 양심적인 경찰관이라고 하여 석방하였다. 그러나 진압군의 1차 공격이 실패로 끝난 10월 24일에 서종현 일파의 강경파들이 의장단의 지시에 따르지 않고 경찰관들을 잡아들여 60명을 총살하였다. 이로써 경찰은 72명이 살해되었다.96)

전라남도 보건후생국 등에서 1,300명 등으로 발표한 것은 여수지방 유지들이 만든 여수부흥기성회에서 될 수 있는 대로 반란군에게 피해를 많이 입은 것같이 해야 구호자금을 타내는 데 유리할 것이라는 계산 아래 국군진압과정에서 일어난 인명피해까지도 반란군 치하에서 일어난 것으로 계산하고, 막상 국군진압과정에서는 희생자가 나지 않은 것같이 처리하였기 때문이었다.97) 순천의 경우 여수보다 좌익에 의하여 경찰이나 우익요인들이 더 참혹하게 살해되었다. 『순천·승주향토지』에 따르면, 처음에 반란군에게 체포되었던 경찰은 모두 총살되었고, 나중에 체포된 70여 명의 경찰은 군중 앞에서 집단학살당하였다. 경찰을 산 채로 모래구덩이에 파묻어 죽이기도 하였고, 미처 죽지 않으면 죽창으로 찔러 죽였다.98) 『국회속기록』에 의하면, 보성지방에서는 경찰이 전사 5명, 피살 39명(벌교서 관내 조성지서에서 나체로 총살된 30명 포함) 등 44명, 민간인이 15명 희생되었다.99)

1949년 7월부터는 빨치산의 활동이 현저하였다. 오대산지구를 1병단, 지리산지구를 2병단, 태백산지구를 3병단으로 편성하여 적극적인 공세를 폈다.100) 이로써 주민들은 양측으로부터 어려움을 겪게 되었는데, 인명 희생도 적지 않았을 것이다. 김성칠은 1949년 가을 무렵 자기 고향에서 십 리쯤 떨어진 경북 경산군 와촌면 박사동에 산사람들이 내려와서 집을 90여 호 불사르고 40여 명의 주민을 학살한 것으로 회상하였다.101)

---

96) 김계유, 앞의 글, 268~281쪽. 반란이 진압될 때 이용기는 목을 매어 자살하였고, 서종현은 입산 후 난폭한 성격 때문에 규율을 어겨 자체 처형되었다고 한다.

97) 위의 글, 295~296쪽.

98) 황남준, 앞의 글, 461~462쪽.

99) 위의 글, 462쪽.

100) 김남식, 『남로당연구』, 돌베개, 1984, 412~413쪽.

101) 김성칠, 『역사 앞에서』, 창작과비평사, 1993, 285쪽.

2) 전쟁 초기

북은 남한점령정책의 일환으로 반혁명세력의 숙청을 도모하였다. '반동분자' 색출에는 정치보위국을 중심으로 인민위원회 자위대와 민청원, 여맹원 등 사회단체들이 가세하였다. 시·군 내무서—면 분주소(分駐所)—리 자위대로 이어지는 정치보위국 산하 치안조직은 숙청의 핵심부서였다. 주요 대상자는 악덕 지주, 경찰, 공무원 등과 전향하여 보도연맹 간부로서 좌익 탄압에 앞장섰던 사람들이었다. 이들에 대한 숙청은 북의 법령을 기준으로 한 면단위 '인민재판'에 의하여 주로 이루어졌으나, '즉결처분'된 경우도 많았다고 한다. 후퇴시에는 정치보위부에서 처형을 결정하였고, 입산하여 제2전선을 조직한 후에는 당이 직접 판정하였다. 그런데 이러한 숙청과 학살의 자행은 경찰과 우익단체에 의하여 저질러졌던 학살에 대한 보복으로 이루어진 경우가 많았다. 생존한 보도연맹원이나 학살당한 보도연맹원 가족의 보복이 그러하였다. 인민군 남하 이후 보도연맹원과 그 가족들은 경찰은 물론 그 가족과 반장, 구장까지 인민재판에 부쳐 공개 '처형'하였다. '재판'도 없이 학살을 자행한 경우도 꽤 있었다.[102]

경남 남해군 창선면에서는 1950년 8월 하순에서 9월 초에 걸쳐 치안대와 보도연맹 유가족 70여 명이 경찰 5명 등 7명을 학살하였다.[103] 8월 4일에는 경남 사천군 사천면 치안대원이 순경 1명을 학살하였다.[104] 경남 사천군 용현면에서 9월 1일 인민군이 3명의 우익인사를 학살하였고, 그 다음날 치안대원이 주민 1명을 학살하였다.[105] 경남 고성군 하이면에서도 치안대원이 우익인사를 학살하는 사건이 발생하였다.[106] 전북 순창군 복흥면에서

---

102) 권영진, 「북한의 남한점령정책」, 『역사비평』 1989 여름, 94~95쪽 ; 장미승, 「북한의 남한점령정책」, 『한국전쟁의 이해』, 역사비평사, 1990, 190~191쪽. "인민군의 통제력이 있었을 때는 괜찮았으나 인민군 철수 후 치안이 공백상태에서 보도연맹의 가족들이 도망가지 못한 우익들에 대해 보복하는 경우가 있었다"는 증언도 있다(김태광, 「해방 후 최대의 양민참극 '보도연맹'사건」, 『말』 1988. 12, 26쪽).

103) 대검찰청수사국, 『좌익사건실록』 10, 1973, 131~139쪽.

104) 위의 책, 184쪽.

105) 위의 책, 187~188쪽.

는 1950년 7월 20일 지서가 후퇴하고 복흥면이 인민군의 수중에 들어가자, 108명의 우익인사, 25명의 경찰, 150명의 군인, 920명의 일반인에 대해서 잔혹한 집단학살이 자행되었다. 공무원, 마을 이장, 반공 유지, 경찰관·군인 가족 등이었다.[107] 전남 담양에서는 8월에 130여 명의 우익인사를 체포하여 그 중 6명의 중요 인사를 광주로 압송하던 중에 학살하였다.[108] 한편, 1960년대 후반 1970년대에 박정희 정권에 의하여 극단적인 반공교육이 행해질 때 나온 반공교재 가운데 필자가 찾아본 책에서는 의외로 좌익에 의한 우익의 만행에 대한 구체적 서술이 미약하였다. 그 중 비교적 구체적인 것이 『반공도의 교본』의 다음과 같은 서술이었다.

6·25사변이 일어난 이후 처음으로 양민이 학살된 것은 강화도 지구에서 군인·경찰가족 약 500명이 처음으로 희생된 것이다. 이어 7월 9일에는 광주와 전주지구에 있는 각계 저명인사와 경찰가족 약 2천 명이 학살되었다. 대전형무소에서는 무죄한 시민과 군경유가족 약 1천 명이 학살되었는데…… 인천에서도 1,500여 명의 우리 형제들이 공산당들의 선전선동에 넋을 빼앗긴 허수아비들에 의해서 죽어갔다. 지방에서뿐 아니라 수도 서울에서도 약 2천여 명에 가까운 각계 인사들이 체포되었으며, 그 중 수백 명이 '인민재판'에 걸려 목숨을 잃었다.[109]

서술의 구체성이 약하다는 것이 특징이다. 500명, 2,000명, 1,000명, 1,500명, 수백 명은 구체성이 약한 숫자다. 살해장소도 명기되지 않았다. 학살날짜를 알 수 있는 것은 7월 9일에 있었던 광주와 전주의 경우뿐인데, 전주는 1950년 7월 20일에 인민군이 들어왔고, 광주는 그보다 더 늦게 점령되었다.

---

106) 위의 책, 234쪽.
107) 전라북도의회 6·25양민학살진상실태조사특별위원회, 『6·25양민학살진상실태조사보고서』, 1994, 161쪽.
108) 정근식, 앞의 글, 307쪽.
109) 한국반공연맹, 『반공도의 교본』, 1967, 92쪽.

3) 9·28 수복기

1950년 9월 중순 인천상륙작전이 전개되고 인민군의 패색이 짙어지자 인민군 전선사령부에서는 후퇴명령을 내리는 한편, 유엔군 상륙 때 인민군에게 장애가 되는 모든 요소를 제거시킬 것을 지시하였고, 9월 20일께는 수감자들을 북으로 후송하거나 후송이 곤란할 경우에는 현지에서 적당히 처리하라는 조치를 내렸다.[110] 학살을 자행하여도 좋다는 지시였다.

대전형무소의 경우 9월 28일 밤 수감자 5,500명 중 확인된 희생자가 1,557명으로 보도되었다. 이 학살에는 경찰 후퇴시 좌익에 대한 집단학살이 영향을 미쳤다고 한다.[111]

광주의 경우 9월 28일 광주형무소에 수감되어있던 2천여 명 중 대지주 현준호(玄俊鎬), 미군정하 지사였던 최영욱, 순천시장 박난순 등 우익인사 70여 명이 1차로 학살되었다. 2차로는 광주에서 화순으로 가는 사이에 있는 너릿재에서 화순경찰과 청년단원이 학살되었다. 같은 장소에서 고흥지역 우익 50명이 학살되었다.

담양에서는 내무서에 갇혀있던 130여 명 중 주로 40세 이하인 60여 명이 9월 26일 금성면 학동리에서 집단학살되었다. 10월 3일 담양 주민들이 유엔군을 환영하자 입산유격대들이 다시 담양에 들어와 유엔군을 환영한 사람들 약 60명을 집단학살하였다.[112] 전북 순창 복흥면에서는 수복과정에서 경찰과 우익에 의하여 반월 자포마을 국채환 등 50여 명이, 빨치산에 의해 복흥면 대방 갈원마을 김재화 등 130여 명이 집단학살되었다.[113]

목포에서는 9월 말 교도소가 넘치자 우익계 인사들을 분리수감한 연동에 있는 미곡창고에서 300여 명이 죽창으로 대부분 잔혹하게 살해되었다. 또 9월 28일에는 목포감옥소 내무서 요원들이 수감자들을 50명씩 굴비엮

---

110) 김남식, 앞의 책, 454~455쪽.

111) 정근식, 앞의 글, 307쪽 참조. 인민군이 퇴각하면서 수감자 1,300여 명을 집단학살하고 수장하였다는 기록은 종종 볼 수 있다(『한국일보』 2000. 1. 6. 참조).

112) 위의 글, 307~308쪽.

113) 김삼웅, 『해방 후 양민학살사』, 가람기획, 1996, 139~140쪽.

듯 묶어 끌고가 300여 명을 거의 다 학살하였다.

무안군 청계면 복길리에서는 좌익세력이 9월 퇴각에 앞서 우익인사로 감금하였던 80여 명의 주민을 불태워 죽였다고 한다. 무주군 내무서원 30여 명은 무주경찰서 유치장에 구금되었던 경찰, 대지주, 우익인사 등 84명을 1950년 9월 26일 대전으로 끌고가다가 무주읍에서 7km쯤 떨어진 용포리 하늘바위에서 학살하였다. 이때 벼랑에 뛰어내리자 내무서원들은 하천변까지 찾아와 피투성이가 된 사람들을 확인사살하는 만행을 저질렀다. 날씨가 어두워 하천으로 떨어진 사람 가운데 14~15명만 목숨을 건지고 약 70명이 사망하였다.[114] 임실에서는 군청 뒤 방공호와 그 옆 등기소의 방공호 등에 우익인사 310명을 몰아넣었는데, 9월 27일 새벽 인민군이 방공호 입구에서 무차별 사격을 가하여 무려 295명이나 학살하는 만행을 저질렀다.[115]

이 시기 좌익에 의한 가장 참혹한 제노사이드는 전북 옥구에서 발생하였다. 옥구군 미면 인민위원회 위원장 김행규(金幸珪) 등은 1950년 8월 2일 북산리에서 미면 면장 등 5명과 성명 미상의 7명 등 12명을 반동분자로 규정하여 총살하였다. 그 뒤 9월 27일 오후 9시경부터 29일 오전 6시 사이에 ① 미면 미제마을 뒷산에서 미제마을 등의 우익인사 117명을 죽창, 농구 등으로 학살하였고, ② 미면 신촌마을 뒷산에서 관여산마을의 우익인사 등 248명을 장총, 죽창, 농구 등으로 학살하였으며, ③ 원당리마을 뒷산에서 원산북리 등의 우익인사 30명을 장총, 죽창 등으로 학살하였고, ④ 신풍리 축동마을 우물 등에 신풍리 등의 우익인사 43명을 수장하여 학살하였으며, ⑤ 신풍리 유운마을 우물 등에 신풍리 우익인사 등 총 136명을 수장 등으로 학살하였다.

이틀도 안되는 시간에 무려 574명을 집단학살한 끔찍한 만행을 저지른

---

114) 전라북도의회 6·25양민학살진상실태조사특별위원회, 앞의 보고서, 247~248쪽. 피학살자 18명의 인적 사항은 이 보고서, 254쪽 참조.

115) 위의 보고서, 204쪽. 이 보고서, 205~217쪽에는 피학살자 296명의 인적 사항이 실려있다. 여기에는 인민군이 아니라 빨치산에 의한 학살로 나와있으며, 학살당한 시기도 1950년 9월 27일을 포함하여 1950년 7월에서 1953년 8월에 이르기까지 다양하게 걸쳐 있다.

것이다. 미면 둔율리 인민치안대 총무부장인 강찬옥(姜贊玉) 등 24명은 9월 27일 남로당 미면 위원장으로부터 반동분자를 숙청하라는 지시를 받고, 이날 주로 둔율리, 신풍리에 거주한 우익인사 가족 43명을 우물 등에 수장하여 학살하였으며, 다음날에는 신풍리 주민 23명을 수장하여 학살하였다. 이들은 부녀자를 강간하였다. 또 옥구군 대야면 조선노동당원들은 9월 27일 3명을 학살하였다.[116]

경기도 고양군 금정굴 사건은 가장 널리 알려진 학살 - 보복학살의 악순환이 일어난 사건이다. 이 사건은 신문에서도 크게 다루었고, MBC에서도 비중있게 보도하여 전쟁기의 참혹한 학살을 깊이있게 이해하게 하였다. 금정굴 양민 대량학살극은 9월 20일경 우익계 학생들이 만든 비밀결사인 태극단 동지회원 38명을 '처형'하면서 발생하였다. 이들은 내무서를 공격하려다 발각되었는데, 내무서원들은 총알을 아끼기 위하여 죽창으로 이들을 학살하였다고 한다. 곧 유엔군과 국군이 들어와 수복이 되자 이제는 치안대, 경찰, 태극단에서 대대적인 좌익색출에 나서 수백 명에서 1천 명에 이르는 주민들을 잡아다 9월 말부터 12월까지 금정굴에서 학살하였는데, 어린아이와 여자들이 상당수 있었고, 좌익가족이 많았던 것으로 유족들은 증언하였다. 금정굴 발굴에서 1995년 10월 6일 지하 15m 지점에 이를 때까지 유골수가 모두 1,500여 점에 이르렀고, 그 가운데는 온전한 형태의 두개골 150점이 포함되어있어 희생자의 규모를 가늠하게 하였다.[117]

동족학살은 마을 안에서의 좌와 우의 학살, 마을과 마을 간의 좌와 우의 학살도 적지 않게 있었다. 이 경우에는 한 마을의 씨족과 다른 씨족 간에 또는 한 마을과 다른 마을의 씨족 간에 일어나기도 하였고, 거기에는 상호 간의 역사가 있었다. 그것은 양반과 쌍놈 또는 노비 간의 관계일 수도 있고, 한말 의병기의 의병투쟁이나 독립운동, 친일행위 등과 얽혀있기도 하였다. 또 수리시설 등 농사관계를 둘러싸고 있어왔던 분쟁이나 산소분쟁 등 각종 분쟁의 유산이 터진 경우도 적지 않았다.

---

116) 대검찰청수사국, 앞의 책 11, 1975, 60~74, 80~81쪽. 남로당, 조선노동당 등은 자료의 표기대로 썼다.

117) 『한겨레신문』 1995. 10. 23.

　전북 고창군 무장면 월림리와 용전리의 비극은 한국 근현대사의 한 단면을 보여주고 있다. 월림리에는 천씨들이 50호 정도 살고 있었고, 약 600m 떨어진 용전리에는 김씨들이 약 20호 살고 있었다. 전북도의회 6·25 양민학살진상실태조사특별위원회 최강선 위원장의 조사에 의하면, 김씨 집안의 모씨는 일제 때 진흥회장을 지내면서 권세가로 알려져 있었는데, 해방 후 건국준비위원회 등이 활동하면서 김씨 쪽에 눌려지내던 천씨 일부가 진보세력 쪽에 관계되었다. 그러던 중 6·25전쟁이 나기 직전 김씨측이 천씨측 몇몇이 공산당 일을 하고 있다고 경찰에 밀고하였다.[118) 경찰은 천씨마을 사람들을 잡아다가 심한 고문을 가하였다. 1950년 음력 9월 20일 (고창 일대는 수복 후에도 한동안 좌익 수중에 있었다)[119) 김씨측 여섯 가족 40여 명이 목불인견의 모습으로 집단학살당하였다. 그들은 깊은 구덩이에 산 채로 생매장되었다. 그 가운데는 아기들도 있었고, 임산부도 있었다. 가해자는 군 분주소에서 나온 '인민군과 연결된' 사람들이었다. 그 가해자 가운데 천씨측 사람들이 끼어있는지는 증언자에 따라 다르게 말한다고 한다. 하여튼 분주소의 세포책으로 천씨가 한 사람 들어가 있어서 김씨측의 의혹을 살 수 있었다.[120)

　그로부터 6개월이 지난 1951년 음력 4월 4일(5월 10일) 제18전투대대 중대장이었던 김씨마을 출신의 김용식 대위(경찰관 경위라는 설도 있음)가 이끄는 경찰병력이 상부에는 공비토벌하러 간다고 보고하고 월림리 죽림마을을 에워싸고 들에서 못자리 준비를 하던 농민과 아침을 짓던 부녀자, 어린이 할 것 없이 다섯 명씩 새끼줄로 묶어서 5km쯤 떨어진 봉암산 골짜기에 몰고가 총살하였다. 일부는 긴 대창에 칼을 꽂아서 여자들을 찔러 죽였고, 살아남은 자들을 확인사살하였다. 그 중에 살아남은 구평아줌마는 날아온 총알이 등뒤에 업힌 아들을 맞혀 그 시체에서 흘러나온 피와 죽은 동

---

118) 당시 용전부락 텃밭을 경작하던 천모씨는 남로당 무장면 책임자였는데, 그에 대한 용전리 김씨들의 감정이 좋지 않았다고 한다(오연호, 「나는 왜 이 6·25전쟁 이야기를 쓰지 못했나」, 『말』 1998. 6, 130~131쪽 ; 전라북도의회 6·25양민학살 진상실태조사특별위원회, 앞의 보고서, 122쪽).

119) 『국회속기록』 제10회 33호, 1951. 2. 24, 邊鎭甲 의원 발언.

120) 오연호, 앞의 글, 130쪽.

서 등의 피에 절은 옷 때문에 살아났다.[121] 이날 죽은 천씨마을의 남녀는 유족들이 기억하고 있는 숫자만 해도 88명이다. 일가족 5명이 죽은 집이 세 곳이고, 등에 업힌 아기도 8명이었다. 천씨와 비슷한 성 때문에 죽은 사람도 두 명이었다.[122]

4) 그밖의 학살

전북 남원군 대강면 사석리 주민 6명은 1950년 음력 9월 30일 송내 골짜기에서 경찰과 내통했다는 이유로 빨치산 잔당들에 의해 학살당하였다.[123] 고창군에서는 빨치산에 의해 고창읍 24명, 공음면 76명, 심원면 10명, 상하면 23명, 무장면 20명, 해리면 84명, 고수면 43명, 아산면 33명, 성송면 13명, 대산면 37명, 흥덕면 15명, 신림면 16명, 부안면 44명 등 모두 주민 437명이 학살되었다.[124]

전북 순창군 구림면 안정리에서 빨치산들은 면 유지들을 긴급회의가 있다는 구실로 유인하여 회의장으로 오는 즉시 창고에 감금하고 이들을 한

---

121) 죽은 동서에 대하여 구평아줌마는 이렇게 말하였다. "아직 스물도 안된 새파란 신혼각시이던 동서가 내 옆에 있었는데, 시퍼렇게 얼굴이 죽어가지고 내 옆소매를 잡으면서 하는 말이 '인자 우리도 죽으러 가는갑소 잉, 형님 어찌까요 잉'하며 나를 쳐다보면서 울어라. 허나 나도 어찌 도리가 있겠소. 울 수밖에. 그 겁에 질린 얼굴이 아직도 생생허니 내 가슴을 저미오"(오연호, 위의 글, 127쪽).

122) 김용식 대위는 허위보고와 살인죄로 군재판에서 사형을 선고받았지만 약간의 형기를 치르고 석방되었다. 천씨마을과 김씨마을은 음력 9월 19일과 4월 3일이 되면 분주히 제사준비를 한다(이상 오연호, 앞의 글, 124~131쪽 ; 전라북도의회 6·25양민학살진상실태조사특별위원회, 앞의 보고서, 118, 122쪽 ; 최강선, 「6·25 양민학살 이제는 밝혀야 한다」, 『한겨레신문』 1994. 1. 8). 전라북도의회 6·25양민학살진상실태조사특별위원회, 같은 보고서, 120~121쪽에는 대부분이 천씨들인 피학살자의 인적 사항이 쓰여있다.

123) 전라북도의회 6·25양민학살진상실태조사특별위원회, 위의 보고서, 57쪽에는 빨치산 양민학살 명단 7명이 나오는데, 이 중 1명은 생존자로 이 사건에 대하여 증언하였으므로, 피학살자는 6명으로 봐야 할 것이다.

124) 위의 보고서, 30쪽. 이 보고서 84~86쪽에는 공음면, 115쪽에는 상하면, 123쪽에는 무장면, 131쪽에는 고창읍, 132~133쪽에는 고수면, 134~135쪽에는 아산면, 136쪽에는 성송면, 137~138쪽에는 대산면, 139쪽에는 흥덕면, 140쪽에는 신림면, 141~142쪽에는 부안면의 빨치산에 의한 피학살자 인적 사항이 실려있다.

사람씩 호출하여 새끼줄로 꽁꽁 묶어 연산마을 매산바위로 끌고가 면 유지 33명을 학살하였다. 날짜는 불명이다. 또 빨치산들은 면 농협창고에 감금하였던 면 직원, 우익인사 20여 명을 산으로 끌고갔는데, 몇 사람은 탈출하고 대부분이 학살당하였다. 빨치산들은 이들을 한 구덩이 속에 넣고 돌과 죽창으로 무참하게 학살하였던바, 형체를 알아볼 수 없을 정도로 처참한 모습이었다.[125] 그 후 이 지역에는 국군이 진주하여 통비분자로 몰린 30여 명의 주민들이 학살되었다. 이밖에 순창군에서는 빨치산에 의하여 동계면 주민 51명, 쌍치면 주민 73명, 복흥면 주민 124명 등 248명이 학살당하였다.[126] 임실군에서는 앞에서 언급한 바 임실읍에서 295명이 학살당한 것 외에, 덕치면 주민 29명이 학살되었다.[127] 정읍군에서는 산내면 주민 15명이 빨치산에 의하여 학살당하였다.[128] 완주군에서는 구이면 5명, 이서면 2명, 상관면 4명, 동상면 28명 등 39명이 빨치산에 의하여 학살당하였다.[129] 부안군에서는 8명이,[130] 익산군에서는 남산면 23명 등 36명이 빨치산에 의하여 학살당하였다.[131]

전라북도의회 6·25양민학살진상실태조사특별위원회에서 만든 보고서에 따르면, 전북에서 빨치산 등에 의한 학살이 1,202명, 군·경에 의한 학살이 3,218명으로, 이들 4,420명의 희생자 중 남자는 3,790명 여자는 630명이었다.[132] 부정확하지만 대체적인 윤곽은 짐작할 수 있다. 무주군 산내면

---

125) 위의 보고서, 151, 153쪽. 이 보고서, 158쪽에는 구림면 등의 빨치산에 의한 피학살자 31명의 인적 관계가 실려있다.

126) 위의 보고서, 29~30쪽. 이 보고서, 179~180쪽에는 동계면 피학살자 인적 사항이, 193~195쪽에는 쌍치면 피학살자 인적 사항이 실려있다.

127) 위의 보고서, 29쪽. 빨치산에 의한 덕치면 피학살자 인적 사항은 이 보고서, 231~232쪽 참조.

128) 정읍군 산내면에서의 빨치산 희생자에 대해서는 위의 보고서, 242쪽 참조.

129) 위의 보고서, 29쪽. 완주군에서의 빨치산에 의한 피학살자 인적 사항은 이 보고서, 258~259쪽 참조.

130) 부안군에서의 빨치산에 의한 희생자 인적 사항은 위의 보고서, 260쪽 참조.

131) 익산군에서의 빨치산에 의한 희생자 인적 사항은 위의 보고서, 261~262쪽 참조.

132) 위의 보고서, 29~30쪽.

에서는 국군에 의한 양민학살과 함께 빨치산에 의해서도 종성리 황토마을 박순임 등 25명이 학살되었다고 한다.133) 대검찰청 수사국에서 펴낸 『좌익 사건실록』에는 빨치산에 의한 주민학살 기록이 여러 군데 나온다.

국회에서는 전쟁기간중의 피해에 대하여 여러 차례 조사를 하였다. 1950년 10월에 있었던 국회의원들의 각도 피해상황조사도 그 중 하나이다. 서울 지역을 맡은 조광섭(趙光燮) 의원은 공비로 인한 사상자가 9월 28일 현재 1,799명이고, 납치, 행방불명이 4,020명이라고 보고하였다. 경기의 박제환(朴濟煥) 의원은 제일 살상이 많은 포천군은 약 3천 명, 제일 적은 장단군은 88명이라고 보고하였는데, 살상이 무엇을 가리키는지 확실치 않은 점이 있다. 충북의 조대연(趙大衍) 의원은 인명피해가 1만 2천 명이라고 보고하였는데, 그것이 무엇을 가리키는지 알 수 없다. 경남의 신중목 의원 또한 피해 시·군 15개 군, 사망 7,400명, 부상자·행방불명 2만여 명으로 함양읍이 제일 심하다고만 보고하였다.134) 변진갑 의원은 1951년 2월 하순의 발언에서 전남북지방의 피해와 관련하여 전남 장성 사망 2만 2,123명, 영광 피살 5만 6천여 명, 영암읍내 사망 2만여 명, 순창은 1만여 명이 학살당하였다고 말했다.135) 그는 또 4월 하순에는 영광 12개면 3만 8천여 명이 공비로 인해서 학살되었고, 국군 진주 이후에 6천 명이 학살되었으며, 장성은 11만 7천 명 중 2만 2,213명이 학살되었고, 담양·함평은 9,877명이 죽었으며, 승주는 7,637명이 죽었고, 영암은 3만 7천 명이 죽었다고 '공비로 인한 전남지방의 피해실정보고'를 하였다.136) 변진갑 의원의 발언은 전북지방의 순창을 포함하여 어느 경우나 확인할 수 있는 자료가 발견되지 않고 있다.

---

133) 김삼웅, 앞의 책, 172쪽.

134) 『국회속기록』 제8회 39호, 1950. 10. 31.

135) 『국회속기록』 제10회 33호, 1951. 2. 24.

136) 『국회속기록』 제10회 68호, 1951. 4. 29.

2. 군·경찰·우익청년단체·우익인사에 의한 학살

1) 전쟁 전의 학살

① **제주4·3학살** 삼다의 섬 제주도에서 1948년 4월 3일부터 1949년 6월 산사람 사령관 이덕구(李德九)가 사살될 때까지 희생당한 사람들이 얼마나 되는가를 정확히 알기는 어렵다. 7, 8만 명설도 있고 6만 명으로 기록되어 있기도 하지만, 이것은 실제보다 많은 숫자로 보인다. 1960년 민주당정부 가 들어섰을 때, 이 지역 출신의 고담룡(高湛龍) 의원과 김성숙(金成璹) 의 원은 각각 6만 5천~6만 8천 명과 5만 명을 주장하였다. 박용후의『제주도 지』에는 4만 명으로, 메릴의 「제주도반란」에는 3만 명 이상으로 기록되어 있다. 또 부만근의『광복 제주30년』(文潮社, 1975), 제주시의『제주시 30년 사』(1985), 제주도 경찰국의『제주경찰사』(1990)에는 2만 7,719명으로 되어 있다. 제민일보4·3취재반은 전쟁 이후 예비검속자, 육지감옥소 사망자까 지 포함하여 '최소한 3만 명 이상'으로 추정하였다.[137]

희생자에 대한 구체적인 조사는 제주도의회에 의하여 이루어졌다. 앞에 서 언급한 대로 제주도의회 4·3특별위원회가 수년간의 조사 끝에 1997년 1월에 낸『제주도4·3피해조사보고서』수정·보완편에 의하면, 제주도의 회에 신고 접수된 인원이 1만 1,655명(이 중 사망 9,361명, 행방불명 1,346명, 형무소 행방불명 958명)이고, 신고서에 접수되지는 않았으나 각종 증언이나 자료로 인적 사항을 파악할 수 있는 인원이 2,839명으로, 이 보고서에 수록 되어있는 전체 인원은 1만 4,504명이다. 그런데 필자가 1997년 2월에 대만 2·28사건 50주년 행사에 참석하여 타이뻬이에서 들은 바에 의하면, 2·28 사건으로 희생된 숫자가 1만 5천~2만 5천 명으로 추산되는데, 보상해준다 며 신고하라고 하였는데도 신고자수는 2천 명밖에 안된다는 것이었다. 따 라서 제주도의회의 조사보고서에 수록된 인원보다는 여러가지 이유로 신

---

137) 제주도의회 4·3특별위원회, 앞의 보고서, 14~15쪽 ; 제민일보4·3취재반, 앞
 의 책 2, 369~370쪽

고가 안되었거나 될 수가 없는 인원이 더 많을 것으로 추산된다. 그렇게 따져볼 때, 제민일보4·3취재반에서 추정한 '최소한 3만 명 이상'이 사실에 가까울 것으로 판단된다.

3만여 명의 희생자 가운데 군·경찰 등 토벌대 및 우익단체 소속원에 의하여 학살된 숫자는 얼마나 될까. 제주도의회의 『제주도4·3피해조사보고서』에 따르면, 도의회에 신고 접수된 1만 1,665명 중 토벌대측에 의하여 희생된 인원은 9,674명으로 전체의 82.93%를 차지하는데, 이 숫자는 무장대측에 의하여 희생된 1,314명(11.26%)의 7배가 넘는다. 1만 1,665명 중 남자는 9,192명, 여자는 2,443명이고, 기타 30명이다. 그것을 연령별로 보면, 10세 이하가 649명이나 되고, 11~20세는 1,842명, 21~30세는 4,209명, 31~40세는 1,748명, 41~50세는 1,116명, 51~60세는 777명, 61세 이상은 673명, 기타 651명이었다. 그런데 전체 희생자가 3만 명 이상일 경우, 신원을 알 수 없는 사람들이 1만 5천 명 내외일 터인데, 좌익에 의하여 희생된 사람들은 대개 신고하였을 가능성이 많기 때문에 이들의 대다수는 토벌대측에 의하여 희생된 사람들일 가능성이 크다.

무장대의 숫자는 얼마일까. 메릴은 4·3 초기에 주력부대 병력을 약 5백 명으로 파악하였다. 이 중 반은 소총으로 무장하였지만, 나머지는 칼, 낫, 죽창, 사제 수류탄, 여러가지 폭발물, 곡괭이, 삽 등 잡다한 것이었다고 한다.[138] 4·3이 발생하였을 때 제주도 9연대장이었던 김익렬은 그의 회고록에서 폭도수를 3백 명 이하로 알고 있었다. 무기도 해녀들이 바닷 속에서 건져낸 일본군의 99식 소총이었는데, 그것도 많아야 1개 편대에 4~5정 정도였고 나머지 무기는 곤봉 따위였다고 한다.[139] 따라서 무장대 인원은 많아야 기천 명이었겠지만 대체로 1천 명 안팎으로 추정된다. 그 중 소총 등으로 무장을 갖춘 사람은 수백 명이었을 터인데, 이들은 '교전중'에 죽은 경우가 많았을 것이므로, 약 3만 명 이상이 학살당하였을 경우 거의 전부가 민간인으로 추정된다. 그리고 그 중 80% 이상, 어쩌면 90% 이상이 토벌

---

138) 메릴, 「제주도반란」, 『제주민중항쟁』 1, 소나무, 1988, 325쪽.
139) 김익렬, 앞의 글, 298쪽.

대나 우익에 의하여 학살당하였다고 추정할 수 있다. 한국사 전체를 통틀어 보더라도 한국전쟁기에 학살당한 사람을 제외한다면, 이렇게 민간인이 대량으로 학살당한 예는 찾기가 어렵다.

제민일보4·3취재반이 기술한 『4·3은 말한다』 2권에서 5권까지 약 1,800쪽은 대부분의 내용이 학살사건으로 채워져 있다. 5권은 전부가 그러하고, 3권과 4권도 거의 다 학살에 관한 기록이라고 해도 과언이 아니다. 앞으로 한두 권이 더 출간될 예정인데 5권처럼 학살만 다루게 될 것이라고 하니 제주도에서의 참혹한 학살의 성격이나 규모를 가위 짐작할 만하다.

1948년 11월 13일 새벽 2시게 조천면 교래리를 포위한 토벌군들은 집집마다 불을 지르고 불기운에 놀라 황급히 뛰어나온 주민들에게 무차별적으로 총을 쐈다. 이날 30명 가까이 집단학살당하였는데, 대부분이 노인과 여자, 15세 미만의 아이들이었다. 김인생은 이때 할머니, 어머니, 15세, 10세, 5세의 남녀 동생과 형수, 10세 미만의 조카 셋 등 가족과 친척 14명을 잃었다. 재빨리 도망치지 못한 사람들이었다. 양복천 여인은 세 살 난 딸을 업은 채로 픽 쓰러지자, 아홉 살 난 아들이 "어머니!" 하고 달려들다 총에 맞아 죽었다. 양여인은 "이 새끼는 아직 안 죽었네" 하면서 총을 쏘던 군인들의 목소리가 지금도 쟁쟁 울린다고 증언하였다. 업혀있던 딸도 총에 맞아 평생을 불구로 살았다.[140] 1948년 11월 19일 서북청년회원들은 중문면 대수구우영이란 데서 16명을 집단학살하였다. 서청원들이 강요한 물품을 사지 않았거나, 면사무소 직원으로 서청원이 돈과 쌀을 강요할 때 거부하였거나, 공짜로 이발한다고 핀잔을 주었거나, 같은 우익인 대동청년단원이었지만 대항관계에 있던 사람들이었다.[141] 섬 주민들은 갖가지 방법으로 학살당하였다. 찔러 죽이고[刺殺], 때려 죽이고[撲殺], 묶어놓고 죽이고[搏殺], 목을 졸라 죽이고[絞殺], 불태워 죽이고[燒殺], 바다에 수장하고, 굴 입구에 불을 피워 질식시켜 죽였다. 그런가 하면 토벌작전이 있을 때 열세 명의 목을 잘라서 시내를 두루 다니며 구경시키기도 하였고,[142] 주민들을 모아

---

140) 제민일보4·3취재반, 앞의 책 4, 393~395쪽.

141) 위의 책 4, 256~257쪽.

142) 임두홍, 「대나오름의 기억」, 『제주민중항쟁』 1, 379쪽.

놓고 뺨때리기를 시켰는데, 할아버지와 손자간에도 강요하였고, 세게 때리지 않으면 서청원들이 달려들어 죽도록 팼다.[143]

인간의 야만성은 끝이 없는 것 같았다. 소설가 현기영과 증언자 간에는 다음과 같은 대화가 나온다.

"최단시일 내에 제주사태를 마감하라는 것이 상부의 명령이었지. 그러자 시간에 쫓긴 토벌대 사령부는 일계급 특진이라는 미끼를 걸어놓고 말단들을 살육경쟁에 내몰았던 거야. 처음엔 사살한 폭도의 한쪽 귀를 잘라오라고 했는데 말이야, 양쪽 귀를 잘라와 전과를 두 배로 부풀리는 놈이 없나, 심지어 노인, 여자들을 죽여 귀를 잘라오는 놈들도 있었거든. 산에서 귀 잘린 노인, 여자들의 시체가 많이 발견되었단 말이야. 그래서 아예 목을 잘라오라고 한 거라구."

"그러면 까맣게 그슬린 머리통은 어떻게 된 겁니까?"

"아, 그건 또 이렇지. 민보단이라고, 왜 죽창 들고 토벌대 뒤따라다니는 민간인들 있었지 않은가. 토벌대가 산 사람을 생포하면 직접 죽이지 않고 민보단에게 시킬 때가 종종 있었어. 왜 그런고 하니, 그게 다 상부의 지시인데, 섬 백성으로 하여금 제 동족을 죽이게 하여 공범자를 만들자는 책략이지. 하여간 총을 들이대고 죽창질하라고 위협하는 데 안할 도리가 있나. 그리고 죽창에 사람이 금방 안 죽거든. 그래서 죽창질한 후에 불태워 죽이는 거지. 참으로 처참한 일이야."[144]

1948년 11월에 악질 고등계경찰 출신인 최난수(崔蘭洙)가 특별수사대를 이끌고 와 만행을 저지른 것도 널리 알려져 있다. 특별수사대에서는 삐라를 만들어 특정 마을에 몰래 뿌려놓고서는 그 마을 주민들을 잡아다 고문하였다. 자유당시절의 '관제 공산당' 수법이었는데, 이것 역시 뜯어내기 위해서였다고 한다. 특별수사대는 여자를 나체로 매달아놓고 쇠좆매로 때리

---

143) 주로 재물을 강탈하기 위해서 그런 짓을 시켰다고 한다. 이장이나 민보단장이 돈을 모아가든가 소를 끌고가야 그짓이 끝났다는 것이다(제민일보4·3취재반, 앞의 책 5, 41쪽).

144) 현기영, 『지상에 숟가락 하나』, 실천문학사, 1999, 63~64쪽.

는 등 가혹한 짓을 하였다.[145] 1948년 5월 30일 한 지역에서 토벌대는 국민학교 마당에 주민들을 집결시켜놓고 장작으로 마구 때렸다. 그리고는 남녀 모두 옷을 다 벗기고 또 장작으로 매질하고는 처녀와 총각을 지목하여 모든 사람들이 보는 앞에서 그짓을 강요하였고, 그러다 날이 저물자 주민 4명을 끌고가 총살하였다. 이러한 일은 한림면 청수 2구(지금의 한경면 산양리) 수룡국민학교에서 일어난 일만은 아니었을 것이다.

일본군이나 나치와 관련된 영화에서 볼 수 있는 대살(代殺)도 흔하게 있었다. 남편이 산에 올라갔다고 하여 아내를 나오게 하고, 부모가 산에 갔다고 하여 아들을 나오게 하였는데, 그러한 대살로 상모리(上摹里) 모슬포에서는 48명이 죽었다고 한다.[146] 앞에서도 기술하였지만, 무장대가 1948년 12월 3일 밤 구좌면 세화리를 습격하여 48명을 집단학살한 끔찍한 만행을 저질렀을 때, 무장대가 물러갈 때까지 지서 안에서 꼼짝도 하지 않았던 토벌대는(당시 지서 안에는 약 35명의 경찰이 있었다) 날이 밝자 세화지서에 감금해놓았던 도피자 가족으로 보이는 종달리 주민 16명을 영화에 나오는 장면처럼 주민들이 지켜보는 가운데 총살하였고, 세화리 출신 입산자들의 가족도 '처형'하였다. 감금되어 있던 나머지 가족들은 1949년 2월 10일 연두골에서 집단학살당하였는데, 그 중에는 12~13세의 소년과 어린애도 포함되어있었다.[147] 이것도 분명히 대살인데 이러한 대살은 『4·3은 말한다』에 자주 나온다.

제주도에서는 비인간적 반문명적 범죄로 금지되어있고, 책임자는 시효에 관계없이 단죄를 받게 되어있는 주민집단학살이 비일비재하게 저질러졌다. 베트남에서 미군이 저지른 미라이촌 학살사건으로 세계가 떠들썩하였지만, 제주도에서는 그러한 짓이 수십 번이나 자행되었다. 이러한 집단학살은 거개가 초토화작전에 맞춰서 일어났다. 제민일보 4·3취재반은 11월 13일 혹은 11월 15일부터 무차별적 학살과 방화 등이 일어났다고 보고,

---

145) 제민일보4·3취재반, 위의 책 4, 222~223, 386쪽.

146) 1960년 6월 6일 제주도의회 의사당에서 국회조사단이 조사할 때, 남제주군 내무과장이 한 증언(제민일보4·3취재반, 앞의 책 3, 부록, 334쪽).

147) 제민일보4·3취재반, 위의 책 5, 48~51쪽.

초토화작전의 본격적인 시점을 11월 중순으로 잡았다. 그 이전에는 학살극이 주로 젊은 남자를 겨냥한 것인 데 반해, 11월 중순 이후에는 노인에서부터 부녀자, 어린아이에 이르기까지 무차별적으로 자행되었기 때문이다. 그리고 이 초토화작전은 이승만이 11월 17일에 근거도 불확실한 계엄령을 선포한 것이 큰 요인 또는 기폭제가 된 것으로 보았다.[148] 서청원 1천 명 이상이 경찰이나 경비대원으로 급히 옷을 갈아입고 토벌의 한복판에 선 것도 1948년 11·12월이다. 이것은 이승만이 주도하였다. 또 이승만은 12월 서청 총회에 나와 반란사태를 수습하기 위하여 서청이 나서야 한다는 요지의 연설을 하였다.[149] 여기에서는 주민집단학살의 세 군데 예만 간단히 언급하기로 한다.

표선면 토산1리 노인회에는 '4·3'을 겪은 70대 이상의 남자는 한 명뿐이다. 약 50년 전에 청년들이 몰살되었기 때문이다. 달이 아주 밝았던 1948년 12월 14일, 토벌대는 주민들을 모두 향사(鄕祠)에 모이게 한 후 18세부터 40세까지의 남자와 몇몇 젊고 예쁜 여자를 분리하여 표선국민학교로 끌고 가 감금하였다. 이미 이날 오후 중산간에 숨어있던 양민 2명이 토벌대의 총에 맞아 숨졌고, 임산부였던 한 여인은 창에 찔리고 총에 맞아 죽은 바 있었다. 또 같은 날 마을 안에서도 2명이 사살되었다. 감금되었던 사람들은 표선 백사장으로 끌려가 주로 12월 18일과 19일에 걸쳐 총살되었다. 약 150명이었다. 이때 살아남았던 3명은 몇 개월 후에 발각되어 향사 동쪽 밭에서 총살되었다. 이 마을에는 죽은 처녀총각들을 영혼결혼시키고 양자를 들여 대를 잇게 한 사혼(死婚)이 많다. 4·3으로 토산리에서 희생되어 신고 접수된 인원은 188명이다.[150]

---

148) 위의 책 4, 341, 366쪽. 그러나 박진경이 9연대장으로 부임해온 이후부터 초토화작전이 진행되었다는 점이 간과되어서는 안된다. 11월 중순부터는 극단적인 초토화작전 또는 싹쓸이 학살극이 자행되었을 뿐이다.

149) 위의 책, 148~152쪽. 서청원들은 1947년 3·1시위 후부터 4·3 발발 때까지 500~700명 정도가 입도하였고, 4·3 발발 이후에는 조병옥의 요청에 의하여 500명을 급파하였으며, 1948년 11·12월에 1천 명 이상이 들어왔다고 한다(같은 책, 148~149쪽).

150) 위의 책 5, 102~105쪽. 희생자 명단은 제주도의회 4·3특별위원회, 앞의 보고

표선면 가시리에는 1948년 11월 15일 군인들이 갑작스레 몰려들어 놀라서 이리저리 뛰는 주민들에게 무차별적으로 총격을 퍼부었다. 약 30명의 희생자를 냈는데, 젊은이들은 급히 피신한 뒤라 주로 노인과 어린이들이었다. 호적에 이름도 안올린 어린이 3명을 포함하여 안씨 가족 8명과 안씨 누이의 어린 조카 3명 등 모두 12명이 인근 숲에 숨었다가 목숨을 잃었다. 60대 부부인 다른 안씨는 세 살, 한 살의 손녀손자를 데리고 급히 냇가의 굴에 몸을 숨겼지만 아기 울음소리를 들은 토벌대가 굴속으로 수류탄을 던져 5명이 운명을 같이하였다. 11월 22일에는 가시리 주민들에게 표선리로 소개하라는 지시가 떨어졌다. 이때 주민들은 뿔뿔이 흩어졌고, 소개된 주민들은 표선국민학교에 수용되었다. 한 달 후인 12월 22일 토벌대는 수용자들을 집합시킨 후 가족 전부가 소개되어온 집안과 그렇지 않은 집안으로 나누고, 가족 중 한 사람이라도 없으면, '도피자 가족'이라 하여 버들못 부근에서 총살하였다. 이때 희생된 사람들이 76명이었다.

1948년 말 주둔군이 2연대로 교체된 이후에도 학살은 계속되었다. 제주도의회 특별위원회에서 신고를 접수할 때 주민들은 364명의 사망자를 신고하였다. 유족이 없거나 신고되지 않은 희생자는 147명으로 집계되었다. 350여 가호가 있었는데 511명이나 학살당한 것이다. 여기서도 젊고 예쁜 여자를 옷을 벗기고 희롱하였고, 쓰러진 엄마 위에서 울고 있는 아이가 희생되었다.[151)

항일투쟁의 전통이 강하였고, 건준과 인민위원회의 활동이 활발하였던 조천면의 북촌리에서는 1948년 12월 16일 23명이 학살당하였다. 산으로 못 가고 집 부근에 토굴을 파서 살다가 자수하면 양민으로 인정해준다고 하여 해수욕장으로 유명한 함덕에 있는 대대본부에 자수하였다가 희생된 사람들이었다. 이틀 후인 12월 18일, 이번에는 무장대가 내려와 경찰후원회장과 마을 이장 부부를 살해하는 사건이 벌어졌다. 28일에는 20살 안팎의 처녀들 4명이 함덕으로 끌려가 다음날 학살되었다. 1949년 1월 17일 북촌

서, 606~614쪽 참조.

151) 제민일보4·3취재반, 위의 책 5, 93~102쪽. 희생자 명단은 제주도의회 4·3특별위원회, 위의 보고서, 606~614쪽 참조.

학살의 서막이라고나 할까.152) 북촌학살은 세화리 주둔군인 2명이 함덕리로 오다가 무장대의 기습으로 죽은 직후에 발생하였다. 그 얼마 후 제2연대 3대대 7중대의 2개 소대가 북촌리로 들어와 마을사람들을 교정에 모아 놓고 총을 쏘았다. 1차 2차 3차 4차로 나누어 학살하던 중 대대장이 들어와 학살을 중지시키고 남은 사람은 함덕으로 오라고 말하고는 군대를 철수시켰다. 남은 주민들은 함덕으로 갈 것인가에 대하여 토론하였는데, 일부는 산으로 갔고 일부는 다음날 함덕으로 갔던바, 함덕 군부대로 간 사람들은 빨갱이 가족이라고 하여 대부분이 '처형'당하였다. 이틀 동안 북촌에서는 300여 가호에서 약 400명이 학살당하였다.153)

한편, 목포감옥소는 600명이 수용 정원인데 제주도에서 600명 가량의 '반란군 죄수'가 와서 1,421명이나 수용되었다. 견디다 못한 죄수들이 1949년 9월 14일 대거 탈출하였던바, 9월 26일까지 탈주자 299명이 사살되었다. 그런데 탈옥수 가운데 70여 명을 트럭에 나누어 싣고 한밤중에 시내 유지들 또는 모당(민국당?)과 관계가 있는 집에 내리게 한 후 그곳에서 총살한 '천인공노할 인육배급사건'이 발생하여 국회에서 논란이 되었다.154)

② **여순사건 등에서의 학살**　여순사건으로 학살당한 숫자는 제주도보다 더 불확실하다. 순천은 3일 만인 23일에 탈환되어, 이날 순천읍민 남녀노소가 순천북국민학교에 집결되어 경찰, 대동청년단원, 학련생 등에 의하여 폭동군 및 부역자가 색출되고, 그 다음 지방 유지, 우익인사 등에 의하여 부역자가 적발되었다고 한다.155) 순천에서 얼마나 많은 사람이 처형 또는

---

152) 제민일보4·3취재반, 앞의 책 4, 435~440쪽.

153) 김창후, 「1948년 4·3항쟁, 봉기와 학살의 전모」, 『역사비평』 1993 봄, 159쪽. 이때 학살된 인원에 대하여 일부 증언에서는 600명, 500명 등으로 나오는데, 제주도의회의 희생자 명부에 수록된 확인 인원은 400명이 약간 단된다. 북촌리에서 4·3 이후 학살당하여 제주도의회에 신고 접수된 사람은 479명에 이른다. 희생자 명단은 제주도의회4·3특별위원회, 앞의 보고서, 367~388쪽 참조.

154) 목포 출신인 姜善明 의원의 문전에서도 한 명이 총살되었다. 강의원은 이 사건은 여순사건 다음 가는 비극이라고 말하였다(『국회속기록』 제5회 13호, 1949. 10. 4, 권승렬 법무부장관 발언 ; 제6회 7호, 1950. 1. 17, 朴峻, 柳聖甲, 강선명, 張洪琰, 곽상훈 의원 발언).

학살되었는지는 자료가 적어 알기 어렵다. 다만 10월 25일 박찬길 검사 등 20명을 재판도 하지 않고 오로지 군에서 주었다는 사형집행장 하나만 가지고 사형을 집행한 것은 사회적으로 논란이 되었다. 이 사건이 문제가 되었을 때 권승렬 법무부장관은 이 사형집행장을 군에서 발행하지 않은 것 같다고 국회에서 보고하였다.[156] 순천지청 소속 박검사는 군정시기부터 경찰의 인권유린을 못마땅하게 생각하였고, 경찰이 체포한 좌익을 석방하거나 경형을 구형하여 경찰과 마찰이 많았다. 그는 여순사건이 나자 숨어있다가 국군이 들어온 뒤에 나왔는데도 인민재판에 배석하였다는 억지 죄명으로 즉결처분을 받아 총살당하였다.[157] 이 사건에 대하여 국회나 법조계뿐만 아니라 여론에서도 경찰의 책임을 묻는 쪽으로 갔으나, 경찰이 만 하루 동안에 걸친 전국적인 '항의파업'에 돌입하자 이승만은 경찰의 업무 계속을 구실로 삼아 모든 일을 없었던 것으로 덮어두라고 지시하였다.[158]

여수의 경우, 군이 시내로 들어오기 시작한 26일부터 공설운동장, 동국민학교, 서국민학교, 진남관, 종산국민학교(현 중앙초등학교) 등 다섯 군데에 주민들을 집결시켜 심사하였다. 14연대 반란 가담자들로부터 피해를 입었거나 겨우 피해에서 벗어났거나 '수배 대상'에 올랐던 사람들이 이번에는 반대로 현장에서 가담자를 가려냈다. 생존 경찰관, 우익인사, 진압군 병사로 구성된 5, 6명의 심사위원들이 집결한 시민들 앞을 지나다가 '저 사람' 하고 손가락질하면 그 자리에서 교사 뒤에 파놓은 구덩이 앞으로 끌려가 불문곡직 총살되었다. 파리한 몰골의 앳된 젊은이들이 2~3명, 4~5명씩 교사 뒤로 끌려갔다.[159] 종산국민학교의 부역자 색출은 목불인견이었

---

155) 황남준, 앞의 글, 470쪽 ; 김득중, 「이승만 정부의 여순사건 인식과 민중의 피해」, 『여순사건 자료집』, 여수지역사회연구소, 1999, 47~52쪽.

156) 『국회속기록』 제5회 13호, 1949. 10. 4.

157) 『국회속기록』 제5회 14호, 1949. 10. 5, 金鳳祚 의원 발언. 여순사건 때 순천지역 국회의원 黃斗淵도 이 시기에 순천에 있다가 엉뚱하게도 인민재판 배석판사를 지냈다는 이유로 잡혀들어가 죽음 일보 직전에 살아났다. 자세한 것은 김득중, 앞의 글, 54~64쪽 참조.

158) 메릴, 앞의 책, 222쪽 ; 김태선, 「국립경찰 창설」 (36), 『중앙일보』 1972. 11. 23.

159) 김계유, 앞의 글, 283~285쪽.

다. 12월 중순께까지 팬티만 입은 알몸으로 맨땅에 앉혀놓고 한 사람씩 취조실로 불러들여 장작개비로 반죽음을 시키면서 '자백'이라는 것을 받아냈다. 이때 취조관의 자유재량에 따라 운이 좋은 사람은 고등군법회의에 넘어갔고, 운이 나쁜 사람은 학교 동쪽 버드나무 밑에 설치된 즉결처분장으로 끌려갔다고 한다. 이곳에서는 부산 5연대의 김종원(金宗元) 대위가 일본도로 목을 치다가 지치면 권총이나 소총으로 '처형'하였다고 한다. 그는 돌산도나 남면 등의 섬에서도 만행을 저질렀다.[160]

여수와 순천에서 민간인이 얼마나 학살당하였는지는 알 수 없다. 김계유는 계엄사령부에서 발표한 여수지구 사망자 1,200명과 순천지구 사망자 1,134명을 수용소에서 즉결처분되었거나 종산국민학교에서 처형된 사람들로 추측하였으나,[161] 이 점은 더 확인할 필요가 있다. 여수지역사회연구소 관계자들이 주로 현장조사를 통하여 조사한 바에 의하면 여수지역(돌산도 등 섬 지역 포함)에서 좌익으로 지목되어 희생당한 사람들은 진압군에 의한 희생자 282명, 경찰 등에 의한 희생자 69명으로 351명이다. 그밖에 형무소 사망이 121명, 행방불명이 157명, 기타가 41명인데, 형무소 사망자는 상당수가 14연대 반란군에 속하였던 군인들로 추정되고, 행방불명자나 기타 사망도 대개 좌익 쪽으로 지목된 사람들이었을 것이다. 희생된 장소는 마을 밭과 산 등 여러 곳이지만, 가장 많은 인명이 희생된 곳은 만성리굴 부근이었다. 종산국민학교에서 끌려온 125명이 1949년 1월 13일 만성리굴 너머 현재 군부대가 위치한 부근에서 '처형'되었다고 당시 여수경찰서 사찰계 형사였던 최명규 등은 증언하였다. 당시 군은 경찰에게 총살을 명령하였지만, 이들이 경험이 없어서 못한다고 하자 헌병들이 총살한 뒤 5명을 한 묶음으로 묶어, 시체 한 묶음에 장작 한 켜로 다섯 묶음씩을 쌓아 25묶음에 불을 질러 화장하였는데, 3일간 불이 탔다고 한다.[162]

---

160) 위의 글, 289~291쪽. 여수지역사회연구소, 앞의 보고서에는 돌산읍과 남면 안
    도선창 등에서 김종원이 총살한 명단 13명이 실려있다(23, 30쪽).

161) 김계유, 「여순사건의 회고」, 『21세기 동아시아 평화와 인권』 제주4·3 제50주
    년기념 국제학술대회, 187쪽.

162) 여수지역사회연구소 편, 앞의 자료집, 22~89, 113쪽. 여수시 호명동 야산에서
    도 100여 명 이상이 희생된 것으로 부근 둔덕동 용수마을 사람들은 증언하였다.

　재판받은 사람은 어떠한가. 한 연구에 따르면, 1차에서 4차에 걸친 광주, 순천, 여수 등지의 고등군법회의 및 대전의 육군중앙고등군법회의에서 1948년 11월 4일에서 11월 25일까지 1,931명의 피의자를 재판하였던바, 이들 중 691명이 사형선고를 받았고, 529명이 무죄판결을 받았다.[163] 육군사령부는 1949년 1월 10일 여순사건과 관련하여 총 2,817명이 재판을 받았는바, 그 중 410명이 사형, 568명이 종신형을 받았다고 발표하였다.[164] 14연대를 따라 입산한 주민들도 대개가 희생되었을 것이다. 전남 장흥에서는 여순사건 후 공공연히 좌익에 대한 처형이 이루어져 1949년 12월에 8명이 읍내에서 처형되기도 하였다.[165]

　1950년 6월 25일 전쟁이 일어나기 전에도 민간인에 대한 학살이 적지 않게 발생하였다.

　1949년 7월 20일 남원군 산내면 내삼동 덕동국민학교 달음재 정상에서는 여순사건 후 반란군을 소탕하기 위하여 파견되었던 제3연대 소속 2개 중대 병력에 의하여 주민 13명이 학살당하였다. 9세 어린이로부터 70대 노인까지 있었다.[166] 남원군 구천면 고기리에서도 1949년 음력 10월 18일에 학살이 있었다. 백인기 대령이 지휘하는 12연대가 여순사건 잔당을 소탕하러 이동하던 중 음력 10월 5일 산동면 송평마을 어귀에서 반란군의 매복작전에 걸려들어 참변을 당하였는데, 18일에 12연대의 예비부대가 고기리마을 주민들을 모이게 한 뒤 청년 35명을 통비분자로 몰아서 그 중 26명을 학살하였다. 같은 마을의 주민 한 사람이 부역자들로 신고하였기 때문이었다. 10~12살 된 5명의 소년들은 총살 현장에서 구제되었다.[167]

1948년 11월 초순 남산동 국동에 사는 여수반란 적극 가담자 8명은 현 구봉초등학교 옆 골짜기에서 살해된 후 암매장되었다. 이들은 등에 장작을 짊어지고 있었는데, 총살된 후 장작더미에 포개놓고 불태워졌다(같은 자료집, 14~15쪽). 종산국민학교에서와 같은 즉결총살은 서국민학교에서도 있었다(같은 자료집, 13쪽).

163) 김득중, 앞의 글, 82~83쪽.

164) 황남준, 앞의 글, 471쪽.

165) 정근식, 앞의 글, 300쪽.

166) 전라북도의회 6·25양민학살진상실태조사특별위원회, 앞의 보고서, 62쪽. 이 보고서 64쪽에는 피학살자 12명의 인적 사항이 쓰여있다.

경북 문경군 신북면 석봉리 석달마을에서는 1949년 12월 24일 중무장한 군인 약 2개 소대 80명이 들이닥쳐 공산주의자들에게 협조하지 않았느냐고 추궁했다. 주민들은 필사적으로 부인하였는데, 군인들은 집합한 부녀자와 어린아이들을 마을 앞 논바닥에서 수류탄을 터뜨리고 소총과 카빈총을 쏘아 학살하고, 마침 학교 건립을 위해 벼 한 말씩을 공출하고 귀가하던 청장년들을 마을 동편 산기슭에서 학살하였다. 마을주민 127명 가운데 남자 43명 여자 43명 등 86명이 희생되었는데, 그 중에는 세 살 이내의 어린이 11명과 5~11세의 어린이 9명이 포함되어있었다. 이웃 사람들의 주검 밑에서 죽은 채 엎드려있던 14명은 구사일생으로 살아남았다. 집은 모두 불태워졌다. 미국 극동군 사령부의 비밀문서에 의하면 현지 부대를 지휘한 국군장교와 경찰은 무장공비들이 마을사람들을 학살했다고 상부에 허위로 보고하였다.168)

1991년 12월 21일 경남 함양군 수동면 도북리에서는 1949년 7월 28일 학살된 주민 32명의 유해발굴과 장례식이 있었다. 이 마을 주민들은 자진하여 죽창을 들고 빨치산으로부터 마을을 지켰는데, 7월 26일 빨치산과 내통하여 마을을 빠져나가던 이발사를 수동지서에 넘기자 그 이발사가 앙심을 품고 마을사람들을 빨치산 부역자라고 말한 것 때문에 32명이 군트럭에 실려가 당그래산 골짜기에서 총살당한 뒤 모두 한 구덩이에 묻혔다고 한다.169) 1949년 6월 23일 3연대 정보과장 김대위는 경남 산청군 시천면 덕산국민학교(현 덕산중고등학교)를 비롯하여 구 산업조합 창고 뒷산, 구 덕산장터 뒷산, 신천국민학교 운동장에서 보도연맹원을 포함하여 수백 명을 집단학살하였다고 주민들은 증언하였다. 며칠 전 빨치산 토벌작전에 출동하였다가 역습을 받아 36명의 사망자를 낸 것에 대한 보복이었다. 1949년경부터 시천면 일대는 무법천지였다고 한다. 길을 가다 군인들의 얼굴만

---

167) 위의 보고서, 41쪽.

168) 김삼웅, 앞의 책 103쪽 ;『한겨레신문』1999. 10. 14. 1950년 1월 8일 신성모 국방부장관은 금릉국민학교로 유족들을 오게 하여 위로하고, 문경 군수에게 유족들에게 쓰라고 100만 원을 주었다(김삼웅, 같은 책, 103쪽).

169) 위의 책, 146~148쪽.

쳐다봐도 다짜고짜 개머리판으로 내려쳤다고 시천면의 주민은 증언하였다.[170)

경북 영덕군 주둔 3사단 22연대를 이끌었던 김종원은 불온분자로 검거되어 영덕경찰서에 유치되어있던 31명의 피의자들을 1950년 음력 3월 14일 무조건 끌어내어 구멍을 파게 하고 아무런 심사도 없이 학살하였다고 한다.[171) 1950년 4월 거제군 동부면에 주둔해있던 김종원이 이끄는 육군 백골부대는 5월 6일 거제군 일운면 구조라 앞바다에 주민들 1천여 명을 집합시켜 물에 들어가게 한 뒤, 찬 물속에서 1시간여 동안 뺨때리기를 시켰다. 시아버지와 며느리, 장모와 사위에게 서로 뺨을 때리게 하였다. 살짝 때리면 총개머리판과 몽둥이가 사정없이 날아들었다. 그리고 주민 수백 명을 어업조합창고에다 밀어넣고 3일 동안 감금한 채 물 한 모금 주지 않았다. 또 민청에 가입하였던 청년 8명을 따로 끌어내어 구조라 바닷가 자연 토굴 속에 가두었다가 4일간 굶긴 후 5월 10일 학살하였다. 그밖에도 이 시기에 거제에서는 김종원 부대에 의한 희생이 따랐다.[172) 경남 하동군 청암면에서도 1949년 말에 보도연맹원 학살이 벌어져 27명의 과부가 생겼다고 한다.[173)

1949년 음력 7월 경북 월성군에서 벌어진 학살은 일부 지역 우익 활동가의 만행을 읽게 해준다. 1949년 칠석날인 음력 7월 7일 월성군 내남면 민보단장 이협우(李協雨), 부단장인 이협우의 아우 이한우(李漢雨)가 이끈 자들이 빨갱이를 원조한다는 허위제보를 듣고 내남면 명계리의 김하종 일가를 습격하여 어린아이가 대부분인 김하종의 가족과 함께 손씨 가족 등 8명

---

170) 부산매일, 『울부짖는 원혼』, 1991, 208~218쪽.

171) 「김종원 법정 모욕」, 『해방 20년사』, 희망출판사, 1965, 825쪽.

172) 부산매일, 앞의 책, 229~238쪽.

173) 한국역사연구회 현대사증언반 편, 『끝나지 않은 여정』, 대동, 1996, 223쪽. 여천군 삼일면 화치마을에서는 경찰이 좌익으로 알려진 주복선이 체포되지 않자, 그의 어머니와 임신한 부인, 자녀 등 일가족 8명을 마을주민들이 보는 앞에서 총살하였다. 그 뒤 주복선은 폭발물을 설치하여 구장을 살해하였고, 6·25가 터지자 인민군과 함께 행동하면서 보복극을 자행하였다(여수지역사회연구소 편, 앞의 자료집, 12쪽).

을 학살하였다. 이협우 형제는 여기에 그치지 않고 이들의 재산과 전답 100마지기 이상도 빼앗았다. 이협우는 그 뒤에도 1950년까지 살인, 방화, 재산약탈을 하여 내남면에서 여러 형태의 희생자가 약 2백 명을 헤아렸다고 한다. 이협우는 1950년 5·30선거에서 국회의원에 당선되었고, 그 뒤에도 자유당 공천으로 당선되어 4·19 때까지 10년간 3선의원이었다. 그러나 4·19 후 체포되어 1961년 2월 대구지방법원에서 살인, 강도, 방화죄로 사형을 선고받았다.174)

2) 전쟁 직후 형무소 수감자, 보도연맹원 등에 대한 학살

① **형무소 수감자 학살** 전쟁이 일어났을 때 정부는 당황하여 서대문형무소 등 형무소 내 죄수들에 대해서도 대책을 세우지 못하고 도피하였다. 그런데 경기도 평택 이남에서부터 보도연맹원 및 경찰감시(要視察) 대상자들이 집단학살되었고,175) 형무소 수감자도 비슷한 운명에 놓였다.

형무소 재감자들이 얼마나 학살당하였는지는 알 수가 없다. 제주도의회 4·3특별위원회 등의 조사에 의하면, 제주도에서 육지로 이송된 재감자 중 생존자가 많지 않은 것으로 미루어볼 때, 아마도 평택 이남에 있는 수감자의 다수가 학살되었을 것이다. 권승렬 법무부장관은 1949년 12월에 국가보안법으로 구속된 수는 3만 명에 가까우며, 1950년 2월에 국가보안법 위반 피의자가 전죄수의 약 8할을 점하는 상태라고 보고한 바 있었다.

전쟁이 발발하였을 때 전국 형무소 재감자는 3만 7,335명이었다. 이 중

---

174) 金河宗의 쌍둥이 동생 金河宅은 1957년에 같은 피해자인 유칠문 등과 함께 포항주둔 해병대 장교의 도움을 받아 이협우 형제 등을 고소하였으나, 이협우가 국방부 수뇌의 도움을 받아 그들을 도와준 해병대 장교들을 제대시키는 등 위협을 가하였다고 한다. 해병대에 복무중이던 유칠문(월성군 내남면 망성리)은 그의 두 형이 남로당원으로 지목받아 1949년 5월경 모 기관원에 의하여 총살되었을 뿐만 아니라, 그날 밤 취침중 방화로 자신만 살고 그의 가족 6명이 모두 타죽었는데, 이협우에 의하여 밭 1,200평, 논 1,300여 평, 대지 159평을 빼앗겨 1957년에 토지반환소송을 냈다[한국혁명재판사편찬위원회, 『한국혁명재판사』 4, 1962, 271~272쪽 ; 『동아일보』 1957. 2. 25, 1960. 5. 22.(석) 참조]. 이밖에 김성환, 「50년 전 폐광 속 유골이 말하는 검은 역사의 진실」, 『말』 2000. 2, 75쪽 참조.

175) 김태광, 앞의 글, 25쪽 참조.

서울(8,782명), 마포(3,315명) 형무소와 부천, 영등포, 춘천, 개성, 인천 형무소의 재감자는 1만 7,106명이므로,[176] 평택 이남의 형무소 재감자는 2만 229명이 된다. 그런데 이 재감자수에 미결수는 포함되지 않은 것으로 보인다. 왜냐하면 권승렬 법무부장관은 1950년 2월에 서울형무소의 경우 재감자가 8,797명, 미결수가 6,200명이라고 국회에서 답변하였는데,[177] 전쟁이 났을 때는 앞에서 본 대로 서울 형무소의 재감자가 8,782명이기 때문이다. 미결수도 일부는 학살당하지 않았을까.

대전형무소에는 전쟁 발발 당시 태백산지구 유격대원이나 제주4·3항쟁, 여순사건 등으로 군사재판 등 재판을 받은 좌익수와 일반죄수 3천 명 정도가 수감되어있었는데,[178] 7월 첫째 주에 좌익수들은 대덕군 산내면에서 집단학살된 것으로 알려졌다. 이 당시는 대전이 임시수도였다(6월 27일~7월 16일).[179] 대구형무소에서도 전쟁 발발 직후에 군경이 들이닥쳐 1,402명이 학살된 것으로 보고되어있다.[180]

대전형무소 죄수들의 학살에 대해서 최근에 새로운 사실이 밝혀졌다. 미국에 살고 있는 이도영이 미국 국립문서보관소에서 밝혀낸 자료에 의하면, 대전에서 정치범 1,800명이 1950년 7월 첫째 주에 3일간에 걸쳐 처형되었

---

176) 국방부정훈국 전사편찬위원회, 『한국전란1년지』, 1951, D 93~94쪽.

177) 『국회속기록』 제6회 41호, 1950. 2. 28.

178) 국방부정훈국 전사편찬위원회, 앞의 책, D 93~94쪽에는 대전형무소 재감인원이 2,964명이고 청주와 공주형무소에서 후퇴시에 각각 11명, 83명을 대전형무소로 이감한 것으로 쓰여있다. 3,000명 정도의 기결수 외에 미결수도 상당수 있었다.

179) 정근식, 앞의 글, 303~304쪽. 런던의 『데일리 워커』에는 남한 경찰관이 미군고문관의 감시하에 7월 2일에서 6일 사이에 대전 부근에서 학살한 인원이 7천 명에 달하였다는 기사가 실렸다. 북의 자료에는 대부분 제주도와 태백산지역에서 붙잡힌 빨치산들과 여순사건 후 체포된 사람들인 4천 명(몇 달 후 그 숫자는 7천 명으로 변하였다)의 정치범들이 대덕지구 사내읍 창고마을에서 학살당하였다고 기술되어있다고 한다(커밍스·할리데이, 『한국전쟁의 전개과정』, 차성수·양동주 역, 태암, 1989, 92~93쪽). 대전형무소는 7월 16일 철수하였다(국방부정훈국 전사편찬위원회, 앞의 책, D 94쪽).

180) 『국회속기록』 제35회 42호, 1960. 6. 21, 부록 양민학살진상조사보고서 ; 김삼웅, 앞의 책, 166~167쪽 ; 국방부정훈국 전사편찬위원회, 위의 책, D 94쪽에는 대구형무소 재감자수가 3,994명으로 되어있고, 김천형무소에서 421명이 전쟁으로 인하여 대구형무소로 이감된 것으로 기록되어있다.

다는 것이다. 이 문서는 주한미대사관 육군무관 밥 에드워즈 중령이 작성한 것으로, 보고일자는 1950년 9월 23일로 되어있다. 이 문서에는 정치범학살에 대한 보고 외에도 아주 중요한 사실이 들어있다. 이 보고서는 "총살명령은 의심할 바 없이 최고위층(top level)에서 내렸다"고 쓰여있다. 형무소 수감자에 대한 총살명령을 내린 최고위층은 국민보도연맹원 및 경찰감시 대상자에 대한 총살명령도 내렸을 것이다. 둘다 똑같은 시기에 발생하였으며, 학살 이유도 똑같기 때문이다. 국민보도연맹원 및 경찰감시 대상자에 대한 집단학살의 명령자가 시사되었다는 것은 대단히 중요할 수밖에 없다. 미국 국립문서보관소에서 찾은 이 문서에는 처형장면을 찍은 사진 18장이 첨부되어있는데, 이 사진은 극동사령부 연락장교 애버트 소령이 주한미대사관 육군무관의 라이카 카메라로 촬영한 것으로, 무관 사무실 요원에 의해 현상, 인화되었다. 뿐만 아니라 총살현장에는 미군도 있었다.

극동사령부 연락장교가 주한미대사관 육군무관의 라이카 카메라로 처형장면을 촬영하였고 미군이 현장에 있었다는 것은 극동사령부(사령관 맥아더)와 미대사관이 이 처형을 사전에 잘 알고 있었다는 것을 입증한다. 이것은 미대사관과 극동사령부가 이러한 처형을 묵인하였을 뿐만 아니라, 방조 또는 조장하거나 사전에 상의하였음을 시사해준다. 이도영이 찾아낸 다른 문서 역시 주한미대사관 육군무관 밥 에드워즈 중령이 보고한 것인데(보고일자 1951. 5. 3), 1951년 4월 대구 인근에서 육군헌병들이 부역자들을 처형한 사실이 기록되어있다. 이 처형장면도 주한미군 군사고문단(KMAG) 소속 군사고문이 촬영하였고, 미대사관 육군무관실에서 현상, 인화하였다. 이것은 한국 군경에 의한 수많은 학살 또는 처형에 주한미대사관과 미군이 어떠한 형태로든 개입하였음을 말해준다. 미국은 한국에서의 집단학살에 연루되어있었다.[181]

---

181) 이도영의 발굴문서는 『한국일보』 2000. 1. 6. 및 다른 일간신문의 보도를 이용하였음. 총살현장에 미군과 사회유지들이 포진해 있었다는 증언은 심규상, 「1950년 7월 8일 낭월동을 기억하라」, 『말』 2000. 2, 83쪽 참조. 커밍스는 미군과 한국군은 똑같이 유엔군의 일원이었고, 미군 고급장교가 포함된 '참관단'(따옴표는 필자)이 현장에 있었기 때문에, 미군은 이 사건에 대해서도 노근리사건처럼 조사해야 할 것이라고 강조하였다(『한국일보』 2000. 1. 7). 충남 대덕군 산내면 낭월리

대전형무소 죄수 1,800명이 처형된 대덕군 산내면 낭월리 골령골에서는 같은 시기에 수백 명 또는 1천 명 내외의 보도연맹원 및 경찰감시 대상자도 학살된 것으로 보인다. 남로당 연구 전문가로 논산이 고향인 김남식은 논산군 등 대전 인근 각지의 보도연맹원 및 경찰감시 대상자가 골령골에서 학살된 것으로 증언하고 있다.[182] 김남식의 증언은 신빙성이 높다. 극동사령부 연락장교 애버트 소령이 촬영한 사진에는 명백히 재소자를 처형하는 장면도 있으나, 한 장교가 미소를 지으며 '처형 대상자'들을 인솔하고

골령골(현 대전직할시 동구 낭월동)에서의 학살에 대해서 새로운 증언도 나왔다. 대전형무소 형무관으로 근무한 金亨植(교정동우회 대전지회장)은 2000년 1월 7일 "상부의 명령을 받고 재소자 가운데 사상범만을 골라 낭월동으로 데려간 뒤 신상이 기록된 신분증과 함께 이들을 군경에 인계하는 작업을 수행하며 집단처형 장면을 목격했다"고 말했다. 그는 형무소장 직무대리였던 이순일 서무과장이 "법무장관으로부터 사상범은 계엄사령부의 지시에 따르고 일반잡범은 석방시키라는 지시를 받았다"며, 자신을 비롯한 특별경비대원 26명에게 죄수들의 신분증을 가져오라고 명령했음을 밝혔다. 그래서 일반잡범 2,000여 명을 석방하고, 헌병들과 함께 나머지 1,800여명을 2명씩 팔을 뒤로 묶은 뒤 포승줄로 연결하여 트럭에 태워 낭월동으로 데려갔다고 한다. 그는 경찰과 헌병이 미리 파놓은 300여 미터에 이르는 2개의 구덩이 앞에 이들을 일렬로 세워놓고 번갈아가며 사격을 가하는 장면을 목격하였고, 신중위와 정경감이라는 사람이 재소자들을 권총으로 확인사살한 후 파묻었으며, 다음 재소자들이 실려올 때까지 한쪽에서는 구덩이를 파는 작업을 했다고 회고하였다. 그는 정경감이 수형자 한 사람이 호명에 따라 트럭에서 내리자마자 일본도로 내리쳐 죽이는 것도 목격하였다. 김형식은 처형된 자들은 여순사건 관련자들이 많았고, 전쟁 이후 잡혀온 100여 명 등 정식 재판도 받지 않은 미결수도 상당수에 달했다고 증언하였다(『한국일보』 2000. 1. 8. ; 『한겨레신문』 2000. 1. 8). 사상범은 10년 이상 실형 선고자를 기준으로 하였으나, 국방경비법 특별조치법 포고령 위반죄인 경우에는 기결과 미결, 잔여 형기 등에 관계없이 모두 다 사상범에 포함하였다고 한다. 그런데 형무소장 직무대리였던 이순일은 "수석 간수로서 몇 차례 법원장과 검사장을 찾아갔으나, 재소자 처리지침과 분류기준을 하달받지 못했다. 분류작업은 백소령이 신분장을 보고 석방 가부를 결정하는 식으로 진행되었다"고 증언한바, 실제는 분류기준이 애매하였다(심규상, 앞의 글, 78쪽). 제주 4·3연구소에서는 1,800명 가운데 300명은 제주 4·3사건의 연루자들로 이들은 모두 징역 7년형을 선고받은 제주도 농민, 학생들이었는데(제주검찰청의 '수형인 명부'에 따름), 대전형무소 수감자는 전원이 행방불명상태여서 이들이 집단처형되었을 가능성이 높다고 밝혔다(『한국일보』 2000. 1. 8).

182) 2000년 1월 6일 오전 전화로 증언. 신윤동욱, 「살아남은 자들의 예의」, 『한겨레21』 2000. 2. 3, 32쪽. 대전형무소에 있던 이관술, 송언필과 시인 유진오도 함께 학살당했다고 한다.

있는 장면에 나오는 사람들은 민간인일 가능성이 있다. 또 '논산읍'이라는 차량 소속차가 선명히 보이는 트럭 아래 '대상자'들이 열을 지어 땅에 쪼그려 앉아있고, 트럭에서 경찰들이 내리고 있는 사진이 있는데, 보도연맹원 및 경찰감시 대상자들은 경찰서에서 소집하여 감시하였고, 학살도 대개 경찰이 하였다.[183] 대전형무소 재소자 집단처형을 목격한 전 형무관 김형식이 "군경이 정치범을 모두 총살한 뒤에도 며칠간 계속 초죽음이 된 사람들을 끌고 와 재판도 없이 그들을 처치하기도 했다"고 증언한 것도,[184] 당시 도경찰국 사찰주임으로 대전형무소 학살사건의 총살집행 책임자 중 한 사람이었던 변홍명(가명)이 총살집행이 10여 일간에 걸쳐 진행되었으며, 대전형무소 학살사건이 끝난 뒤 3일 동안 대전의 보도연맹원과 좌익 불순분자라는 죄목으로 연행해온 500여 명을 같은 방법으로 계속 처형했다고 증언한 것 등도[185] 보도연맹원 및 경찰감시 대상자 학살에 대한 증거로 볼 수 있다. 대전지역에서 좌익활동을 하다가 1950년 7월 초 좌익대학살 과정에서 구사일생으로 살아난 송재선(宋在瑂, 현재 88세)은 대전에서 같이 좌익활동을 했던 동료는 한 명도 살아남지 못했으며, 우익으로 전향하겠다는 사람도 모두 끌려가 죽임을 당했다고 말했다.[186]

2000년 1월 14일에는 대구형무소 재소자가 집단학살된 장소로 보이는 폐광에서 유골들이 발견되었다. 경북 경산시 평산 2동 주민들은 동네 뒷산 폐광에서 10여 구 이상으로 추정되는 인골을 발견하였다. 주민들은 이 유골이 당시 대구형무소 재소자 및 국민보도연맹원 등의 것이라고 주장하고, 폐광 입구에서만 10여 구가 발견된 점으로 미루어 내부에는 수백 구의 유골이 더 있을 것으로 추정하였다. 주민 김모(70)는 "1950년 8월 중순 북한군의 진격으로 대구지역에 소개령이 내려졌을 때 정치범으로 보이는 재소

---

183) 『한국일보』 2000. 1. 7, 27면 사진을 참조하였음.

184) 『한겨레신문』 2000. 1. 8.

185) 심규상, 앞의 글, 79~82쪽.

186) 『한국일보』 2000. 1. 6. 골령골 학살이 자행되기 전에 대전형무소에서 약 2km 떨어진 대전시 서구 둔산지구(당시 간이비행장이 있었음)에서도 학살이 있었다는 증언도 있다(『한겨레 21』 2000. 1. 20, 22쪽).

자들을 이곳으로 끌고 와 총살하거나 산채로 수직갱 속에 밀어넣었다”고 말하고, “수일간 밤마다 콩볶는 듯한 총소리로 잠을 이루지 못했고, 주변 계곡에서 흘러내려온 물이 붉게 물든데다 악취가 심해 농사를 짓지 못할 지경이었다”고 회고하였다. 대구지역에서 사상범을 학살한 장소는 이 폐광 외에도 대구 달성군 가창댐 주변과 동구 공산댐 하천변, 달서구 상인동 계곡 등으로 알려져 있다.[187)

부산형무소는 전쟁 직후 각지에서 내려온 죄수로 들끓었고 식사 등이 조악하여 간병부 일지를 보니까 괴혈병 등으로 석 달 동안 4,832명이 죽어 나갔다는 증언이 있다. 특히 제주도에서 온 사람들이 많았는데, 그들은 들어와 2개월만 되면 앉은뱅이가 되었다고 한다. 그리고 형기가 많은 사람부터 몇십 명씩 묶여나갔다고 한다. 끌려간 사람들은 대부분 학살되어 김해군 대동면 신어산 골짜기와 영도 동삼동 골짜기, 사하구 구평동 삼박 골짜기, 해운대구 송정동 구덕포와 광어촌 사이의 골짜기 등에 분산 매장되었고, 오륙도와 영도 앞바다에 수장되기도 하였다고 쓰여 있다. 일본의 주간지『선데이 마이니치』와『주간 아사히』등에는 철사로 묶인 채 수장된 시체들이 조류를 타고 일본 대마도 쪽으로 떠밀려와 조업하기 어렵다는 등의 내용이 실렸다고 한다.[188)

---

187)『한국일보』, 2000. 1. 15. ; 김성환, 앞의 글, 71~74쪽. 대구형무소에 수감되었다가 국군에 의해 살해된 것으로 알려진 朴俊變의 여동생 朴祺變(70)은 오빠가 1950년 초부터 대구형무소에 수감되어 미결수로 있다가 전쟁이 터지면서 달성군 가창골로 끌려가 국군에 의해 총살되었다는 얘기를 자주 들었다며, “낙동강전투로 대구에 주민 대피명령이 내려졌을 때 형무소에서 국군차량 수십 대가 눈을 가린 재소자들을 태우고 떠나는 것을 부모님이 목격했다”고 말하고, “당시 가창골에 재소자의 사체 수십 구가 한 구덩이에 묻혀있는 것을 목격했다는 사람이 주변에 많았다”고 덧붙였다(『한국일보』 2000. 1. 6). 1960년 6월 11일자『대구일보』에는 대구형무소 광장에 있던 약 200명 중 30여 명을 ‘인계’하여 가창골 광산 어구에서 헌병과 경찰의 감시하에 총살하였던 장면을 목격한 한 특경대원의 고백이 실려 있다(김성환, 같은 글, 73쪽).

188) 김삼웅, 위의 책, 106~107쪽. 그런데 사하구 구평동 삼박 골짜기와 해운대구 송정동 구덕포와 광어촌 사이의 시체는 보도연맹원의 것일 수도 있다(부산매일, 앞의 책, 272~274쪽 참조). 영도구 동삼동지역은 형무소에서 집단학살당한 사람들을 투기한 곳인데, 몇 번인지 정확하지는 않지만 대여섯 번 이상 한밤중에 GMC 트럭에 싣고와 선덤 골짜기의 위쪽과 아래쪽, 그리고 분뇨구덩이에 버리고

마산형무소의 경우 진상을 정확히 알기가 어렵다. 의열단장 김원봉 등 독립투사들을 많이 배출한 밀양에서는 1948년 2·7구국투쟁 때 1만 8,478명이나 끌려가 2,290명이 재판에 회부되어, 미군정 포고령 위반으로 실형을 선고받았다고 한다. 천석꾼 집안으로 해방 당시 일본에 유학하였던 감영생은 밀양경찰서로 끌려갔을 때, 2·7투쟁의 주동자와 참가자를 고발하면 석방해준다는 회유를 거절하였다가 그해 8월 22일 5년형을 선고받고 마산형무소에 수감되었다. 감씨의 아들들은 1989년에 부친의 사인 진상규명을 위해 뛰어다니다가 아버지가 1950년 7월 24일 마산형무소에서 마산 육군헌병대로 230명의 다른 죄수와 함께 이감되었다는 것을 알았다고 한다. 그해 육군 진해헌병대와 계엄사령부 등지로 이감된 수는 모두 650명이었는데, 이 숫자가 마산형무소에 있던 정치범의 전부라는 것이 감씨 아들들의 주장이다. 감씨 형제는 이들이 부친 감영생과 함께 어느 곳에선가 집단학살당하였을 것이라고 추측하고 있다.[189]

② **경기·충청·전라도 지역에서의 보도연맹원 등의 학살** 제주4·3에서의 학살과 더불어 규모가 가장 컸던 제노사이드인 보도연맹원 및 경찰 감시 대상자에 대한 학살은 『말』지 1988년 12월호에 보도된 이래 비록 부분적이지만 진상이 조금씩 알려지게 되었다. 먼저 지금까지 알려진 학살을 각 도별로 정리해본다.

경기도 이천군의 경우 장호원면, 율면, 설정면 등 남부 3개 면에서 33명이, 호법면, 대월면, 부발면 등 북부 7개 면에서 70여 명이 7월 1일을 전후하여 장호원면 밀목 등에서 학살된 것이 알려졌다. 비슷한 시기에 안성군

갔다(부산매일, 같은 책, 275쪽). 박기출은 1950년 7월 9일 민족주의자나 공산주의 관계자 수천 명과 함께 체포되었는데, 부산형무소에서 15년 이상의 형을 선고받은 정치범이 무참히 학살되는 것을 목도하였다고 기술하였다. 그는 부산지구의 CIC에 의하여 체포된 수백 명도 행방불명되었다고 주장하였다(박기출, 『한국정치사』, 日本 東京 : 민족통일문제연구원, 1976, 137~138쪽).

189) 부산매일, 앞의 책, 280~286쪽. 국방부정훈국 전사편찬위원회, 앞의 책, D 94쪽에 의하면 전쟁 당시 마산형무소의 재감자는 734명이었고, 마산형무소는 7월 13일 철수한 것으로 되어있다. 마산형무소 재감자의 8할 내외를 정치범으로 본다면 감씨 형제들의 증언이 얼추 맞지만 정확한 것은 알 수 없다.

의 경우 이중면 녹박재 고개에서 40어 명이 살해되었다.190)

충북에서는 7월 11일 청원군 북이면 옥녀봉에서 8백여 명이 학살당하였다. 1950년 7월 7일 괴산군 불정면 저장리의 김규인 등 22명과, 칠성면 사리면 지역에서 끌려와 증평양조장 창고에 갇혀있던 보도연맹원, 7월 8일 청원군 북이면에서 끌려와 북이국민학교에 수용되어있던 보도연맹원, 기타 지역의 보도연맹원들이었다.191) 그밖에 옥천군 옥천읍 금구리에서 200명, 보은군 내북면 아곡리에서 150명, 영동군 황간면 노근리에서 200명, 청원군 오창면에서 370명, 청원군 남일면 분터골에서 100여 명, 진천에서 100여 명이 학살된 것으로 알려졌다.192)

대덕군 산내면 낭월리 골령골에서 대전형무소 재소자 1,800명과 함께 수백 명 또는 1천 명 내외의 국민보도연맹원 및 경찰감시 대상자가 학살된 것으로 추정된다는 것은 앞에서 기술한 바 있다.193) 예산에서도 보도연맹원 및 경찰감시 대상자 대다수를 총살하였다고 하고, 서산에서는 400여 명이 죽었다고 한다고 한 국어학 교수의 1950년 7월 12일자 일기에 쓰여있다.194)

전북 전주에서는 국군이 후퇴한 7월 20일까지 경찰과 특무대원들이 보도연맹원 및 경찰감시 대상자를 전주시 황방산에 끌고가 구덩이를 파놓고 총살하는 등 전주에서 수백 명이 학살당한 것으로 추산되고 있다. 정읍에서는 경찰서 뒤와 농민중학교 실습지에서 약 13명이 학살되었고, 부안에서는 성서면사무소 뒤에서 학살하였다고 한다.195)

---

190) 김태광, 앞의 글, 25쪽.

191) 한지희, 「국민보도연맹의 결성과 성격」 숙명여대 사학과 석사논문, 1995, 61~62쪽.

192) 『내일신문』 1994. 11. 2, 44쪽 ; 한지희, 위의 글, 63쪽.

193) 대전에서 전쟁 직후 보도연맹원과 인근 '좌익 불순분자' 500~1,000명을 집단 학살하였다는 기술도 있다(정근식, 앞의 글, 304쪽).

194) 1950년 7월 14일자 일기에는 마을마다 보도연맹원들의 장사를 지내지 않은 곳이 없다고 쓰여있다(강신항, 『어느 국어학도의 젊은 날』 1, 正一출판사, 1995, 56~57쪽).

195) 김태광, 앞의 글, 25쪽.

전남 광주에서는 일제 때 도검장으로 사용되던 무덕정에 보도연맹원 및 경찰감시 대상자가 소집된 뒤 광주와 장성 사이의 산동교와 무등산 중심사 밑에서 학살되었다고 한다.[196] 지금은 광주직할시로 편입된 광산군 삼도면 지평리 앞의 암탉골에서는 7월에 삼도면, 본양면, 인공면, 비아면, 송정면, 하남면 등 광산군 내 보도연맹원들이 학살당하였다. 이곳에서는 지서에서 갑·을·병으로 나누어 앉게 한 후 끌고갔다. 보도연맹 찬조 가맹원이었던 오헌수는 아슬아슬하게 살아났는데, 지평리 암탉골에서 494명이 죽었다고 말하였다. 한 열흘 동안에 걸쳐 구덩이에 넣고 죽이다가 나중에는 '다급하니까' 생매장하였다고 한다. 인민군이 들어온 후 50구 정도 빼놓고 시신을 찾아갔는데, 그 후 피학살자의 형제 등이 순경 가족을 때려죽인다고 하여 경찰가족들이 당하였다고 오헌수는 말하였다. 완도에서는 음력 6월 3일 영단배라는 양곡을 싣고 다니는 배에다 살아있는 사람들을 싣고는 돌을 매달아 수장하였다. 이곳에서도 군인들이 주민들을 모아놓고 서로 때리게 하여 시어머니와 며느리, 어머니와 딸을 마주보고 때리게 하였다.[197] 함평에서는 불갑산 아래에서, 목포, 해남, 진도 등에서는 바다에 실려가 돌에 매달린 채 수장되었다.[198] 나주에서는 1950년 7월 경찰서에 집결한 보도연맹원 3백여 명을 왕곡면 온수리에서 구덩이를 파고 집단학살하였다.[199] 『여순사건실태조사보고서』 제1집에는 돌산읍 죽포리에서 4명이 경찰에 의하여 애기섬 바다에 집단수장되었고, 서덕리·임포리·계동리·둔전리에서는 11명이 경찰에 의하여 총살되었으며, 소라면에서는 2명이, 화양면에서는 1명이 경찰에 의하여 총살되었고, 남면에서는 7명이 경찰에 의하여 애기섬 바다에 집단수장되었거나 총살되었다. 상산면에서는 의용경찰 등에 의하여 12명이 무인도나 거문도 등에서 총살되는 등 여수시를 포함하여 여수지역에서 학살당한 보도연맹원 54명의 인적 사항이 나와있다.[200]

---

196) 위의 글, 26쪽.

197) 김태광, 「속 '보도연맹'사건」, 『말』 1989. 2, 44~45쪽.

198) 김삼웅, 앞의 책, 164쪽

199) 위의 책, 171쪽.

③ 경북에서의 보도연맹원 학살 1950년 7월 중순 경북 문경경찰서 경찰
은 문경, 점촌 일대의 보도연맹원 200여 명을 현재 문경시멘트공장이 들어
서 있는 주평 앞산(일명 말무덤고개)에서 학살하였다. 이들은 점촌에서 주
로 거물급에 속하는 사람들이었다고 한다. 문경군 영순면 포내마을 뒤 야
산에서는 호계면의 별암리, 견탄리, 태봉리 등지에서 보도연맹원들이 농사
일을 하던 차림으로 갑자기 호계면 지서로 끌려갔다가 문경경찰서로 옮겨
진 300여 명이 두 명씩 포승줄에 묶인 채 학살되었다. 별암리 사람은 약
100여 명이었다.[201] 대구에서는 가창, 성서, 월배, 팔공산 등에서 학살이 있
었고, 성주군, 월성군, 달성군, 봉화군, 영일군, 영천군 등에서도 산골짜기
에서 학살하거나 바다에 수장하였다.[202]

4월혁명 후 국회조사단의 조사에 의하면, 대구 상원동에서 1949년 3월
18일부터 1950년 7월 중순까지 호림부대 및 소속불명의 무장병에 의하여
240여 명이 학살되었고, 파동에서는 1950년 7월 중순에 100여 명이, 파동
가창댐 부근에서는 같은 시기에 100여 명이 학살된 것으로 신고되었는
데,[203] 학살시점으로 보아 이들 중 다수는 보도연맹원이었을 것이다. 영천
군 자양면 속칭 가지골에서는 1950년 음력 6월 24일 적에게 양식 등을 제
공한 혐의로 43명이 학살되었다. 이들의 시신 부근에는 외지인 50여 명이
학살된 채 방치되어있었다고 한다. 또 영천군 임고면의 주민 50여 명이 동

---

200) 여수지역사회연구소 편, 앞의 자료집, 22~49쪽. 한 자료집에는 여천군 율촌,
    소라, 삼일, 쌍봉과 여수 내륙지방의 보도연맹원들을 여수경찰서 무덕관에 집결시
    킨 후 남해도 남단에 있는 애기섬에 수장하였는데, 그 희생자가 약 120명 이내인
    것으로 증언하였다고 쓰여있다(같은 자료집, 15~16쪽).
201) 김태광, 「해방 후 최대의 양민참극 '보도연맹'사건」, 24쪽. 문경군 영순면에서
    의 학살자는 경찰이 아니고 군인이었다.
202) 김삼웅, 앞의 책, 164쪽.
203) 『국회속기록』 제35회 42호, 1960. 6. 21, 부록. 김삼웅, 위의 책, 167쪽에는 대구
    시 상원동 가창동 일대에서 1950년 7월부터 9월까지 3개월 동안 호림부대, 백골
    단, 경찰 등에 의하여 570여 명의 양민이 학살되었다고 쓰여있는데, 이것은 위 부
    록의 기록과 같은 것이거나 부분적으로 겹치는 것일 것이다. 이와 함께 『한국일
    보』 2000. 1. 6, 1. 15. 참조

면과 서남쪽 영천군 화북면의 경계에 있는 심사골에서 호림부대 및 백골단에 의하여 집단학살되었다. 접골에서는 외지인으로 보이는 200여 명의 학살된 유골이 뒹굴었고, 화북면 골짜기에서도 150여 명이 학살되었다고 한다.204) 외지인과 화북면 골짜기에서 학살된 사람은 보도연맹원일 가능성이 있다. 경주시 내남면 노곡리 속칭 개무덤 골짜기에서도 보도연맹원들이 학살되었다.205)

성주군에서는 10개 면에서 각각 20~30명씩 희생된 것으로 추정하였다. 가장 큰 학살은 초전면 용봉동 너리골에서 있었다. 이 지역에서는 150~160명이, 벽진면 달창골에서도 수복 전에 100여 명이 학살되었다.206) 봉화군 9개 면 각 마을에서도 학살이 있었는데, 산호·백골·럭키부대에 소속된 군인들과 특공대 의용경찰관들에 의하여 물야면 오톡동과 봉화면 도촌동, 유곡동에서 많은 동민이 학살되었다.207) 학살시점이 밝혀져 있지 않아 알 수 없지만, 규모로 보아 보도연맹원 및 경찰감시 대상자일 가능성이 있다. 영덕군 영덕읍 담석동 협동미곡창고에 수용되어있던 보도연맹원 및 경찰감시 대상자 70여 명은 8월 21일 김종원 부대에 의하여 적은 멧골이라는 골짜기에서 집단학살되었으며, 그밖에 3개 마을에서도 약 170명이 학살된 것으로 추측되었다.208) 최근 포항경비사령부 중령으로 전쟁을 맞은 남상휘 전 해군준장의 다음과 같은 증언은 국민보도연맹원 및 경찰감시 대상자의 학살진상에 대해서 많은 것을 시사한다.

"1950년 7월 초 손원일 해군 참모총장 명의로 포항경비사령부에 좌익분자를 처형하라는 명령서가 하달되었다. 포항경비사령부는 명령을 수령한 후 포항, 경주, 영덕경찰서의 협조로 용공분자로 블랙리스트에 올라있던 각 경찰서 관할주민 400~500명을 체포했다. 이들에 대한 신원 분류는 이종환 포항경찰서장, 이강학 경주경찰서장(1960년 3·15부정선거 당시 치안

---

204) 김삼웅, 위의 책, 167쪽(『영남일보』 1960. 5. 25, 5. 26. 참조).

205) 『한국일보』 2000. 1. 20.

206) 위의 책, 168쪽(『영남일보』 1960. 6. 2. 참조).

207) 위의 책, 168쪽(『영남일보』 1960. 5. 31. 참조).

208) 『해방 20년사』, 희망출판사, 1965, 825쪽.

국장), 박주현 영덕경찰서장, 포항경비사령부 정보참모 차병엽 중위, 헌병대장 고윤석 중위, 정보장교 박재욱 중위 등이 함께 했다. 물론 재판 같은 것은 없었으며, 이들 중 200여 명을 처형 대상자로 분류하고, 나머지는 귀가시켰다. 처형 대상자들을 군함 3척에 태우고 포항을 출발, 영일만 장기등대 동쪽 3~5㎞ 지점 바다로 나갔다. 배 위에서 이들을 총살하고 모두 수장시켰다. 피살자들은 대부분 중장년 남자들이었지만 여자들도 있었다. 피살자들이 다시 떠오르지 못하도록 몸에 돌을 매달아 바다로 던졌다. 처형은 해군장병들과 경찰이 집행하였으며, 군경의 수는 약 반반이었다. 당시 포항경비사령부 참모장이었던 박병태 소령도 사건 전모를 소상히 알고 있다"209)

④ **경남에서의 보도연맹원 등의 학살** 부산시 사하구 구평동 현 구평초등학교 옆 속칭 삼박 골짜기에서는 1950년 8월 하순께 사흘 밤낮으로 수백 명의 집단학살이 자행되었다. 해운대구 송정동 구덕포와 광어촌 사이의 골짜기에서도 8월 하순께 보도연맹원 및 경찰감시 대상자 수십 명이 집단학살당하였다고 한다.210)

부산, 울산, 양산 등 동부 경남 일원의 보도연맹원 및 경찰감시 대상자 집단학살은 주로 1950년 8월 초순부터 8월 하순께까지 수십 차례에 걸쳐 있었다. 그 중에서 양산군 동면 사송리 사배 골짜기와 여락리 남락 골짜기에서 학살당한 숫자는 많게는 수천 명, 적어도 수백 명은 된다고 주민들과 유족들은 증언하였다. 당시 사송리 사배에 살았던 이경오는 하루에도 수차례씩 GMC 트럭에 보도연맹원 및 경찰감시 대상자를 신고와 구덩이를 파고 사살하는 것을 목도하였다. 양산에서는 1950년 7월 하순 "보도연맹원

---

209) 남상휘는 1952년 해병대로 옮겨 해병 제1전투단 부단장으로 김일성고지 전투, 백마고지 전투 등을 치렀고, 을지무공훈장, 충무무공훈장 등을 받았다. 그는 "직접 배를 타고 나가지는 않았으나 처형은 사령관으로서 내가 명령한 일이다. 이 일로 평생을 자책감 속에 살았으며 깊이 후회한다"고 말했다(『한국일보』 2000. 1. 11).

210) 부산매일, 앞의 책, 272~274쪽. 최근에 영덕에서 주민 150여 명이 학살되었다는 주장이 나왔다(『한겨레신문』 2000. 1. 15).

긴급부역이 있다"는 전갈에 삽을 들고 면사무소로 왔던 사람들이 양산군청 앞 목화창고에 수용되었다가 학살되었다. 사배 골짜기에서는 주로 부산과 울산 등지의 보도연맹원 및 경찰감시 대상자들이 학살당하였고, 남락 골짜기에서는 양산 보도연맹원 및 경찰감시 대상자들의 학살이 있었다. 이 집단학살로 양산군 동면에서는 40여 명이 목숨을 잃었다. 1950년 8월 양산에서의 학살시 동래군에 속해있던 장안읍의 임랑, 월내, 효암, 길천리 등지의 주민들 40여 명이 길천리에서 집단학살되었다. 이들도 부역집합 명령을 듣고 월내지서로 끌려가 동래경찰서 유치장에 갇혔는데, 동래경찰서에서는 남락 골짜기나 사배 골짜기보다 더 먼 길천리로 끌고가 학살한 것이다. 이곳에 묻힌 유해들은 4월혁명 후 7·29선거 전에 발굴되었다. 이곳에는 고리 원자력발전소 사원주택이 서 있다. 송정, 일광 등지의 보도연맹원 및 경찰감시 대상자들은 기장지서에 끌려가 모진 고문을 받다가 피투성이가 된 채 새벽에 동래경찰서로 끌려갔다.211)

울산 지방에서는 약 150명이 부산으로 가는 범서에서 웅천 사이 산세가 험한 오목고개에서 집단학살당하였다. 4월혁명 후 발굴하니 남녀 구별 없이 세 웅덩이에 죽어있었다.212)

거제에서는 경찰과 군인들이 1950년 8월께 경찰서에 가두었던 보도연맹원 및 경찰감시 대상자 1백여 명을 3, 4명씩 철사줄로 묶어 경비정에 태운 뒤 구조라 앞바다의 지심도로 끌고가 뱃전에서 떨어뜨리며 총을 쐈다. 수

---

211) 위의 책, 294~310쪽. 4월혁명 후 부산 출신의 박찬현 의원은 1960년 제35회 국회에서 부산지방에서의 학살에 대하여 다음과 같이 말하였다. 이 학살에는 보도연맹원에 대한 것 외에도 형무소에서의 학살 등이 포함되어있을 것이다. "6·25 당시의 대한민국의 사태로서 아마 여러분도 기억하시는 바와 마찬가지로 수백 명, 수천 명의 문제가 아니고, 그 당시의 부산의 사태는 아마 여러 만 명이 될 것이올시다. 그 특무대라고 하는 부산 동광동에 있는 일단의 집을 차단해서 임시로 그 일대의 집을 빌려가지고 수천 명씩을 긴급구속을 해서 매일 저녁마다 수십 대의 트럭에다가 가득 사람을 실어가지고, 한 편은 아주 철사를 가지고 묶어가지고 저 바다에다가 거저 던져버린다고 하는 이런 사태가 있었을 뿐만 아니라, 부산을 중심으로 한 해운대, 김해, 양산 등지에 이 사람들을 이송해가지고 기관총 기타를 가지고 학살한 사건이야말로 양민학살사건 가운데 가장 큰 사건이라고 아니할 수 없는 것입니다"(김삼웅, 앞의 책, 109쪽에서 재인용).

212) 김태광, 「속 '보도연맹'사건」, 47~48쪽.

장 사살이었다. 그 다음날부터 일운면 교황마을 미조라 자갈밭 앞과 선창마을 동백고랑 앞바다에는 매일같이 사체 10~15구가 떠밀려왔다.213) 거제에서는 서북청년회 소속 비정규 군인 호림부대와 백골단에 의하여 1950년 4월과 7, 8월에 걸쳐 약 700여 명이 수장되었다고 하는데,214) 이들 가운데는 보도연맹원이 많았을 것이다.

사천과 삼천포에서는 7월 하순께 보도연맹원 집합명령이 떨어져 800여 명을 삼천포극장 안에 수용하였다가 장소가 비좁자 바닷가에 있는 미곡창고 두 동에 분산수용하였다. 이들은 다행히 경찰서장을 잘 만났다. 상부에서 집단총살 명령이 내려왔지만 이찬성 경찰서장은 한 사람이라도 구하기 위하여 박남조 사천보도연맹지부장과 상의하여 다음날 800여 명을 모두 석방하였다. 그러나 상부에서의 강력한 지시 때문이겠지만, 며칠 후 그 중 100여 명이 다시 경찰서 유치장에 감금되었고, 이들 중 50~60명을 새벽에 끌어내어 몸과 손을 밧줄에 묶어 고기잡이배에 싣고 고성군 하면에 있는 장구섬으로 끌고가 집단학살하였다. 인민군이 사천 쪽으로 밀려오자 경찰은 철수하면서 유치장에 남아 있던 40~50명을 삼천포시 서금동 노산공원 해안가로 데려가 무차별 학살하였다. 800여 명 중 100여 명이 죽은 것이다. 곧바로 7월 31일 진주를 점령한 인민군이 다음날 사천과 삼천포를 점령하였을 때,215) 그에 대한 보복이 시작되었다.216)

1950년 7월 중순께 남해군 설천면 월곡, 문항, 창선 마을 앞과 비뚜섬, 진섬 앞 등 5개 지역에는 2~5명씩 로프줄에 묶인 채 총에 맞은 시체가 일주일간이나 밀려왔다. 29구였다. 며칠 후 이동면 신전리 복유 골짜기에는 총알에 얼굴형태도 알아볼 수 없는 시체 33구가 밀려들었다. 남해에서는 70여 명의 보도연맹원이 학살당한 것으로 알려졌다.217)

경남 진양군 정총면 관봉리 절골 마을의 '도살이'양반(도로 살아났다고 하

---

213) 부산매일, 앞의 책, 242~243쪽.
214) 김삼웅, 앞의 책, 170쪽.
215) 국방부정훈국 전사편찬위원회, 앞의 책, B 23~24쪽.
216) 부산매일, 앞의 책, 328~338쪽.
217) 위의 책, 261~271쪽.

여 붙은 별명, 본명 정영식, 1989년에 67세)이 사는 지역의 보도연맹원 및 경찰감시 대상자들이 소집된 것은 1950년 음력 6월 초하루였다. 이들은 개양면 지서에 갔다가 진주경찰서로 넘겨졌고, 다시 진주형무소로 옮겨졌다. 형무소 안에는 500여 명이 갇혀있었다. 열하루 후 이들은 진주 부근의 신촌 골짜기에서 학살되었다. 두 명씩 묶어 한 차에 백몇십 명씩 태웠는데, 한 차에 순사가 7명이었다. 진주에서는 신촌 골짜기 외에도 남강과 진양군 문산 뒤의 예티 골짜기에서도 학살당하였다.[218]

산청군 보도연맹사건 중 가장 큰 것이 내리(당시 지명, 현재는 酒里 내동 의동마을) 사건이라고 한다. 1950년 8월 하순[219] 현재의 산청군 산청읍 지리 내동, 외동 마을에서 경찰 1백여 명이 20세 이상의 남자들을 나오게 하여 외동 마을 앞에 집합시킨 후 보도연맹 가입자들을 나오게 하여 약 80명을 새끼줄에 동여매어 강변 너덜로 끌고가 학살하였다. 이 학살에서는 총탄 속에서 조찬순만이 등뒤로 5구의 시체가 넘어지는 바람에 살아났다.[220]

김해군 진영읍 진례면, 생림면과 창원군 대산면, 동면 등 5개 지역에서도 8월 하순에 보도연맹원 및 경찰감시 대상자 약 750명이 적게는 3명씩, 많게는 10명씩 손목과 발목이 묶인 채 학살되었다. 4월혁명 후 김해 피양민학살유족회와 김창(金昌) 피양민학살유족회가 만들어져 시신을 수습할 때, 진례면 냉정고개에서는 70여 구의 유골이 나왔고, 한림면 독점 골짜기에서는 구덩이 속에 유골이 몇 겹으로 포개져 있었는데, 약 60여 구의 인골이 있었다. 생림면 나막고개와 나막 골짜기에서는 10년이 되었는데도 시체가 부패하지 않고 일부 살갗이 너덜너덜 붙어 피가 솟구쳤다. 진례면 냉정고개, 한림면 독점 골짜기 등 이들 4개 지구에서 나온 유골이 336구였다. 생림면 본안양 마을의 속칭 대숙 골짜기에서는 60~70명 정도가 학살되었다. 김해 피양민학살유족회에서는 또한 대동면 주동리 독지골 주동광산,

---

218) 김태광, 「속 '보도연맹'사건」, 42~43쪽.

219) 진주는 7월 31일 인민군에 의하여 점령되었기 때문에 8월에 산청은 인민군 점령하에 있었다고 봐야 한다. 7월 하순이 맞을 것이다(부산매일, 앞의 책, 339쪽에는 학살시기가 7월 하순으로 나와있음).

220) 부산매일, 위의 책, 224~227쪽.

장유면 대청리 반룡산 골짜기 등지에서 420여 구의 유골을 찾아냈다. 장유면의 경우는 8월 중순께 학살이 있었다. 김해군에서는 이들 학살현장을 '보도연맹 골짜기'로 부르고 있다.[221]

창녕군에서는 낙동강전선이 형성되기 전에 보도연맹원 및 경찰감시 대상자 150여 명이 마산 쪽으로 끌려가 학살당하였다. 집단학살현장으로 끌려가다 트럭에서 뛰어내려 살게 된 김필곤에 의하면, 전쟁 직후 처음 보도연맹원을 소집하였을 때는 인원 확인을 한 후 3일간 유치장에 수용하였다가 석방하였다. 그러나 며칠 후 다시 모이라고 해서 150여 명의 보도연맹원 및 경찰감시 대상자들이 경찰서로 가자 천막으로 가린 GMC 트럭 6대에 눈을 가린 후 태워서 마산 쪽으로 달렸다. 이때 김씨는 남지 고갯마루에서 탈출하였다. 150여 명이 마산 쪽으로 끌려갈 때 또 다른 50여 명은 창녕군 창녕읍 송현동 솔터 부락 뒷산 논바닥에서 밧줄에 묶인 채 학살당하였다. 김동수 등 피난민들은 10여 개의 구덩이를 파 한 구덩이에 4~6구씩 시체를 묻었다.[222]

밀양군에서는 '2·7구국투쟁' 등으로 '좌익정치범'들이 대거 감옥에 들어갔는데도 보도연맹 가입자가 약 2천 명이나 되었다고 한다. 이들 중 얼마가 희생되었는가는 불분명하다. 전쟁 발발 직후인 7월 초순 보도연맹원들은 밀양경찰서로 끌려가 몇 등급으로 분류되어 일단 풀려났다. 그로부터 일주일이 조금 지나 다시 소집령이 내려왔다. 김모씨는 이번에 나가면 죽는다는 형사의 귀띔에 피신하였다가 8월 초순 경찰서로 자진출두하였다. 유치장에 들어가니 1, 2차로 소집되어간 보도연맹원은 몇 명밖에 보이지 않았다. 김씨의 생존은 왜 보도연맹원 및 경찰감시 대상자들이 8월 하순까지 학살당하였나에 대한 한 가지 설명을 해준다. 인근 창녕 부근에서 포성이 울리는데, 철수작업을 하던 경찰들이 김씨에게 최후가 왔다는 사인을 하였다. 그런데 인민군이 창녕지역에서 미군에 의해 저지되기 시작하자 당국에서는 그때서야 안심을 했는지 김씨를 풀어주었다. 9월 하순께 집단학

---

221) 위의 책, 245~259쪽 ; 김삼웅, 앞의 책, 168~169쪽 참조.
222) 부산매일, 위의 책, 311~327쪽.

살금지조치가 내려졌다.223) 8월 초순에 삼랑진읍 안태리 천태산 자락의 안태 골짜기에서는 보도연맹원 200여 명이 철사줄에 손과 몸이 결박당한 채 학살당하였다.224) 그밖에 부북면 부북 골짜기, 삼랑진읍 임천계곡에서도 학살이 있었다.225)

4월혁명 후 구성된 국회양민학살사건 진상조사특별위원회 보고서에는 현지신고 기준으로 피학살자가 동래 33명, 울산읍 677명, 충무시 267명, 구포읍 58명, 마산시 188명 등으로 나와있는데,226) 울산읍의 경우 연령을 알 수가 없어 불분명하지만, 다른 지역은 대개가 인민군이 들어오지 않았거나 잠깐 점령하였다가 패퇴한 지역이라는 점, 15세 미만이 없다는 점 등으로 보아 보도연맹원 및 경찰감시 대상자들이 학살당한 경우가 많을 것이다. 물론 어느 지역이나 부분적인 숫자일 것이다.

충무시의 경우『부산일보』1960년 5월 23일자에서 보도한 800여 명의 피학살자와 겹칠 수도 있다. 이 신문에 따르면, 인민군이 충무시에 침입한 8월 16일에 헌병대 유치장으로 사용되었던 현 해무청 충무출장소 옆 해산회사 창고에 끌려들어간 남녀가 옷을 벗기우고 난타당한 후 매일 밤 20~30명씩 발동선에 실려 버려졌던바, 항남동 동층 일대 해변에는 시체가 수없이 떠밀려왔다는 것이다. 충무 통영군의 양민 남녀 88명의 학살은 6·25 때 주둔한 헌병대 문관들에 의한 부녀자 약탈의 은폐책으로 저질러졌다고 유가족들은 증언하였다.227)

함양, 하동, 경주, 의령, 함안에서도 학살이 있었다.228) 거창에서는 8월

---

223) 위의 책, 252~253쪽.

224) 조성구, 「현장취재 : 경남·전라지역의 보도연맹원·양민학살」, 『역사비평』 1990 여름, 165쪽.

225) 부산매일, 앞의 책, 290~293쪽.

226)『국회속기록』제35회 42호, 1960. 6. 21, 부록.

227) 이것은 김삼웅, 앞의 책, 169~170쪽에 수록된『부산일보』1960. 5. 23.자 기사를 요약한 것이고, 같은 쪽의 다른 서술에서는 8월 중순 이틀 동안 인민군 지배를 끝내면서 해군이 부역자 색출작업을 지역 내 헌병 앞잡이. 해상방위대 등의 보조원들에게 맡겨 800여 명이 희생된 것으로 쓰여있어 희생자들이 당한 과정이 다르다.

228) 김삼웅, 위의 책, 164쪽.

초 인민군이 들어오기 전에 1백여 명이 학살당하였다는 증언이 있다.[229]

⑤ **제주에서의 보도연맹원 등 학살** 제주도 모슬포 부근에 있는 경치 좋은 송악산 아랫자락에서 학살당한 사람들 중 132명은 백조일손지묘(百祖一孫之墓 : 묻힌 사람들이 조상은 다르지만 모두 같은 자손과 다름없다는 뜻-필자)에 합장되어있다. 이 132명 중의 한 사람인 이현필(李賢弼)의 아들 이도영은 앞에서 기술한 바대로, 대전형무소 재소자 1,800명의 학살에 관한 미국측 문서를 발굴하였는데, 그는 제주 보도연맹원 및 경찰감시 대상자 학살에 대해서도 오랫동안 진상조사를 하였다. 이도영이 조사한 바에 의하면, 1950년 8월 4일 현재 제주도에서 820명이 예비검속되어있던 중(8월 4일 이후에도 계속 구속 수감되었으므로 정확한 숫자는 알 수 없음), 1950년 8월 9일에는 제주지방법원장 및 제주지방 검사장 등 '제주 유지 12인'이 군경에 의해 구속되는 사태까지 벌어졌는데(이들은 사상검사 鮮宇宗源이 제주에 와서 진상을 조사하여 석방, 복직되었다), 그러한 상황에서 8월 12일에서 8월 20일 사이에 서귀포경찰서에 수감되었던 350명 중 200명이 경찰로부터 군에 인계된 후 행방불명되었고, 모슬포경찰서에서는 약 210~250명이 섯알오름에서 총살되어 암매장되었으며, 제주경찰서에 수감된 사람들 중 400~500명으로 추산되는 인원이 또한 행방불명되었다. 행방불명된 사람들은 수장되었거나 또는 비밀리에 처형되어 제주비행장과 도두봉 근처에 암매장된 것으로 전해지고 있다. 이도영은 예비검속되어 처형된 사람 또는 행방불명된 사람의 총계를 약 600~700명으로 추산하였다. 백조일손지묘 희생자는 모슬포경찰서에 수감되었던 347명 중 처형된 약 210~250명 가운데 1957년에 발굴되어 공동묘역에 안장된 132명을 일컫는다. 제주 계엄사령부의 지시에 의해 1950년 8월 20일(음 7월 칠석) 새벽 2시와 5시경 61명과 149명이 모슬포 동남쪽 속칭 섯알오름의 일제말 일본군이 만들어놓은 탄약고 언덕에서 총살되어 구덩이에 던져졌다고 한다.[230]

---

229) 노민영·강희정, 『거창양민학살』, 온누리, 1988, 74쪽.

230) 이도영 대표집필, 「50년의 恨, 百祖一孫 백여 할아버지 자손의 뼈가 엉켜 하나가 되다」(팸플릿), 1999. 11, 2~3쪽 ; 이도영, 「인터뷰 : 과거를 기억하지 못하면 역

3) 보도연맹원의 '성분'

전쟁 직후 저질러진 보도연맹원의 집단학살은 제주도에서의 그것과 더불어 한국 역사상 최대 규모의 민간인 대량학살이었다. 놀라운 것은 이와 같이 엄청난 참극을 가져오게 한 국민보도연맹이라는 단체가 법에 근거해서 만들어진 것이 아니라는 점이다. 국민보도연맹은 이승만이 억압적 조치와 관련하여 종종 사용하였던 대통령령에 근거한 것도 아니었다. 공보처에서 발행한 『주보(週報)』 앞부분에는 정부활동과 관련한 주간일지가 있다. 『주보』 제11호(1949. 6. 15)에는 6월 2일에서 6월 8일까지의 주간일지가 실려있지만, 그것에 신익희 국회의장이 대통령과 회담하였다거나 사정국(司正局) 직제를 대통령령으로 폐지하였다는 기록은 나와도 국민보도연맹을 창설하였다는 것은 나오지 않는다. 법치국가에서는 상상도 못할 일이지만 원래 국민보도연맹은 공보처 『주보』 편집자조차도 잘 몰랐거나 사소하게 여겼던 그런 조직이었다.

국민보도연맹은 1949년 4월경부터 준비하여 6월 5일에 발족되었다.[231] 오제도의 말을 빌면, 이것을 기획한 것은 오제도 등 사상계 검사였고, 이들이 내무부, 국방부, 법무부 등과 김준연 등 '사회지도자'들의 동의를 얻어 실시한 것이었다.[232] 일제가 준전시통제라는 것에 들어가면서 1936년에 공포한 조선사상범보호관찰령, 1937년에 만든 '사상보호단체'인 대화숙(大和塾), 1938년에 출범한 시국대응전선(全線)사상보국연맹 등을 상기시키는, 수십만 명의 인권을 철저히 통제하는 조직을 법도 없이 만들었다는 것은 법 위에 군림하는 파시즘적 국가관에서 나온 것으로밖에 볼 수 없다.

국민보도연맹에는 건국준비위원회, 치안대, 인민위원회와 노동조합전국평의회(전평), 전국농민조합총연맹(전농)이나 농민조합, 조선청년총동맹(청

사는 반복됩니다.」, 『말』 2000. 2, 86~87쪽. 구덩이에 던져진 유해의 발굴은 1957년 4월 8일에 시도되었으나, 깊은 웅덩이에 물이 고여있어 실패하고, 4월 28일 모슬포 거주 좌용진의 양수기 지원으로 재시도되어 현재의 백조일손지묘 묘역이 이루어졌다. 1960년 6월 유가족들은 위령비를 건립하였다(같은 팸플릿, 6쪽).

231) 양한모, 『조국은 하나였다?』, 日善기획, 1990, 224쪽.

232) 김태광, 「해방 후 최대의 양민참극 '보도연맹'사건」, 22쪽.

총)이나 조선민주청년총동맹(민청), 조선민주애국청년동맹(민애청), 조선부녀총동맹(婦總) 등의 단체나 각종 문화예술단체, 조선공산당, 남로당 및 당국에 의하여 좌익계로 지목된 정당에 들어가 있었거나 잠깐이라도 들어간 적이 있었던 사람들이 가입하게 되어있었다. 이와 함께 좌익은 3·1기념식, 8·15기념식, 5·1메이데이기념식을 십수만 명 또는 20만 명 이상을 동원하여 대대적으로 벌였고, 1946년의 9월총파업, 10월항쟁, 1947년의 3·22총파업, 1948년의 '2·7구국투쟁'과 5·10단선단정 반대투쟁에도 십수만 명에서 1백만 명에 가까운 사람들이 가담하였는데, 여기에 참여한 사람들도 부분적이겠지만 가입을 강제당하였다. 그러한 시위와 연결된 활동이지만 횃불시위에 가담한 자, 삐라를 돌린 자, 벽보를 붙인 자들도 대상이었다. 황순원이나 염상섭 등은 왜 가입하게 되었는지 불분명하지만, 단정운동이나 단정세력을 반대하고 김구·김규식의 통일운동에 가담한 인사들도 일정하게 해당된 것으로 보인다. 1949년 7, 8월 이후에는 빨치산의 활동이 증가하는데, 이들에게 협력하였다는 혐의로 가입을 강요당한 경우도 적지 않다.

보도연맹에 가입한 사람들을 어떻게 봐야 할 것인가. 보도연맹을 다룬 여러 글들에 거의 이구동성으로 나오는 것이 보도연맹이 무슨 단체인지 모르고 감언이설에 속아 도장을 찍었다거나 좌익과는 전혀 무관한데 억지로 가입하게 되었다는 증언자들의 진술이다.[233] 이것은 '빨갱이'로 인정만 되면 무법 불법으로 처단해도 된다는 기이하고 특수한 풍토에 놓여있었기 때문에 나온 변명일까. 흑백논리로 좌익 전체를 재단하는 것도 문제이지만, 좌익에 대해서는 어떠한 불법이나 만행을 저질러도 괜찮다는 사고가 만연해있다면 그것처럼 잘못되고 병든 사회는 없을 것이다. 그 점도 생각하여야겠지만, 보도연맹 관계자들 중 다수가 자신은 빨갱이가 아니라고 항변하는 것은 무고나 중상, 모략으로 몰린 것을 제외하더라도, 또 경찰이나 군이 빨치산으로부터 보호해주지 못하는 상황에서 빨치산에게 '협력'을 강요당한 것이 어떻게 빨갱이냐는 주장이 아니더라도, 충분히 이유가 있다.

---

233) 조성구, 앞의 글, 160~161, 163쪽 ; 부산매일, 앞의 책, 289~290쪽 참조

해방이 되었을 때 거제에서는 지방청년단체가 치안대를 조직하여 일제 침략자들의 지서를 접수하고 치안을 맡았다. 얼마 안 있어 미군정에서는 군인과 경찰들을 파견하여 지역치안을 넘겨줄 것을 요구하면서 갈등이 생겼다.234) 창녕군 영산면 곡사 1구에 사는 김필곤은 집단학살현장으로 끌려가다가 트럭에서 뛰어내려 구사일생으로 살아났다. 그는 해방 직후 130여 세대가 살았던 곡사 마을의 치안대장이 되어 마을에서 일어나는 문벌싸움, 외지인들의 절도, 강간사건 등 범죄예방을 위해 지서를 접수하여 활동하였다. 그러던 중 군정 경찰들이 각 지역에 배치되어 김씨 등은 그들에게 모든 것을 인계하였다. 해방 직후 출현한 건국준비위원회나 치안대, 인민위원회는 커밍스가 『한국전쟁의 기원』에서 방대한 미국측 자료를 이용하여 분석한 것이나, 1980, 90년대에 나온 여러 편의 석사학위논문 등의 논문이 입증하고 있듯이 좌우합작형태가 많았고, 지방인민위원회도 처음부터 좌익단체, 특히 공산주의자들의 단체라고 볼 수는 없었다. 해방이 되면서 전국에 걸쳐 출현한 치안대는 자주적, 자발적으로 자신의 지역을 보위하고 질서를 유지하는 역할을 맡았던바, 민중들에게 우리나라를 되찾았다는 해방의 감격을 심어주었다.235) 또한 인민위원회에는, 주로 초기에 해당되지만, 각급 지방의 지도적 역량이 반향(反響)되어있었으며, 자주적 자발적인 지방인민정권의 성격을 지니고 있었다.236) 또한 이들 인민위원회의 조직과정과 그것의 운영에서 민중들은 해방과 독립을 맛보고 있었다.237) 무엇보다도 건국준비위원회 등이 조직되어 활동하지 않았더라면, 일제 각 기관과 기업체 등의 시설, 기계, 기구, 재산 등이 제대로 보존되었을까를 생각해보아야 한다. 그보다도 더 중요한 것이 있다. 건준 등이 없었더라면, 그리하여 일제가 패망하였는데도 일제가 계속 치안을 맡고 통치해나가는 사태가 발생하였더라면, 한국인은 과연 자주성·자율성이 있고 자치능력을 가졌

---

234) 부산매일, 위의 책, 229쪽.

235) 『주한미군사(HUSAFIK)』 1, 돌베개, 1988 영인, 429쪽 참조.

236) 憂國樵夫, 「독립달성에 대한 一國民의 건의」, 『개벽』 1946. 1, 19쪽.

237) 미국무성 비밀외교문서, 『해방 3년과 미국』 1, 김국태 역, 돌베개, 1984, 166쪽 참조.

다는 평가를 받을 수 있었을까, 신탁통치를 받아 마땅하다는 말을 듣게 되지 않았을까.

『조선중앙연감』(1949)에는 10월항쟁 참여자수가 파업투쟁 26만 4,474명, 군중투쟁 201만 4,964명으로 나와있는데,[238] 경남북과 전남의 대부분 지역에서 일어났고, 경기, 충남북, 전북, 강원, 서울 등지에서 부분적으로 일어난 10월항쟁에는 수십만 명에서 1백만 명에 가까운 군중이 참여한, 3·1운동 이래 최대 규모의 소요 또는 항쟁이었다. 10월항쟁이 이와 같이 대규모로 일어난 것은 인민위원회, 농민조합 등이 탄압받고 미소공동위원회가 무기휴회로 들어가 민족국가건설의 희망이 막힘에 따라 생기게 된 격렬한 울분이 기본 배경을 이루고 있었다.[239] 직접적으로는 친일경찰의 횡포에 대한 증오가 크게 작용하였고,[240] 미군정 관리들에 대한 불만,[241] 추곡과 하곡수집(공출)에 대한 불만도[242] 주요 요인이었다. 일제침략기 소작농의 조건을 생각해볼 때 헐벗고 굶주렸던 많은 농민들이 소작농의 상태를 벗어나기 위하여 농민조합에 들어간 것은 해방 직후 상황에서 충분히 있을 수 있는 일이었다.[243] 밀양에 보도연맹 가입자들이 많게 된 것은 이 지역이 항일전통이 대단히 강한 지역이었다는 점을 떼놓고는 생각하기 어렵다.[244] 일제시기에 용맹을 떨쳤던 독립투사들이 친일경찰에 쫓기는 상황에서 그들을 존경하던 밀양 주민들은 미군정과 갈등을 빚게 되었다는 것이다.[245] 한 밀양 주민이 "이 모든 상황이 식민지 생활의 잔재와 친일파들의

---

238) 조선중앙통신사, 『조선중앙연감』 1949년판, 217쪽.

239) 「각정당시국대책간담회(신진당, 청우당, 한독당, 인민당, 독립노동당, 신민당, 사회민주당, 대회파 조선공산당으로 구성)가 하지 중장에게 제출한 소요사건에 대한 의견서」, 『조선일보』 1946. 10. 25.

240) *HUSAFIK* 3, 367~370쪽.

241) 정해구, 『10월인민항쟁연구』, 열음사, 1988, 96~98쪽.

242) 박혜숙, 「미군정기 농민운동과 전농의 운동노선」, 『해방전후사의 인식』 3, 한길사, 1987, 388, 391쪽.

243) 부산매일, 앞의 책, 322쪽 참조.

244) 위의 책, 278~279, 283쪽.

245) 『미군 주간정보보고』 1946. 3. 10~17일자에 의하면 의열단장 若山 金元鳳이 1946년 3월 그의 고향 밀양을 방문하였을 때 많은 사람의 존경을 받았다고 한다

자기방어적인 정권찬탈욕이 빚어낸 희생"이라고 말한 것은 결코 그 사람만의 견해가 아니었다.246)

보도연맹원들이나 그 가족들이 자신이나 자신의 가족은 빨갱이가 아니었다고 주장하는 데는 다른 점으로도 객관적 근거가 있다. 1947년 5월 미소공동위원회가 속개되었을 때 좌익계로 활동하던 사람들은 대부분 남로당에 가입하였다. 남로당은 이미 1946년 11월 창당될 때 공산주의자들이 아닌 당원이 많았던 인민당과 신민당을 조선공산당과 합쳐서 만들었지만, 남로당 중앙위원회에서는 1947년 6, 7월 미소공동위원회에서 정당·사회단체와의 협의대상 문제가 구체화되자, 당원이 많은 정당이라는 것을 과시하기 위하여 당원 3배가, 5배가 운동을 벌였다. 각급 지방당과 기관세포에 당원 1백만 돌파를 목적한 5배가(뒤에는 10배가) 운동의 전개를 지령하였다. 이 때문에 개별적인 심사절차도 거치기가 어려웠고, 모집식이 되어버리기도 하였다.247) 남로당 조직이 허무하게 무너질 수 있는 구조가 조성된 것이다.248) 곧 남로당은 공산주의자 정예들이 모인 당이 아니었고, 공산주의자가 아니더라도 좌편(左便) 활동분자인 경우 대다수가 들어온 것이다. 따라서 해방 후 좌편에서 활동하였다고 하더라도 1947년 하반기에 남로당에 가입하지 않은 사람은 소수를 제외하고는 평가를 달리해야 한다. 또 남로당원이라고 하더라도 1949, 50년의 시점에서 '활동'하던 사람들은 거의 다 형무소에 들어가 있었거나 산으로 갔거나 지하로 잠적하였다. 앞에서 전쟁이 날 때 약 3만 명이 — 이 중에는 '억울한' 사람들이 많았을 것이다 — 국가보안법 위반혐의로 감옥에 들어가 있었음을 보았다. 실태가 이러하였기 때문에 대부분의 기록이나 증언들은 남로당 활동분자로서 보도연맹에 가입한 숫자는 극소수인 것으로 보고 있다. 남로당원들은 아마 지하투쟁을 하거나 피신했다가 들어온 것이겠지만, 1950년에 들어와서야 보도연맹에 가입한 사람의 인적 사항이 몇몇 자료에 나온다. 따라서 보도연맹원

(커밍스, 『한국전쟁의 기원』하, 김주환 역, 청사, 1986, 167쪽).

246) 부산매일, 앞의 책, 289쪽 참조.

247) 김남식, 앞의 책, 290쪽.

248) 한국역사연구회 현대사증언반 편, 앞의 책, 105쪽.

30만 명 가운데 남로당 활동분자는 극소수였을 것이고, 그래서 보도연맹원이나 그 가족들은 자신이나 가족들이 빨갱이가 아니었는데도 희생당하였다고 하소연하는 것이 아닌가 생각된다.

이와 같은 이유 때문에도 보도연맹 가입은 강제가 많을 수밖에 없었다. 강제가입 문제로 국회에서도 논란이 되었다. 한 군에 1만 명이나 수천 명한테 권유장을 발부하여 단순히 종용하는 것이 아니라, 가입하지 않으면 '신분 보장'을 할 수 없다고 협박한다는 것이었다.[249] 거제와 남해에서는 보도연맹에 가입하면 곧 빨갱이라는 소문이 퍼져 아무도 가입하려 하지 않자 할당량을 채우려고 그랬는지 공무원과 경찰이 혈안이 되어 소속 직장이나 단체에 압력을 넣어 가입하게 하거나 식량배급을 무기로 삼았다.[250] 양산에서는 보도연맹에 가입하지 않으면 10리 밖을 나갈 수 없다는 등 활동에 제약을 가하겠다고 위협하였다.[251] 거창에서는 경찰 눈밖에 난 사람 등을 윽박질러 가입시켰다.[252] 농민들에게는 보도연맹 가입비(지방의 경우 1,000원 또는 1,500원 등으로 증언한다)와 회비(200원 또는 300원)를 내는 것도 쉽지 않았다. 양산군의 한 마을에서는 돈을 빌릴 곳이 없어 군청에서 돈을 대주지 않으면 가입하지 않기로 마을 전체가 결의하였는데, 그 덕에 이 마을에서는 한 사람도 희생자가 나지 않았다.[253]

자백서도 문제였다. 보도연맹에 가입하면 완전하게 자백서(양심서)를 쓰게 하였는데, 가장 중요하게 써야 할 사항이 같이 활동한 사람의 이름을 기입하는 것이었다. 자백은 1년 동안 줄곧 검열을 받았다.[254] 같이 시위를 하였거나 삐라를 돌렸거나 벽보를 붙인 사람들도 기록하여야 했다. 이학용(남해군 설천면 문항리 막천)의 경우 마을 구장의 협박에 못이겨 도장을 찍었는데, 경찰서에 끌려다니며 무수히 두들겨맞았다. 농민조합원 중 좌익분

---

249) 『국회속기록』 제6회 28호, 1950. 2. 11, 閔庚植, 尹在旭 의원 등 발언 참조.
250) 부산매일, 앞의 책, 241∼242쪽 ; 조성구, 앞의 글, 163쪽.
251) 부산매일, 위의 책, 296쪽.
252) 노민영·강희정, 앞의 책, 62∼64쪽.
253) 부산매일, 앞의 책, 297쪽.
254) 커밍스, 『한국전쟁의 기원』 2, 프린스턴대학 출판부, 1990, 215쪽.

자들의 이름을 대라는 것이었다. 수많은 사람들이 고문에 못이겨 함부로 이름을 대 무고한 사람들이 끌려가 또다시 새로운 명단을 대는 식으로 줄줄이 고리로 엮이게 되었다.[255]

보도연맹원은 불시에 소집되었는데, 한밤중이나 농사철이 바쁜 때에도 불평하지 않고 나갔다. 불평하면 빨갱이임을 확인시켜주기 때문이었다.[256] 보도연맹원에게 경찰지서의 보초를 서게 한 것은[257] 집단학살을 생각해볼 때 쓴웃음을 자아내게 한다. 전국적으로 얼마나 보편적인 현상인지 알 수 없으나, 찬조연맹이라는 것도 있었다. 보도연맹에 가입하지 않은 주민들이 대상이었다. 이들도 야경을 돌았다.[258]

4) 보도연맹원 학살요인

보도연맹원을 대량으로 집단학살한 것은 보도연맹원이 인민군에 가담할 것이라고 예상하고, 그것에 대한 예방수단으로 저지른 것으로 알려져 있다. 그러한 '예방수단'은 설득력이 있다고 볼 수 있을까. 우선 인민군이 서울에 들어오고 이승만 정권이 무력해졌는데도 각각의 지역에 인민군이 들어오기 전에는 이렇다할 후방교란이나 소요, 폭동이 거의 발생하지 않았다는 점이 중요하다. 그만큼 남로당은 인민한테 깊이 뿌리내리지 못하였고 조직이 부실하였으며, 무모한 모험주의 활동으로 쇠잔할 대로 쇠잔해있었던 것이 기본 요인이었다. 그것은 또한 보도연맹원들이 그러한 폭동, 소요, 교란행위에 가담하지 않았다는 것을 말해준다.

인민군이 들어와 점령한 후 보도연맹원과 인민군의 관계는 여러가지로 나타났다. 점령지역에서 보도연맹 간부직에 있었던 사람들은 인민군측에 의하여 처단의 대상이 되었고, 보도연맹에 가입한 전 남로당원들은 정(正) 당원으로 등록되지 않았다. 그 반면 보도연맹원들도 의용군에 끌려갔다. 7월 6일에 내려온 당의 결정 「의용군 초모(招募)사업에 대하여」에서는 ① 18

---

255) 부산매일, 앞의 책, 267쪽.
256) 위의 책, 264쪽.
257) 위의 책, 205쪽.
258) 위의 책, 298~299쪽.

세 이상의 청년으로 하되 빈농과 청년을 많이 끌어들이고, ② 각도 할당액을 채우고 전 남로당원으로 변절자(보도연맹 가입자)도 의무적으로 참가시키라고 지시하였다.[259] 인민군이 들어온 후 광주에서는 보도연맹에 가입하였던 국기열, 강석봉, 이기홍 등 10여 명이 형무소에 수감되었는데, 이것은 광주에서 사회주의자 사이의 오랜 파쟁싸움과도 관계가 있을 것이다.[260] 보도연맹원에 가입하였던 사람들 가운데는 충북 영동군의 예처럼 인민위원회 및 자위대 등의 활동에 참여한 경우도 있었다.[261] 옥구군 미면 인민위원회 위원장으로 대규모 집단학살을 자행한 김행규는 1950년 5월에, 치안대원 강찬옥은 1950년 2월에 보도연맹에 가입한 바 있었다.[262] 전북도당 사령부 소속 빨치산에는 별의별 부류의 사람들이 다 있었는데, 그 중에는 보도연맹 관련자도 끼어있었다.[263]

보도연맹 가입자 중 인민군 점령지역에서 활동한 사람도 꽤 있었을 것이지만, 이것은 전체 보도연맹 가입자수에 비하면 미미하였다. 활동 이유에 대해서도 이승만 정권의 보도연맹원 학살에 대한 보복대응이라는 점도 생각해봐야 할 것이고, 보도연맹원 학살을 지켜본 사람들로서 한국정부 밑에 살 수 없다는 생각을 가지게 되었을 것이라는 점도 생각해봐야 할 것이다. 정지용, 김기림 등이 할 수 없이 월북한 것은 이승만 정권에 대한 환멸이 주요 요인이었을 것이다. 처음 전쟁이 났을 때 보도연맹원들한테서는 별다른 동요가 없었다. 오제도, 선우종원(鮮于宗源)과 함께 사상검사로서 보도연맹 창설과 서울지구 보도연맹 운용에 핵심 멤버로 관여하였던 정희택(鄭喜澤)은 다음과 같이 증언하였다.

6·25가 터지자 나는 서울의 보련맹원(保聯盟員)들을 각 구별로 집합시켜 그들의 동태를 장악했어요. 이들을 시켜 서울로 쏟아져 들어오는 피난

---

259) 김남식, 앞의 책, 447, 451쪽.
260) 정근식, 앞의 글, 305쪽.
261) 대검찰청수사국, 앞의 책 10, 90~94, 289~313쪽 참조.
262) 위의 책 11, 60~74쪽.
263) 최태환·박혜강, 『젊은 혁명가의 초상』, 공동체, 1989, 236쪽.

민 안내, 구호사업, 포스터 첨부 등의 일을 했어요. 일부 시민이 피난을 떠나고 행정도 마비돼갔지만, 1만 6,800명의 보련은 일사불란하게 상부 명령에 따라 자리를 지키고 있었어요.[264]

정희택은 수복 후 군·검·경합동수사본부 심사실장으로 부역자들을 다루었는데, 보도연맹원이나 서대문형무소 안에 있던 대부분의 좌익범들 중에 부역자들이 적었을 뿐만 아니라, 오히려 공산측한테 배척받았으며, 낙오된 군경이나 그 가족을 숨겨준 일이 많았다고 회고하였다.[265]

보도연맹원 및 경찰감시 대상자 학살은 전국적 차원에서 일정한 시간대에 맞추어 일어났다. 이것은 장관급 이상의 정부 고위 관계자의 지시에 의하여 이루어졌음을 시사한다.[266] 예비소집이 있었고, 얼마 후 학살이 자행된 것은 일제가 패배에 임박하여 사상범이나 요시찰 인물을 학살하려 계획하였던 것과 행태가 비슷하다. 종전에 임박하여 일제는 한반도에 전선이 형성될 것에 대비하여 비상사태에 따른 조치를 마련하였는데, 그 골자는 연합군이 상륙하면 공산주의, 민족주의 요시찰인들을 예비검속하고, 전선이 경찰서에 가까워지면 예비검속자를 후방으로 옮기고, 그럴 여유가 없으면 적당한 방법으로 처치하라고 한 것으로, 전국의 경찰서장에게 암호문으로 지시되었다.[267] 이승만 정권의 경찰간부는 대부분이 친일파였다. 보도연맹원 및 경찰감시 대상자의 학살 지시는 대개가 이들 친일경찰의 손을 통하여 하부로 내려갔고 또 집행되었다. 많은 경찰간부들이 자신들에게 내려온 지시가 일제 말에 알았거나 들었던 것과 같은 성격의 것으로 받아들여지지는 않았을까.

보도연맹원 및 경찰감시 대상자의 집단학살은 대부분이 경찰에 의하여 이루어진 것으로, 만약 장관급에서 지시가 내려갔다면 국방부장관보다는

---

264) 중앙일보사 편,『민족의 증언』3, 을유문화사, 1972, 40쪽.

265) 위의 책, 45쪽.

266) 김태광,「해방 후 최대의 양민참극 '보도연맹'사건」, 27쪽 ; 한지희, 앞의 글, 65쪽 참조.

267) 임대식,「친일·친미경찰의 형성과 분단활동」,『분단 50년과 통일시대의 과제』, 역사비평사, 1995, 46쪽.

내무부장관 쪽이거나 그보다 상급 수준일 가능성이 상대적으로 높다. 이승만 대통령과 내무부장관 조병옥의 지시였다는 주장이 있지만,268) 조병옥이 어떠한 방식으로 관련되었는가는 더 논의되어야 할 것 같다. 왜냐하면 그가 1950년 7월 17일 내무부장관으로 취임하기 이전에도 경기도 남부지역과 충북지역에서는 규모가 큰 것이 아니더라도 집단학살이 있었다. 따라서 조병옥이 내무부장관에 취임한 후 보도연맹원 및 경찰감시 대상자 집단학살을 더 철저히 하라고 지시하였을 수는 있으나, 최초의 지시자가 아닌 것은 분명하다. 보도연맹원 및 경찰감시 대상자 학살이 최초에 있었던 7월 1일을 전후한 시기는 미군정기 이래 이승만 한 사람에게 절대 충성을 바쳐 왔던 승려 출신의 백성욱(白性郁)이 내무부장관이었다.

　보도연맹원 및 경찰감시 대상자 학살지시에 관한 아주 중요한 자료가 최근에 세 가지가 나왔다. 그 중에 하나는 치안국과 관련된다. 1950년 6월 25일에 치안국장이 「전국 요시찰인 단속 및 전국 형무소 경비의 건」을, 6월 29일에 「불순분자 구속의 건」을, 6월 30일에 「불순분자 구속처리의 건」 등의 '치안국통첩'을 각도 경찰국에 하달하여 보도연맹원이나 요시찰 인물들을 예비검속하고 구속하였다.269) 6월 29일과 30일의 치안국통첩이 문제인데, 그러나 보도연맹원 학살지시와 같은 중대한 사항이 치안국장 손에서 나왔다는 것은 믿기 어렵다. 가장 중요한 자료는 재미동포 이도영이 미 국립문서보관서에서 찾아낸 문서이다. 이 문서를 작성한 주한미대사관 육군무관 에드워즈 중령은 앞에서 언급한 대로 대전형무소 재소자 1,800명에 대한 처형명령이 의심할 바 없이 '최고위층'에서 내려졌다고 단언하였다. 형무소 사상범 학살과 보도연맹원 및 경찰감시 대상자 집단학살은 같은 이유로 같은 시기에 저질러졌다는 점에서 동일인이 처형 명령을 내렸다고 볼 수밖에 없다. 경기도 이천과 안성 등에서 보도연맹원 및 경찰감시 대상자 학살이 자행된 것은 7월 1일경이었다. 또 대덕군 산내면 낭월리 골령골에서 대전형무소 재소자들을 처형하기 위해 구덩이를 판 날짜가 7월 2일

---

268) 김태광, 「해방 후 최대의 양민학살 '보도연맹'사건」, 27쪽.
269) 이도영, 앞의 팸플릿, 1쪽.

경부터인 것으로 알려져 있다.[270] 6월 29일과 30일의 치안국통첩은 최고위층의 지시와 관련하여 작성된 것으로 추정해볼 수 있다.

전 해군준장 남상휘의 증언도 중요한 것을 시사한다. 그는 1950년 7월 초 손원일 해군참모총장 명의로 포항경비사령부에 좌익분자를 처형하라는 명령서가 하달되었던바, 이 명령은 신성모 국방부장관이 육군참모총장과 해군참모총장에게 각각 내린 것이라고 증언하였다. 그는 또 경찰의 명령은 조병옥 내무부장관이 김병완(金炳玩) 치안국장을 통해 각 도경국장에게 하달되었다고 말하였다.[271] 경찰의 명령을 조병옥이 내렸다고 말한 것은 경남북에서 보도연맹원 및 경찰감시 대상자를 학살하였을 때, 주로 조병옥이 내무부장관이었기 때문일 것이다.[272] 앞에서 언급한대로 보도연맹원 및 경찰감시 대상자 집단학살은 주로 경찰이 맡았고 형무소 재소자 학살은 군이 주로 관계하였다. 남상휘의 증언이 정확하다면, 보도연맹원 및 경찰감시 대상자와 형무소 재소자 학살명령은 내무부장관과 국방부장관이 내린 것으로, 법무부장관 등 관계 장관이 묵인 또는 협조하였다. 따라서 내무부장관, 국방부장관이 포함된 자리에서 '결정'이 있었던 것으로 보인다. 치안국통첩 등은 이러한 결정에 따른 것으로 분석된다.

보도연맹원 및 경찰감시 대상자 학살은 시점으로 봐도 그렇지만, 성격을 비교해볼 때 전쟁이 일어난 지 3일 후인 6월 28일 — 이 날짜와 관련해서는 뒤에서 분석할 것이다 — 에 피난수도 대전에서 발동된 이승만 대통령의 「비상사태하의 범죄처벌에 관한 특별조치령」과 연관성이 있어 보이는 것에 유념할 필요가 있다. 이 특별조치령은 또한 날짜와 성격면

---

270) 『한국일보』 2000. 1. 7.

271) 『한국일보』 2000. 1. 11. 및 『한국일보』 2000. 1. 20. 참조.

272) 김병완은 백성욱이 내무부장관일 때 치안국 경비과장이었는데, 치안국장이 부재시 그 대리를 하였다. 남상휘가 용공분자로 블랙리스트에 올라있던 주민들의 신원을 분류하였다는 李鍾煥 포항경찰서장, 李康學 경주경찰서장, 朴枺玄 영덕경찰서장은 각각 1950. 5. 7.~1950. 8. 11, 1950. 1. 9.~1952. 5. 9, 1949. 12. 1.~1950. 8. 13.에 그 직에 있었다. 남상휘가 언급한 曺在千은 1949. 1. 31.~1950. 1. 23.에 경북도경국장이었다(한국경찰사편찬위원회, 『한국경찰사』 2, 1973. 1340, 1341, 1383, 1386~1389쪽 참조).

에서 6월 29일자, 6월 30일자 '치안국통첩'과도 연관성이 있어 보인다.

이 대통령령의 특별조치 제3조는 ① 살인, ② 방화, ③ 강간, ④ 군사, 교통, 통신, 수도, 전기·와사(瓦斯), 관공서 기타 중요한 시설 및 그에 관한 중요 문서 또는 도서의 파괴 및 훼손, ⑤ 다량의 군수품, 기타 중요 물자의 강취(强取)·갈취·절취 등 약탈 및 불법처분, ⑥ 형무소 유치장의 재감자를 탈주케 한 행위 등을 한 자는 사형에 처하도록 하였다.273) 다른 조항도 너무 심하지만, 전쟁시에 ②, ④, ⑤, ⑥항은 자주 일어나는 일로서 무기나 15년 또는 5년, 3년도 아니고 일률적으로 사형에 처하게 한 것은 엄중 처단의 수준을 훨씬 넘어선 것으로서 지나치게 극단적이었다. 뿐만 아니라, 단독판사가 단심으로 처리하도록 되어있었고(제9조), 기소 후 20일 이내에 공판을 열어야 하며, 40일 이내에 판결을 선고하여야만 했으며(제10조), 증거 설명을 생략한 채 판결할 수 있었다(제11조). 제3조에 해당하는 피의자에게는 '사형' 아니면 '무죄'를 판결해야 하는데, 그것을 단심으로 신속히 하게 되어있었던 것이다.

유병진 판사가 실제로 직면하였던 것처럼 해석하기에 따라서는 어떤 혐의자든 '사형'에 처할 수 있는 것으로 ─ 그렇지 않으면 '무죄'를 선고하여야 했다 ─ 실제로 수복 후에 있었던 수많은 부역자들의 처형에는 이 조항이 중요한 역할을 하였다. 그래서 국회에서는 이 조항에 대하여 여러 차례 비판하였고, 급기야는 이 대통령 특별조치령의 폐지를 결의하기까지 하였다. 보도연맹원 및 경찰감시 대상자 집단학살 지시는 시점도 시점이지만, 바로 이와 같은 대통령 특별조치령의 제정 및 국회나 여론의 비판에도 불구하고 그러한 법령을 완강히 집행하겠다는 권력수뇌의 정신 상태와 연관성이 있는 것이 아닐까.

전쟁 직후 집단학살된 보도연맹원 및 경찰감시 대상자의 숫자는 얼마나 될까. 여기에 대해서는 약간씩 차이가 있지만, 30만 명을 넘는다는 점에서는 대체로 일치한다.274) 그러나 평택 이남의 보도연맹원 숫자에 대

---

273) 유병진, 『재판관의 고민』, 서울고시학회, 1957, 181쪽.

274) 여러 설에 대해서는 서중석, 『한국현대민족운동연구』 2, 역사비평사, 1996, 268
    쪽 참조. 오제도와 함께 보도연맹 창설과 '관리'에 검사로서 핵심적인 역할을 한

해서는 알려진 바 없지만, 30만 명보다 약간 적었을 것으로 추정된다.[275]
6·25 44주년 특별기획으로 1994년에 방송된 청주기독교방송국 보도부
의 <보도연맹을 기억하십니까>에서는 충북의 경우 보도연맹원 1만여
명 가운데 3천여 명이 7월에 집중 학살당한 것으로 추정하였다.[276] 충북
지방에서 보도연맹 등의 관계로 학살된 사람 중 알려진 사람들이 2천 명
쯤 되는 것을 볼 때 3천여 명 학살설은 설득력이 강하다.

그러나 경북의 경우 유족들이 피학살자수가 3만여 명일 것이라고 추산
한 것은[277] 과다한 것이 아닐까 생각된다. 보도연맹원 및 경찰감시 대상자
학살에 대하여 가장 자세히 취재한 곳은 『항도일보』(나중에 『부산매일』로
개제)이다. 그런데 문제는 『항도일보』 취재반이 조사한 곳이 다른 지역에
비하여 특별히 희생이 많은지를 알 수 없다는 데 있다. 커밍스의 면밀한
분석에 의하면 경남에서는 남해 한 곳만 인민위원회가 없었는데, 『항도일
보』 기자들의 조사에 따르면 남해에서도 희생자가 꽤 있고, 여러 지표로
볼 때 의령, 함안, 하동은 해방 직후 가장 급진적인 지역이었는데 이 지역
은 취재에서 빠져있다.[278] 또 양산처럼 희생자가 많았던 지역은 희생자수
를 밝혀내지 못하였다. 어림짐작을 해보면, 보도연맹원 및 경찰감시 대상
자로 학살된 사람들은 제주도에서의 학살과 비슷하게 3만 명을 상회할 것
이나 최고 10만 명은 넘지 않을 것으로 보인다.

보도연맹원 및 경찰감시 대상자 집단학살과 관련해서는 생각해봐야 할
것이 두 가지 더 있다. 하나는 비인간적이고 반문명적이자 초법적인 집단
학살이라는 만행에 대하여 항거한 경찰관도 있었다는 점이다. 충남 천안
경찰서장, 제주 성산포 경찰서장도 그러했던 것으로 전해지지만,[279] 문경

鄭喜澤과 鮮于宗源은 33만 명으로 증언하였다(중앙일보사 편, 앞의 책 3, 40쪽 ;
선우종원, 『사상검사』, 啓明社, 1992, 172쪽).

275) 정희택과 선우종원은 서울시연맹회원을 1만 6,800여 명으로 기술하였다(중앙일
보사 편, 앞의 책 3, 40쪽 ; 선우종원, 위의 책, 172쪽). 한지희, 앞의 글에는 서울시
연맹원수가 2만여 명으로 나와있다(62쪽).

276) 한지희, 위의 글, 62쪽.

277) 김삼웅, 앞의 책, 164쪽.

278) 커밍스, 『한국전쟁의 기원』 하, 165~174, 378~379쪽 참조.

에서 보도연맹원들을 군이 집단학살한 것은 경찰서장한테 하라고 지시했으나 서장이 못한다고 거부하였기 때문이라는 소문이 있었다고 한다.280) 앞에서 본 대로 사천·삼천포 지역에서도 경찰서장이 보도연맹원 및 경찰감시 대상자를 학살하라는 지시에 대해서 나름대로 구제책을 모색하였다. 일제시기 유명한 사회주의자였던 강석봉 등이 처형되지 않은 것도281) 광주 경찰책임자의 배려가 작용한 것이 아니었을까. 충북 괴산군 소수면에서는 지서장과 의용소방대장이 총살하라는 상부의 명령에도 불구하고 이 지역의 보도연맹원 및 경찰감시 대상자 2백여 명을 살려주었다. 이 지역은 인민군 점령시에도, 국군에 의한 수복 전후의 시기에도 아무런 불상사가 일어나지 않았다고 한다.282) 다른 하나는 제주도의 경우 똑똑한 인재가 너무 많이 희생되었다고 주민들은 증언하는데, 보도연맹원 및 경찰감시 대상자들의 상당수는 그 지역의 중간층으로서 교육받은 사람들이 많았고, 지도적인 위치에 있었다는 점이다.283)

한국은 일제강점하에서 교육시설의 미비, 편파적 교육 등으로 제대로 교육받은 사람들이 무척 적었고, 그나마 피교육자의 일부는 친일파 등으로 전락하였으며, 일부 고등교육을 받은 사람은 일자리가 없어 허송세월하였고, 많은 유위한 인재들이 항일투쟁으로 희생되었다. 그리고 해방정국과 전쟁으로 또다시 엄청난 희생을 치렀는데, 전쟁중 보도연맹원 및 경찰감시 대상자 학살로 또 많은 인재를 상실한 것이다. 휴전이 되었을 때 20대 이상으로는 사회에 유위한 사람들이 그다지 많지 않았다는 말이 나온 것도 인재상실과 관련이 있을 것이다.

---

279) 김남식의 증언(2000. 1. 6), 이도영, 앞의 팸플릿 참조.

280) 김태광, 「해방 후 최대의 양민학살 '보도연맹'사건」, 24쪽.

281) 정근식, 앞의 글, 305쪽.

282) 청주기독교방송국, <보도연맹을 기억하십니까> 1부, 1994. 소수면 의용소방대 감찰부장이었던 박노태의 증언(한지회, 앞의 글, 63~64쪽).

283) 보도연맹원 및 경찰감시 대상자 집단학살이 일어난 경북 문경군 호계면 별암리 등의 마을에서는 과부들이 이러한 노래를 불렀다고 한다(김태광, 「해방 후 최대의 양민학살 '보도연맹'사건」, 27쪽). "한 손에 사진 들고 두 눈에 눈물 / 이렇게 잘난 남편 보련에 죽고 / 나 혼자 긴긴 밤 어이 새우나 / 나라에 바친 목숨 할 수 없구나."

5) 전쟁 직후 나주경찰부대의 학살 등

1950년 7월 군경에 의한 전라남도 방어작전이 실패로 돌아가고 인민군이 전남 일대에 들어올 무렵 나주경찰서 소속 경찰부대, 일명 나주부대는 해남, 완도 등에서 인민군을 가장하여 인민군 동조자를 색출한다는 방법으로 학살을 자행하였다. 소설에 나옴직한 이야기인데, 실제로 완도 출신 작가 임철우의 「곡두운동회」는 이러한 학살을 다룬 소설이다. 여기에서는 김삼웅의 『해방 후 양민학살사』에 나오는 나주부대의 만행을 요약하여 소개하겠다.[284]

1950년 7월 26일 옥천을 거쳐 우슬재를 넘어온 100여 명의 나주부대는 해남읍을 사방으로 포위하고 기관총과 소총으로 읍민들을 살해하였다.[285] 경찰은 집안에까지 뛰어들어가 피난가려는 사람들을 학살하였고, 들에서 김매던 여인이나 어린아이도 무차별 살상하였다. 남동에서는 한 집에서 4명이, 학동에서는 방안에 앉아있던 노인 3명이 학살당하였다. 해남군 마산면 상등리에서는 인민군 복장으로 위장하여 들어오는 트럭을 보고 살기 위하여 "인민군 만세!"를 외쳤는데, 나주부대는 그들에게 사격을 가하여 5, 6명을 학살하였다. 완도읍에 들어와서도 나주부대는 같은 짓을 저질렀다. 완도경찰서장이 인민군이 들어올 터이니 일시 후퇴할 예정이라고 말한[286] 다음날 완도의 경찰과 공무원이 완도를 철수하였는데, 한 부대가 들어와서 인민군이 왔으니 환영하러 나오라고 하였다. 완도중학교에 집결하였을 때

---

284) 한 자료집에는 이러한 행태의 학살이 이미 여순사건 때 있었던 것으로 쓰여있다. 1948년 10월 25일 여수시내 반란을 진압하기 위해 산을 넘어서 안오만이(오림동 안쪽마을)마을에 들어온 군인들은 주민을 모아놓고 만세를 부르게 했다. 주민들은 군인들의 행색이 초라하고 군복에 계급장도 없어 "인민공화국 만세"를 불렀다고 한다. 이로 인하여 마을청년 10여 명이 마을 앞 야산에 끌려가 총살당했다는 것이다(여수지역사회연구소 편, 앞의 자료집, 12~13쪽).

285) 우슬재를 넘어오기 전에 트럭에 탄 운전사가 얼떨결에 두려워서 해남은 좌익계가 지배하고 있다고 나주부대에게 말하였다고 한다(김삼웅, 앞의 책, 116쪽).

286) 한 증언자는 이러한 말을 들은 것이 7월 21일경이라고 기억하였지만(위의 책, 112쪽), 광주에 인민군이 들어온 것이 7월 23일이기 때문에 나주부대는 그때쯤 남쪽으로 이동하였을 것이다.

인민군으로 위장한 나주부대 앞에서 위장한 인민군 편에 손을 든 사람들은 사살되었다. 10여 명은 완도중학교 운동장에서 '즉결처분'당하였고, 나머지는 산이나 바다로 끌려가 죽은 것으로 추측되었다. 나주부대가 청산도로 올 때는 오랏줄로 묶은 우익인사를 앞장세우고 왔기 때문에 더욱 인민군으로 믿을 수밖에 없었다. 나주부대는 청산면 선창에 모인 주민들을 향해 사격을 가하여 그 자리에서 10여 명을 사살하였다고 한다. 노화도에서는 자구책으로 유지들이 회의를 열어 국군이건 인민군이건 환영식을 갖자고 결의하였는데, 나주부대는 이 섬에 와서도 10여 명의 주민을 '처형'하였다. 일제강점기에 유명한 사회주의자들을 배출하였던 소안도에서는 경찰의 그와 같은 수법을 알고 있어서 환영에 나가지 않았지만, 나주부대에게 재수없이 걸린 2, 3명은 길거리에서 총살당하였다.[287]

나주부대에 대한 경찰의 기록은 어떠한가. 경찰전사(戰史)는 다른 경찰부대의 작전에 대해 상세히 기술한 것과는 대조적으로 나주부대의 해남·완도 일대의 활동에 대해서는 소략하게 쓰고 있다. 이 경찰전사에는 7월 27일경 장흥경찰서 부대가 임무를 완수함과 동시에 강진, 나주 두 경찰부대는 해남을 '기습'하여 지방공비 5명을 사살하고 '경찰서를 탈환'하였으며, 목포 방면의 적정을 탐색하여 많은 전과를 거두었다고만 기록되어있다. 그러나 이웃인 강진이 인민군한테 점령된 것은 7월 28일 이후인 것으로 이 책의 같은 쪽에 기록되어있기 때문에, 해남이 27일 이전에, 더구나 1960년대 해남지역 신문인 『남향시보』에 나주부대가 학살한 날짜로 되어있는[288] 26일에 인민군에 의하여 점령되었다고 보기는 어렵다. 또 이 책의 같은 쪽에서 7월 31일에 해남의 북쪽에 위치한 영암으로부터 침공하는 적을 격퇴하기 위하여 강진, 영암부대가 작전한 것으로 기술되어있는 것을 봐도 그렇다. 그리고 이 책의 그 다음 쪽에서 — 그것은 문맥상 8월 1일 이후의 일로 보인다 — 완도 본섬에 완도부대 300명을 비롯하여 나주부대 270명 및 화순부대 60명이 배치되었고, 잔여부대는 청산도를 비롯한 서남 각 도서에

---

287) 위의 책, 110~120쪽.
288) 위의 책, 115쪽.

이동하였으며, 8월 3일 오전 8시에도 해남 바로 아래 이웃인 완도 본섬은 점령되지 않은 것으로 기술하였다.289) 날짜와 '기습' '지방공비 5명' '경찰서 탈환' 등으로 읽히는 경찰전사의 전후 문맥을 살펴볼 때, 이 부분의 기술자는 나주부대의 만행을 정도의 차는 있겠지만, 알고 있었다는 생각이 든다.

『여순사건실태조사보고서』 제1집에는 6·25 때 영암경찰이 여천군 남면의 황도성 등 5명을 싱갱이도에서 집단으로 총살하여 수장한 기록이 나온다.290)

6) 미군에 의한 학살

전쟁중 미군에 의한 주민집단학살 중 가장 널리 알려진 것이 충북 영동군 황간읍 노근리에서의 학살이다. 노근리에서의 학살은 충북 영동 미군양민학살사건 대책위원회의 활동에 의해 대략의 윤곽이 밝혀졌고, 1994년 7월 비교적 상세한 보도가 있었다. 그러다가 AP통신 서울지국 최상훈 특파원의 1년 4개월에 걸친 취재가 1999년 9월 30일부터 국내 신문에 보도되기 시작하여 이 학살은 전보다 더욱 진실에 대한 실체적 접근이 가능하게 되었다. 먼저 학살을 목격한 주민들의 증언을 들어보자. 충북 영동군 영동읍 임계리와 주곡리 주민들 500여 명은 7월 25일 미군의 지시에 따라 급히 짐을 꾸려가지고 미군 인솔 아래 서울 - 부산 국도를 따라 피난길에 올랐다. 그런데 주민을 인솔하던 미군이 이날 밤 자취를 감추고, 다음날인 26일 피난민들이 황간읍 노근리에 다다랐을 때 미군은 탱크로 길을 막으며 언덕 위에 있는 경부선 철로 위로 이들을 올려보냈다. 이때 미군이 난민들의 짐 보따리를 검사한 후 무전통신을 하고 두세 시간 뒤에 미공군 전투기 두 대가 나타나 난민들을 향하여 폭격과 기총소사를 하였다.291)

---

289) 내무부치안국 대한경찰戰史발간회, 『대한경찰전사』 1(민족의 선봉), 興國硏文협회, 1952, 164~165쪽

290) 여수지역사회연구소, 앞의 보고서, 31쪽.

291) 이 부분에 대하여 梁海燦은 미군 전투기 한 대가 나무그늘에서 주먹밥으로 점심을 때우던 주민들에게 무차별로 포탄을 떨어뜨렸고, 기관포도 불을 뿜었는데,

많은 사람들이 죽어가는 상황에서 난민들은 철로 밑의 수로용 터널 두 개(일명 쌍굴)로 피신하였는데, 미군 위생병 2명이 터널 앞에 나타나 "대전에서 피난민처럼 위장한 인민군들에게 우리가 큰 피해를 입었다. 의심나는 피난민은 모두 죽이라는 상부의 명령이다"라고 말하였다고 한다. 이 대화가 있은 직후 미군은 터널 밖 구릉에 기관총을 설치하고 7월 26일부터 29일까지 터널을 향하여 기관총을 난사하였다. 미대사관 등에 진상규명과 공식 사죄, 피해보상을 요구하고 있는 충북 영동 미군양민학살사건 대책위원회에서는 확인된 사망자가 서문삼(당시 65세), 정구택 어린이(당시 1세) 등 89명이고, 부상자가 11명이라고 주장하였다. 피난민으로 학살당한 사람들은 이보다 훨씬 많았을 것이다.292)

AP통신이 입수한 문서와 노근리 학살에 관계가 있는 미군병사들에 대한 AP통신의 취재는 이 주민집단학살이 어떻게 이루어졌는가를 이해하는 데 큰 도움을 준다. 노근리 주민학살 당시 현장에 배치되었던 미군 제1기갑사단이 7월 24일에 내린 명령(통신문)은 다음과 같다.

피난민이 (방어)전선을 넘지 못하도록 하라. 넘으려 하면 그가 누구든 발포하라. 여자와 어린이의 경우 분별력있게 대처하라.

미군이 미리 매복해있었는지 철로의 좌우 산 속에서도 쉴새없이 총탄이 날아와 수백 명이 목숨을 잃은 것으로 기억하였다(『한국일보』 1999. 9. 30).

292) 이 부분은 주로 『내일신문』 1994. 7. 20.자 기사에 의존하고, 『한국일보』 1999. 9. 30.자를 약간 참조하였다. 『내일신문』 기사에서는 실제 사망자수를 300명 선으로 추정하였다. 영동군 군의원인 양해찬은 파악된 희생자가 임계리와 주곡리에서만 사망자 98명, 중상자 14명이라고 말한 것으로 보도되었다. 그의 할머니와 형은 7월 26일의 사건으로 사망하였다(『한겨레신문』 1994. 7. 6). 1999년 10월 현재 노근리 양민학살진상 대책위원회(위원장 鄭殷溶·76, 부위원장 양해찬·56)에서 공식 집계한 당시 사망자는 121명이지만, 피난대열에 외지인들이 많이 섞여있었고, 총격 후 임자 없는 시신이 많았던 것으로 보아 양해찬은 300명이 넘을 것으로 추정하였다(『동아일보』 1999. 10. 6). 1999년 8월 대전지방 철도청 김천 보선사무소에서는 학살현장인 굴다리 벽면에 콘크리트 덧씌우기 공사를 해서 유족들의 분노를 샀다. 정부가 만행의 증거를 은폐하려는 행위로 볼 수밖에 없다는 것이다(『한국일보』 1999. 9. 30).

7월 26일 아침 미 8군 본부 통신명령은 다음과 같다.

'반복'(따옴표는 필자)하지 않겠다. 언제 어떤 피난민도 전선을 넘는 것을 허용하지 말라.

미 1기갑사단 오른쪽에 배치되어있던 미 보병 25사단의 7월 26일 통신문은 다음과 같다.

사단장 윌리엄 킨 소장은 전투지역에서 움직이는 모든 민간인은 적으로 간주돼야 하며 발포해야 한다고 지시했다.

7월 27일 미 보병 25사단장 킨 소장은 재차 다음과 같은 명령을 내렸다.

(남한 양민들은 한국경찰에 의해 전투지역에서 소개됐기 때문에) 전투지역에서 눈에 띄는 모든 민간인은 적으로 간주될 것이며, 그에 따른 조치를 취할 것이다.

미군 1기갑사단이 내린 명령은 미 8군 본부의 명령과 맥을 같이한다. 전범문제 전문가들이 말하고 있듯이 "민간인들에 대한 이러한 사살명령은 어떤 이유로든 명백히 불법"이다.

AP통신에서 취재한 학살 관계자들의 증언 가운데 의외로 진실을 토로한 것이 많은 것에 놀라지 않을 수 없다. 1기갑사단에 근무했던 6명의 참전 미군들은 민간인을 향해 발포했다고 증언했으며, 또 다른 6명은 대량학살을 목격했다고 말했다. 당시 기관총 사수였던 제임스 컨스는 "사람들은 실종 미군에 대해서는 얘기하기를 원하지만 한국양민 총살사건에 대해서는 언급하기를 원치 않는다"고 지적하고, 당시 사건이 진실임을 분명히 했다. 제7기갑연대 분대장이었던 돈 다운도 "불행하게도 노근리 양민들은 고통받는 사람들이었다"고 증언했다. 기관총 사수였던 노먼 팅글러는 "우리는 그들을 전멸시켰다"고 말하고, "당시 일부 병사들은 '그냥 피하려 했던 민간인'에 대한 발포명령을 거부하기도 했다"고 털어놓았다. 그는 "비록 고통스러운 일이긴 하지만 그 사건에 대해 말하는 것은 양심의 문제"라고 지적하고, "과거의 행동에 대해 불원간 대가를 치러야 할 것"이라고 피력하였다. 당시 중위였던 로버트 캐롤 예비역 대령은 "7연대 소총수들이 인근 진지에서 피난민을 향해 발포했다"고 말하고, "첫날은 북한군이 없었으며, 대부분이 여성, 어린이, 노인들이었다"고 기억하였다. 그는 "그들이 적인지 확신이 서지 않았다"고 말하고, 소총중대의 총격을 멈추게 했다고 밝혔다. 특히 1970년에 사망하여 이미 고인이 된 챈들러 대위에 대한 증언은 노근리 학살의 핵심을 지적하고 있다. 참전 미군들은 중화기 중대장이었던 맬번 챈들러 대위가 상급자와 연락을 취한 뒤 굴다리 입구에 기관총을 설치하고 발포할 것을 지시했다고 말했다. 참전 미군인 유진 헤슬먼은 "챈들러 대위가 모두 없애버리자고 말했다"고 전했다.[293]

1950년 7월 26일 미 보병 25사단장 킨 소장이 내린 명령은 말할 나위도 없고, 24일 미 제1기갑사단의 명령은 실질적으로 민간인에게 발포를 허용한 것으로 해석할 수 있는, 문명국가에서는 있을 수 없는 전쟁범죄에 해당하는 불법적 명령이었다. 노근리에서의 주민집단학살은 해당 미군부대(대대)에만 책임을 물을 수 없게 되어있다. 그 상급 부대인 7연대와 1기갑사단 지휘부에도 묻지 않을 수 없다. 또 7월 26일 미 8군 본부 통신명령은 미 1기갑사단의 명령과 같은 성격의 것이었다. 그렇다면 당시 한국전선을 책임지고 있던 미 8군 사령관 워커 중장, 유엔군 총사령관이었던 도쿄의 맥아더 장군이 그러한 불법적인 명령을 재가했는지도 중요한 쟁점이 아닐 수 없다.[294]

1999년 10월 14일 AP통신은 또 다시 칠곡군 왜관교 등지에서의 미군학살에 대하여 다음과 같이 보도하였다. 노근리 학살사건에 관련이 있는 1기갑사단 참전병사들은 노근리 학살 직후인 7월 말 서울에서 남동쪽으로 160km 떨어진 곳에서 철길을 따라 걷던 피난민 수백 명이 미군에 의해 박

---

293) 『한겨레신문』 1999. 10. 1. ; 『동아일보』 1999. 10. 1. ; 『한국일보』 1999. 10. 1.에서 발췌하였음.
294) 『동아일보』 1999. 10. 4. 참조.

격포 공격을 당해 대부분 숨졌다고 회고했다. 8월 2일 1기갑사단 소속 미군은 왜관 근교에서 피난민을 가장한 북한군 5명과 교전을 벌여 이들을 전원 사살하였고, 왜관 인근에서 철로를 이용해 미군 행렬을 따라오던 피난민 80명에게 총격을 가해 이들 중 대다수를 살해했다고 미군들은 증언하였다. 헤슬먼은 "북한군이 피난민들 사이에서 나타났다고 생각되었기 때문에 자신들을 뒤따르던 피난민들을 제거하라는 명령을 받았다"고 전하였다.

더 커다란 참사는 8월 3일에 발생하였다. 미군들은 이날 미군이 북한군의 진군을 저지하고 피난민으로 위장한 게릴라들의 기습공격을 막기 위해 낙동강의 왜관교와 덕승동 다리(현지 주민들은 이 다리를 고령교라고 함)를 폭파하는 바람에 수백 명의 무고한 양민들이 숨졌다고 증언했다. 미 1기갑사단 출신 데일리는 당시를 회상하며 "교량을 폭파하기에 앞서 다리를 건너 남하하는 피난민들을 저지하기 위해 그들의 머리 위로 경고사격을 했지만 소용이 없었다"고 증언하였다. 데일리와 다른 병사들은 "당시 1기갑사단장이던 게이 소장이 3일 밤 다리를 폭파하라는 명령을 내렸다"고 말하고, 다리가 폭파하면서 교량을 건너던 수백 명의 피난민들이 파편에 맞아 숨졌고, 일부는 익사했다고 회고하였다. 데일리는 "게이 장군이 지프 앞에 서서 '개××들 다 날려버려'라고 소리질렀다"고 당시 상황을 생생하게 전했다. 게이는 후에 북한군의 남하가 임박한 상황에서 다리 폭파는 어쩔 수 없었다고 변명하였다. 그러나 참전 병사들은 북한군이 실제로 낙동강변에 모습을 드러낸 것은 나흘 후인 7일 무렵이었다고 밝혔다.

왜관교 폭파보다 약간 앞서 왜관교에서 40km 하류에 있는 덕승동 다리 폭파도 상황은 비슷하였다. 14전투 공격대대 출신 이포크는 "당시 '다리 위에 사람들이 많다'고 외쳤지만 다른 병사들은 '폭파해야 한다. 달리 방법이 없다'고 말했다"고 증언하였다. 같은 부대 소속이었던 킨즈먼은 "우리는 그날 밤 내내 그 다리를 건너는 사람들을 조사했으나, 민간인으로 위장한 북한군은 발견하지 못했다"고 말했다. 그는 "수백 명의 피난민으로 가득 찼던 다리가 폭발과 동시에 산산조각이 났다"고 밝혔다. 이 다리의 폭파로 최소한 수십 명에서 수백 명이 사망하였다.295)

덕승동 다리 폭파를 목격했다는 김원기(70)는 "미군들이 다리 폭파 전에

쏜 화염탄에 맞아 불에 타 숨진 어린이를 봤다"고 회상하고, "불이 번쩍이면서 소이탄으로 불리는 화염탄이 떨어졌는데, 사람이고 식물이고 모조리 불에 타버렸다"고 말했다.[296] 고령군 성산면 득성리에 사는 김흥기(79)는 "지서에서 주민들에게 '다리를 건너지 않으면 인민군으로 간주한다'고 통보해 마을주민 대부분이 피신했다"고 말하고, "그러나 다리가 끊어진 당일 달성군 논공면 피난민을 향해 미군 비행기가 폭격을 가해 희생자가 많이 발생했다"고 회고하였다.[297]

AP통신은 20세기가 저무는 12월 29일에도 미군에 의한 학살 관련 미국 군사문서와 목격자들의 증언을 보도하였다. AP통신은 1951년 1월 20일 피난민들이 숨어있던 충북 단양군 영춘면 상2리 괴개골이라는 동굴에 미군 전투기가 소이탄을 발사하여 민간인 300여 명이 질식해 숨졌고, 동굴을 빠져나온 사람들도 기총소사를 받았다고 증언한 것을 보도하였다. 괴개골에서 기적적으로 살아난 조봉원(趙逢元, 64, 전 제천공고교장)은 미군기 폭격이 잦아 마을사람들이 일주일쯤 전에 굴에 들어가 생활하였는데, 1월 20일 미군 헬기가 날아와 동굴 입구에 불을 내는 소이탄을 발사하여, 마침 이불과 볏짚 등이 있던 동굴이 삽시간에 불구덩이로 변했다고 말했다. 그는 "사람들이 아우성치고 아이들을 애타게 불렀다"고 회고하였다. 이 사건이 나기 며칠 전 영춘면에서 서쪽으로 97㎞ 떨어진 둔포에서도 창고에 숨어있던 피난민들이 추위를 이기기 위해 불을 지피자 미 공군이 공습하여 300여 명이 숨졌다고 생존자 김인태(金寅泰, 58, 샬롬호스피스선교회 목사)는 증언하였다. 당시 10살이었던 그는 아버지, 어머니, 두 동생과 함께 김포에서 사흘을 걸어 둔포로 피난갔는데, 그곳에서 아버지와 두 동생을 잃었다.

AP통신은 용인 일대에서도 학살이 있었음을 보도하였다. 1951년 1월 12일 용인에서 남쪽으로 향하던 피난민들은 피난민임을 알리려고 짐꾸러미를 머리에 얹고 몸을 웅크렸는데도 미군 전투기가 기총사격을 퍼부어 300여 명이 희생되었다. 김용규는 1951년 1월 15일 용인에서 미군 제트기가

---

295) 『중앙일보』 1999. 10. 15. ; 『한겨레신문』 1999. 10. 15.
296) 『한겨레신문』 1999. 10. 15.
297) 『중앙알보』 1999. 10. 15.

급강하해 총을 난사하는 바람에 매번 20~30명이 죽어갔다고 말했다. 전직 AP통신 종군기자였던 짐 베커는 같은 해 1월 26일 미군을 따라 북진하면서 용인도로에서 여자와 어린이를 포함한 민간인 시체 200여 구를 보았다고 말했다. 그는 "피난민 중에 무기를 소지한 사람은 없었으며, 현장을 목격한 미 공군 대변인실 직원도 피난민 속에 잠입자가 있다는 증거를 찾지 못했다"고 증언하였다.

AP와의 회견에서 미군 조종사들은 무고한 양민에게 기총소사를 한 것이 아닌가 하는 의심을 가졌다고 말했다. 퇴역 공군 허만 손은 "지상에 보이는 사람들이 누구인지 분명하지 않았다"고 토로하였다. AP가 입수한 제35전폭기 대대의 7월 20일자 귀환 보고서에는 4명의 조종사가 충남 유성 남쪽 4~5마일 지점에서 흰옷을 입은 사람들을 공격했으며, 이는 흰옷 입은 사람들을 공격하라는 정찰기와 관제기의 지시에 따른 것이었다고 쓰여있다. 일부 퇴역 조종사는 "저공비행하는 모스키토 정찰기의 유도에 따라 고공에서 잘 보이지 않는 목표물에 폭탄을 투하했다"고 고백하고, 정찰기의 실수 가능성을 지적하였다. 미 공군 제9전투비행단과 제35전투비행단의 작전 후 보고서에는 미군 조종사들이 어선, 가옥, 학교, 마을 전체에도 기관총과 폭탄공격을 가한 것으로 기록되어있다.[298]

1950년 7월 22일자 『뉴욕타임즈』에는 "미군이 민간인을 의심의 눈초리로 보기 시작하였으며, 전선에서 하얀 농부옷 차림을 한 남자들을 조심하라는 경고가 내려졌다"는 기사가 실려있다.[299] 그루쯔너는 『뉴욕타임즈』에 전쟁 초기 "침투자에 대한 두려움이 미군과 대한민국 경찰로 하여금 남한 민간인들을 남녀를 불문하고 수없이 학살하게 만들었다"라고 썼다. 그는 미군 고위장교가 7월에 극도로 당황하여 '많은 민간인들'을 쐈다고 말한 것을 인용하였다. 미국 특파원 비치는 "지금은 한국인으로 태어날 때가 아니다. 양키들이 한국인들을 눈에 띄는 대로 쏘아 죽이고 있기 때문이다. 신경질적인 미군은 어떤 한국인이든 쏴죽일 태세였다"라고 기술하였다.[300]

298) 『한국일보』 1999. 12. 29 ; 『한국일보』, 『한겨레신문』, 『동아일보』 1999. 12. 30.
299) 『한국일보』 1999. 10. 2.
300) 커밍스 · 할리데이, 앞의 책, 90쪽.

그루쯔너와 비치의 증언은 영동 노근리 쌍굴 앞에서 미군 위생병이 답변한 것과 맥락을 같이하는 것에 주목하지 않을 수 없다. 영국 특파원 톰슨은 공중전에 의한 대량학살이 일어났는바, 기계화 병력이 "거의 무장하지 않은 적, 하늘의 항공기에 대항할 수 없는 사람들에게 사용되었다"라고 썼다.301)

노근리 주민집단학살에서 총격에 가담한 상병 에드워드 데일리는『동아일보』기자에게 중대 통신병이 부대장 히처 소령의 지시라면서 전원 사살하라는 명령을 전달했다고 회고하고 다음과 같이 말했다.

노근리만 그런 게 아니었기 때문이다. 그 뒤로도 유사한 사건들이 수도 없이 일어났다. 낙동강 너머에서 진지전에 들어갈 때까지 후퇴하는 동안 피아를 구별할 후 없었기 때문에 무고한 인명피해가 많았다.302)

노근리 학살사건이 크게 보도되면서 1948년 6월 8일에 있었던 울릉도 독도 연안에서의 살상도 튀어나왔지만,303) 전쟁중 다른 몇몇 지역에서의 학살사건도 보도되었다. 그것을 간추리면 다음과 같다.

* 전북 익산 : 1950년 7월 11일 미군기 2대가 익산역(당시 이리역)을 폭격하여 기관사 등 54명이 죽고 300여 명이 중경상을 입었다고 한다.

* 경남 사천 : 곤명면 조장마을 주민들은 "1950년 8월 1일 마을 앞 하천

---

301) 위의 책, 90쪽.

302)『동아일보』1999. 10. 8.

303)『서울신문』,『동아일보』는 1948. 6. 12.자에서 6월 8일 울릉도 부근 독도에서 미역을 따고 있던 어선 15척이 난데없는 비행기의 폭격을 받아 발동선 등 11척이 침몰하고 사망 9명, 행방불명 5명, 중상자 2명 등의 인명피해를 냈는데, 이 비행기는 '연습'(따옴표는 필자)중의 모국 비행기가 아닌가 하고 추측된다고 보도하였다(국사편찬위원회 편,『자료 대한민국사』7, 1974, 272쪽). 그런데『한겨레신문』은 1999. 10. 11, 10. 13.자에서 울릉도 주민들이 미군기 10여 대로부터 우리 어선임을 확인한 상태에서 폭탄과 기총사격 세례를 받아 82척의 어선 중 2척을 제외한 80척이 침몰하고 150명 이상이 사망하거나 실종되었다고 주장하고 있다고 보도하였다.

제방에 모여있는데, 미군 폭격기 여러 대가 나타나 기총소사를 가해 주민 60여 명이 숨지고 20여 명이 부상했다"고 주장했다.

* 경남 마산 : 진전면 곡안리 주민들은 "1950년 8월 11일 마을 뒤 성주 이씨 재실에 피난중이던 주민 100여 명에 대해 미 공군과 보병이 무차별 총격을 가해 74명이 현장에서 사망하고 9명은 며칠 뒤 사망했다"고 주장했다.

* 경북 구미 : 전 구미시 문화원장 김교홍 등 주민들은 1950년 8월 16일 미군 폭격기 7대가 형곡동에 폭탄를 투하하여 주민 100여 명이 죽거나 크게 다쳤다고 증언하였다.

* 경남 함안 : 군북면 장지마을 주민들은 1950년 8월 20일 미군 전투기의 폭격으로 100여 명이 사망하거나 다쳤다고 증언하였다.

* 경남 의령 : 용덕면 정덕마을 주민들은 "1950년 8월 22일 미군 전투기 4~5대가 나타나 기총소사를 가해 30여 명이 숨지고 마을이 모두 불탔다"고 주장했다.

* 경남 창녕 : 창녕읍 초막 마을 주민들은 "1950년 8월 초 미군과 북한군이 교전을 벌이던 중 이 마을에 피난중이던 주민에게 총격을 퍼부어 80여 명 이상이 숨졌다"고 주장하였다.

* 경북 예천 : 순흥 안씨 집성촌인 예천군 보문면 산성리 주민들은 1951년에 미군 전투기 6대가 날아와 폭탄을 투하하고 기름까지 뿌려 마을이 불바다가 되었고, 노인, 부녀자, 어린이 등 50여 명이 숨지고 90명이 부상했다고 말했다.304)

북한군이 있는 것으로 잘못 알고 폭격한 경우, 극소수의 북한군이 숨어있는 것에 대하여 폭격 등을 하여 규모가 큰 사상자가 난 경우 등도 있다. 앞의 예들은 대개 특정 마을에서 발생하였기 때문에 증언자가 뚜렷하지만,

---

304) 사망자와 부상자수는 신문에 따라 약간씩 차이가 있는데, 여기에서는 『한겨레신문』 1999. 10. 13.자 보도에 따랐다.

왜관이나 용인지방에서처럼 피난 도중에 외지에서 폭격을 당한 경우는 고정적이고 집단적인 증언자가 없어 증언하기가 어렵다는 점을 간과해서는 안될 것이다.

특별히 중시해야 할 것은 미군에 대한 규모가 큰 학살은 피난민을 상대로 하여 발생하였다는 점이다. 충북 영동 노근리에서의 주민집단학살도 영동읍 임계리 주곡리 마을 희생자들은 미군양민학살사건대책위원회 등을 조직하여 진상규명에 노력함으로써 AP통신의 보도까지 나오게 되었지만, 똑같은 곳에서 이들보다 더 많이 학살당한 것으로 추정된 대전지역 등에서 온 피난민 희생자들의 인적 사항은 알려져 있지 않다. 왜관교 폭파의 경우도 당시 왜관읍 사람들은 사전 소개령이 내려져 미리 피난했기 때문에 희생자가 적었고, 폭파장면도 목격하지 못했다. 왜관교에서의 희생자들은 김천 등지에서 내려와 폭파 당시 낙동강을 건너려던 타 지역 사람들이었다. 덕승동 다리 폭파도 상황은 비슷하다. 고령군 성산 마을에 사는 김상권(64)은 "당시에 숨지거나 다친 사람들이 이 고장 사람들이 아니고, 합천, 거창 등지에서 온 피난민들이기 때문에 지역주민들의 관심이 적었다"고 말했다.[305] 용인에서처럼 피난민으로 북새통을 치른 거리나 마을에서는 더욱 그러하였을 것이다.

7) 수복 후의 학살

① **수복 직후** 앞에서 경기도 고양시 탄현동의 폐금광으로 알려진 금정굴에서 수복 직전 비밀결사조직인 태극단동지회 38명이 처형된 것과 연관되어 수복 직후인 1950년 9월 말부터 12월까지 우익에 의하여 부역자로 지목된 사람들과 그 가족들이 400~500명에서 1천 명에 가깝게 학살당하였음을 언급한 바 있다. 또한 전북 고창군 무장면 월림리 천씨마을 사람들이 용전리 김씨마을을 습격하여 학살한 데 대한 보복으로 제18전투대대 중대장인 김씨마을의 김용식 대위가 천씨마을 주민들을 학살한 것도 언급하였다. 이와 같이 수복을 전후하여 서로 죽고 죽이는 보복학살은 여러 곳에서

---

305) 『한겨레신문』 1999. 10. 15.

일어난 것으로 보인다.

대구 옆의 성주군에서는 수복 후인 음력 9월 중순경 부역하였다는 이유로 선남면 선원리 화목정 나루터에서 하류로 1km쯤 떨어진 강가에서 60여 명이 학살되었다.306) 충남 아산군 도고면 지역에서는 인민군이 들어오면서 3명을 학살하였는데, 수복된 후 숫자 미상의 상당수가 학살당하였다. 강신항은 1950년 10월 2일에서 15일 사이의 일기에서 인민위원회나 빨치산 관련자들의 죽음을 기록하면서 "놈들이 먼저 넘어와 다수의 우익인과 군경을 학살하였기 때문에 놈들은 그 열 배가 지금 죽는 것"이라고 지적하였다.307) 1955년 1월 15일자 『한국일보』에는 신창학살사건에 대하여 비교적 자세히 취재하여 보도하였다. 예산과 온양 사이에 있는 아산군 신창면 신창지서 주임 유해진(柳海震)이 150여 명의 양민을 학살한 혐의로 서울지검에 입건된 것과 현지에서 학살과 관련된 취재 내용을 쓴 것이었다. 강신항의 1950년 10월 26일자 일기에는, 우리 면(아산군 도고면)에서는 학살이 몇 안되지만, 신창면을 위시하여 들려오는 소식에 적색분자는 물론이고 그 가족까지 몰살시킨다고 한다는 기술이 있는 것으로 보아,308) 유해진 등의 양민학살사건은 수복 후인 10월경에 일어났을 것이다. 『한국일보』 기사에 따르면 유해진 지서주임은 억울한 사람들을 3, 40명씩 새끼줄로 엮어 산골짜기에 끌고가서 기관단총 등으로 학살하였다. 옆에서 기관단총을 소지하고 있던 박모 순경이 너무 지나친 짓이라고 하여 주저하면 오히려 그를 총살시키겠다고 위협하였다고 한다. 이 학살에서 이윤희(17세) 소년은 다른 마을에 가 있었기 때문에 학살을 모면하였다. 이군의 부친은 6·25 때 행방을 감추었는데, 유해진은 그의 조부와 조모, 4살 난 여동생과 2살 된 남동생 등 5명을 학살하였다. 두 살짜리는 어미에게 업히고 네 살짜리는 할머니에게 업힌 채 줄에 매여가서 죽은 것이다.309)

---

306) 김삼웅, 앞의 책, 168쪽.

307) 강신항, 앞의 책 1, 142쪽.

308) 위의 책, 156쪽.

309) 『한국일보』 1955. 1. 18 ; 『조선일보』 1960. 5. 19.자 조간에는 양산에서 23연대 김종원이 지휘하던 부대와 현지경찰 등에 의해 주민들이 공비와 빨갱이로 몰려

② **거창양민학살 등 주민집단학살** 1950년 11월 17일(음력 10월 8일) 새벽 5시에 전북 남원군 대강면 강석리에 들어온 11사단(사단장 崔德新) 205부대 5, 6백 명쯤의 1개 대대병력이 강석마을 앞 논바닥에 주민과 이 마을로 피난온 5백여 명을 모이게 하였다. 그리고는 한 장교가 국군수가 워낙 부족하니 남원부대로 가 군에 입대하라며 17세 이상 35세 이하를 나오게 하였다. 60여 명이 나오자 군인들은 그들을 3열 종대로 세운 후 뒷산 기러기재 부근에서 총을 쏘아 학살하였다. 유일한 생존자는 이동선(당시 21세) 한 명이었다. 군인들은 또 군홧발로 짓이기며 부녀자 7명을 끌어내어 마을회관 뒤 고갯마루턱 으슥한 숲속에서 주로 대검으로 목과 유방, 복부 등을 찌르고 심지어는 음부를 난자하여 모두 죽였다. 여자들을 끌어내간 후 이번에는 5, 60대의 나이든 사람이 다수 포함된 19명을 끌어내어 수건으로 눈을 가리고 마을회관 앞으로 데리고 가 한 사람씩 일본도로 목을 쳐 죽였다. 생존자는 김점동(당시 29세) 한 사람이었다. 한 장교가 일본도로 목을 쳤으나 죽지 않았고, 두번째는 그의 어깨에 칼이 닿았다. 목에서 피가 솟구쳐 흐르는 사이에 "더러운 놈 모가지가 왜 이렇게 질겨"라는 소리와 함께 세번째 칼을 맞고 고꾸라졌다. 그 순간 그는 물에 잠긴 듯한 느낌이 들었다. 그것은 앞서 목이 잘려 죽은 사람들의 피였다.

이와 같이 약 3시간 동안에 강석리에서는 90여 명이 학살되었다.[310) 대강면 강석리에서의 학살이 있은 직후인 11월 19일 11사단 수색중대에 의하여 주천면 고기리 일대의 주민 30여 명이 학살당하였고, 5개 마을 300여 채의 가옥이 소실되었다. 12월 29일에는 11사단 수색중대와 남원경찰서가 합동으로 주천면 덕치리 주민 30여 명을 학살하였고, 가옥 전체를 소각하였다.[311) 고기리에서는 전쟁이 나기 전인 1949년 음력 10월 18일에 청년

720명이 학살당하였다는 보도가 있는데, 김종원과의 관계로 보아 주로 수복 직후이거나 그 이전에 있었던 일을 보도한 것으로 보인다.

310) 부산매일, 앞의 책, 132~156쪽 ; 조성구, 앞의 글, 168쪽. 전라북도의회 6·25양민학살진상실태조사특별위원회, 앞의 보고서, 37쪽에는 강석리에서 90여 명의 양민이 4개 장소에서 총칼로 학살당하였다고 쓰여있다. 대강면 강석리 피학살자 42명의 인적 사항은 같은 보고서, 55~56쪽 참조.

26명이 학살당한 바 있었다. 전라북도의회 6 · 25양민학살진상실태조사특별위원회의 보고서에는 남원군 산내면에서도 50여 명이 군 · 경에 의하여 학살당한 것으로 쓰여있다.312)

1950년 12월 6일, 11사단 20연대 2대대 5중대(중대장 권준옥 대위)는 불갑산 언저리에 있는 함평군 월야면 정산리 동촌마을을 습격하였다. 이 부대에는 제주도 출신이 많은 것으로 알려졌다. 제주도 출신 군인들이 학살에 앞장선 것은 제주도에서의 학살을 목도하고 전도된 심리로 '보복'하였다고 볼 수도 있지만, 자신이 빨갱이가 아님을 입증하기 위한 점도 작용하였을 것이다. 어느 것이건 제주도에서의 피해의식이 오도된 형태로 반응을 보인 것이었다.313)

이 학살이 있기 전날인 12월 5일에 5중대 군인 3명이 빨치산에 의하여 죽은 것, 동촌마을 뒷산에서 빨치산들이 주민들을 동원하여 산꼭대기에 불을 피워놓고 징과 꽹과리를 치며 군인들을 약올린 것도 학살에 영향을 미쳤을 것이다. 12월 6일 새벽 권대위가 이끄는 군인들은 동촌마을 입구인

---

311) 위의 보고서, 37쪽. 이 보고서, 44~47쪽에는 주천면 고기리와 덕치리의 피학살자 71명의 인적 사항이 나와있다. 이 보고서, 29쪽에는 군 · 경에 의한 주천면 전체의 희생자수가 150여 명으로 기록되어있다.

312) 위의 보고서, 29쪽.

313) 제주도 4 · 3학살을 장기간 취재한 김종민 기자는 '공포의 땅'에서 벗어나기 위하여 제주도 사람들이 입대를 많이 하였다고 전한다. "어느 날 갑자기 집합해 이유도 모른 채 총살당하는 제주보다는 비록 총알이 빗발친다 해도 자신의 의지대로 그 총알을 피할 수 있는 전쟁터가 훨씬 더 안전했다"는 것이다. 그래서 연령이 넘었는데도 부득불 우겨서 입대하였고, 제대 후에도 고향이 무서워 10여 년간을 육지에서 살다가 온 사람도 있었다. 김기자는 제주도 사람들의 '입대선풍'에는 '색깔론'에서 벗어나기 위한 점도 있었다고 지적하였다(김종민, 「4 · 3 이후 50년」, 『제주4 · 3연구』, 역사비평사, 1999, 373~374쪽). 서울대 의대의 황상익은 육지에서 '빨갱이' 사냥에 앞장선 제주도 출신 청년들의 행위는 자신을 보호하려는 의식적인 행동이면서 동시에 反動 形成의 소산으로 파악하였다. 반동 형성은 무의식의 밑바닥에 자리잡고 있는 기억 · 생각 · 감정 · 충동 등이 너무나 받아들여질 수 없는 것일 때, 매우 수줍고 소심한 사람이 지나칠 정도로 대범하거나 남을 의식하지 않는 듯한 언동을 하듯이, 정반대의 행동이나 생각을 함으로써 기억과 감정이 의식되지 않도록 하는 무의식적 심리기전이다(황상익, 「의학사적 측면에서 본 '4 · 3'」, 『제주4 · 3연구』, 331~332쪽).

진다리 동네에서 30여 명의 주민들을 마구잡이로 끌어내어 논바닥에 내동 댕이치고 기관총으로 학살하였다. 진다리마을에서 동촌 본마을로 들어온 군인들은 마을 앞에 1백여 명의 사람들을 모아놓고 분류작업을 하였다. 청년들은 진다리에서의 총성에 이미 도망가버려 끌려나온 30여 명은 노약자들이었는데, 이들은 논바닥에 끌려가 진다리 사람들처럼 학살되었다.

다음날 5중대는 월야면 월악리 내동, 지변, 순촌, 송계, 동산, 괴정 등 6개 마을주민 4백여 명을 남산뫼 앞에 집결시켰다. 한 마을을 제외하고는 모두 정씨 집성촌이었는데, 동촌마을 학살소식을 들은 어른들은 회의를 열어 한 번이라도 부역을 한 사람은 몸을 피하고 노인들이 나서서 군인들을 환영하자고 의견을 모은 바 있었다. 남산뫼 앞에서 주민들을 분류한 후 권대위는 12, 3세 가량의 아이들 7, 8명에게 살려줄 테니 집집마다 불을 지르라고 지시하였다. 엄동설한에 아이들은 군인들의 감시 속에 불을 지르며 다녔다. 권대위는 150여 주민들을 남산뫼 앞 움푹 팬 곳에 몰아넣고는 LMG 기관총을 난사하였다. 한참 후 권대위는 산사람은 하늘이 목숨을 돌보았기 때문에 살려줄 테니 일어나라고 소리쳤고, 얼마 후 8명이 일어나자 그들에게 마을로 가서 불을 끄라고 지시하였다. 그리고는 뒤에서 사격을 가하여 7명을 학살하였다. 8명 중 한 사람인 정기찬(당시 18세)은 총에 맞은 채 누워있었는데, 죽었는지 확인하러 다니던 군인이 눈을 감아주어 살아났다.

남산뫼에서 150여 명을 학살하고 200여 채의 가옥에 불을 지른 5중대 군인들은 마을을 떠난 뒤로는 한동안 조용하였다. 그러나 1951년 1월 10일 중국군의 개입으로 1·4후퇴가 있은 지 6일째 되던 날인 이날, 5중대는 해보면 상곡리 성대마을에 들이닥쳤다. 마을을 불지르고 집결시킨 60여 명의 어린이, 노약자, 부녀자들을 해보면 중앙국민학교 부근 야산으로 끌고 가 양민들의 목에 총을 대고 주위에 나무들이 없는 마을우물 쪽으로 뛰어가게 하였다. 우물을 향해 뛰어가던 사람들은 기관총에 의해 희생되었다. 한 장교가 청방(請坊 : 지금의 방위병과 비슷함)들에게 명령하여 시체 60여 구를 우물 속에 집어넣게 하였다. 5중대는 다시 이틀 뒤인 1월 12일 성대 옆마을인 모평을 습격하여 200여 명의 주민을 학살하였다. 파평 윤씨 집성촌인 모평마을은 부유한 촌락이었는데, 군인들이 들이닥쳐 마을 앞에 나오게 한 후에 척구룡 쪽으로 몰고가 기관총을 쏘아 학살하였다. 해보국민학교 쪽 언덕과 불갑산 쪽에서 빨치산들이 봉화를 올리고 총을 쏘았다고 하였지만, 있을 수 없는 주민집단학살이었다.

1951년 2월 20일(음력 정월 대보름) '대보름작전'에 불갑산은 초토화되다시피 하였다. 함평군 해보면 나산면 등 7개 지역에서 국군은 포위 돌격작전을 벌였다. 추위와 배고픔으로 허덕이던 빨치산들과 협력을 강제당한 인근 주민들은 우왕좌왕하다 죽어갔다. 목격자들은 작전이 끝나갈 무렵 산 전체가 거의 흰색으로 뒤덮였다고 증언하였다. 죽은 사람들이 흰 명주옷을 입었기 때문이었다.314)

함평 학살은 1960년 국회에서 문제가 되었다. 5월 21일 전남도의회에서 민주당 소속 담양 출신 도의원 김상천이 함평에서 기관총으로 1,200여 명을 무차별 난사하여 죽였다고 발언한 이틀 후인 5월 23일, 국회에서는 민주당 김의택(金義澤) 의원 외 11명이 '전남 함평군 월야면, 해보면, 나산면 일원에서 공비토벌을 빙자하여 양민 1천여 명을 학살한 진상을 조사하기 위하여 국회조사단을 구성하자는 결의안'을 채택하였다. 그리하여 현지조사를 하였던바, 국회특별위원회의 양민학살사건 진상조사보고서에는 민간인 학살이 524명(월야면 350명, 해보면 128명, 나산면 46명), 가옥피해 1,454호로 쓰여있다.315)

1950년 11월 말 11사단 9연대 1대대 3중대 군인들은 속칭 시름이재라는 산마루에 박격포를 설치해놓고 전북 순창군 동계면 어치리 마을로 향하여 약 5시간에 걸쳐 박격포 사격을 가하였다. 주민들은 혼비백산하였고, 혼이 나간 채 이리저리 헤매던 부녀자들 가운데 약 100여 명은 군인들에게 붙들려 두가부등이라는 곳으로 끌려갔다. 군인들은 기관총으로 이들을 학살한 후 시체더미 위에 휘발유를 뿌려 소각하였고, 집들은 방화하였다.316)

1950년 12월 14일 전북 임실군 덕치면 암치마을에 11사단 13연대 군인들

---

314) 부산매일, 앞의 책, 160~188쪽.
315) 김삼웅, 앞의 책, 128~132쪽 ;『국회속기록』 제35회 42호, 1960. 6. 21, 부록.
316) 김삼웅, 위의 책, 140쪽.

이 나타나 마을 전체를 소각하고 주민들을 마을 앞 당산나무 밑에 모이게 하여 그 중 40여 명을 학살하였다. 덕치면 구담리에서는 새벽에 13연대 군인들이 마을주민들을 인계면 사무소 앞에 집결시켜 50여 명을 학살하였다. 다음해 3월 2일부터 6일까지 역시 11사단 군인들이 옥정면 배소고지마을에서 피난민 등 200여 명의 양민을 학살하였다. 임실군에서 가장 큰 학살은 청웅면에서 일어났다. 1951년 3월 15일 13연대 2대대장 노충근 중령이 이끈 병력은 먼저 청웅면 남산리 폐광 인근 지역 마을 전부를 소각하고, 폐광 안에서 피난생활을 하고 있던 주민 370여 명을 가두어놓은 채 갱입구에 3일간 불을 질러 대부분 질식사하였다. 굴 안에 있던 370여 명 중 겨우 10여 명이 살았으나 다시 붙잡혀 대부분 학살당하였다. 당시 회문산 마을 주변에서는 군경이 집을 태워버려 갈 곳이 없는 주민들이 폐광 안에서 생활하였다. 수복 후 이 지역 면장을 지낸 이권형은 사망자수를 조사한 결과 370여 명에 이르렀다고 증언하였다.[317]

　1950년 12월 22일 전북 고창군 심원면 만돌리, 고전리 개명산 일대에 11사단 20연대 2대대 6중대의 병력이 들이닥쳐 고전마을 앞 당산나무 밑에서 30여 명을, 개명산 입구에서 50여 명을 기관총 등으로 학살하고, 부근 바닷가에서는 어린이, 부녀자, 노인 등의 피난민을 학살하는 등 모두 200여 명을 학살하였다. 또한 이날 고창군 해리면 동호리 마을에서 같은 부대 군인들이 피난민 10여 명을 학살하고, 일제 때 파놓은 마을 뒷산 굴에 숨어있던 피난민 40여 명을 끌어내어 선창가에서 전원 학살하였다. 그로부터 10일이 조금 지난 1951년 1월 5일 공음면 선동리 선산마을에 11사단 20연대 2대대 6중대장 이용배 대위가 이끄는 부대가 나타나 고창군 대산면, 무장면 등 각처에서 피난온 피난민과 공음면 선동리, 건동리 주민 등 500여 명을 마을어귀 밭에 모아놓고 새끼 등으로 두 손을 묶은 채 두 대의 기관총으로 어린이에서부터 노인에 이르기까지 학살하는데, 일일이 확인사살을 하고 신음하는 잔존자들을 떡메로 쳐서 죽이기까지 했다고 한다.

---

317) 전라북도의회 6·25양민학살진상실태조사특별위원회, 앞의 보고서, 199~200, 221~222쪽. 임실군 강진면의 피학살자 인적 사항은 이 보고서, 224쪽, 덕치면의 피학살자 인적 사항은 229~230쪽 ; 최강선, 앞의 글 참조.

다음날 1월 6일에는 같은 중대 군인들이 상하면 하장리 오룡마을에서 미처 피난가지 못한 마을주민 17명을 상하국민학교 옆 빈터에서 학살하는데, 16명은 죽고 김인수는 3차까지 확인사살을 하였는데도 극적으로 살아남았다. 3월 3일에는 20연대 3대대 8중대 군인과 학도대 병력이 양민을 학살하였다. 이들 군인들은 자룡리 고리포의 비둘기굴에 숨어있던 피난민 60여 명에게 나오면 살려준다고 말하고 끌어내어 3열 종대로 세워놓고 전원 학살한 것이다. 3월 13일에는 20연대 3대대 8중대가 상하면 용대리 택동마을에 나타나 피난가지 못한 어린이와 노인들, 외지의 피난민 등 50여 명을 한데 모아놓고 학살하였다.[318] 전라북도의회 6·25양민학살진상실태조사보고서에는 고창군의 경우 공음면 590명, 심원면 200명, 상하면 200명, 무장면 150명, 해리면 100명 등 1,240명이 군·경에 의하여 학살된 것으로 쓰여있다.[319]

순창군에서는 군·경에 의한 희생자 1,028명(남 704명, 여 324명), 가옥소각 5,361동의 피해를 입었다. 1,028명의 피학살자 중 11사단에 의한 인명피해는 664명, 경찰에 의한 학살 95명, 기타 269명으로 분류되었다. 가옥소각은 대부분이 11사단에 의해 이루어졌고, 작전상의 이유가 대부분이었으며, 공비소탕은 일부였다. 인명 피해는 쌍치면이 536명으로 가장 많았고, 다음이 복흥면의 166명, 동계면의 97명, 구림면의 86명 순이었다.[320]

1951년 2월 20일 11사단 13연대 병력이 정읍군 산내면 종성리에서 식량

---

318) 위의 보고서, 67~73, 93, 105, 107, 109, 126쪽. 고창군 공음면 선동리, 건동리, 예전리 등의 피학살자와 무장면, 대산면 등의 피학살자 인적 사항은 이 보고서, 77~83쪽, 고창군 심원면의 피학살자 인적 사항은 이 보고서, 97~101쪽, 상하면의 피학살자 인적 사항은 이 보고서, 111~155쪽, 해리면의 인적 사항은 이 보고서, 128, 130쪽 참조.

319) 위의 보고서, 30쪽.

320) 위의 보고서, 29~30쪽. 구림면의 피학살자 인적 사항은 이 보고서, 157쪽, 복흥면의 피학살자 인적 사항은 이 보고서, 164~165쪽, 동계면의 피학살자 인적 사항은 이 보고서, 177~178쪽, 쌍치면의 피학살자 인적 사항은 이 보고서, 186~192쪽 참조. 순창군의 피해는 전북도의회 특별위원회에서 새로 조사한 것이 아니라, 1960년 국회조사단의 양민학살사건 진상보고서에 따른 것이었다(노민영·강희정, 앞의 책, 220~221쪽 수록).

을 약탈해가고 집에 불을 지르며 60여 명을 무차별 학살하였다.[321]

1951년 2월 8일 거창군 신원면 신원지서를 지키던 11사단 9연대(연대장 吳益慶) 3대대(대대장 韓東錫)는 산청으로 이동하였다. 53가구가 사는 산청군 금서면 가현리에 2월 8일 동틀 무렵에 나타난 3대대는 마을사람들을 모이게 한 후 부근에 있는 산으로 끌고갔다. 벼랑 끝에서 마을사람들이 멈칫거리자 군인들은 개머리판으로 내리치고 총구로 찔러 골짜기로 밀어떨어뜨린 후 사격을 가하였다. 1시간 만에 90여 명이 학살되었다. 12살 소녀 최금점은 어머니 품에서 살아났다. 어머니의 머리는 온데간데 없었으나 몸뚱이로는 막내딸을 꽉 껴안아 살아났던 것이다.

2월 8일 아침 8시경 가현에서 90여 명을 학살한 3대대는 그곳에서 2km쯤 떨어진 방곡마을에 들어왔다. 72가구가 사는 방곡마을은 지리산 산골마을로서는 논이 많은 편이었는데, 오전 10시경 논바닥에서 180여 명이 군인들이 총을 쏘고 수류탄을 던져 몰살당하였다. 자기 집에 불이 붙자 옷가지를 챙기러 들어가던 소녀도 총에 맞아 죽었다. 생존자들은 죽은 180여 명 중 어린이들이 절반이 넘었다고 증언하였다. 10살 난 김갑수는 젖먹이 동생, 두 남동생 등 일가족 8명을 잃었다. 22살의 새댁 김분달은 작은딸을 품고 엎드렸는데, 총알이 딸아이의 머리를 관통하면서 그녀의 손가락이 잘려나갔고, 5살짜리 딸과 시부모도 잃었다.

방곡에서 180여 명을 학살한 군인들은 또 2km쯤 떨어진 점촌마을에 들어왔다. 군인들은 집에 불을 지르며 주민들을 모이게 하여 기관총을 난사하여 대부분이 부녀자인 주민 42명을 학살하였다.

가현, 방곡, 점촌에서 '초토화작전'을 벌인 군인들은 97세대가 사는 자혜마을 주민들을 비롯하여 화계, 화산, 주상 등 4개 마을에서 양민 600여 명을 끌고 함양군 유림면 서주리 서주다리 밑 넓은 삼각자갈밭으로 갔다. 그곳에는 유림면 손곡, 지곡마을 주민 1백여 명도 다른 토벌대에게 끌려와

---

321) 위의 보고서, 235쪽. 이 보고서, 238쪽에는 1951년 1월 14일경 종성리에서 11사단 병력이 전 가옥에 불을 지르고 14세 이상 50세 이하의 남녀를 다 죽였다고 쓰여있는데, 같은 사건을 말하는 것으로 보인다. 이 보고서, 240~242쪽에는 산내면 종성리 등지의 피학살자 57명의 인적 사항이 쓰여있다.

있었다. 군인들은 700여 명의 주민들을 분류작업하여 217명을 집단학살하
였다. 남자구덩이, 여자구덩이로 나누어 몰아넣은 뒤 기관총을 난사하였고,
확인사살 겸 수류탄을 구덩이 안에 던져 시체가 갈기갈기 찢겼다. 군인들
은 논밭에 널려있는 시체를 겹겹이 쌓아놓고 휘발유를 뿌려 불을 질렀다.
2월 8일 오후 6시경이었다. 2월 8일 가현에서부터 학살된 사람들은 529명
으로 추정되었다. 대부분이 부녀자와 어린아이, 그리고 노약자였다.[322]

1951년 2월 10일을 전후하여 11사단 9연대 3대대에 의하여 거창양민학
살사건이 발생하였다. 거창군 신원면은 험준한 산들로 둘러싸여 있었다. 8
월 초 이후 약 2개월 동안 '인민군 치하'에 있었기에 1950년 10월 초순 수
복 이후에도 군·경의 통치는 불안정한 상태에 있었다. 12월 5일에는 빨치
산 수백 명[323]이 기습하여 신원면은 1951년 2월 초까지 '산사람'들의 수중

---

322) 부산매일, 앞의 책, 74~129쪽 ; 김삼웅, 앞의 책, 142~148쪽에는 11사단 9연대
3대대가 가현에서 123명을, 방곡에서 210명을, 점촌에서 60여 명을, 자혜, 화계,
화산, 주상마을과 함양군 유림면 손곡, 지곡마을 주민 등 310여 명을 학살하여 모
두 705명을 학살하였다고 기술되어있다. 이것은 아마도 정희상, 「산청·함양양민
도 705명 학살」(『시사저널』 1993. 6. 3.자)에 의거한 것으로 보인다. 정희상의 글에
는 3대대 병력의 길안내를 맡았던 최남철(산청군 금서면 신아리 구아마을)의 증언
이 나온다. 이 증언에는 방곡에서는 시체더미에서 세 살쯤 되어보이는 아이가 울
며 기어다니자 중대장이 정조준하여 쏘아죽였다는 목격담과, 3대대장 한동석이
"가현 70, 방곡 150, 점촌 35, 서주리 200 공비소탕 오버"라고 어딘가에 무전보고
하는 것을 들었다는 것이 나온다(김삼웅, 같은 책, 145쪽). 1960년에 국회조사단이
보고한 것에 따르면, 산청에서 남자 264명(15세 미만 81명, 40세 이상 73명, 기타
110명) 여자 242명(15세 미만 96명, 40세 이상 55명, 기타 91명)으로 희생자가 모
두 506명으로 나와있다(『국회속기록』 제35회 42호, 1960. 6. 21, 부록). 여자가 반
을 차지하고, 남자든 여자든 15세 미만과 40세 이상이 대다수를 차지하고 있음을
볼 수 있다. 4월혁명 후인 1960년 5월 23일 양민학살사건 진상조사에 관한 결의
안 제안설명에서 朴相吿 의원은 함양 근처만 하더라도 수동, 서상, 서하, 안의, 백
전, 마천, 병곡 등 각 면마다 기십 명씩 죽지 아니한 곳이 없을 정도라고 국회에
서 보고하였는데(노민영·강희정, 앞의 책, 203쪽), 근거가 밝혀져 있지 않다. 이들
국회조사단에 대하여 현지에서 신고한 것에 따르면, 함양에서는 남자 443명(15세
미만 40명, 40세 이상 156명, 기타 247명), 여자 150명(15세 미만 42명, 40세 이상
62명, 기타 46명)으로 모두 593명이 학살당한 것으로 되어있다(김삼웅, 앞의 책,
179쪽 수록).

323) 노민영·강희정, 앞의 책, 91쪽에는 약 2백 명 정도라는 사람들이 가장 많다고
기술하였고, 부산일보사, 『임시수도 千日』 上, 1983, 88쪽에는 500여 명으로 적혀

에 있었다. 경찰로는 신원면을 수복할 수 없어 토벌 전담부대인 11사단이 신원면에 들어오게 되었다. 11사단 9연대 3대대가 거창에 들어온 날짜에 대하여 군에서는 2월 8일로 말하고 있으나, 2월 8일 새벽부터 이 부대가 신원면에서 산청으로 이동하였으므로 주민들의 증언에 따라 2월 5일에 들어온 것으로 보는 것이 맞을 것이다.[324] 2월 7일 '산사람'들은 신원지서의 경찰대를 기습하여 경찰 11명이 사망하였다.[325] 신원지서를 지키던 11사단 9연대 3대대는 2월 8일 동틀 무렵 이웃하여 있는 산청군 금서면 가현에 나타나 학살극을 시작하였음은 앞에서 살펴본 바대로이다.

신원면 주민들의 기억에 의하면, 3대대는 2월 9일 산청에서 신원으로 돌아왔고, 마을이 텅 비어있자 거창읍내로 향하였다가 2월 10일 신원에 세번째로 들어왔다.[326] 거창군 신원면 학살은 세 차례에 걸쳐 벌어졌다. 최초의 학살은 2월 9일[327] 40세대가 살고 있던 덕산리 청연마을 백설이 덮인 마을 앞 논에서 76명[328]이 학살된 것이다. 남자들은 대부분 피난가고 노인과 부녀자, 어린아이들이 대부분이었다. 집들은 모두 불살랐다.[329]

2월 10일 군인들은 대현리, 와룡리, 중유리 마을주민들을 신원국민학교에 모이게 하였다. 마을은 주민들이 보는 앞에서 불태워졌다. 가장 멀리 떨어진 와룡리, 대현리 사람들 중 일부는 군인들의 지시에 의하여 길 옆 탄량골로 들어갔다. 군인이나 경찰, 방위대 가족들은 손들고 나오라는 소리

있다.

324) 노민영·강희정, 위의 책, 96쪽.

325) 위의 책, 99쪽. 그러나 3대대장 한동석은 이때 빨치산의 공격으로 150~160명이 처참하게 피살되어있었고, 그 다음날 밤 한동석 부대와 전투가 벌어졌는데, 한동석 부대원은 40여 명 전사에 100여 명 부상이라는 피해를 냈다고 증언하였다. 그러나 주민들은 후자의 전투에 대해서 기억하지 못하였다(같은 책, 99~102쪽).

326) 위의 책, 102쪽.

327) 1996년에 작성된 거창양민학살 45주년 합동위령제 팸플릿과 부산일보사, 앞의 책(상), 78쪽에는 2월 9일로 되어있으나, 부산매일, 앞의 책, 41쪽과 『해방 20년사』(희망출판사, 1965), 571쪽에 실려있는 거창 출신 신중목 의원의 국회보고에는 2월 10일로 되어있다.

328) 이 숫자는 부산매일, 위의 책, 41쪽에 나오는 것이고, 거창양민학살 45주년 합동위령제 팸플릿에는 80여 명으로 되어있다.

329) 부산매일, 위의 책, 41~42쪽 ; 거창양민학살 45주년 합동위령제 팸플릿, 6쪽.

에 10여 명이 빠져나가자 군인들이 골짜기 주변을 둘러싸고 총을 쐈다. 1시간쯤 지난 뒤 군인들은 조명탄을 쏘아가며 시체를 확인하였다. 얼마 후 시체더미 위에 나무를 져다 날랐고, 곧 불을 질렀다. 탄량골에서는 106명이 학살당하였다.330)

가장 규모가 큰 학살은 박산 골짜기에서 일어났다. 탄량골에서 참변당한 사람들보다 일찍 나왔던 와룡리, 대현리, 중유리, 과정리 등 주민 600여 명은 10일 밤 신원국민학교에 집결하였다. 학교에서 주민들은 군인들한테 시달리고 두들겨맞고 젊은 여자는 욕을 당하였다. 이들은 탄량골 학살소식에 공포에 떨면서 춥고 무서운 밤을 보냈다. 이날 밤 산기가 있던 한 부인은 충청도 말씨의 앳된 군인이 보살펴주어 목숨도 구하였고 아이도 낳았으나, 그냥 교실에서 아이를 낳았던 다른 부인은 끌려가 죽은 것으로 알려졌다. 다음날 새벽 박영보 면장과 박대성 지서주임이 나타나 군경가족을 나오게 하였다. 오전 10시경 군인들은 주민들을 박산골로 몰아넣고 집단학살하였다. 집단학살하기 전에 젊은이 7명을 나오게 하여 시체더미 위에 나무를 져 나르게 하였다. 누군가 불을 붙이자 뒤엉킨 시체를 향하여 총질하였고, 그와 함께 나무를 날랐던 젊은이들도 겨냥하여 마구 쏘았다. 그 와중에서도 3명은 무심결에 엎드렸다가 살아났다. 끌려간 520명 중 3명이 살아남은 것이다. 517명 중 225명이 어린이였고, 부녀자가 183명이었으며, 남자는 대부분이 노인이었다. 박산골 학살의 지휘자는 이종대(李鍾大) 소위(당시 23세, 정보장교)였다.331)

거창양민학살사건 위령추진위원회가 1988년 3월 17일자로 보고한 한 문서에는 거창양민학살 희생자가 719명으로 집계되었다.332) 719명 중 10세 이하는 313명, 10~20세 사이는 106명, 20~30세 사이는 54명, 30~40세 사

---

330) 부산매일, 위의 책, 43쪽. 여기에서는 탄량골 참변이 11일 발생한 것으로 기술하였다. 부산일보사, 앞의 책(상), 78쪽과 거창양민학살 45주년 합동위령제 팸플릿에는 100여 명으로 되어있다.

331) 부산일보사, 위의 책(상), 81~87쪽 ; 노민영·강희정, 앞의 책, 107~114쪽 ; 부산매일, 위의 책, 44~45쪽(이 책에는 2월 12일에 박산골 학살이 있었던 것으로 기록하였다).

332) 청연마을, 탄량골, 박산골 외의 지역에서 피살된 사람을 포함하였을 것이다.

이는 52명, 40~50세 사이는 67명, 50~60세 사이는 61명, 60~70세 사이는 51명, 70세 이상 15명이고, 남자 331명, 여자 388명으로 분류되었다.[333]

산청군 시천면 외공마을 사람들은 1951년 2월께 김종원 부대가 3백여 명의 어린이, 노약자, 부녀자들을 외지에서 끌고와 외공리 외공 골짜기, 속칭 소지이 골짜기에서 학살하였다고 증언하였다. 당시 외공 이장을 지낸 하재홍 등은 이들을 19대의 버스에 태워 지리산 입구인 중산리로 떠났으나 빨치산들이 총을 쏘아대자 다시 외공으로 돌아와 소지이 골짜기에서 학살하였다고 말하였다. 4개월 후 외공마을 주민들은 6개의 큰 구덩이 안팎에 널려있는 처참한 모습의 시체들을 수습하여 봉분을 만들어주었다.[334]

③ 기타 학살 대구에서 국회조사단에 대하여 1960년 6월 3, 4일에 신고한 바에 따르면, 군인과 경찰에 의하여 남자 253명, 여자 19명이 학살된 것으로 나타났다. 이들 272명은 10대가 13명, 20대가 143명, 30대가 76명, 40대가 35명, 50대가 3명, 60대가 2명이었다.[335]

『자유신문』 1960년 5월 23일자에 의하면, 경남 창원군 북면에서는 해군 첩보대(G-2) 대장으로 있던 황광수 수병 등이 무곡리, 면촌리, 신목리 등의 주민과 피난민들을 수리조합 사무실에 감금하였다가 그 중 60여 명을 마금산록 언덕 밑에서 학살하였다.[336]

비정규 무장대에 의한 학살도 적지 않았을 것이다. 강화에서는 강화향토방위특공대에 의하여 학살이 자행되었다. 이 특공대는 1950년 12월 강화경찰서 사찰과 박선호 형사가 서장과 의논해서 만들게 한 것으로 알려졌는

---

333) 김삼웅, 앞의 책, 161쪽 수록. 1960년 6월 국회조사단의 보고에 의하면(현지신고에 의함), 남자의 경우 15세 미만이 187명, 40세 이상이 86명이며, 15~40세 사이는 71명밖에 안된다. 여자의 경우 15세 미만이 159명, 40세 이상이 114명이며, 15~40세 사이는 102명으로 여자도 대개가 15세 미만, 40세 이상이다(같은 책, 179쪽). 그런데 이 경우 남자가 344명, 여자가 375명으로 거창양민학살사건 위령추진위원회의 보고와 남자와 여자의 숫자에 차이가 있다.

334) 부산매일, 앞의 책, 220~222쪽.

335) 김삼웅, 위의 책, 181쪽 ; 『국회속기록』 제35회 42호, 1960. 6. 21, 부록.

336) 김삼웅, 위의 책, 107~108쪽.

데, 1950년 12월 18일 20대 초반 청년 24명으로 비밀리에 결성되었다. 경찰서 부근에 본부가 마련되었고, 경찰서로부터 소총을 지급받았으며, 야간통행증도 발급받았다. 경찰이 부역자를 취조한 후 한밤중에 내보내면 경찰서 정문 앞에서 다시 붙잡아 해변가에서 처치해야 하기 때문이었다.

1950년 12월 말 전황이 나빠지자 특공대는 60여 명을 감금하였다. 여자는 20명 정도였는데, 북한으로 갔거나 종적을 감춘 사람들의 가족이었다. 남자는 부역자로 피난을 가지 못한 사람들이 대부분이라고 하는데, 동네 유지들한테 물어봐서 악질로 굴었다고 하면 밤에 가서 붙잡아왔던 것이다. 자의성이 많이 개재된 것이었다. 이들은 1951년 1월 7, 8일쯤 지금의 강화 역사박물관 부근의 갑곶 돈대 아래 갯벌에 있는 갑곶리 나루터와 옥계 갯벌에서 20, 30명씩 끌고가 학살하였다. 그 뒤에도 계속 '처형'이 있었고, 1월 하순경에는 대낮에 집단학살을 하였다. 특공대는 썰물시기에 맞춰 해안가로 끌고가 '처형'을 한 뒤 시체를 바닷물 속으로 처넣었다. 가족들의 권유로 자수한 부역혐의자들도 모두 학살하였다. 당시 특공대원이었던 김모씨는 "그때 처형된 사람이 대략 2, 300명은 될 것이다. 게다가 강화특공대말고도 면단위로 조직된 특공대들이 있었다. 이들이 자체적으로 처형한 사람들까지 합친다면 이보다 훨씬 더 많을 것이다"라고 증언하였다. 경찰도 철수하여 특공대들만이 남았던 1951년 1, 2월에 부역자 가족들은 언제 끌려가 죽을지 알 수 없어 극도의 공포에 떨었다. 주민들도 특공대의 눈총을 살까봐 두려워 이들 가족과 접촉하는 것을 꺼렸다.[337] 필자는 강화에서 부역자 가족이라는 업힌 아이 등 아이들이 딸린 부녀자들이 두릅 엮듯 엮인 채 끌려가 바닷물 속에 수장되었다는 증언을 들은 바 있다.

1951년 10월 1일 국회에서 홍범희(洪範熹) 내무부차관은 충남 서산군에서 있었던 학살에 대하여 언급하였다. 그는 약 40여 명을 학살하였다는 것은 사실이 아니고 18명이라고 주장하였다. 서산군 남면 채모 순경이 인민군 쪽에서 발행한 공민증과 인민화폐를 소지한 피난민을 붙잡아 서산 본서로 넘겼으나, 본서에서는 이들을 풀어주고 돌아가는 데 사용하라고 소액

---

337) 최강문, 「학살 배후에 경찰이 있었다—한국전쟁 당시 양민학살 자행한 강화특공대원의 고백」, 『말』 1999. 7, 106~109쪽.

의 여비를 주었다. 풀려나온 이들이 남면 지서로 찾아와 이 사실을 말하자, 채모 순경은 빨갱이를 내놓다니 말이 되느냐고 소리쳤는데, 마침 빨치산 토벌에 갔다온 우모 순경이 법에 의하지 않고 학살을 자행하였다고 답변하였다. 그는 이 사건을 경찰사상 가장 큰 오점이라고 말하였다.[338] 정부관리들도 학살은 불법이고 큰 잘못이라는 점을 알고 있었던 것이다.

한편 수도사단(맹호사단, 사단장 송요찬)을 중심으로 한 병력은 1951년 12월 2일부터 1952년 3월 14일까지 지리산, 회문산, 백운산, 백아산, 덕유산, 운장산 등 주로 호남지구에서 공비토벌작전을 벌였다. 3개월여에 걸친 이 작전에서 국군 등의 손실은 전사 53명, 실종 60명, 부상 63명으로 나와있는데 비하여, 공비사살은 4,493명, 포로는 3,677명이다.[339] 화력이 국군이 압도적으로 강하였지만 53 대 4,493의 비율로 전사자가 났다는 것은 이해가 잘 안된다. 이러한 비율은 민간인의 희생이 아주 컸다는 것을 말해주는 것이 아닐까.

---

338) 『국회속기록』 제11회 67호, 1951. 10. 1.
339) 전라북도의회 6·25양민학살진상실태조사특별위원회, 앞의 보고서, 20쪽.

제3절 학살의 원인과 책임
- 제주도·보도연맹원 주민집단학살과 거창양민학살 등 주민집단학살을 중심으로[340]-

1. 군·경찰과 주민집단학살

1) 주민집단학살과 초토화작전

한 취재기사에는 집단학살과 관련하여 집단학살에 나선 군인들이 중학교 다니던 한 학생에게는 쥐약을 집어삼킨 미친 개로밖에 보이지 않았고, 그 중에서도 특히 현장에서 학살을 지휘한 지휘관이란 자들이 더욱 악랄하고 광기가 심하였다고 쓰여있다.[341] 지휘를 하였건 명령에 의해서였건, 집단학살에 가담한 자들은 군과 경찰의 소수에 지나지 않았다는 점을 결코 간과해서는 안된다. 그리고 그 중에서도 책임있는 지위에 있는 지휘관이나 경찰간부들이 주민집단학살의 책임과 관련하여 주된 논의의 대상이 되어야만 할 것이다. 이 부분은 이러한 관점에서 주민집단학살 문제를 고찰하고자 한다.

제주도에서건 제11사단에 의하여서건 주민집단학살은 초토화작전의 형태로 전개되었다. 제11사단, 일명 화랑부대가 주로 노령산맥과 소백산맥, 지리산 일대 등 전남북과 경남지방의 산악지대에서 활동하고 있는 빨치산을 소탕하기 위하여 1950년 8월 27일 창설되었을 때,[342] 사단장 최덕신이

---

340) 필자는 아직까지 북한 공산주의에 대하여 연구한 바가 없다. 전쟁중 좌익이나 조선로동당 등에 의해 저질러진 만행에 대한 분석은 자료가 더 수집되는 대로 할 예정이다.

341) 부산매일, 앞의 책, 135쪽.

342) 전라북도의회 6·25양민학살진상실태조사특별위원회, 앞의 보고서, 13쪽에는 국군 제14사단(일명 화랑부대)가 1950년 8월 27일 일반명령 제54호에 의거하여 경북 영천에서 창설되었고, 제9연대, 제13연대가 1950년 9월 25일에 창설되었으며, 제20연대는 9월 25일에 육군 제6훈련소를 개편한 것으로 기술되어있다. 그런데 진덕규 외, 『1950년대의 인식』(한길사, 1981), 419쪽에는 11사단이 10월 2일 창설된 것으로 쓰여있다. 최덕신은 1950년 12월에 11사단이 창설되었다고 증언하였다

내놓은 '견벽청야(堅壁淸野)'작전도[343] 초토화작전의 하나이다.[344] 견벽청야작전은 중국 청나라가 반란세력에 대하여 펼친 가혹하기 이를 데 없는 '작전'으로 꽤 오래 전부터 문제시되어온 것이었다. 이 초토화작전을 일본군은 만주나 화북 등 중국에서 항일세력을 완전히 제거한다는 명목하에 자행하였고, 나치도 러시아 등을 침공하면서 구사하였던바, 이 작전은 근대전에서 엄격히 금지되어있고, 이 작전을 명령한 사령관은 비전투원 학살의 죄목으로 전범으로 규정하여 처벌받게 되어있다.[345]

제노사이드는 앞에서도 언급한 바대로, 1948년 12월 9일 '제노사이드 범죄의 방지와 처벌에 관한 국제협약'에서 유엔의 정신과 목적에 위배되고 문명세계에 의하여 단죄되어야 하는 국제법상 범죄임을 명시하였고, 1968년 11월 26일 유엔총회에서는 '전쟁범죄와 비인도적 범죄에 국내법상의 제한을 적용하지 않기로 하는 협약'을 채택하였던바, 이 협약에서는 제노사이드 같은 비인도적 범죄행위 등 전쟁범죄와 비인도적 범죄행위는 국내법상에 제한을 둘 수 없게 하였고, 공소시효가 적용되지 않고 범행 일시에 관계없이 소추가 가능하도록 하였다.[346] 제2차 세계대전 후 뉘른베르크에서의 재판 등 나치전범에 대한 재판은 지금까지도 계속되고 있고, 일본 도쿄와 중국, 소련에서의 일본 전범재판 등에서 태워 없애고 굶어 없애고 쏘아 없앤 3광(三光)작전 또는 3진(三盡)작전을 벌인 일본군 전범들이 재판을 받은 바 있다.

11사단의 일부 병력이 여러 곳에서 주민집단학살을 자행한 것은 빨치산 출몰지역에서 작전을 맡았기 때문이라는 이유로 설명되기가 어렵다. 빨치

(중앙일보사 편, 앞의 책 3, 409쪽),

343) 최덕신은 자신은 꼭 지켜야 할 전략거점, 곧 군청소재지 등 경제, 통신, 문화의 집중지를 확보하고 그 사이의 군 보급로를 확보하는 '建壁'에 우선 역점을 두고, 빨치산이 식량을 확보하거나 인력과 건물을 이용하지 못하도록 산간벽촌에서 인력과 물자를 이동하고 건물을 파괴하는 견벽청야작전을 썼다고 설명하였다(중앙일보사 편, 위의 책 3, 410쪽).

344) 백선엽, 『智異山』, 고려원, 1992, 309쪽.

345) 김익렬, 앞의 글, 302~303쪽.

346) 박원순, 앞의 글, 218~219쪽. 이장희, 앞의 글.

산 출몰지구에서 '해방지구' 내 주민들은 그들에 협력하지 않을 수 없었다.
토벌군 쪽에서 볼 때는 이들 주민이 유격대세력으로 간주될 수 있었다. 주
민들은 살기 위하여 국군 토벌대에 저항하는 경우도 때때로 있었다. 뿐만
아니라 국군 토벌대에 의하여 마을이 공격받거나 소각될 때 주민들은 유
격대와 행동을 같이하는 경우도 적지 않았다. 이 경우 토벌대 쪽에서는 적
을 수백 또는 수천으로 판단할 수도 있었다.347) 그러나 그보다 훨씬 더 어
려운 상황이라 하더라도 남녀노소를 가리지 않고 민간인을 집단학살했다
는 것은 있을 수 없다.

주민집단학살이 권력 고위층의 태도나 정신상태와 연관이 있다는 것은
명백하며, 상관의 지시와 직접 관련이 있다는 점도 분명하다. 11사단 9연
대 3대대장으로 산청, 거창 주민집단학살의 현지 책임자로 볼 수 있는 한
동석 소령(당시 25세)은, 1951년 2월 초순에 열린 연대본부 각급 지휘관 작
전회의에서 9연대장 오익경 대령(당시 27세)이 사단 작전회의에서 있었던
'건벽청야(建壁淸野)'라는 사단의 기본작전 개념과 사단의 지시사항을 설명
해주고, 이 '건벽청야'작전에 의한 연대의 임무와 각 부대에 대한 작전명령
을 하달하였는바, 그 속에는 첫째, "작전 지역 내에 있는 사람은 전원 총살
하라", 둘째, "공비의 근거지가 되는 가옥은 전부 소각하라", 셋째, "식량은
안전지역으로 운반하여 확보하라"는 것이 포함되어있었다고 주장하였
다.348) "작전지역 내에 있는 사람은 전원 총살하라"고 지시했다고 하여 어
린이, 노인, 부녀자 등을 포함한 민간인 집단학살을 자행한 것이 용서받을
수 있는 대상이 될 수는 없고, 한동석의 다른 많은 증언은 전혀 사실과 다
르거나 신빙성이 없다.349) 그러나 좀더 검토해봐야겠지만 위의 부분은 사

---

347) 전라북도의회 6·25양민학살진상실태조사특별위원회, 앞의 보고서, 149쪽.

348) 중앙일보사 편, 앞의 책 3, 415~416쪽. 한동석은 "그 당시 분대장급 이상의 지
휘관에게는 즉결처분권이 부여되어있을 때입니다"라는 말도 하였다(노민영·강희
정, 앞의 책, 99쪽에서 재인용).

349) 예컨대 그는 거창양민학살이 훨씬 지난 후에 있은 중앙일보사 증언에서조차도
거창에서 군·경·공무원 가족과 노인, 유아를 제외하고 직접 무기를 갖고 아군
에 대항한 자와 적에게 정보나 식량을 준 자, 그리고 과거부터 사상이 불온한 자
187명을 골라내어 처형했다고 주장하였다(중앙일보사 편, 위의 책 3, 418쪽). 1951

실일 가능성이 크다. 3대대 정보장교로 박산골 학살을 직접 지휘한 이종대 소위(당시 23세)도 국군이 주민집단총살을 저지른 것은 "미수복지역에 진주하면 남녀노소를 막론하고 주민을 처단하라"는 작전명령에 따른 것이라고 증언하였다.350) 뿐만 아니라, 거창학살사건이 문제가 되자 11사단 본부는 원래의 작전명령을 회수하고, "작전지역 내 주민 중 이적행위를 한 자는 간이군법회의에 의해 처단하라"는 내용으로 변조된 작전명령이 내려보내졌다고 1951년 7월 27일 대구에서 열린 중앙고등군법회의 재판에서 한동석 등이 주장하였다. 그리고 8월 6일 제5회 공판에 증인으로 출두한 김종원 대령은 작전명령이 변조된 것은 사실이며, 이것은 국방부장관과 참모총장으로부터 사건이 확대되지 말았으면 좋겠다는 지시를 받고 자신이 주동이 되어 꾸민 것이라고 진술하였다.351) 여러 차례에 걸쳐 빨치산 토벌을 지휘한 바 있는 백선엽은 자신의 저서에서 최덕신 준장의 '견벽청야'작전에 따라 작전지역의 산간마을이 거의 소실되고 주민들은 고향에서 내몰렸던바, 대책없이 주민들을 내모는 것은 결과적으로 주민의 반감을 키우고 자진 입산자를 늘렸다고 비판하였다.352)

그런데 제11사단 작전의 최고책임자 최덕신은 거창양민학살과 관련되어 9연대장 등이 재판을 받았고, 또한 1951년 5월 14일자 명의로 국회에서 "사단장 이하의 각 책임자와 현지의 행정책임자를 준엄하게 처벌 또는 징계"할 것을 요구하였음에도 불구하고,353) 그것에서 제외되었다. 뿐만 아니

년 4월 정부에서는 거창에서 공비와 통모한 자 등 187명을 학살하였다고 거창양민학살사건의 '진상'을 발표하였는데, 187명은 517명을 박산골에서 학살한 이종대 소위가 군사재판에서 말한 숫자였던바, 그것은 그의 군번 중 끝숫자라고 한다(같은 책 3, 419쪽, 이종대 증언).

350) 위의 책 3, 419쪽.

351) 진덕규 외, 앞의 책, 422~423쪽. 전라북도의회 6·25양민학살진상실태조사특별위원회, 앞의 보고서, 12쪽에도 11사단의 작전명령서가 "—. 작전지역 내의 인원은 전원 총살하라, —. 공비들의 근거지가 되는 건물은 전부 소각하라. —. 적의 보급품이 될 수 있는 식량과 기타 물자는 안전지역으로 후송하거나 불가능할 경우 소각하라"고 되어있다고 쓰여있다.

352) 백선엽, 앞의 책, 309~310쪽. 그런데 백선엽은 이 글의 뒷부분에서 11사단이 약 2천 명을 사살하고, 2천여 명을 생포한 것으로 전해졌다고 소개하고, 대단한 성과라고 칭찬하여 앞부분과는 모순되는 평가를 하였다(같은 책, 323쪽).

라 최덕신은 1953년 4월 정전회담에 국군대표로 참석하였고, 1953년 8월에는 유엔 임시총회에 출석하였으며, 그해 11월에는 이승만 대통령의 대만방문을 수행하였다. 그 뒤에도 그는 이승만의 각별한 고려를 받았다. 1953년 12월에는 동남아시아 여러 나라를 순방하였고, 1954년 7월에는 이승만의 방미에 수행하였으며, 1955년 이승만 대통령의 특사로 남베트남을 방문하였다. 최덕신은 1956년 4월 육군중장으로 예편하여 초대 베트남공사가 되었고, 1958년 4월에는 초대 베트남대사 겸 태국공사였으며, 이해 8월에는 유엔총회에 출석하였다. 5·16쿠데타 이후에도 그는 출세를 거듭하여 1961년 7월 군사혁명사절단 단장으로 일본 및 동남아시아를 방문하였고, 그해 10월에는 외무부장관이 되었다. 그는 동백림사건 때 서독대사였다. 이러한 그가 월북하여 반한활동의 총아가 된 것은 대단히 아이러니컬하다. 그는 독립운동을 한 저명한 애국자 최동오(崔東旿)의 아들로 중국군에서 근무하다 해방을 맞았다.

2) 주민집단학살과 그 전과

군인들의 주민집단학살은 지휘관들이 전과(戰果)를 높이기 위하여 저질렀을 가능성도 배제할 수만은 없다. 11사단에 의하여 첫번째 주민집단학살이 저질러진 것으로 나타나는 남원군 대강면 강석리에서 집단학살당한 주민들은 통비로 몰려 공비사살 전과로 보고되었다고 유족들은 분노하였다.354) 2월 8일 산청군 곳곳에서 있었던 주민집단학살도 빨치산 공비토벌의 전과를 올리기 위한 전시용 학살행위였다는 주장이 있다.355) 이승만 대통령이 1951년 4월 24일 공보처장을 통하여 밝힌 담화문에서도 "거창사건의 희생자는 대부분이 통비자"였다고 몰아세우고, 그래서 남자 187명을 고

---

353) 『국회속기록』 제10회 81호, 1951. 5. 14.

354) 부산매일, 앞의 책, 156쪽. 공비토벌대 11사단 제205부대는 강석리 마을에 들어올 때 퇴로를 비워둔 채 진입하여 아무런 저항도 받지 않았다. 이 마을에 공비들이 있다고 하더라도 서로 교전치 않고 도망갈 길을 열어두었다는 것이다(전라북도의회 6·25양민학살진상실태조사특별위원회, 앞의 보고서, 52쪽).

355) 위의 책, 118쪽.

등군법판결회의의 판결에 의거하여 사형을 집행하였다고 전혀 사실과는 다른 허위발표를 하였지만,356) 거창양민학살희생자유족회에서는 "공비와 전투를 하여 사상자가 발생한 것처럼 조작하고 통비분자를 처단하였다는 허위, 왜곡, 날조한 사건을 거창양민학살사건"이라고 규정하였다.357) 주둔군이 거창사건을 은폐하려고 한 주요 이유도 공비토벌 전과로 보고하였기 때문이었다.358) 1960년 5월 21일 전남도 의원 김상천은 함평군에서의 학살과 관련하여 임진왜란 때 일본군이 저지른 잔혹함을 연상시키는 발언을 하였다.

이렇게 함평에서 양민을 대량학살해가지고 그 후에 보고를 어떻게 띄웠는가. 이것은 적 사살 몇 명! 이렇게 해서 보고를 띄워가지고 함평 같은데, 예를 들면 임의로 죽여놓고 가마니에 담아서 귀때기를 자른 숫자를 가지고 적 사살 1천 명! 몇백 명 하고 보고한 끔찍한 사실이 있습니다.359)

함평양민학살 당시 월야 지서장을 지낸 이계필은 주민집단학살을 공비토벌 전과로 보고하는 것보다도 어쩌면 훨씬 더 무서운 사실을 다음과 같이 증언하였다.

51년 1월 7, 8일께였다. 1·4후퇴가 시작된 지 3, 4일 후였다. 월야면 삼계리 마을 뒷동산에서 '군경합동작전회의'가 열렸다. 이곳에서 군지휘관은 '하루 공비 50명 사살, 무기 50정 노획'이라는 주먹구구식 작전명령을 전달했다.

이씨는 그 지시는 이미 위에서 하달되어있는 명령인 듯했다고 증언하였다. 그는 이어서 다음과 같이 말하였다.

---

356) 부산일보사, 앞의 책(상), 110~111쪽.
357) 거창양민학살 45주년 합동위령제 팸플릿, 5쪽.
358) 진덕규 외, 앞의 책, 421쪽.
359) 김삼웅, 앞의 책, 131쪽에서 재인용.

함평양민학살이 공비학살로 보고되고 팽이, 삽 등 농구가 노획무기로 보고된 것 같다.360)

허태영(許泰榮)은 특무대장 김창룡이 공산당 한 명을 죽이기 위해서는 양민 10명을 희생시킬 수 있다는, 옥석을 구분하지 않는 무분별한 숙청을 지시했다고 주장하였는데,361) 그와 비슷한 천인공노할 '작전'이 벌어진 것이었다. 국군으로 구성된 남부지구 경비사령부(남경사)에서는 빨치산 한 사람을 생포하거나 사살하면 훈장을 주고, 경찰관으로 구성된 서남지구 전투경찰대사령부(서전경사)에서는 현찰 10만 환을 주었는데, 이것도 만행이 일어나는 요인이 되었다.362)

군인들은 주민집단학살을 자랑스레 이야기하기까지 하였다. 남원군 출신의 양모 군인은 1951년 어느 날 새로 부임해온 임중령한테 불려나갔다. 임중령은 양씨 앞에서 남원군에서 있었던 주민집단학살을 자랑스럽게 말

---

360) 당시 경찰들은 군인들을 따라다니며 농구를 줍고 불을 지르며 사람들을 나오라고 외쳐대는 일을 맡았다고 한다(부산매일, 앞의 책, 186쪽). 이와 함께 김영택, 「아직도 맺힌 6·25의 恨, 함평양민학살사건」, 『사회문화』 1997. 12, 134쪽 참조. 피학살자가 빨치산 피사살자로 보고되었던 것은 이계준의 다음과 같은 증언에서도 확인된다. "제가 면직원으로 발령나기 전 경찰의 신원조회과정에서 문제가 생겼어요. 경찰 신원카드에 '이계준의 모 김중산은 1951년 1월 14일 좌익유격대원으로서 아군과의 전투에서 사살된 자임'이라고 기록돼 있다는 거예요. 그래서 항의를 했지요. 어떻게 50세 된 노파가 유격대원이 될 수 있느냐. 그분은 제5중대에 의해 학살된 내 어머니다. 그랬더니 나중에 경위서를 쓰라고 해요. 써줬더니 발령이 났어요. 제 자식이 교사발령이 날 때도 이러쿵저러쿵 말썽이 있었으나, 똑같은 방법으로 해결했지요"(김영택, 같은 글, 134쪽에서 재인용).

361) 『명인옥중기』(허태영 편), 희말출판사, 1966, 279쪽.

362) 1954년 말에 일어난 사건이지만, 다음 사건은 그러한 한 예로 국회의원에 의하여 지적되었다. 남경사 소속 민간유격대 독수리부대 소속 자칭 군속이었던 강상원 등은 구례군 구례면 봉동리 거주 한 소년(15세)이 이웃집 소년(13세)과 시장가는 것을 승주군 황전면 선변리 남바우고개에서 만나자 자기들이 만들어놓은 공비 아지트로 공비복장을 하게 하여 끌고가 공비가 잠복한 것처럼 있게 한 다음, 칼빈총으로 쏘아죽이려고 하였으나 죽지 않자 몽둥이로 죽이려그 하였는데, 그래도 살아났다고 한다. 그래서 강상원 등은 공비를 잡았다고 구례도 그 소년을 끌고간 일이 사건화되어 체포되었다(『국회속기록』 제20회 5호, 1955. 3. 4, 申達用 의원 발언).

하였다. 그가 양씨에게 무용담을 들려주기 위해 일부러 부른 것은 양씨가
학살이 자행된 대강면 강석리 부근 출신이라는 것을 알았기 때문이었다.
이와 같이 주민집단학살을 무용담으로 얘기하고 다닌 사람이 임중령 한
사람뿐이었을까. 1950년 7월 초 극동사령부 연락장교 애버트 소령이 대덕
군 산내면 낭월리 골령골 일대에서 촬영한 사진에는 한 장교가 미소를 지
으며 처형 대상자들을 인솔하는 장면이 나온다. 임중령과 헤어져 내무반으
로 돌아온 양모 사병은 그날 밤 한잠도 자지 못한 채 눈물로 밤을 새웠다
고 한다. 그는 또 강석리 토벌군 진입시 임중령이 대대장이었는지를 알아
두지 못한 것이 뼈저리게 후회된다고 증언하였다.363) 충남 아산군 신창면
신창지서 주임 유해진의 주민집단학살에 관하여 기자가 지서 차석(次席)
곽문석 경사에게 묻자, 그는 다음과 같이 전혀 죄의식을 느끼지 않고 답변
하였는데, 이것 또한 곽경사 한 사람의 협박성 답변은 아닐 것이다.

그러한 일은 비단 신창지서뿐 아니라 전국 어느 곳에서도 안 일어났겠
는가? 또 그때 환경은 그럴 수도 있었을 것인 데다 요즘 유언비어와 조언
을 퍼뜨려 치안상 수습할 수 없다. 과거 좌익분자들의 유가족은 대부분이
요시찰 인물로서 감시하고 있다.

『4·3은 말한다』에 자주 나오는 것들이지만, 제민일보4·3취재반의 김
종민 기자가 쓴 글에는 다음과 같은 기술이 나온다.

토벌대는 처형시킬 사람들을 자신들의 손으로 쉽게 총살시킬 수 있었음
에도 굳이 민보단원들을 동원해 한 명씩 짝지어 마주보게 한 후 죽창으로
찌를 것을 강요하였다. 마침 자기가 찌를 대상이 친척이라 차마 찌르지
못하고 머뭇거리다가 죽도록 맞았다는 이야기도 회자된다. 토벌대는 살인
을 즐기는 듯하였다. 무장대의 습격사건이 발생하면 지서에 감금해두었던
사람들을 습격당한 마을로 끌고갔다. 그리고 무장대에게 가족을 잃어 흥
분한 주민들에게 거짓으로 '이들이 어젯밤 이 마을을 습격한 놈들이다. 죽

---

363) 부산매일, 앞의 책, 154쪽.

여야 하나? 살려야 하나?'라고 물었고, 곧바로 '죽여라!' 하는 외침과 함께 돌멩이가 날아갔다. 한 증언자는 '모두가 미쳐버린 시절이었다'며 치를 떨었다. 이들은 진상규명은커녕 당시를 생각하기조차 싫어하였고, 기억 속에서 애써 지우려 했다.364)

3) 잔혹행위의 요인과 배경

'작명(作命)'에 의하여 주민집단학살을 자행하였다고 주장하기 이전에 경찰이나 군 가운데는 소수에 지나지 않았겠지만, 앞의 토벌대의 경우처럼 잔혹한 행위를 서슴없이 하는 사람들이 많았다는 사실도 중시하지 않을 수 없다. 제민일보4·3취재반이 낸 1권에서 5권까지 2,500쪽에 이르는 『4·3은 말한다』는 경찰과 군인, 서청원, 무장대들의 만행에 대한 생생한 고발장이고, 부산매일에서 낸 『울부짖는 원혼』 또한 전편이 그와 같은 잔혹한 사실로 차 있지만 — 그 중에서도 대검으로 여성의 유방, 복부, 음부 등을 난자하는 끔찍한 일들도 적지 않게 나온다365) — 여기서는 주로 국회의원들의 발언을 통하여 그러한 면을 살펴보자.

좌익 가족으로 몰린 사람들은 토지 등 재산을 '몰수'당하기도 하였는데, 토지이전의 형식을 취하기 위하여 등기이전 요구에 응하지 않으면 좌익이라고 하여 때리고 죽이는 일이 있었다.366) 미군정시기 사상검사로 유명하였던 엄상섭(嚴詳燮) 의원은 공비 출몰지구에서는 인명이 초개와 같이 보이고 있어 공비와 연락하였다는 불확실한 혐의로 일개 순경이 일가족 전부를 총살한 예가 있다고 발언하였다.367) 변진갑 의원은 제2국민병에 안나왔다고 그 사람을 죽이고, 소집에 응하지 않았다고 그 어머니를 죽이고, 또 무슨 일이 있다고 해서 그 자리에서 순경이 죽여버리는 일이 비일비재하다고 말하였다. 그러한 예의 하나로 그는 정훈공작대가 영산포에 와서 밥을 잘 못해준다고 총을 발사하여 때마침 귀환명령을 받고 돌아가던 제2국

---

364) 김종민, 앞의 글, 376쪽.
365) 예컨대 부산매일, 앞의 책, 153쪽.
366) 『국회속기록』 제10회 64호, 1951. 4. 25, 金光俊 의원 발언.
367) 『국회속기록』 제10회 37호, 1951. 3. 2.

민병 4명이 사살된 일을 들었다.[368]

한 의원은 모 부대가 작전상 필요하다고 안성군 금광면사무소를 고의로 방화, 소각하고 한 소녀를 강간에 불응한다고 하여 죽였다고 폭로하였다.[369] 그와 비슷한 폭로는 다른 의원한테서도 나왔다. 최헌길(崔憲吉) 의원은 민폐는 둘째치고 부녀자가 집에 들어갈 수 없는 상태를 설명하였다. 군인들이 밤중에 어느 집이고 전등을 켜고 들어와 여자가 있으면 내놓으라고 총을 들이대고 위협하였다는 것이다. 그는 외동딸을 안 내놓으면 총살한다고 위협하자 숨어있던 딸이 나와 항변하니까 그 딸을 쏴죽인 일이 있었다고 한다고 말하였다.[370] 박제환 의원은 자신의 고향에서도 군인이 피해를 입었다며 살인을 하였고, 유엔군 관계의 군인들이 치안대 같은 것을 만들어 경찰한테 구금당한 부녀자를 빼앗아 능욕하는 등 군과 경찰이 사변 전 이상으로 비행을 저질렀다고 분개하여 말하였다.[371] 4월혁명 후 박상길 의원은 거창군 신원면에 사는 이철수(당시 14세) 누이의 예를 제시하였다. 부모와 조모, 남동생, 머슴, 식모 등 6명이 학살당하고, 그 자신과 열 살 먹은 여동생만 간신히 살아남았는데, 여동생을 군에서 잡아다가 나무에 손바닥을 대게 하고 손등에 대못을 박으면서 빨갱이라는 자복을 강요하였다는 것이다.[372]

잔혹한 사람들이 많았던 시대였다. 완도에서는 경찰의 만행 중 다음과 같은 이야기를 들은 사람들이 있다.

마을 어른들은 그 할머니를 보고 웅성웅성하더군요. 그 할머니 아들은 좌익사상을 가진 모양이었는데, 경찰이 그 할머니의 아들을 죽이곤 아들의 간을 꺼내 물고 마을로 돌아다니라고 했다는 것입니다. 그 할머니는 반미친 상태로 경찰이 시키는 대로 했답니다. 그리곤 13년형을 언도받고

---

368) 『국회속기록』 제10회 33호, 1951. 2. 24.
369) 『국회속기록』 제11회 22호, 1951. 7. 10.
370) 『국회속기록』 제11회 2호, 1951. 6. 2.
371) 『국회속기록』 제8회 39호, 1950. 10. 31.
372) 『국회속기록』 제35회 19호, 1960. 5. 23.

7, 8년을 살고 나오던 길이었지요. 그 할머니는 감옥에서 나온 이후로 몇 달 있다가 죽었다고 들었습니다.373)

잔혹성과 부패는 서로 따라다니는 경우가 많다. 제주도에서 경찰과 서청원들이 잔혹한 행위를 하면서 주민들한테 물품을 탈취하는 일이 빈번히 있었지만, 전쟁중 주민학살 지역에서도 그러한 일이 일어났다.

변진갑 의원에 따르면, 장성과 화순에 주둔한 11사단 20연대는 토벌보다 금품갈취에 더 치중하여 면사무소나 국민회에 금품을 강요하여 가져갔다고 한다. 그리하여 면장과 구장들이 형언할 수 없는 일을 당하였고, 부녀자들은 군대가 온다고 하면 봇짐을 싸가지고 도망간다고 말하였다.374) 11사단에 의해 잔혹한 학살이 있었던 산청에서 군인들은 집집마다 돌며 장롱 속의 무명이나 삼베를 가져갔고, 소까지 끌고갔다.375) 산청에서 제일 먼저 90여 명이 학살당한 금서면 가현에서는 군인들이 온 마을을 불지르고 소, 쇠붙이 등 쓸 만한 것은 모조리 가져가 괭이나 삽도 제대로 없어 학살당한 사람들을 지리산자락 꽁꽁 언 땅을 파고 묻는 데 더욱더 울음을 복바치게 하였다고 한다.376)

4월혁명 후 신고된 함양군의 재산피해를 보면 가옥 2,775호, 식량 4,930석, 농우 518두, 의류 3만 8,949점으로 되어있다.377) 11사단 9연대 1대대 3중대는 순창군 동계면 어치리 부근에서 100여 명의 부녀자를 학살한 후 소 다섯 마리를 끌고 순창군 적성면 괴정리로 가서 그곳 주민들에게 강매하였다.378) 경기도 부천군 오정면에는 1사단 15연대가 들어와 식량, 의료, 가구 등을 약탈한 일이 일어났다.379) 경남 진주 부근에서는 군이 한 1개월 주둔하는 동안에 약 20여 두의 소를 잡아먹었다.380) 거창군 신원면에서 11

---

373) 김삼웅, 앞의 책, 119쪽에서 재인용.
374) 『국회속기록』 제10회 68호, 1951. 4. 29.
375) 부산매일, 앞의 책, 89쪽.
376) 위의 책, 85~86쪽.
377) 김삼웅, 앞의 책, 179쪽 수록.
378) 위의 책, 140~141쪽.
379) 『국회속기록』 제11회 22호, 1951. 7. 10, 김인태 의원 발언.

사단 군인들이 저지른 부녀자에 대한 만행과 침탈행위에 대해서는 여러 곳에서 지적되고 있는데,[381] 여기에서는 당시 내무부장관이었던 조병옥의 기술을 옮겨보자.

군 비상대책위원회라는 것을 국민회, 청년단, 관공서 단위하에 각 면을 통하여 조직하여가지고 그 조직체를 통하여 쌀을 약 600석 가량 군내 가 가호호에서 4, 5차에 걸쳐서 거둬서 바쳤고, 또 장작은 50리 60리나 되는 먼 거리의 각 면에다 할당을 해가지고 약 300평 가량 수집을 하여 거창읍 에다 갖다주었고, 또 무, 고추, 김치, 간장, 된장, 마늘 등 부식물을 현가 (現價)로 치면 약 90만 원 어치의 현물을 각 면에다 할당하여 거두었던 것 이다. …… 불사른 집에서 나온 농우도 잡아먹었다는 것이다. 따라서 그 불사른 집에 있던 백미를 군인들이 두 화물차에다 싣고 시장에 나가서 팔 고……[382]

---

380) 거창, 함양, 하동, 산청 등지에서 경찰과 군인들은 과일 등을 敵物 취급하듯이 막 따갔다. 군의 마크를 붙인 자동차가 이 지역에 하루 수십 대씩 다니면서 쓸어 갔는데, 군에서 징발하였기 때문에 민간 차는 하나도 다니지 못하였다. 이 때문에 도 식량 소개가 어려웠다(『국회속기록』 제11회 101호, 1951. 11. 24, 李炳洪 의원 발언).

381) 노민영·강희정, 앞의 책, 98쪽 ; 부산매일, 앞의 책, 39쪽 ; 거창양민학살 45주 년 합동위령제 팸플릿, 6쪽.

382) 조병옥, 『나의 회고록』, 民敎社, 1959, 334~335쪽. 『나의 회고록』에 실려 있는 이 부분은 『제8·9·10회 국회 비공개회의 속기록』 제10회 54차회의, 1951. 3. 29. 거창 출신 신중목 의원의 발언과 거의 똑같다. 그 발언이 있은 다음날인 1951년 3 월 30일에 있는 비공개회의에서 신중목은 전날보다 몇 부분을 상세히 말하였고, 새로운 사실을 추가하기도 하였다. 군인들은 국민학교 책상 1천여 개를 난롯불에 태워 지방민의 분노가 더 한층 높았다는 것, 北上面에서 1,200호의 민가를 작전상 필요에 의해서 불태웠다는 것, 이 1,200호에 있던 소 수십 두를 잡아먹고 또 이웃 면장에게 부탁하여 그 면장이 어쩔 수 없이 소를 팔아 거액의 돈을 주었다는 것, 또 그곳이 연초경작지였는데, 그 엽연초를 거두어 군트럭에 싣고 외지로 나갔다 는 것, 그래서 "이러한 군대들이 한 행위가 백성들에게 신임을 받지 못할 이러한 정세 아래 있을 때에 '神院面'에 토벌작전을 가가지고 약 700호 집의 민가에다 불 을 질러버렸다는 것", 또 이곳 신원면 주민들이 피난갈 때 땅에 묻어놓은 쌀을 뒤 져가지고 외지로 싣고 갔다는 것 등이었다. 그는 이 발언에 이어 불태워진 신원 면 6개 부락 600명을 학교에다 몰아가지고 죽였다고 말하였다. 이미 1951년 3월 말경에 국회에서 신원면 희생자가 600명은 된다는 것이 드러난 것이었다(『비공개

국민방위군 지휘관들의 방탕한 생활은 국민방위군사건으로 폭로되고 말았지만, 군의 일부에는 이러한 풍조가 없지 않아 있었다. 한 의원은 "으레 군인이 각지에 주둔하게 되면 우리가 늘 보는 바와 같이 요정은 군인으로 만원되고 시장에서 횡포한 행동을 하는 것도 역시 군인"이라고 말하였다.[383] 11사단이 모모 여관 모모 요정을 차지하였는데, 전주에서 직할부대는 좋은 요릿집을 내쫓고 유곽을 만들어놓고 장교가 지키고 있다는 지적도 나왔다.[384] 150여 명의 양민을 집단학살한 아산군 신창지서 유해진 지서장은 정부 쌀을 도용하고 좌익 가족을 첩으로 얻어 유흥생활을 하였고, 1·4후퇴 당시 부하들에게까지 마을 부녀자들을 농간케 하였다고 마을사람들은 증언하였다.[385]

주민집단학살에 일부 군인들이 가담하였지만, 11사단과 달리 8사단(사단장 崔榮喜 준장)은 칭찬을 받았다. 변진갑 의원은 8사단이 주민을 위한다고 칭찬하였다.[386] 김우성 의원은 전북에 1951년 3, 4월경 본부를 설치한 8사단은 훌륭한 전법으로 상당한 전과를 얻었고, 일요일 외의 시간에는 시가에서 군인들을 볼 수 없을 정도로 민폐를 철저히 근절하였다고 지적하면서, 감사 메시지를 발송하자는 긴급동의를 내놓았다.[387] 국회에서는 1951년 6월 5일 '국군 제8사단에 보내는 감사 메시지'를 채택하였다.

소수에 지나지 않다고는 하더라도 왜 적지 않은 군인이나 경찰, 청년단원들이 집단학살을 별다른 죄의식 없이 행하였고 아주 극소수이겠지만 자랑까지 하고 다니게끔 되었을까. 군인들의 경우 명령에 대한 복종 때문이라는 것만으로는 설명이 충분치 않다. 근대적 인간의 품성을 갖춘 사람이라면, 양심과 정의감이 어느 정도 있는 사람이라면, 아무리 명령이라고 하더라도 비인간적 반문명적 범죄행위에는 저항해야 하는 것이 아닐까. 이러

회의 속기록』 1951. 3. 30, 35~38쪽).

383)『국회속기록』 제11회 2호, 1951. 6. 2, 金宇城 의원 발언.

384)『국회속기록』 제10회 68호, 1951. 4. 29, 金正枓 의원 발언.

385)『한국일보』 1955. 1. 18.

386)『국회속기록』 제10회 68호, 1951. 4. 29.

387)『국회속기록』 제11회 2호, 1951. 6. 2.

한 문제를 깊이있게 분석하려면, 나치나 일본 군인들에 대하여 연구하고 그들의 정신상태, 행태와 비교검토가 있어야 할 것이다. 그러나 필자는 아직 거기까지는 미치지 못한다.

사병들의 경우 급식과 피복상태 등 처우가 어떠하였는가를 살펴볼 필요가 있다. 한국 군인들은 중노동이 많았고, 일본 군인들의 내무반 생활을 고스란히 이어받아 '기합'이 심하였으며, 사병들을 불필요하게 몹시 괴롭히는 일이 많았다. 또 밤마다 '빠따'라는 매타작도 아주 심하였다. 와카스키는 일본의 징병제도는 1세기 전의 프랑스와 같이 애국의 정열에 불타서 스스로 모여든 국민병의 전통에 입각한 것이 아니라, 봉건제도의 부역의 성격을 가지고 있으며, 사실 일반에서는 병부(兵賦 : 공물)라고 불린 적이 있음을 지적하였다.[388]

11사단의 경우 사병은 신병이었는데,[389] 빈농 출신이 대부분이고 교육수준이 낮은 상태에서 식량 등의 심한 결핍상태나 중노동, 비인간적인 잔인한 내무반 생활, 밤마다 견뎌내기 힘든 괴로운 생활이 계속될 때, 인간성이 달라질 수 있을 것이다. 간부들에 의한 부패 상습화에 길들여지는 것도 양심을 무디게 만들 것이다. 와카스키는 3광작전, 3진작전으로 이야기되는 태우고 범하고 죽이는 것이 "규칙의 굴레에 묶인 군대 임무 속에서 개인의 단독행동이 허용된 귀중한 자유시간이었다고 할 수 있을지도 모른다"는 어떤 하사관의 일기를 소개하면서, 군대에서 병사 위에 군림하는 하사관이 그럴진대, 억압받고 혹사당하는 병사들은 일단 승자로서 적이나 주민을 대할 때 평소의 굴절된 감정이 한꺼번에 폭발하여 잔인한 행동으로 나아간다는 것은 충분히 생각할 수 있는 일이라고 설명하였다.[390] 이러한 군대에서는 장교라고 큰 차이가 있을까. 와카스키는 중국 남경공략 때 6사단장으로서『기밀 일로전사(機密 日露戰史)』라는 유명한 저서도 남긴 다니 하시오(谷壽夫) 육군중장이 육군대학교 교관 때 해군대학교에 출강하여 '육전(陸戰)'을 강의하면서, 제주도에서의 주민학살이나 11사단에 의한 주민학살의

---

388) 若槻泰雄,『일본군국주의를 벗긴다』, 김광식 역, 화산문화, 1996, 81쪽.
389) 중앙일보사 편, 앞의 책 3, 409쪽, 최덕신의 증언.
390) 若槻泰雄, 앞의 책, 113쪽.

경우와는 성격이 다르지만, 다음과 같이 말하였다는 것을 인용한다.

전투에서 이기고 난 후 또는 추격전 때는 약탈, 강도, 강간은 오히려 사기를 왕성하게 한다.[391]

4) '테러의 습성화'와 '공권력의 테러화'

주민집단학살에 대하여 죄의식을 갖지 않게 된 데는 누적된 관행이 중요하게 작용하였다. 그것과 깊숙이 직접적으로 연결되는 것으로 해방 후 경찰과 청년단원들한테 만연하였던 '테러의 습성화'를 들 수 있다. 여운형은 해방된 지 3일밖에 안된 8월 18일에 해방의 정치공간을 특징짓는 테러를 당하였고, 그 후 십수 차례의 테러를 당하다가 비명에 갔는데, 규모가 크고 지속적인 테러는 1945년 12월 29일 반탁투쟁의 와중에서 좌익계의 대변지인 조선인민보사에 대하여 자행되면서부터 있게 되었다.[392] 초기 반탁투쟁기에 테러가 얼마나 심각하였는가는 1946년 1월 7일 한민당, 국민당, 인민당, 공산당 등 4당의 민족문제 해결을 위한 중대한 합의사항 두 가지 중 하나로 이 문서 후단에 쓰여있는, 테러행위를 절대 반대하고 테러단체가 자발적으로 해산할 것을 요망한다는 것에[393] 잘 집약되어있다.

테러는 극우정치세력의 유력한 무기였다. 조병옥 경무부장은 청년·학생단체 소속원들이 좌익단체를 때려부술 때 '정치감각'이 모자라 현지 경찰이 이들을 구속하면, 이들이 얼마나 중요한 일을 해내고 있는지 모르느냐며 호통을 치고 석방하게 하였다. 엄상섭, 오제도, 조재천, 선우종원 등의 검사도 이들을 적극 비호하였다. 이들은 미군정청의 지원을 받았다.[394]

---

391) 위의 책, 120쪽.

392) 서중석, 『한국현대민족운동연구』, 역사비평사, 1991, 310쪽.

393) 그것의 앞부분은 "조선문제에 관한 莫斯科(모스크바―필자) 3국외상회의의 결정에 대하여 조선의 자주독립을 보장하고 민주주의적 발전을 원조한다는 정신과 의도는 전면적으로 지지한다. 신탁(국제헌장에 의하여 의구되는 신탁제도)은 장래 수립될 우리 정부로 하여금 자주독립의 정신에 基하여 해결케 함"이었다(『조선일보』 1946. 1. 9).

394) 이경남, 「다큐멘타리 전학련」, 『신동아』 1982. 10, 152쪽.

▲ 1951년 전남 화순의 한 피난민촌.
짚으로 얽기설기 지은 움막살이와
내일을 알 수 없는 속에서도
여인들은 묵묵히 옷감을 짰다

◀ 인민군 치하에서 이루어졌던
또다른 주민희생의 한 장면,
인민재판

1950년 9월 인민군에
동원되어 서울역 앞에다
참호를 파고 있는 사람들

한국전쟁 당시 미군에 의해 저질러진 충북 영동군 노근리 주민학살 현장, 쌍굴다리.
당시 상관의 명령에 따라 총을 쏘았다는 미군 병사 데일리 씨가 50년 만에 찾아와
정황을 설명하고 참회하였다

미군에 의한 저질러진 또
다른 주민학살의 현장인
경북 왜관 덕승동 다리.
폭파될 당시 다리 위에는
피난민으로 꽉 찼다고 한다.
이들 대부분이 희생된
것으로 보인다

테러는 1946년 9월총파업과 10월항쟁 때 더욱 격화되었다. 파업하고 있는 용산철도기관구에 9월 30일 장택상 수도경찰청장의 지휘 아래 2천 명 내지 3천 명의 경찰관과 2천 명 내외의 청년단원이 진입하여 죽창과 곤봉, 총 등을 가지고 시가전을 방불케 하는 혈전을 벌여 상당한 수의 사상자를 내가며 노동자를 체포하였고, 잇달아 10월 초에는 대한노총, 서북계 청년단, 대한민청, 전국학련 등이 경전파업 등을 폭력으로 '분쇄'하였다.395) 전평의 총파업이 빌미를 주었다고 하지만, 공권력이 청년단과 공조하여 폭력으로 파업을 진압하였다는 것은 공권력이 테러를 방조, 조장하였다는 점에서만 문제가 있는 것이 아니었다. 중요한 것은 그 이전에도 그러한 점이 있었지만, 공권력이 테러와 구별하지 못하게 되었다는 점이다. 곧 '공권력의 테러화'란 무서운 현상이 관행화할 수 있게 된 것이다. 제주도사태와 그 이후의 참혹한 만행은 이와 같은 형태로 예고되어있었다.

테러는 1947년 5월에 속개된 미소공위가 공전하기 시작하면서 분단을 예고하듯 발생한 7월 19일의 여운형 암살 이후 8월까지 특히 빈번하였다.396) 전평의 한 관계자는 8월에 "도처의 공장, 직장에서 해고와 테러가 감행되었으며, 부락마다 동리마다 주택과 가구를 파괴하며 함부로 살상, 구타, 납치하는 등의 무법천지, 무정부상태가 연출되고 있다"고 기록하였다.397) 이 시기에는 좌우대립에 의한 동족상잔을 예고해주는 테러도 나타났다. 이승만을 지지하는 독립촉성국민회원들이 '사상전향서'를 들고 무장하고 전북 완주군 삼례면 와리마을 사람들의 사상을 전환한다고 그 마을을 습격하여 다수의 인명피해 등을 냈다.398) 비슷한 시기에 완주군 이서면, 부안, 김제, 나주, 함평 등지의 '적색마을'이라는 데서도 사상전환서의 강요, 독촉국민회 가입 등을 강요하며 파괴, 살상 등의 테러가 있었다.399)

---

395) 서중석, 앞의 책, 450~451쪽.

396) 이 시기 테러는 좌익에 의해서도 자행되었지만 우익에 의한 것이 대다수였다. 미군정 정보보고에 나타난 테러의 분석은 서중석, 위의 책, 561~562쪽 참조.

397) 김양재, 『노동조합教程』, 前進社, 1947, 168쪽.

398) 『독립신보』 1947. 7. 5.

399) 『독립신보』 1947. 7. 11.

테러 하면 연상되는 단체가 '공포와 무법'의 서북청년회였다.[400] 평안청년회 등을 이어받아 1946년 11월 30일에 발족한 서북청년회의 테러활동은 미군의 정보보고에도 무수히 기록되어있다. 서북청년회원들은 월남한 청년들이어서 공산당에 대한 적개심이 강하였고, 고향을 등진 혈혈단신의 몸이고 빈핍한 것도 한 요인이 되어 테러에 앞장섰을 것이다. 서북청년회원 등 우익테러리스트들은 지방의 우익들과 연락하여 좌익으로 지목된 자를 조사하고 고문하였다.[401] 그들은 감옥에 가더라도 곧 풀려났고,[402] 경찰은 이들과 같이 일하고, 이들을 통제 조정하기도 하였다.[403] 이들의 배후에는 이승만 등 우익의 주요 인물들이 있었고,[404] 그 뒤에는 미군정이 있었다.

서북청년회가 제주도에 1947년 3·1시위 이후 4·3까지 5~7백 명쯤 들어와 백색테러 등을 자행하고, 4·3 발발 직후 경무부장 조병옥의 요청에 의하여 500여 명이 급파되어 기존 단원들과 함께 토벌에 나서고, 1948년 11, 12월에 최소한 1천 명 이상이 들어와 경찰이나 경비대원 곧 군인으로 급히 옷을 갈아입고 토벌의 한복판에 선 것은 공권력과 테러의 결합을 여실히 말해주는 것으로, 그 이후 제주도에 어떠한 사태가 발생할 것인가를 짐작케 하였다.

테러와 공권력의 결합은 반공을 매개로 하여 이루어졌다. 반탁투쟁을 벌이면 친일파라도 하루아침에 '세탁'이 되어 무슨 짓을 하든 '애국자'로 행세할 수 있었던 것을 상기시키는 것처럼, 반공만 하면 어떠한 사람이든, 어떠한 행위를 하든 '애국자'가 될 수 있었던 것이 테러를 조장하고 그것에 단련되고, 그리하여 관행화되기까지 한 '테러의 습성화'라는 비옥한 풍토를 만들어냈다. 그리고 그것을 극대화한 것이 민족과 이념을 초월하여 생존논리에 대단히 탁월한 친일경찰을 선두로 한 친일파였다. 예컨대 보도연맹원 학살지시가 내려와 그것을 다시 하부로 지시하거나 자신의 직접적인

---

400) 이경남,『분단시대의 청년운동』상, 삼성문화개발, 1989, 41쪽.

401)『G-2보고』4, 1947. 8. 29, 559쪽.

402) 위와 같음.

403)『G-2 보고』4, 1947. 4. 5, 15쪽 ; 1947. 5. 5, 104쪽 ; 1947. 5. 21, 163쪽 참조.

404) 서중석, 앞의 책, 333~334쪽.

지휘하에 주민집단학살이 자행되었을 때, 친일경찰 출신의 간부인 이들에게 동포에 대한 범죄의식이건 인간에 대한 범죄의식이건, 범죄의식이라는 것이 어느 정도나 있었을까. 주민집단학살 지시에 항거한 경찰간부가 드물었다는 것은 무엇을 말해주는 것일까.

제주도 주둔 9연대장 김익렬의 후임으로 딘 군정장관이 특별 발탁한 박진경 중령은 일본군 소위 출신으로 연대장 취임식 때 자신의 부친이 일제 군국주의 파시즘의 일본형 정치조직인 대정익찬회(大政翼贊會)의 중요 간부였으며, 독립을 방해하는 제주도 폭동을 진압하기 위해서는 제주도민 30만 명을 희생시키더라도 무방하다고 말하였다고 한다.405) 박진경이 암살된 뒤 그의 후임 격으로 1948년 6월 21일 11연대장 발령을 받고 강성 토벌을 한 최경록과 부연대장으로 있다가 얼마 후 9연대장이 되는 송요찬은 지원병으로 일군에 들어가 준위로 근무하였다.406) 제주감찰청장으로 대학살기에 경찰총수였던 홍순봉은 일제 경찰로서 만주에서 활동하였고, 악명 높았던 특별수사대장이었던 최난수는 일본 고등계형사 출신이었다. 초토화작전 주역의 한 사람인 2연대장 함병선도 만주군 출신이었다. 1949년 3월 제주도지구 전투사령부가 설치되었을 때 사령관인 유재홍 대령도 일군 출신이었다. 여순사건 이래 양민학살로 악명높은 김종원은 일본군 지원병 출신이었다. 이들 중에는 일본군의 3광작전 또는 3진작전으로 알려진 초토화작전에 익숙해 있던 사람들도 있었을 것이다. 그렇지만 일본군 출신들이라고 하더라도 편차가 크다는 점을 간과해서는 안된다. 예컨대 유재홍은 선무활동을 중심으로 토벌을 하면서 서북청년회의 활동을 억제하였다고 한다.407)

선임장교의 다수가 일본군에 복무한 경력이 있었던 것과 비슷하게, 경찰간부의 태반은 '반도통치의 첨병'이었던 일본경찰 출신이었다.408) 그런데

---

405) 김익렬, 앞의 글, 345쪽.

406) 제민일보 4·3취재반, 앞의 책 3, 202쪽.

407) 임대식, 「제주4·3항쟁과 우익청년단」, 『제주4·3연구』, 역사비평사, 1997, 236쪽.

408) 미군정 경찰 책임자였던 마글린 대령은 경위 이상 간부 1,157명 중 82%인 949명이 일본경찰 출신이라고 보고하였다(게인, 『해방과 미군정 1946. 10~11』, 까치 편집부 역, 까치, 1986, 15쪽).

일본경찰 하면 '고문'이 떠오를 만큼 일본경찰은 고문이 상습화·관행화되어 있었고, 잔인무도한 고문을 서슴없이 자행하였다. 또한 일제는 반공을 위해서는 가혹한 행위를 해도 좋다는 사고를 이들에게 주입하고 훈련시켰다. 일제강점기에 한 일본인은 사상범죄는 국가의 존립 발전상 받아들일 수 없는 사회사상에 기반을 두고 그 실현을 목적으로 하는 범죄라고 규정하였다.[409] 따라서 반국가적 혁명사상으로 활동하는 사람이나 세력은 국가의 적으로서 진압 대상이기 때문에 사상범죄는 엄중히 다스려야 하였다.[410] 일제 특별고등경찰은 공산주의자들에 대하여 최후의 일인까지 추적하여 검거하는 무자비한 추격전을 감행하였다.[411]

조선총독부 고등법원 검사장 마쓰나가(增永)는 "아(我) 극체와 상용할 수 없는 공산주의 사상의 배격은 일관된 부동의 국시로서, 이러한 종류의 사상의 범죄에 대해서는 가차없이 탄압"하도록 지시하였다.[412] 이 부분에서 주의를 요하는 것은, 공산주의뿐만 아니라 자신들과 견해가 다른 모든 사조나 성향을 반대하고 탄압한 것이 극우반공주의자들의 중요한 특질인데, 일본 경보국(警保局)은 방공(防共)의 완벽을 기하기 위해서 "국체의 본의에 상용될 수 없는 것은 물론 국체에 대한 국민의 확신에 의혹을 품을 수 있는" 것에 이르기까지 방공의 대상이 되어야 한다고 설명하였다는 점이다.[413] 일제는 한국인 사회주의자들의 전향을 강요하였고, 보호관찰소 대화숙 등을 만들어 통제하였으며, 각종 단체를 조직하여 방공운동을 벌였다. 1939년에 공산주의 사상을 박멸하고 일본 정신을 앙양하기 위하여 만든 조선방공협회는 각 도 아래에 250지부 1,789단을 두었고, 공장마다 방공단을, 각 사회교화단체에 방공부를 두어 전체주의 방식으로 방공운동과 황국신민화운동을 펼쳤다.[414]

---

409) 山口弘三, 『사상범죄 검거에서부터 송치까지』, 日本 東京 : 新光閣, 1933, 18쪽.

410) 中川炬方, 『사상범죄수사提要』, 日本 東京 : 新光閣, 1934, 8~10쪽.

411) 荻野富士夫, 『특고경찰체제사』, 日本 東京 : 사라타書房, 1984, 243쪽.

412) 조선총독부 고등법원검사국 사상부, 『사상휘보』 제21호, 1939. 12, 7쪽.

413) 荻野富士夫, 앞의 책, 317쪽.

414) 細川嘉六, 『植民史』, 日本 : 理論社, 1972, 330쪽.

  제주도사태는 일제로부터 해방된 지 불과 2~4년 후의 일이었고, 전쟁중의 주민집단학살은 4~6년 후의 일이었다. 일제와 관련있는 경찰과 군인, 관리들은 여전히 일제로부터 교육되고 훈련받은, 민주주의나 개인주의에 바탕을 둔 반공이 아니라, 비인간적 반문명적 군국주의 파시즘의 '방공주의'에 감염되어있었다. 일제 때 군인들이 초토화작전 등에 익숙해져 있었다면, 일제 때 경찰들은 야만적인 사상탄압이나 고문, 테러에 익숙해져 있었다.

2. 이승만 대통령 · 이승만 정부와 주민집단학살

1) 제주4 · 3학살 등과 이승만 대통령

  이승만 대통령과 이승만 정부는 제주도에서의 주민집단학살, 보도연맹원집단학살, 제11사단에 의한 주민집단학살에 대하여 학살 관계자들을 처단하고 학살을 엄금하는 조치를 취하지 않았을 뿐만 아니라, 묵인하고 때로는 조장하였으며, 서청원들을 독려하였다는 점에서 도의적인 책임을 넘어 직접 · 간접으로 책임이 있다.

  1955년경 문경시멘트공장 기공식 때 이승만이 참석한다고 소문이 나자, 보도연맹원들이 집단학살당한 문경군 호계면 별암리 마을사람들은 "이승만이 오면 내가 죽인다. 그놈이 어떻게 이 동네를 온단 말이냐"라고 말하면서 펄펄 뛰었다고 한다. 보도연맹원이었지만 운좋게 참변을 면한 이천재는『말』지 김태광 기자에게 "나는(보도연맹원 학살을 ─ 필자) 이승만과 내무장관이었던 조병옥이 지시하였다고 생각한다. 그렇지 않고서야 그렇게 전국적으로 일어날 수 있었겠는가?"라고 말하였다. 왜 이러한 발언이 나올 수 있는지 깊이 생각해볼 필요가 있다. 김기자가 취재중에 만난 사람들의 대부분은 보도연맹원 학살이 정부의 지시에 의해 이루어진 것으로 확신하였다.[415] 1948년 12월 10일경 서울시공관에서 열린 서북청년회 총회에서 한 이승만의 연설을 듣고 제주도에 내려온 서청원 박형요는 다음과 같이

---

415) 김태광, 「해방 후 최대의 양민참극 '보도연맹'사건」, 27쪽.

회고하였다.

당시는 몰랐지만, 지금 생각해보면 이승만이 우리를 이용했다고 여겨집
니다. 당시 서청 문봉제 단장은 이대통령의 신임을 받던 측근 중의 측근
이었습니다. 앞뒤를 가리지 않고 공산당을 없애야 한다는 명분 하나를 앞
세워 현지 사정도 잘 모르는 대원들을 대거 투입한 것입니다. 국민을 생
각하지 않고 자신의 집권욕만 생각한 것이지요. 이대통령의 허락없이 어
느 누가 재판도 없이 민간인들을 마구 죽일 수 있는 권한이 있겠습니까.
이대통령이 '죽이지 말라'고 했으면 제주도에서와 같은 학살사태가 있을
수 있습니까? 내가 살고 있는 가시리에서는 며칠 전에 집집마다 제사를
지냈습니다. 대부분 억울한 죽음이었다고 들었습니다. 아무튼 학살의 총
책임자는 이승만이라고 생각합니다.416)

제주도에서의 주민집단학살은 1948년 11월 중순부터 벌어졌다. 그 이전
에 학살은 주로 젊은 남자가 대상이었는데, 11월 중순 이후에는 80대 노인
에서부터 서너 살 어린아이에 이르기까지 남녀노소 가리지 않고 무차별적
으로 자행되었다. 주민대학살을 야기시킨 초토화작전은 미군정시기에도
있었지만, 이승만이 대통령에 취임한 지 3개월이 미처 못 되고 정부수립이
공포된 지 2개월이 채 안된 시점에서부터 단계적인 조치가 취해졌다.

제주도는 유달리 혈연공동체적 요소가 강하였는데, 1947년 3·1시위 발
포 후 육지에서 대거 경찰과 서청원들이 들어와 횡포와 만행을 부린 것이
4·3봉기가 일어난 중요 요인이었다. 따라서 경찰이건 군이건 관공리건,
주로 제주도 출신의 인물들을 앞장세워 선정을 베풀고, 9연대장 김익렬
중령의 4·28평화회담과 같이 적극적으로 선무공작, 회유책을 써서 사태
를 해결하였어야 했다. 무단적인 육지사람들을 보내어 초강경책을 쓰고 만
행과 횡포를 부릴수록, 이솝 우화에 나오는 태양과 바람의 겨루기에서처
럼, 공동체성이 강한 사람들은 그것에 저항할 수밖에 없었다. 제주도사태
는 미군정·이승만 정권 대 제주도민이라는 관계에 육지사람 대 제주도민

---

416) 제민일보4·3취재반, 앞의 책 4, 153쪽에서 재인용.

이라는 관계가 얽혀있었다. 미군이 준 현대식 장비와 월등한 군사력으로 현대전에서 엄격히 금지되어있는 비인간적 반문명적 초토화작전이라는 것을 썼는데도 제주도사태가 그토록 오래 끌었던 것은, 도덕성이 결여된 잘못된 이승만 정권의 '바람정책'에 있었다. 정부수립 후 초대 법무부장관이 된 이인 검찰총장은 1948년 6월 제주도 파견 검찰관들의 보고를 듣고 이렇게 말하였다.

제주도사태가 이렇게까지 악화된 것은 시정방침에 신축성이 없었다는 것과 관공리가 부패하였다는 것 등을 들 수 있겠다. …… 이러한 부패상은 작년에 내가 갔을 때 이미 역력히 말하고 있었다. 예를 들면 고름이 제대로 든 것을 좌익계열에서 바늘로 이것을 터친 것이 제주도사태의 진상이라 할 것이다. …… 우선 사법 행정 경찰의 3수뇌부를 갈되, 가장 양심적이고 덕망이 높은 사람으로 임명하면 폭도들측에서도 안심하고 하산할 것이고……417)

김익렬 중령과 똑같은 의견이었다. 육군본부 정보참모부의 『공비연혁』에 수록된 「무지개부대의 공비소탕작전」이란 소책자에도 경찰의 강압, 서청의 무차별 행동, 주둔부대의 문란한 군기 및 풍기가 제주도사태를 악화시켰다고 쓰여있다.418) 그러나 이승만 정부는 미군정과 마찬가지로 강성토벌 일변도로 나아갔다. 1948년 10월 5일 제주도 출신으로 온건책을 추진하여 인망을 얻었던 김봉호 감찰청장이 물러나고, 평남 출신의 경무부 공안과장 홍순봉이 경찰책임자로 발령받았다.419) 홍순봉 신임 감찰청장은 일제시기 만주에서 경찰로는 조선인 중 최고 지위까지 올랐다.420) 그는 직접 서울에 와 서청원들의 제주도 경찰파견을 독려하였다.421) 홍순봉은 다음해

---

417) 『서울신문』 1948. 6. 17(아시아아프리카라틴아메리카연구원 편, 『제주민중항쟁』 3, 소나무, 1989, 131쪽 수록)

418) 아시아아프리카라틴아메리카연구원 편, 위의 책 1, 301쪽 수록.

419) 제민일보4·3취재반, 앞의 책 4, 25쪽.

420) 위의 책, 221쪽.

421) 위의 책, 157, 159쪽. 홍순봉은 제주도 경찰로 배치된 서청원들에게 "현재 상황

7월까지 유혈사태의 한복판에 있었다.

위기조성 때 나타나는 일이지만, 10월 8일에는 제주도 해안에 근거가 없는 소련 괴잠수함 출현설이 유포되었다.[422] 10월 11일에는 제주도 경비사령부가 설치되었고, 10월 17일 9연대장 송요찬 소령은 "10월 20일 이후 군 행동종료 기간중 전도 해안선부터 5킬로 이외 지점 및 산악지대의 무허가 통행금지를 포고함. 만일 차(此) 포고에 위반하는 자에 대하여서는 그 이유 여하를 불구하고 폭도배로 인정하여 총살에 처할 것임"이라는 포고를 발표하였다.[423] 학살의 길을 터놓았다고도 간주될 수 있는 것이었는데, 해변을 제외한 중산간마을 전부를 통행금지지역으로 묶어놓은 것은 그 지역에 살지 말라는 포고와 다름없었다.

송요찬 소령의 포고가 발표된 다음날부터 제주도와 외부의 차단이 시작되었다. 10월 18일 제주도 해안이 봉쇄되었다. 유일한 제주도지역 언론사인『제주신보』사장 등이 끌려갔고, 편집국장은 총살되었다.『경향신문』과『서울신문』지사장도 끌려가 총살되었다. 또 10월 말부터 11월 초 사이에 주로 제주도 출신의 9연대 장병 1백여 명이 군사재판 없이 처형되었다. 무장대 동조 혐의를 받은 군인과 경찰들은 수장된 것으로 알려졌다. 이로써 초토화작전=대학살의 걸림돌이 없어졌다.[424]

제주도 대학살은 메릴이 말한 대로 제주도가 육지에서 멀리 떨어진 고립된 섬이었다는 점과 깊은 관련이 있다.[425] 그래서 인간세상에서 있을 수 없는 그러한 비인간적 범죄가 저질러져도 외부에 알려지지 않을 것이라는 점이 미국·미군정이나 이승만 정권한테 아주 중요하게 작용한 것으로 보인다. 11, 12월에는 최소한 1천 명 이상의 서청원들이 경찰이나 경비대로

이 여의치 않으니 식량이나 월급을 보낼 수 없다. 가서 마을에서 얻어먹으며 진압하라"고 말하였다(같은 책, 159쪽).

422) 위의 책, 343쪽.

423)『조선일보』1948. 10. 20(아시아아프리카라틴아메리카연구원, 앞의 책 3, 168쪽 수록).

424) 김종민,「제주4·3항쟁―대규모 민중학살의 진상」,『역사비평』1998 봄, 30~31쪽.

425) 메릴,「제주도반란」, 아시아아프리카라틴아메리카연구원, 앞의 책 1, 359쪽.

복장을 갈아입고 토벌에 앞장섰던바, 그것은 미군 정보보고에 쓰여있듯이 이승만의 지시에 의한 것이었다. 이승만은 12월 10일경 서청 총회에 참석하여 연설하였다.[426] 송요찬 소령의 포고가 있은 뒤 한 달 만인 11월 17일, 이승만 대통령은 법적 근거도 밝히지 않은 채 계엄령을 선포하였다.[427] 평화로운 삼다의 섬 제주도는 붉은 피로 물들었다. 물론 논란되고 있는 문제의 계엄령이 적법하게 선포되었다고 하더라도, 비무장한 민간인을 재판 없이 학살한다는 것은 분명 범죄이며, 더구나 주민집단학살을 자행한 것은 유엔에서 규정한 바대로 비인간적 반문명적 범죄로서 처단되어야 할 행위이다.

1948년 5월 6일 박진경 중령이 9연대장으로 부임하여 온 후 제주도지역 미군총사령관 브라운 대령의 독려를 받으며 대규모 토벌이 있었지만, 6월 18일 박진경이 살해당한 시기를 고비로 하여 제주도는 소강상태에 들어갔다. 제주도에서의 학살은 주로 이승만 정부가 들어선 이후에 발생하였다. 그렇게 된 것은 미국이 얼마 남지 않은 군정기간 내에 무리하게 강성토벌을 벌이는 것보다 그것을 이승만 정부에게 넘기는 것이 좋겠다고 판단하였기 때문이었다. 초토화작전은 여순사건이 한 계기로 작용하였을 수 있으나, 홍순봉의 제주감찰청장 임명에서부터 송요찬 9연대장의 포고, 제주도 해안봉쇄가 모두 여수 14연대 군반란이 일어난 10월 19일 이전에 있었던 것임을 주목할 필요가 있다. 또 이승만 정권이 여순사건에 대하여 적절한 조치를 취하였다기보다는 공포분위기를 조성하여 김구 쪽을 탄압하는 등 정치적으로 이용하려 한 것에서도 '여순사건으로 인한 위기감'이라는 점은

---

426) 제민일보4·3취재반, 앞의 책 4, 149~151쪽.

427) 제민일보4·3취재반에서는 1948년 11월 17일자로 선포된 대통령과 국무위원 연서의 계엄령을 상세히 분석하고 법적 근거가 없는 불법계엄령으로 규정하였다(위의 책 4, 365~377쪽). 이 계엄령 선포의 불법성에 대하여는 김창록, 「1948년 헌법 제100조-4·3계엄령을 통해 본 일제법령의 효력」, 법과사회이론연구회 주최 헌법 50주년 기념 심포지엄 『한국의 헌법현실』, 1998 ; 김순태, 「제주4·3 당시 계엄의 불법성」, 『제주4·3연구』 참조. 4·3 당시 제주도 경찰 간부였던 김호겸은 당시 계엄령이 법적 근거가 없는 모호한 것이어서 계엄사령관인 송요찬조차도 계엄령이 뭔지 몰랐다고 증언하였다(제민일보4·3취재반, 같은 책, 377~378쪽). 계엄법은 1949년 11월 24일 공포되었다.

제한적임을 알 수 있다.

여순사건에서의 학살에 대해서는 앞에서 언급하였지만, 여순사건과 관련하여 발표한 이승만 대통령의 담화는 그의 멘탈리티를 잘 나타내준다는 점에서 의미가 있다. 그는 11월 5일 다음과 같은 담화를 발표하였다.

> 그 중에 제일 놀랍고 참혹한 것은 어린아이들이 앞잡이가 되어 총과 다른 군기(軍器)를 가지고 살인, 충화(衝火)하는 데 여학생들이 심악(甚惡)하게 한 것과 …… 남녀 아동까지라도 일일이 조사해서 불순분자는 다 제거하고……[428]

한민당과 무소속 의원들이 여순사건 발생에 대하여 대통령이 대국민 사과담화를 내고 내각을 개조하라고 요구하자, 이대통령은 이 사건에 대하여 정부가 책임지라는 것은 어불성설일 뿐더러 공산당의 편을 드는 것이라는 담화를 발표하였다.[429] 이러한 이승만의 정신상태와 위 담화의 정신상태를 비교 분석해볼 필요가 있다. 어린아이, 특히 여학생이 여수에서 어느 정도 좌익에 가담하였는지는 증언에 따라 엇갈리지만, 설령 무기류를 들고 좌익 편을 들었다고 하여, 인정(仁政)을 중시하는 동양의 전통을 무시하더라도, 왜 어린아이 또는 여중생이 가담하였는지는 불문에 부치더라도, 노대통령으로서 어린아이, 여중생들에 대하여 타이르는 대신 남녀 아동까지도 일일이 조사하여 불순분자는 제거하라고 지시할 수가 있을까. 이러한 지시가 김종원 같은 장교들한테 내려갔을 때, 어떠한 일이 일어날 것인지 이승만은 생각지 않았을까. 한국인은 무서운 사람을 대통령으로 두고 있었다.

2) 전쟁 초기의 참패

한국전쟁기 학살과 관련해서 먼저 중요시해야 할 것은 전쟁 초기 패전

---

428) 이승만, 「불순배를 철저히 제거―반역사상 방지 법령 준비」, 『대통령이승만박사담화집』, 공보처, 1953, 8쪽.

429) 이승만, 「공산분자의 반란 정부가 책임질 수 없다―국회의 내각개조 요구는 유감」, 『대통령이승만박사담화집』, 9쪽.

의 문제이다. 말할 나위도 없이 참혹한 피해를 가져오게 한 최대 책임자는
전쟁을 일으킨 김일성 등 북에 있다. 이 점은 몇백 번을 강조하여도 부족
함이 없을 것이다. 그렇다고 하여 이승만 대통령은 여러 형태의 참화·참
변에 책임이 없을까. 이 점과 관련해서 가장 중요한 것은 전쟁이 일어났을
때, 초기에 그렇게 쉽게 패배하지 않았더라면, 전쟁의 참화는 크게 줄어들
수 있었다는 점에 있다. 미국은 참으로 신속하게 전쟁에 대응하였던바, 이
미 7월에 막강하게 우세한 해군력과 공군력으로 제해권과 제공권을 장악
하였고, 육군도 속속 들어왔다. 전쟁이 발발하였을 때 중부전선인 춘천전
선과 동부전선인 강릉전선에서는 효과적으로 국군이 방어하였던바,[430] 그
렇게까지는 못하더라도 어느 정도만 버틸 수 있었으면, 북의 전력(戰力)이
제한되어있었고, 남에서 폭동이나 봉기가 일어나지 않았기 때문에, 전쟁은
중부지방에서 머물렀을 수도 있었다. 전쟁이 발발하였을 때 인민군은 전체
병력이 13만 5천 명 정도로 추산되고, 국군은 9만 5천~9만 8천 명으로 나
와있다.[431] 비록 북이 성능은 나쁘더라도 남이 갖고 있지 못한 비행기(소련
제 야크기)를 갖고 있었고, 전차와 자주포 등이 있어 화력이 우세한 것은
분명하였지만, 제1차 세계대전 이래 보병전에서 공격군이 3배 정도 우세한
병력이 있을 때 승리할 수 있다는 점, 유럽과 달리 한국의 서부전선은 산
과 하천이 많다는 점, 전쟁 초기 춘천전선과 강릉전선에서의 승리 등을 미
루어볼 때, 국군이 서부전선에서 2, 3일 안에 완패하였다는 것은 화력 이외
에 다른 요인도 있었다고 봐야 할 것이다.

　이승만은 북진통일을 외쳤으면서도 전쟁에 제대로 대비하지 않았다는
점에서 우선 큰 책임을 져야 한다. 이승만의 북진통일론은 미국의 의심을
사 절실히 군비증강이 필요한 시기에 미국으로 하여금 한국에서 거의 경

---

430) 인민군 2, 7사단은 춘천을 공략중 국군 6사단의 적극적 방어에 큰 손실을 입었
　　다. 인민군의 춘천 장악이 지연됨으로써 25일중 춘천을 점령하고 2사단의 일부를
　　서울 남쪽으로 우회시켜 국군의 주력을 섬멸시킨다는 1차 작전계획은 큰 차질을
　　빚었다. 동해안 접안로에서도 인민군 5사단 및 해군특전단에 대항하여 국군 8사
　　단이 효과적으로 강릉을 방어하였다(이광일, 「한국전쟁의 발발 및 군사적 전개과
　　정」, 『한국전쟁의 이해』, 146쪽).
　431) 이광일, 위의 글, 145~147쪽.

찰력이나 다름없는 군대를 만들도록 제한하게 하였다.[432] 이승만은 북진통일론에 걸맞게 군대를 정비하지 않았다. 국방부장관 신성모(申性模)는 '낙루장관' '지당장관'으로 잘 알려진 사람으로 김구 살해의 배후로 자주 지목되어온 인물인데, 국방에 대해서는 아주 무능하였다. 총참모장 채병덕(蔡秉德) 또한 김구 암살사건, 국회프락치사건 등에 등장하는 인물로 이승만에 대하여 맹목적으로 충성하였지만, 군 지휘에 무능하기는 마찬가지였다.[433] 주한미국군사고문단장 로버츠 준장은 장교 중 상당수가 정치적으로 임명되었고, 이들이 군사적 전문성은 결여한 채 행사나 좋아하고 직위나 위신에만 관심이 있는 것에 불만이었다.[434] 지휘체계가 문란하였고, 군대훈련은 제대로 되어있지 않았으며, 병사들은 부패 속에 입을 것, 먹을 것이 부족하였고, 매질과 기합에 시달려 사기가 저상되어있었다.[435]

이승만은 1950년 5월 11일 "나는 5월과 6월이 위기의 달이며 무엇이 일어날지도 모른다고 생각하고 있다"라고 말하였지만,[436] 위기에 대한 대비는 하지 않았다. 전쟁 발발시 제2사단장이었던 이형근(李亨根)은 하필이면 전쟁 발발 전날 밤에 장교구락부 낙성식에서 군 수뇌들이 밤늦도록 연회를 즐겼고, 전쟁 직전에 일선 사단장을 포함한 지휘관을 대폭 이동시켰으며, 6월 24일에 전후방을 막론하고 농번기라고 하여 육군본부의 지시로 장병의 반수 이상에게 휴가를 주어 귀향시키고, 한강교를 아군이 폭파한 것

---

432) 梁興模, 「이승만 박사와 군대」, 『신동아』 1965. 9, 237쪽. 이와 함께 이호재, 『한국외교정책의 이상과 현실』, 법문사, 1969, 308~311쪽 참조.

433) 채병덕 총참모장은 일선 군에서의 이북과의 밀무역사건, 일명 북어사건으로 밀무역을 비난한 1사단장 金錫源과 다퉈 둘다 1949년 10월에 군복을 벗고 예편됐는데, 채병덕은 두 달 만에 군복을 다시 입었고, 전쟁 나기 두 달 전인 1950년 4월 10일에는 총참모장으로 복귀하였다(중앙일보사 편, 앞의 책 1, 152, 260쪽). 채병덕에 대한 이승만의 각별한 편애를 엿볼 수 있다.

434) 매트레이, 『한반도의 분단과 미국』, 구대열 역, 을유문화사, 1989, 248쪽.

435) 중앙일보사 편, 위의 책, 254~262쪽 참조.

436) 『조선일보』 1950. 5. 14. 국무총리서리이며 국방부장관인 신성모는 같은 시기에 괴뢰집단이 정월 이후 3만 명을 모집하였고, 탱크, 비행기를 증가하였으며, 아울러 38선에 집중시키고 있어 傀集의 남침이 절박한 상태에 있다고 말하였다(『조선일보』 1950. 5. 12).

을 들어, 육군 수뇌진에 내통자가 있다면 몰라도 그렇지 않다면 육군본부의 무능에서 비롯된 엄청난 과오라고 지적하였다.[437]

1950년 6월 25일 북의 침공이 있던 날로부터 며칠간 이승만과 신성모, 채병덕은 무능과 국민에 대한 기만을 적나라하게 보여주었다. 전쟁이 난 날 오후 2시에 열린 간담회 비슷한 국무회의에서 이대통령은 별다른 지시를 내리지 않고 공비를 막아서 제각기 임무를 다하라는 정도의 당부를 하였을 뿐이었다.[438] 또한 이날 오후 육군 정훈국장 이선근(李瑄根) 대령의 담화문이 신문 호외로 뿌려졌는데, "동두천 방면 전투에서는 적측이 전차까지 출동시켜 내습하였으나, 아군 대전차포에 격파당하고 말았다. …… 군에서는 명령이 없이 38선을 넘어 공세작전을 취할 수 없는 고충이 있으나, 만전의 방어태세로 저들이 불법 남침할 때 이를 포착 섬멸할 수 있는 준비와 태세가 구비"되었다는 내용이었다.[439]

38선에서의 충돌과는 명백히 다른 전면전이 일어난 이상 상식으로 생각해볼 때, 또 다른 나라에서의 예에서처럼, 대통령이 국민한테 전쟁에 관하여 우리 정부는 어떻게 할 터이니 국민은 어떻게 하라든가, 국민의 비상한 각오를 촉구하는 등의 담화를 발표하였어야 하는데, 국방부장관도 아닌 일개 정훈국장만이 6월 25일 국민에 대하여 ─ 그 내용은 차치하고 ─ 유일한 발언을 하였다. 일요일이라 하더라도 도대체 국회도 소집되지 않았다. 그 점은 26일도 비슷하였다. 그토록 중요한 이틀간에 대통령과 정부가 전쟁지

---

437) 이형근, 「개전 초기의 육본·군수뇌진」, 『신동아』 1970. 6, 167쪽. 김석원은 6·25 며칠 전에 휴가준 병력을 3분의 1로 기술하였다. 그는 방어진지 건설 건의를 묵살한 것, 6·25 3일 전에 그동안 계속된 비상경계를 해제한 것, 한 달 전에 각 연대에 4문씩 있던 대전차포를 수리차 거둬들인 것 등도 문제점으로 지적하였다 (중앙일보사 편, 위의 책, 260쪽).

438) 중앙일보사 편, 위의 책 1, 31~32쪽. 이 부분에 대하여 미대사관 1등서기관으로 1938년부터 이승만 부부를 알고 있어 특별히 이승만과 가까웠던 노블은 한국 정부의 고위관리들이 사무실에 모였으나 각료회의가 소집된 것은 아니었고, 이 자리에서 "대부분의 각료가 서로를 쳐다보고, 매우 비정상적인 방법으로 이대통령을 쳐다보고만 있었다"라고 기술하였다(노블, 『이승만과 미국대사관』, 朴實 역, 井湖출판사, 1982, 27쪽).

439) 중앙일보사 편, 위의 책, 21~22쪽.

휘, 전쟁지원을 위한 각종 대책, 물자통제 및 이동, 국보·금은을 포함한 정부 중요 기물과 문서의 보호 및 이동 등 마땅히 해야 할 일을 제대로 하고 있었다는 증거가 그다지 많이 나오고 있지 않다.

국가의 운명이 풍전등화의 위기에 놓이자 이승만은 전쟁은 물론 국사를 다뤄보지 못한 아첨배들을 거느린 한낱 노인이었다. 이승만은 그러한 아첨배들에 둘러싸여 전쟁 발발 첫날인 6월 25일 서울 '천도'를 의중에 두었다. 25일 저녁 9시 30분경 이승만 대통령을 찾아간 무초 주한미대사는 이승만이 정부를 서울에서 옮기는 것을 바라고 있음을 알았다.440) 이승만은 무초에게 자신이 공산주의자들에게 잡히는 것이 한국을 위해 좋은 일이 못 된다고 끈덕지게 주장하였고, 무초는 아직 우리가 그렇게 절망적인 지경에까지 이른 것은 아니라는 점, 그리고 그와 남한정부가 서울을 떠났다는 이야기를 군이 듣는다면 그 즉시 남한 정부는 없어지게 되며 조직된 군대도 없어지게 될 것이라는 점 등을 들어 반대하였다. 이승만은 마침내 무초 대사의 의견에 따라 그날 저녁 서울에 머물러 있기로 하였다.441) 실망과 개인적인 분노가 뒤엉킨 무초는 미대사관으로 돌아갔다.442)

26일 상오 8시에 신성모 국방부장관이 방송국에 나와 짤막한 생방송을 하였는데, 그것은 정훈국 보도과의 방송내용과 대동소이하였다. 인민군이 주공세 지역인 동두천 일대를 격파하고 의정부를 통과하였음에도, 정훈국에서는 "친애하는 시민 여러분! 충용무쌍한 우리 국군은 의정부를 탈환하고 북진중에 있습니다"라는 가두방송을 외치고 다녔다. 뿐만 아니라, 이날

---

440) 노블은 25일 저녁 9시에 각료회의가 열렸고, 여기에 이범석과 조병옥이 참여하였던바, 조병옥이 서울로부터 정부를 소개하려는 방침에 완강히 반대하여 무초를 부른 것으로 기술하였다(노블, 앞의 책, 29쪽). 중앙일보사 편, 위의 책에는 조병옥, 이범석에 관한 내용이 나오지 않고, 6월 27일 새벽 1시쯤 열린 비상국무회의에 참석하여 발언한 이범석 자신의 증언을 소개하였다(32~33쪽). 카글과 맨슨의 공저, 『미해군의 한국전투기록』에는 밤 10시에 전화를 걸어 무초 대사를 불렀다고 기술되어있다고 한다(127쪽).

441) 「무초 대사가 털어놓은 건국비화」, 『정경문화』 1986. 4, 320쪽. 이와 함께 중앙일보사 편, 앞의 책 1, 127쪽 참조.

442) 노블은 25일 저녁만큼은 알 수 없는 일이지만 어떤 중압감으로 이박사는 공포에 질려있었다고 기술하였다(노블, 앞의 책, 27~30쪽).

석양에는 채병덕 총참모장으로부터 정훈국 보도과장에게 직접 "명조(明朝)만 되면 아방(我方)에도 비행기 백 대가 날아온다"는 '어마어마한 뉴스'(원문대로 표기한 것임-필자)를 보도하도록 지시가 떨어졌다.[443]

3) 이승만 대통령의 피신과 대통령 긴급명령 제1호 '비상사태하의 범죄처벌에 관한 특별조치령'

6월 27일 새벽 1시에 열린 비상국무회의에서는-비상국무회의였는데도, 정부의 최고 수반인 이승만은 참여하지 않았다-수원 천도를 결정하였다. 전쟁이 난 뒤 첫번째 있은 '중요 국무회의'이자 국무회의의 첫번째 중요 결정이었다. 이 회의에서도 시민철수문제는 흐지부지되었다.[444] 거의 비슷한 시각에 열린 심야국회에서는 채병덕 총참모장이 적을 의정부 밖으로 격퇴하였다고 설명하였다. 신성모와 채병덕은 3~5일 이내에 평양까지 점령할 수 있는 만반의 준비가 되어있다는, 북진통일을 주장할 때의 예의 그 허황한 주장을 또다시 피력하였다. 이들의 전황을 들은 국회에서는 이 날 만장일치로 수도 사수를 결의하였다.[445] 참으로 이상한 사람들이었다. 어째서 도저히 상상할 수 없는 허황한 소리를 26일 심야, 27일 새벽에도 하고 있었을까. 이렇게 안심시켜놓아 자신들의 정적들인 중도파 민족주의자들-김규식, 조소앙, 안재홍, 원세훈, 윤기섭, 엄항섭, 조완구 등-이 적에게 사로잡히기라도 바란 것일까.

임진왜란시 선조(宣祖)는 서울 도성을 버리고 도피하다 민초(民草)들한테 심하게 당한 고사가 있는데, 모두가 잠들었을 6월 27일 새벽 2시경[446] 이승만은 각료들에게도, 중앙청에서 수도 사수를 결의한 국회의원들에게도,

---

443) 국방부정훈국 전사편찬위원회, 앞의 책, A 55쪽. 6월 25일과 26일 하오에 나온 26, 27일자 신문의 표제는 대체로 "국군 정예부대 북상, 총반격전 전개, 해주시 일각 돌입" 등 어처구니없는 것들이었다(중앙일보사 편, 앞의 책 1, 60쪽).

444) 중앙일보사 편, 위의 책, 32~34쪽.

445) 위의 책, 36~41쪽

446) 이광일, 앞의 글, 146쪽과 이대통령 피난시 유일한 수행원이었던 황규면은 2시로 말하고 있으나(중앙일보사 편, 앞의 책 1, 53쪽), 3시라는 기록도 있다(같은 책, 125쪽).

육군본부에도 알리지 않고 대기시켜놓은 열차를 타고 대구까지 내려갔다가 대전에 머물렀다. 이승만이 전쟁이 나고 취한 주목할 만한 중요 활동이었다. 대통령이 피난갔다는 소식에 수도 사수를 결의한 국회의원들은 새벽 4시에 뿔뿔이 흩어졌고, 장관들은 제각기 수도를 '탈출'하였다.

대전에서 이승만은 담화를 녹음하여 중앙방송국에서 그것을 오후 10시에서 11, 12시 사이에 여러 차례에 걸쳐 방송하게 하였다. 우리 국군이 적을 물리치고 있으니 모든 국민과 공무원은 정부발표를 믿고 동요하지 말 것이며, 대통령도 서울을 떠나지 않고 국민과 함께 서울을 지킬 것이라는 요지였다.447) 이승만이 전쟁이 나고 낸 중요 담화로, 그야말로 서울시민들이 기다리고 기다렸던 방송이 그때서야 나온 것이었다. 그런데 그 내용은 터무니없는 것으로 한마디로 기만이었다. 이러한 사람의 정신상태를 어떻게 파악하여야 할까. 이러한 방송을 들었기 때문에 서울시민들은 미아리 저쪽에서 포성이 울리는데도 어느 정도는 안심하였다. 다음날 새벽 2시 30분경 한강 인도교가 폭파되었다. 피난길 주요 통로가 끊어진 것이다. 그러나 28일에도 서울이 별일 없는 것으로 안 사람들도 있었다. 『오발탄』의 소설가 이범선(李範宣)은 27일 낮에 분명히 대통령 음성으로 우리 국군이 의정부를 탈환하고 북진중이라는 방송을 하였기 때문에,448) 28일 낮에 중앙청 앞의 탱크를 보고도 국군탱크로 믿었다고 한다. 이범선 정도의 지식인이 그러하였던 것이다.

이승만은 대전에 온 지 4일 만인 7월 1일 또다시 새벽 3시에 대전을 떠나 부산으로 향하였다. 그것도 당연히 대구를 경유하여 부산에 가는 것으로 생각할 수밖에 없는데, 경부선 연도에서 출몰할지도 모를 게릴라를 경계해서였다지만 — 이승만이 떠난 직후 인민군이 대전을 공습한다는 헛소문으로 대전형무소장과 대전형무소 직원들이 도망가고 죄수들의 소요가 한때 있었던 것을 제외하면449) 그때까지 후방에는 공산주의자들의 주목할

---

447) 윤치영, 『윤치영의 20세기』, 삼성출판사, 1991, 248쪽.

448) 이범선은 이승만의 방송이 27일 밤이었는데 낮으로 기술하였고, 이승만 방송 내용도 그 방송 이전의 것과 약간 혼동하였다(이범선, 「적치하 90일」, 『전환기의 내막』, 조선일보사, 1982, 402~404쪽).

만한 폭동, 파괴, 교란행위도, 게릴라들의 출몰도 거의 없었다 — 멀고도 험한 이리, 목포를 거쳐 해로로 32시간 만인 7월 2일 11시쯤 부산에 도착하였다.450) 이승만이 임시수도 대전을 떠났을 때 대전은 위태롭다고 보기가 어려웠다. 대전이 인민군의 수중에 들어간 것은 이승만이 떠난 지 20일쯤 지난 7월 20일경이었다.

6월 27일 자정 무렵, 중앙방송국에서 방송하던 사회명사와 문인들이 그 담화를 더이상 방송해서는 안된다고 주장하여 이승만의 담화방송은 중단되었다.451) 그러나 이 방송으로 인한 피해는 말할 수 없이 컸고, 아무도 모르게 새벽에 피신한 것과 함께 분노를 일으켰다. 국회는 6월 30일 이대통령에게 사과발표를 할 것을 결의하였으나, 이대통령은 일언지하에 거부하였다.452) 그 뒤 86의원의 연서로 전쟁초기의 책임을 물어 국무위원 전원의 사직권고안이 제출되었는데, 신익희 의장의 만류로 보류되었다.453) 국회와 이승만의 격돌은 이 점에서도 피하기 어렵게 되었다. 이 문제와 관련하여 이승만이 대통령에 재직하였던 1950년대에 다음과 같은 비판이 있었다.

더욱 사변 발발 직후에는 국민을 기만하여 적의 마수하에 남겨둔 채 무질서한 도주를 감행하여 저 무수한 애국자를 희생시킨 천추의 통한사를 저질러놓고도……454)

---

449) 심규상, 앞의 글, 82쪽.

450) 중앙일보사 편, 앞의 책 1, 310~312쪽.

451) 위의 책, 54~55쪽.

452) 金夕影, 「도강파·잔류파의 유래와 전설」, 『인물계』 1959. 4, 10쪽. 국회의 결의에 따라 신익희 의장, 장택상·조봉암 부의장은 충남도지사 관저로 이승만을 찾아가 국민들에게 사과문을 발표할 필요성을 역설하면서 간곡히 요청했으나, "어디 내가 唐 憲宗이야?"라는 한마디로 거절하면서 "내가 왜 국민 앞에 사과해. 사과할 테면 당신들이나 해요"라며 그 자리를 뿌리치고 나갔다고 한다(장병혜, 『상록의 자유혼』, 1973, 337쪽 ; 박원순, 「전쟁부역자 5만여 명 어떻게 처리되었나」, 『역사비평』 1990 여름, 184쪽에서 재인용).

453) 『국회속기록』 제8회 45호, 1950. 11. 7 ; 56호, 1950. 11. 23.

454) 김성수의 부통령 사임 이유서에서(金雲泰, 『해방 30년사』 2, 성문각, 1976, 88~91쪽).

6·25 당시 "우리 국군이 적을 반격하고 있으니 모든 선남선녀들은 안심하고 동요하지 말라"는 각하의 녹음방송 때문에 수많은 시민들이 한강에 빠져 억울한 죽음을 하고, 서울시민들을 3개월이나 생지옥에 빠뜨리게 한, 그때의 원한의 아우성소리가 들리지 않습니까?[455]

그렇게 큰 전쟁이 일어났는데 그날 아침까지 몰랐으니 정말 몰랐는가, 알고도 일부러 두었는가. 몰랐다면 성의 없고 알았다면 국민을 팔아넘긴 악질이다. 그리고는 밤이 깊도록 서울을 절대 아니 버린다고 열 번 스무 번 공포하고 슬쩍 도망을 쳤으니, 국민이 믿으려 해도 믿을 수 없었다. 문서 한 장, 도장 하나 아니 가지고 도망한 것이 무슨 정부요 관청인가?[456]

이승만이 대통령으로서 전쟁이 나고 행한 중요 정책은 대통령 긴급명령 제1호인 '비상사태하의 범죄처벌에 관한 특별조치령'의 공포였다. 국가보안법의 특별법으로 볼 수 있을 만큼 국가보안법과 상당부분 중복되는[457] 이 긴급조치에 따라 주로 부역자가 처벌되었다. 그런데 서울의 경우 잔류자 상당수가 부역자의 대상이 되었고, 도강파는 부역자를 심판하는 위치에 있었지만, 백남훈(白南薰)이 말한 대로, 돈과 차가 있어서 속히 도망한 자는 애국자가 되고, 돈도 없고 차도 없어 도망가지 못한 자는 부역자가 되어 처단을 받아야 한다는 몰상식이 생겨났다.[458] 도강파 중에는 영악하고 약삭빠른 사람들이 많았다는 점도 있지만,[459] 특히 서울사람들을 분노하게 만든 것은 이승만과 정부의 안심하라는 방송을 듣고 피난을 가지 못하였고, 또 심야에 그러한 방송을 하고는 한강교까지 폭파해버려 잔류하게 되었는데 부역자로 몰았다는 점이었다.[460]

---

455) 조병옥, 「이대통령께 드리는 공개장」, 『민주주의와 나』, 영신문화사, 1959, 246쪽.

456) 함석헌, 「생각하는 백성이라야 산다」, 『사상계』 1958. 8, 33쪽.

457) 연정은, 「제2대 국회 내 공화구락부―원내자유당의 활동에 관한 연구」 성균관대 사학과 석사논문, 1997, 24쪽.

458) 백남훈, 『나의 일생』, 신현실사, 1968, 282쪽.

459) 유병진, 앞의 책, 81~82쪽 참조.

‘비상사태하의 범죄처벌에 관한 특별조치령’의 가장 큰 문제점은 형법과 형사소송법을 배제하고 만든[461] ‘특수한’ 대통령령이었다는 점이다. 이 대통령령은 앞에서도 살펴보았지만, 살인, 방화, 강간, 군사·교통·통신·수도·전기와 기타 중요 시설 및 그에 관한 주요 문서 또는 도서의 파괴 및 훼손, 다량의 군수품, 기타 중요 물자의 강취·갈취·절취 등 약탈 및 불법처분, 형무소 유치장의 재감자를 탈주케 한 행위는 일률적으로 사형에 처하고(제3조), 타인의 재물을 강취·갈취 또는 절취한 행위, 타인의 건조물을 파괴, 훼손 또는 점거한 행위, 적에게 정보제공 또는 안내한 행위, 적에게 무기, 식량, 유류, 연료, 기타의 금원(金源)을 제공하여 적을 자진방조한 자는 사형·무기 또는 10년 이상의 유기징역에 처하게 되어있었다(제4조). 형량이 상상할 수 없을 정도로 높았을 뿐 아니라, 그러한 형량을 단심으로 처리하게 규정하였고(제9조), 기소 후 20일 이내에 공판을 열어 40일 이내에 판결을 언도하도록 규정하였다(제10조). 뿐만 아니라 그러한 판결을 내리는 데 증거 설명을 생략할 수 있다고 규정하였다(제11조).

이 법을 관계자들이 어떻게 해석하느냐에 따라 이 대통령령 공포 직후부터 시작된 보도연맹원 및 경찰감시 대상자 학살이나 또 제11사단에 의한 학살이 일어날 수 있는 소지가 있었다고 볼 수는 없을까. 말할 나위도 없이 보도연맹원 및 경찰감시 대상자 학살의 최고 지시자와 제11사단에 의한 학살의 최고 책임자, 제주도에서의 학살의 최고 책임자는 엄중히 규명되어야 할 터인데, ‘비상사태하의 범죄처벌에 관한 특별조치령’은 관계자가 그것을 해석하는 정신상태에 따라 참혹한 학살사건이 일어날 소지가 없지 않아 있었다.[462]

---

460) 오제도와 함께 사상검사였던 정희택은 미처 피신을 못하여 잔류파가 되었는데, 이렇게 분통을 터뜨렸다. “일개 사단 규모의 전향자들을 책임지고 있는 정보검사에게까지도, 그것도 최후의 순간에 전화문의까지 하였는데도 거짓말을 하고 저희들만 도망치지 않았습니까. …… 이렇게 배신과 기만으로 애국시민들을 유기하고 도망친 자들인데 무슨 염치로 잔류파를 재판한다고 하는 겁니까”(중앙일보사 편, 앞의 책 3, 41쪽).

461) 박원순, 앞의 글, 188쪽.

462) 연정은, 앞의 글, 24쪽 참조.

이 특별조치령에 따라 많은 부역자를 판결한 유병진 판사는 부역자는 보통의 범죄와 그 성격이 다른데, 수많은 부역자를 단시간에 처리하게 한 점, 부역자 범죄심리를 여러가지 조사와 증언, 부역자의 변명을 제대로 듣지 않고 사형 등 중형으로 판결할 수 있는가 하는 점, 더구나 일단 판결을 내린 뒤에는 그것이 사실 부당한 판결이라고 인정되더라도 판사가 이를 시정할 수 없고, 피고인 자신도 불복할 방법이 전연 주어지지 않았다는 점 등을 문제점으로 지적하였다.[463] 그는 사형과 초중형을 즉석에서 때려야 하고, 6개월 전(6·25 전)이라면 4~5년밖에 안될 형량의 범죄에 대하여 사형을, 2~3년이 무기 혹은 15년으로 나타난 사실을 주목하였다.[464] 유판사는 사형 구형을 무죄로 여러 번 판결하였지만, 당시의 분위기에서 이렇게 판결한다는 것은 대단한 모험이었다. 전쟁 대비도 충분히 하지 않았고, 전쟁이 일어나자 며칠 후 새벽에 제일 먼저 대전으로 피신하였다가 곧장 부산으로 갈 만큼 자신의 안위는 절대적으로 생각한 사람이, 또 시민들이나 다른 공직자들이 피신하기 어렵게 안심하라고 기만적인 방송을 하여 국민들의 생명을 초개처럼 다룬 사람이 대전에서 한 중요한 일의 하나가 위와 같은 특별조치령의 공포였다.

특별조치령의 중대한 문제점은 다른 것에도 있었다. 이 대통령 특별조치령은 대개가 1950년 6월 25일에 공포된 것으로 알고 있다.[465] 그럴 수밖에 없는 것이 법령집 등 각종 자료집에 1950년 6월 25일에 공포하였다고 명기되어있기 때문이다. 그러나 이 대통령령은 6월 27일 아니면 28일에 만들어져 28일에 공포된 것을 6월 25일에 공포한 것처럼 한 것이었다. 앞에서도 언급하였지만, 이승만이 피신하기 전에는 이승만 주재하에 국무회의라고 할 만한 것이 제대로 열리지 않았다. 중앙일보사 편,『민족의 증언』1에도, 또 다른 기록에도 6월 25일에서 6월 27일 사이에 특별조치령이 내려졌다는 기술이 없고, 실제로 그러한 국무회의가 열리지 않았다. 가장 이른 시기

---

463) 유병진, 앞의 책, 22~26쪽.

464) 위의 책, 119쪽.

465)『국회속기록』제12회 71호, 1952. 6. 5, 변진갑 의원 발언 ; 박원순, 앞의 글, 187쪽.

의 기술인 국방부정훈국 전사편찬위원회의 『한국전란1년지』(1951)의 일지편 1950년 6월 28일자에는 '비상시 법령 공포식(式) 특례에 관한 령(令)', '비상사태하범죄처벌특별조치령', '예금 등 지불 특별조치령' 공포의 기록이 나온다(B 12쪽). 그런데 문헌편의 법령관계 항목을 보면 대통령령(긴급명령 제1호) 비상사태하의 범죄처단에 관한 특별조치령이 나오고, 그것이 6월 25일에 공포된 것으로 명시되어있다(C 48쪽). 그러니까 6월 28일에 공포한 것을 3일 소급하여 25일에 공포한 것으로 거짓 처리한 것이다.

이것이 6월 28일에 공포되었다는 것은 다른 자료에서도 뒷받침된다. 유병진의 『재판관의 고민』에서는 "본령은 대전 천도시에 성안하여 공포 실시한 것으로 기억된다"라고 쓰여있고(90쪽), 당시 합동수사본부 심사실장직에 있었던 정희택은 6·25가 나고 대전으로 정부가 피난갔을 때 이것을 발포하였다고 증언하였다.[466] 또한 무초 주한미대사가 1950년 12월 20일에 미 국무장관에게 보낸 전문에도 이 대통령 특별조치령이 자세히 언급되었는데, 여기에서도 6월 28일에 만든 것으로 명시하였다.[467]

이처럼 명백히 6월 28일에 공포한 것을 6월 25일로 처리한 것은 명백히 의도가 있는 기만책에서 나온 것으로, 1960년 4·19를 생각나게 한다. 마산에서의 중고등학생·시민시위의 배후에 공산당이 있다는 혐의도 있다고 위협하였던 이승만과 이승만 정부는 4월 19일 학생들의 시위가 경무대 일대에서의 발포로 유혈사태로 가게 되자 실제로는 오후 3시에 내린 계엄을 오후 1시로 '소급'하여 선포하였다.[468] 소급입법은 있을 수 있지만, 그 시간에 그러한 일이 없었는데도 불구하고 있었던 것으로 한 것은 명백히 기만이다. 이와 같이 3시에 선포한 것을 1시로 소급하여 선포한 것은 오후 1시 40분경부터 경무대 앞에서 경관들이 총을 발사하여 삽시간에 시체가 나뒹굴었기 때문이었다. 제주도에서의 참혹한 유혈사태는 이른바 '계엄령 선포' 이후에 발생하였다. 그런데 이때의 계엄사령관이 1948년 11월 제주도에 계엄령이 선포되었을 때 9연대장으로 계엄사령관이었던 송요찬이었다는 것

---

466) 중앙일보사 편, 앞의 책 3, 43쪽.

467) 徐東九 역편, 『한반도 긴장과 미국』, 대한공론사, 1977, 608쪽.

468) 심재택, 「4월혁명의 전개과정」, 『4월혁명론』 1, 일월서각, 1983, 48~50쪽.

은 역사의 아이러니가 아닐까.469)

4) 국회의 인권옹호와 이승만 대통령의 거부권 행사

국회는 부역자들에 대한 비인간적 인권유린에 제동을 걸기 위하여 먼저 1950년 9월 17일 '부역행위특별처리법'과 '사형(私刑)금지법'을 제안하였다. 전자는 '비상사태하의 범죄처벌에 관한 특별조치령'에서 모호하게 되어있던 부역자의 범위를 제한하고 심사위원회를 두어 부역자를 함부로 처리하지 못하게 하기 위한 것이었고, 후자는 엄벌을 이유로 군인·경찰·청년방위대원·자위대원 등에 의하여 타인의 생명, 신체의 자유, 재산에 침해를 가할 우려가 있을 뿐만 아니라 실제로 그러한 사실이 있어 이를 방지하기 위해서였다.470) 후자는 9월 19일에, 전자는 9월 29일에 국회를 통과하였다.

그러나 정부는 이 두 법률에 대하여 모두 거부권을 행사하였다. 그런데 '사형금지법'을 거부한 이유로 이승만은 "사형을 금지한다고 새로 내논다고 하면 지금까지는 정부에서 사형을 금지 아니한 것을 인증(認證)하는 것이 되는 까닭"이라고 말하였던바,471) 수복을 전후하여 일어난 우익에 의한 학살 등 사형을 인정하지 않으려고 하고 있음을 보여주었다. 국회는 1950년 11월 13일 이 두 법을 재적 144명, 사형금지법 찬성 134명, 반대 1명, 부역행위특별처리법 찬성 128명, 반대 2명으로 다시 통과시켜 법률로서 확정지었다. 3분의 2 이상의 찬성으로 정부의 거부권 행사를 '거부'한 것은 제헌국회 제2회 국회 때 있고 처음이었다.472) 이 법은 12월 1일에 공포되었다. 그러나 정부는 이 법을 시행할 의지가 없었다. 1·4후퇴가 곧 뒤따랐기 때문이기도 하지만, 이 법이 공포되었는데도 군·검·경합동수사본부를 그대로 존치시켜 1951년 5월 24일 해체될 때까지 부역자 처벌을 담당케 하였다. 그리고 부역행위 특별처리법에 의하여 설치하게 되어있는 심사위원

---

469) 송요찬은 4·19 때 육군참모총장이었고, 5·16쿠데타가 나자 내각수반이 되었다.

470) 박원순, 앞의 글, 178쪽 ; 연정은, 앞의 글, 24~27쪽

471) 『국회속기록』 제8회 폐막식, 1950. 11. 26.

472) 연정은, 앞의 글, 26~27쪽.

회는 1950년 12월 25일 제5차 본회의에서 폐지되고, 이 법 자체도 1952년 3월 19일 국회에서 폐지되었다.473)

국회는 1950년 11월 23일 '비상사태하의 범죄처벌에 대한 특별조치령 중 개정법률안'을 심의하였다. 제3조의 사형을 4년 이상의 유기징역으로 개정하는 등 형량을 대폭 낮추고 재심을 청구할 수 있게 하였으며, 재판기일을 늘려서 특별히 극단적으로 되어있는 부분을 완화하였다. 이 법은 당일로 가결, 통과되었으나, 역시 이승만은 거부권을 행사하였다. 그러나 국회에서는 1951년 1월 18일 재적 124명, 가 115표, 부 1표로 원안대로 통과되어,474) 정부는 1월 30일에 공포하였다. 1952년 6월 5일 부산정치파동의 와중에서 국회는 '비상사태하의 범죄처벌에 대한 특별조치령 폐지법률안'을 제출하여 모든 독회를 생략하고 이를 통과시켰다. 그러나 정부는 6월 20일자로 이 폐지법률안과 이 법에 기인한 형사사건 임시조치법안을 국회에 환부하였다.475) 발췌개헌안이 표결되기 14일 전이었다.

전쟁에 대한 대비, 전쟁 이후 특별조치령이 나오기까지의 행태와 특별조치령의 성격, 국회가 결의한 대통령의 대국민 사과에 대한 이승만의 태도, 부역자에 대한 극단적 조치를 완화하려는 국회의 노력에 대한 이승만의 태도 등을 통하여 인명·인권경시를 포함한 이승만 정신구조의 특성을 살펴보고, 그러한 태도 등과 대학살의 연관성의 정도를 고찰하였는데, 그 뒤에 이어서 일어난 국민방위군사건, 거창양민학살사건 및 거창사건 재판 후 김종원 등 관련자들에 대한 조치 등도 이승만의 정신구조나 주민집단학살과의 연관성의 정도를 이해하는 데 한 가지 열쇠를 제공해준다.

5) 국민방위군 사건

중국군의 대공세에 직면하여 의용군의 경우처럼 청년들이 공산측의 징집에 끌려가는 것을 막기 위하여 이승만 대통령은 1950년 12월 15일 '국민방위군설치법안'을 국회에 상정하였고, 국회한테 재촉하여 다음날 이 법안

---

473) 박원순, 앞의 글, 183쪽.

474) 연정은, 앞의 글, 27~28쪽.

475) 『국회속기록』 제12회 71호, 1952. 6. 5 ; 83호, 1952. 6. 21.

이 통과되자 즉시 공포, 발효케 되었다. 정규군으로 편성하면 재정상의 부담이 아주 크고[476] 미국의 '인정'을 받는 문제도 있었기 때문에, 만 17세 이상 40세 이하의 장정을 예비군으로 편성하여 후송하고자 한 것이다. 국방부에서는 자원이라고 언명하였지만, 실제는 강제동원이었고,[477] 거리에서 잡아가기도 하였다.[478] 그리하여 12월 17일 서울에서 첫 남하부대를 편성한 것을 비롯하여 중부지방과 전남북의 수십만 장정들을 경상도지역에 설치한 51곳의 교육대로 이동시켰다. 그러나 예산편성도 없고 후송체계나 수용체계도 세우지 않고 남하를 강제하였기 때문에 혹한 속에서 동사자, 아사자, 동상부상자, 탈진상태 낙오자가 속출하여 국민방위군 대열은 '죽음의 대열' '해골의 대열'로 불리었다. 이 와중에서 5만 명 이상 또는 수만 명의 장정이 희생되었다.[479]

이와 같이 5만 명 또는 수만 명이 '죽음의 행진' 등으로 죽은 것으로 알려졌는데도, 불미한 일이 새나갈까봐 방위군 간부들은 걸핏하면 몽둥이질을 가하고 불평자들에 대해서는 "빨갱이와 내통하는 자"라고 뒤집어씌웠다. 그리고 1951년 1월 8일 김윤근(金潤根) 방위군사령관은 총궐기 성명을 내면서 "우리의 앞에 국민방위군 50만 명이 있고, 뒤에는 몇백만 장정 남녀가 있다. 그리고 먹을 식량이 있고, 산같이 쌓인 군기군물(軍器軍物)이 있다"라고 큰소리쳤고, 이승만은 "우리는 방위군과 청년단 수십만 명을 앞세우고 그 뒤로 우리 장년들이 자원으로 나서서 밀고 올라가서 죽창이나 수류탄, 심지어 식도라도 가지고서 우리를 죽이려고 들어오는 놈들을 다 없애야 될 것이다. 지금은 우리가 다 일어나서 인해전을 인해전으로 막아야 할 것이다"라고 맞장구쳤다. 그리고 이틀 뒤에는 김윤근을 대동하고 대구를 시찰하며 방위군을 격려하였다. 통치자와 방위군사령관은 제2국민병이

---

476) 『국회속기록』 제9회 5호, 1950. 12. 15, 국방부차관 장경근 답변.

477) 『국회속기록』 제9회 5호, 1950. 12. 15, 장경근 국방부차관, 윤길중 의원 발언.

478) 『국회속기록』 제10회 11호, 1951. 1. 20, 윤길중 의원 발언.

479) 국민방위군 참모장 박경구는 "방위군이 5만 명이나 죽었다고 하지만, 현지 입대로 행방불명(?)된 장정의 숫자도 포함되었기 때문에, 실제보다는 몇만 명이 많은 것 같다"고 증언하였다[부산일보사, 앞의 책 (상), 149쪽]. 수만 명이 죽은 것은 인정한 것이다.

야 죽건 말건 '공포'를 쏘아대고 있었고, 이 때문에 국민방위군의 참상을 직언하거나 호소할 수 없었다.[480]

그러나 국회에서는 국민방위군사건의 참상을 맹렬히 공박하였고, 곧이어 방위군 간부들이 예산을 엄청나게 횡령하여 일부를 친여정치세력에게 상납하는 등 유명한 방위군 부정사건이 드러나, 3월 중순부터 방위군을 귀향시키고, 국회특별위원회가 3월 31일부터 5월 7일까지 조사활동에 들어갔다. 정부에서는 이 사건의 미봉책으로 방위군 간부들을 재판에 회부하였으나(고등군법회의 재판장 이선근 국방부 정훈국장) 5월 초순에 경형을 선고하였을 뿐이었다. 그러나 이 사건은 거창사건과 맞물려 확대되어 국회에서 조사내용을 발표하고, 5월 9일에는 이시영 부통령이 '국민에게 고함'이라는 글을 발표한 후 사임서를 국회에 제출함으로써 더이상 미봉책으로 넘어갈 수가 없게 되었다. 신임 이기붕 국방부장관은 방위군 해체작업을 끝내고 새로 재판부를 구성하였던바, 7월에 김윤근, 윤익헌(尹益憲) 등 5명에게 사형이 선고되어 바로 집행되었다.

6) 거창양민학살 재판 이후 이승만 대통령의 행위

제11사단에 의한 산청, 함양, 남원, 순창 등지에서의 학살사건도 소문이 돌았지만, 거창학살사건은 거창 출신 신중목 의원, 헌병사령관 최경록 준장 등에게 알려졌고, 조병옥 내무부장관과[481] 서민호(徐珉濠) 의원,[482] 다른 국회의원들에게 알려져 문제가 되었다. 이렇게 되자 최덕신 사단장은 1951년 3월 12일 신성모 국방부장관에게 자체조사를 보고하였다. 국민방위군사건으로 궁지에 몰렸던 신성모는 사건 은폐에 초점을 맞춰 처리하고자 하였던바, 3월 30일 국회에서 "신원면 희생자는 187명으로 공비들에게 협력하였기 때문에 처형하였다"라고 보고하였다. 조병옥 내무부장관과 김준연 법무부장관의 보고는 이와 달랐다. 이날 국무총리와 관계 장관들을 불러 진상을 따진 국회는 국회와 내무·법무·국방의 합동조사단을 구성하

---

480) 위의 책, 168~169쪽.

481) 조병옥, 「나의 민권투쟁」, 『해방 20년』, 世文社, 1965, 534쪽.

482) 서민호, 「거창양민학살사건의 전모」, 『신동아』 1970. 6, 201~202쪽.

여 현지조사키로 결의하였다.

그러나 계엄사령부 민사부장이자 헌병부사령관인 김종원 대령이 매복시켜놓은 '공비'가 출현하여, 국회는 거창경찰서로 되돌아와 그곳에서 증언을 들었지만, 이미 말을 맞추어놓았기 때문에 똑같은 증언만 들었다.[483] 장면 국무총리와 조병옥은 이승만에게 이 사건의 신속한 조사와 처리를 건의하였지만, 이승만은 "당신네들은 신성모가 물러가도록 바라고 있으나 그렇게는 되지 못할 것"이라고 힐난하였다. 4월 23일 이승만은 "거창사건으로 인하여 내무·법무·국방 3장관들은 서로 협력을 하지 않은 까닭에 대한민국의 체면이 국제적으로 손상되었소"라고 말하며, 3장관의 사임을 지시하였다.[484] 다음날인 4월 24일 이승만은 공보처를 통하여 담화를 발표하도록 하였다. 이철원(李哲源) 공보처장이 발표한 담화는 다음과 같다.

> 거창사건의 희생자는 대부분이 통비자였고.…… 아(我) 군경이 불리한 상태로 포위당하였을 때에는 공비들과 함께 죽창을 들고 군경에 반항한 사실이 있다. 군은 마땅히 이러한 자로 규정하고 체포하여 군법회의에 회부함으로써 남자 187명을 고등군법회의의 판결에 의거하여 사형을 집행했다. 공비와 교전 간에 있어 혹은 유탄에 의해 희생된 약간의 부락인들이 있음을 계기로 항간(일부 신문)에 560명의 양민을 학살했다는 소문은 사실과 상반된다.[485]

그러나 국회와 국민의 여론이 비등해짐에 따라 이승만 정부도 더이상 국민을 기만할 수 없게 되어, 7월에 제11사단 9연대장 오익경 대령, 대대장 한동석 소령, 이종대 소위에 대한 재판이 열렸다. 정작 사단장 최덕신에게는 책임을 묻지 않기로 하였고, 김종원은 공비조작문제로 추가 기소되었다.

이승만이 국민방위군사건과 거창양민학살사건에 대하여 보인 태도보다

---

483) 金載亭, 「거창사건」, 『해방 20년』, 389쪽.
484) 조병옥, 앞의 글, 535쪽.
485) 부산일보사, 앞의 책(상), 110~111쪽.

더 충격적인 것은 재판 후의 처리였다. 이미 이승만 정권은 김구 살해범 안두회에 대하여 특별한 배려를 베푼 바 있는데,[486] 그 점은 신성모와 채병덕, 최덕신, 김종원 등에게도 마찬가지였다. 채병덕은 군 부정사건으로 물러났는데도 전쟁 발발 전 총참모장으로 다시 기용하였고, 최덕신은 거창양민학살사건 이후 계속 이승만의 측근에 있었음은 앞에서 언급한 바 있다. 신성모는 4월 25일 김준연과 조병옥이 장관 사직서를 냈는데도 미적거리며 자신의 구명 연판장을 돌리게 하였다. 3군총사령관을 비롯하여 각 일선 사단장급들이 신성모의 국방부장관 유임을 진정하였고, 신성모는 군 지휘관회의를 주재하였다. 이승만은 계속 그를 두둔하다 여론이 비등하자 할 수 없이 사임시켰으나, 요직인 주일대표부 대표로 임명하여 또다시 강력한 여론의 비판을 받았다.[487]

1951년 12월 15일 대구고등군법회의에서는 거창양민학살사건에 대한 구형이 있었고, 다음날인 16일 오익경 무기, 한동석 징역 10년, 이종대 무죄, 김종원 징역 3년의 판결이 있었다. 그러나 김종원은 이듬해인 1952년 3월 대통령 '특별명령'으로 석방되었고,[488] 오익경은 1952년 9월 병보석으로 석

---

486) 안두회는 범행 48일 만에 2계급 특진하였고, 종신형 선고로 장교직이 박탈되었으나, 전쟁이 나자마자 풀려나 1950년 7월 10일 육군 소위로 복직되었다. 그는 그 뒤 중령 또는 대령으로 예편되어 자신의 사건 재판장이었던 원용덕 헌병총사령관 밑에서 문관이 되었고, 군납공장을 차리는 등 유력한 실업가가 되었다(서중석, 앞의 책 2, 254~256쪽).

487) 부산일보사, 앞의 책(상), 111~114쪽.

488) 김종원의 석방에 대해서는 다음과 같은 에피소드가 있다. 당시 육군참모총장이었던 李鍾贊의 증언에 의하면, 이승만이 이기붕 국방부장관에게 김종원의 석방을 명령하였으나 이기붕이 이 명령을 듣지 않고 만류하다가 민국당의 사주를 받았다는 오해를 이대통령에게 받았고, 곧 사표를 냈다고 한다. 이종찬은 이기붕의 사표 얘기를 들은 지 얼마 후 대통령 비서실에서 오라는 전갈이 와 대통령 관저에 들어갔더니 비서 한 명이 이대통령이 김종원의 석방에 즈음하여 발표하려고 친히 쓴 성명문 초안을 보여주었다 내용인즉 김종원을 이순신 장군에 비유하여 오직 애국충정뿐인 그가 간신배들의 모함에 빠져 고초를 치르고 있다는 것이었다. 깜짝 놀라 이종찬은 대통령을 만나 자신이 석방하겠다고 말하고, 병보석으로 석방하였다(동아일보사 편저, 『제1공화국』 2, 弘宇출판사, 1975, 376~377쪽). 이승만은 신성모와 김종원을 각별히 두둔하였다. 이승만은 신당(자유당)을 만들 때 신성모에게 당을 맡길 생각도 하였다(부산일보사, 위의 책, 266~267쪽).

방되었으며, 한동석 또한 1952년 10월 8일 특사로 풀려났다. 뿐만 아니라, 김종원은 곧 복권되어 발췌개헌 직후인 1952년 7월에 전북경찰국장에 임명되었다. 그 뒤에도 그는 서남지구전투사령관, 경남경찰국장, 경북경찰국장, 전남경찰국장을 역임하며 선거부정사건 등을 일으켜 화제가 되었는데,[489] 1956년 5·15정부통령 참패 후 치안국장에 임명되어 장면 부통령 저격사건 배후로 법정구속될 때까지 경찰의 총수였다. 오익경은 1953년 8월 대통령의 명에 의하여 형면제처분을 받고, 그해 12월에 현역에 복직하였다가 1956년 11월 예편하여, 1960년 5월 현재 대한중공업 업무과장이었다. 한동석은 1955년 9월 중령에 진급하여 1960년 5월 육군 HID 중령이었고,[490] 5·16쿠데타 후에는 강릉·원주시장을 거쳐 보사부 서기관이 되었다.[491] 김종원은 여순사건 때 학살자로 악명이 있었고, 그 뒤 보도연맹원 학살 등 여러 학살을 지휘하였으며, 거창양민학살사건 진상조사를 방해하여 법정에 선 자였다. 오익경, 한동석은 거창 외에도 여러 곳의 주민집단학살에 관계된 인물인데, 그들에 대하여 관대한 형량을 내리고, 나아가서 그것조차도 바로 특사로 석방, 복권시켜 군의 직책을 맡게 하였고, 김종원에게는 태극무공훈장을 수여하고 경찰총수라는 요직에 앉혔으니, 그간의 행위를 표창하고 장려한 것으로 볼 수밖에 없지 않을까. 그래서 또 윗분의 비위를 맞추기 위하여 취임(8월 15일)한 지 한 달밖에 안된 9월 28일에 장면 부통령을 암살하려던 저격사건이 일어난 것은 아닌가. 참으로 전율할 만한 일이 아닐 수 없다.

7) 인권유린, 인명경시의 정신상태

부산정치파동이 말해주듯 이승만은 권력을 장악하기 위해서는 수단과 방법을 가리지 않았다. 앞에서 테러와 학살의 관계를 살펴보았지만, 미군정시기건 1950년대건, 이승만은 테러를 정치활동의 한 수단으로 인정하였

---

489) 백광하 편, 앞의 책 3(1955. 10. 28), 235쪽 ; (1955. 11. 3), 245쪽 ; 최석채, 앞의 책, 78쪽.

490) 『동아일보』 1960. 5. 17.

491) 부산매일, 앞의 책 상, 46쪽.

다. 그는 미군정 관계자에게 테러리스트의 좌익공격을 금지할 수도 없고, 금지하는 것을 원하지도 않는다고 말하여[492] 테러단체를 옹호하였다. 테러를 광의로 해석하면, 이승만의 통치는 상당부분 테러에 의한 통치였다고 말할 수도 있는데, 김규식과 함께 좌우합작운동을 벌였던 강원룡 목사는 그 점에 대하여 이렇게 말하였다.

국회를 3분의 2 장악해도 소용이 없습니다. 그같은 얘기는 당시의 이승만의 권력구조를 모르는 사람들이 하는 얘기입니다. 당시 수단과 방법을 가리지 않고 행사할 수 있었던 힘의 조직을 군정의 경찰을 통하여 가지고 있었고 또 미군정이 믿었어요. 그 당시 경찰력 또는 깡패를 동원시키는 등의 힘이 어느 쪽에 있었어요.[493]

수단과 방법을 가리지 않는 점은 여순사건 때 정부의 태도에서도 나타났다. 여순반란사건 같은 사건이 났으면, 민심을 수습하는 데 노력하여야 할 터인데, 이승만 정권은 오히려 사건을 과장하고 확대하여 공포분위기를 조성하는 데 힘을 쏟았다. 내무부장관 윤치영은 국회에서 반란자들이 국회의원 등 각계 인사 약 8만 명을 사형선고자로 올려놓았으며, 강화에 3천 명의 반란군이 침입하였다고 허위보고하였다.[494] 반란이 일어난 이틀 뒤였기 때문에 진상을 알기가 어려웠던 1948년 10월 21일, 국무총리 이범석은 오동기(吳東起)를 검거하던 중 14연대의 1개 대대가—실제는 14연대의 대부분이었다—반란을 일으켰다고 주장하였고, 김태선 시경국장은 최능진, 오동기 등이 정부를 전복하고 숭배하는 정객을 옹립하려고 쿠데타를 일으키려 하였던바, 그 직전에 이들을 체포하였는데, 이들의 말단세포들이 반란을 일으킨 것이라고 터무니없는 발표를 하였다. 최능진 등이 숭배하는 정객이란 김구였다.

이승만 정권은 여순사건을 정적의 탄압수단으로 이용하고 있었다.[495] 이

---

492) 『G-2보고』 4, 1947. 9. 2, 571쪽.

493) 曺圭河 등, 『남북의 대화』, 한얼문고, 1972, 363~364쪽.

494) 『국회속기록』 제1회 90호, 1948. 10. 28.

점과 관련하여 서북청년회원으로 김구 암살 행동대원이었던 홍종만이 한
독당에 입당한 시기가 1948년 11월이라는 것은 시사해주는 바가 있다.[496]
김구 암살범 안두희에 대한 특별한 대우나 김성주 고문살해사건 등 이승
만 정권하에서 일어난 숱한 의혹사건은 이러한 것들의 연속선상에서 저질
러진 수단과 방법을 가리지 않는 예의 하나였다.

수단과 방법을 가리지 않는 사람들은 그와 같은 인물들을 중용하게 마
련이다. 김종원이나 원용덕도 그러하였지만, 만주 관동군의 헌병보조원으
로 들어가 오장(伍長)으로 진급하며 독립운동자들을 괴롭혔고, 김구 암살사
건에 개입한 김창룡이 특무대장이 되어 안하무인의 권력을 휘두르고 의문
의 사건조작을 한 것도 그러하다.[497] 수단과 방법을 가리지 않고 행동하는
것은 김종원, 원용덕, 김창룡의 예가 잘 말해주듯, 윤리관·가치관이 전도
되었거나 왜곡되어있고 생존본능이 뛰어난 친일파가 특히 심하였다. 1946
년 '10월사태'를 수습하기 위하여 열린 조미(朝美)공동소요대책위원회에서
경위 이상의 간부 82%가 일경 출신이라고 보고하면서 경찰책임자 마글린
대령은 "그들이 일본인을 위해서 업무를 수행하였다면 우리를 위해서도
그럴 수 있으리라고 생각합니다"라고 증언하였는데,[498] 오랫동안 미국에
살았기 때문에 국내기반이 미약하였던 이승만이 친일파, 특히 친일경찰을
자신의 중요한 정치기반으로 삼은 것도 같은 이유에서였다.

일제에 27년간 복무하여 경시에까지 올랐고, 1948년 1월에는 고문치사사
건을 일으켜 재판을 받았으며, 반민법이 만들어질 때부터 최난수 등과 모
의하여 테러리스트 백민태를 고용하여 국회의원들을 살해하려는 음모를
꾸몄던 수도경찰청 수사과장 노덕술 총경이 1949년 1월 24일 반민특위에
체포되자, 이승만은 1월 27일 반민족행위특별조사위원들을 불러 노덕술의
석방을 요구하고, 이어서 반민법과 반민특위를 부정하는 담화를 내어 국회

---

495) 서중석, 앞의 책 2, 169~172쪽.

496) 위의 책, 237쪽.

497) 자세한 것은 김교식, 「실록 김창룡」, 『월간조선』 1982. 10, 258~277쪽 ; 『명인
옥중기』(허태영 편), 274~283쪽 참조.

498) 게인, 앞의 책, 15, 68쪽.

와 첨예하게 대립하였다.499) 급기야 6월 6일에는 고문왕으로 부패사건에 연루된 바 있던 친일경찰 이구범 중부서장이 이끄는 경찰이 반민특위를 습격함으로써 반민족행위자 처벌이 유야무야되었다. 민족도 국가도 안중에 없이 반공만 내세웠던 악질 친일파 숙청이 유야무야됨으로써 민족의 정기, 국가의 기강은 허물어졌고, 민주주의는 위태롭게 되었으며, 분단고착화는 한층 강화되었고, 부패와 권력남용은 혹심해졌다.

이승만의 친일파 중용은 사사오입개헌이 있었던 1954년을 고비로 하여 심화되었다는 점에 유의할 필요가 있다. 그는 1954년 5·20총선에 부쳐 일제 때 무슨 악행을 저질렀건 "지금 와서는 그 일을 탕척(蕩滌)받을 만한 일과 사실이" 있으면 그는 애국자라는 요지의 담화를 발표하였다.500) 이해에 정부각료뿐만 아니라 자유당에도 친일파가 대거 간부로 등용되었고, 이들에 의하여 이승만 정권 후기통치가 이루어지면서 3·15부정선거가 자행되었다. 『한국과 이승만』의 저자 알렌은 이승만이 정권유지 수단으로서 계획적으로 경찰을 악용한 행위는 일제 통치의 가장 악랄한 요소를 한국에 항구화시키는 결과를 가져왔다고 지적하였다.501) 이러한 이승만의 통치방식은 사회규범과 가치관을 왜곡시키고 인명을 경시하고 인권을 유린시키는 행태를 체질화시켰다.

이승만이 총애한 김창룡 등도 그러하였지만, 이승만은 자신의 반대파를 빨갱이로 몰기도 하였다. 이승만은 때로는 프랭클린 루즈벨트에게도 하지에게도 '공산당의 보호자' '공산당과의 합작자'라는 레테르를 붙였다.502) 그는 국회에서 민족적 양심이 있는 자를 때로는 공산당 앞잡이로 몰 수 있느냐는 한 의원의 비난에 친일파 타도를 얘기하여 공산당과 합의해서 나간다면 그 결과를 아느냐고 응수하였다.503) 이승만은 24파동 이후 민주당의

---

499) 서중석, 앞의 책 2, 130~134쪽.

500) 『동아일보』 1954. 4. 8.

501) 알렌, 『한국과 이승만』, 윤대균 역, 합동통신사, 1961, 266쪽.

502) 양우정 편저, 『이승만대통령 독립노선의 승리』, 독립정신보급회, 1948, 125, 159쪽.

503) 『국회속기록』 제1회 97호, 1948. 11. 6.

반대가 거세어지자 국무회의에서 "내가 글을 지어서 내면 민주당을 공산당으로 만들지도 모른다"고 말하였다. 자신한테 반대하는 자에 대한 편견이 입에 붙었기 때문이었다. 그런데 그것은 이미 전쟁 전에 하나의 사회풍조처럼 되어 반공체제 굳히기에 일역을 담당하였다. 한 신문은 사설에서, 요구해서 들어주지 않으면 빨갱이, 사감(私憾)이 있으면 빨갱이, 같이 사업하다 이익을 독점하기 위하여 다른 쪽을 빨갱이, 정치노선이 달라도 빨갱이라고 몰아대어 사람들이 언제 어떤 모략에 걸릴지 안심하고 지내기 힘든 세상이 되었다고 개탄하였다.504) 전쟁 이전에 이미 인권과 인명이 어떠한 상태에 있었는지 실감하게 하는 개탄이었다.

불법·무법의 정신상태가 극단적으로 표출되면 때로는 주민집단학살도 발생할 수가 있다. 김병로는 1959년 정초에 옛날 군주와도 달리 이승만은 법에 대한 관념이 결여된 사람이라고 지적하였는데,505) 그러한 무법·불법은 극우반공체제에서 쉽게 볼 수 있는 현상이었다. 부산정치파동에서 이승만은 관제 민의를 동원하여 의사당 주변을 무법천지로 만들었다. 그리고 국회를 더 압박하기 위하여 부산에 계엄령을 선포하려고 군대를 보낼 것을 지시하였으나 이종찬 육군참모총장이 이를 거부하자 "자네는 나라에 반역하고 나에게 반역할 생각인가"라고 호통을 치고,506) 원용덕을 계엄사령관으로 임명하였다. 그 뒤의 사태에 대하여 김성수는 부통령 사임서에서 국회의원을 국제공산당으로 체포, 구금하는 등 "국헌을 전복하고 주권을 찬탈하는 반란적 쿠데타"에 다름없는 짓을 하였다고 비난하였다.507) 이승만은 김구 살해범 안두희 사건의 재판장이었던 원용덕을 직제에도 없는 헌병총사령관에 임명하였는데,508) 사사오입개헌 직후 빨갱이로 모함하기

---

504) 『조선일보』 1950. 4. 1, 사설 「모략과 중상을 버리자」.

505) 동아일보사 편저, 앞의 책 3, 146쪽.

506) 위의 책, 107쪽.

507) 김운태, 『해방 30년사』 2(제1공화국), 成文閣, 1976, 88쪽.

508) 『한국일보』 1955. 4. 2, 사설 「소위 불온문서사건과 헌병총사령부의 법적 성격」. 헌병총사령부를 창설하겠다는 이대통령의 각서를 받은 孫元一 국방부장관은 각군 참모총장을 불러 자신은 옥상옥이기 때문에 찬성하지 않는다고 말하였다. 헌병총사령부는 형식상 국방부 관할이었으나, 사실상 이대통령의 직접 명령에

위하여 불온문서를 야당성이 강한 국회의원 집에 투입한 이른바 올가미사건이 북괴공작대원에 의하여 일어났다고 정부에서 주장하다가 조사 끝에 헌병사령부에서 한 짓으로 탄로나고, 그럼으로써 사건이 확대되어 헌병사령부 관계자가 구속되자, 이승만은 "헌총(憲總)은 이런 것을 아는 것이 직책이다. 헌총이 시켜서 알려진 뒤에는 그 갇힌 사람들을 내놓아야 한다"는 담화를 발표하였다.509) 헌병총사령부는 이미 김성주 고문살인사건을 일으켜 주목받은 바 있었다. 법치주의 의식이 미약하였던 것은 이승만뿐만이 아니었다. 군, 경찰, 관공리, 자유당원, 일반인 등 주민집단학살을 양심의 가책 없이 자행하였거나, 그 당시건 그 이후건 그것을 당연시한 사람들에게도 해당된다고 볼 수 있다.

8) 추종자 아니면 적

이승만의 권력은 영도자와 추종자로 이루어졌다.510) 영도자로서 이승만은 독선적 태도와 비타협적 완고성을 생리적으로 지니고 있었기 때문에, 그가 선택한 사람들은 비굴한 노예적 아첨으로 그의 지위를 유지하고자 하였다.511) 무초는 이승만이 게릴라작전과 같은 생활을 매우 오랫동안 하면서 늙은 사람이어서 어느 누구도 신뢰하지 않았고, 자신을 신뢰하였는지조차 의심스러운 사람이어서 철저하고 완고한 독재자가 되었다고 평하였는데,512) 이러한 불안정한(ambivalence) 정신상태에서 주조된 영도자와 추종자의 관계에 대하여 특별히 주목할 필요가 있다. 왜냐하면 그러한 정신상태에서는 영도자한테 추종하지 않으면 제거되어야 할 적의 관계, 곧 추종

따라 움직인 특수부대인 셈이었다(백선엽, 『군과 나』, 대륙연구소 출판부, 1989, 275쪽).

509) 「올가미문서」, 『해방 20년』, 444~445쪽 ;『대통령이승만박사담화집』 2, 124~ 125쪽.

510) 파시즘과 관련하여 유일영도자론이 이승만 정권에서 어떻게 나타났는가에 대해서는 서중석, 「이승만정권 초기의 일민주의와 파시즘」, 『1950년대 남북한의 선택과 굴절』, 역사비평사, 1998, 31~40쪽 참조.

511) 알렌, 앞의 책, 260~263쪽.

512) 「무초 대사가 털어놓은 건국비화」, 317쪽.

자 아니면 적이라는 관계가 생겨날 수 있기 때문이다. 이러한 상태에서는 예스맨이나 사도매저키스트들만 안주할 수 있다. 반공주의와 함께 이승만 권력에 따라다녔던 "뭉치면 살고 흩어지면 죽는다"는 구호도 부분적으로는 그러한 관계를 말해준다고 하겠다.513)

이승만의 반공주의, 냉전이데올로기의 특징인 흑백논리에 따른 이분법적 세계관이나 철저하게 비타협적인 반(反)공존의 논리는 위와 같은 성격을 지닌 영도자와 추종자, 추종자 아니면 적이라는 논리와 상호관계가 있다. 그것은 권력을 위해서는 수단과 방법을 가리지 않는 태도, 반대파를 적으로 보는 정신구조, 법치주의의 결여와 연결되어있다. 그리고 이러한 것들이 때로는 비인간적 반문명적 행위를 조성할 수 있었던 것이다. 야당 국회의원들에게 불온유인물을 투입한 실무책임자인 헌병총사령부 김진호 중령은 국회조사단 앞에서 이박사 노선은 행정부에서 실시하는 것이고, 그것을 반대하는 사람은 반정부분자라고 본다고 피력하고, "정부를 반대하는 자는 없어야 된다고 믿습니다"라고 당당히 말하였다.514) 원용덕과 김진호가 조봉암 후보 선거사무차장이었던 김성주를 이승만을 '배반'하였다고 고문하여 죽인 것에 대하여 이들은 얼마만큼 죄의식을 느꼈을까.

3. 미국과 주민집단학살

1) 미군정의 친일파 보호·육성과 테러 방조

제주도 주민집단학살과 한국전쟁기의 주민집단학살에 대한 미국과 이승만 정부의 책임 중 어느 것이 더 중요시되어야 할 것인가는 관점에 따라 다를 것이다.

주민집단학살이 일어날 수 있는 소인은 미군정에 의하여 마련되었다. 주한미군은 친일파를 적극 등용하였다. 미군정에서 친일파는 일본인들이 물러갔기 때문에 더 높은 지위를 차지하였다. 앞에서 주민집단학살에 일부

---

513) 李丙允, 「정신의학자가 본 이승만 박사」, 『신동아』 1965. 9, 209~210쪽 참조.

514) 『국회속기록』 제20회 5호, 1955. 3. 4, 柳珍山 의원 발언.

친일파 군장교와 경찰이 책임이 있음을 보았지만, 특히 미군은 일제에 몸담았던 '황군' 출신을 장교로 우대하고 훈련시켰으며, 그 점은 친일경찰의 경우도 마찬가지였다. 미군정에서는 경찰통치의 효율성을 제고하기 위하여 일제보다도 더 경찰기구를 중앙집권화하여 경찰통치의 기반을 닦았다. 1945년 11월 일제강점기 도지사의 권한하에 있던 도경찰부를 독립시키고 경찰행정권을 분리시켜 중앙에 예속케 하였다. 그 뒤 50년 이상 경찰은 가장 철저히 중앙집권화가 되어있는 기구의 하나로 기능하였다. 미군정은 경찰에게 경비대보다도 성능이 좋은 무기를 지급하였다. 경찰은 자동차를 가졌으며 전화와 라디오망을 정비하였다.515) 미군정은 이러한 친일경찰을 이용하여 미군정에 비판적이거나 미군정과 대립적인 관계에 있는 여러 단체 또는 정치세력을 억압하였다. 그리고 극우적 정치세력은 이들의 지원을 받아 세력을 확장하였다. 이승만의 경찰통치는 이러한 미군정의 경찰에 의한 강권·억압통치를 그 인원과 함께 그대로 상속받은 것이었다. 커밍스가 이승만의 억압통치는 한·미 공동작품이었다고 말한 것은516) 적절한 평이었다.

미군정에서는 한국인들의 친일경찰에 대한 원성이 높다는 것을 잘 알고 있었다. 수많은 소요의 가장 큰 원인도 친일경찰의 억압과 횡포에 있다는 것을 알고 있었다. 1946년 10월항쟁(또는 10월소요)이 발발하자 이에 대한 원인을 조사하고 대책을 마련하기 위하여 미군과 좌우합작위원회로 구성된 조미공동소요대책위원회(의장 : 브라운 소장, 김규식·여운형 좌우합작위원회 의장)에서는 하지 장군에게 보낸 보고서에서, 친일경찰에 대한 광범위한 적대감이 존재하고 있고, 우익'청년단체'의 협조를 얻어 경찰은 권력을 남용하여 고문 등 일본경찰의 관습을 따르고 있다고 지적하고, 다음과 같은 권고사항을 채택하였다.

a) 가능한 한 빨리 한국인 경찰의 능률수준을 높이기 위해 일제시대

---

515) 헨더슨, 『조선의 정치사회』(원제 Korea : The Politics of the Vortex), 鈴木沙雄 등 역, 日本 東京 : 사이마루출판회, 1973, 150쪽.
516) 커밍스, 앞의 책 2, 189쪽.

경감 이상으로 복무했거나 그 행위가 경찰제도 안에 확립된 민주주의 원칙에 어긋나는 경찰들을 점차적으로 제거할 것, b) 권한남용, 야만행위, 정치적 파당행위와 박해, 그리고 잔학행위와 고문을 방지하기 위해 명확하고도 분명한 지시를 반복적으로 내릴 것이며, 이러한 조치들이 실시될 뿐만 아니라, 뇌물과 부패를 방지하기 위해 현재의 감사방식을 강화할 것, c) 한국인 경무부장에게 지시하여 경찰력을 통제해서 정치적인 목적에 사용되지 않게 하고, 그리고 경찰관 개인이 어떤 정치집단을 반대하거나 또는 지지하기 위한 정치적인 목적에서 그들의 직위를 이용하지 말도록 할 것……517)

적어도 위의 3개 권고사항만 실시하였어도 제주도사태는 아예 일어나지 않았을 가능성이 있고, 제주도 집단학살과 한국전쟁에서의 집단학살도 규모나 형태가 달랐을 것이다. 그러나 미군정은 군·경이 포함된 친일파를 부분적으로라도 제거할 의사가 전혀 없었다. 심지어 남조선과도입법의원에서 중도파 민족주의자들이 민족반역자·부일협력자·간상배에 대한 특별법을 한민당·이승만측의 반대를 무릅쓰고 4개월 만에 간신히 통과시켰을 때, 군정장관 딘 소장은 이것을 공포하기를 거부하였다. 김규식 등 입법의원 의장단이 입법의원의 해산도 불사하겠다고 강경하게 나오자, 미군정측은 1947년 12월 9일 이를 재고하겠다고 회유책을 썼지만, 끝내 이 법은 공포되지 않았다. 딘 소장은 친일파 임명에 물의가 일어나자 "일제시대 일본인과 접촉 없이 살아온 사람은 극소수일 것이다. 군정이 오래 계속될 것은 아니고 군정이 물러가면 그때에 복수하든지 마음대로 처결하면 좋을 것이 아닌가?"라고 태연히 말하였다.518)

미군이 친일파를 활용한 데는 조선총독부 관리들과 조선군사령부 군인들의 견해와 조언도 작용하였다.519) 그리고 그렇게 된 이유의 하나는 주한

---

517) 심지연, 『대구10월항쟁연구』, 청계연구소, 1991, 부록 419~423쪽.

518) 『경향신문』 1947. 11. 14.

519) 예컨대 하지 사령부에서는 오키나와에서 조선군사령부 上月良夫 중장과 간신히 연락이 됐는데, 그는 무전으로 "이곳에는 평화와 질서를 교란하여 이 상황을 이용하려고 음모를 꾸미는 한국인들 가운데 공산주의자들과 독립선동가들이 있

미군 간부들의 극우적 반공주의에 있었다. 주한미군사령부에서는 자기들을 비판하거나 반대하는 활동이나 행위는 소련이나 북에서 사주하였기 때문에 일어난 것으로 주장하려는 경향이 있었다. 하지는 1945년 11월과 12월 여러 번에 걸쳐 남에서의 급진적 요소는 대부분 소련인들이 부추긴 것이며, 혼란을 일으키기 위한 공산주의자들의 활동은 소련과 일본인들에 의해 지원받고 있는 것으로 믿고 있다고 맥아더 사령부에 말하였다.[520] 1946년 10월에 일어난 10월항쟁에 대해서도 24군사령부 감찰참모실에서 작성한 「한국 대구에서 발생한 소요사태에 관한 조사보고서」에도 그렇게 쓰여 있지 않은데, 브라운 소장은 소요원인의 하나로 북의 에이전트에 의한 소요의 신중한 계획과 집행을 들었다.[521]

여운형에 대한 미군의 시각은 그들의 반공주의가 얼마나 위험한 결과를 가져올 수 있는지를 보여주는 한 예가 될 것이다. 1946년 2월 하지가 자신의 자문기관으로 민주의원을 만들 때, 이 기구가 한국인을 대표한다는 인상을 주기 위하여 여운형을 끌어들이려고 무척 노력하였다. 그러나 끝에 가서 여운형이 불참하자 맥아더 대장은 그 이유를 미국무장관에게 설명하면서 여운형을 다음과 같이 매도하였다. 그것은 맥아더와 이승만의 유사성을 상징적으로 보여준다.

여운형은 공개적으로 자기 신분을 공산주의자라고 밝혔으며, 미군 및 군정을 비난하기 위한 공작방법에 관하여 긴 연설을 하기도 하였습니다. 비록 오래 전부터 추측해온 것이지만, 이번 일로 여운형은 음흉한 공산주의자로서의 진면목을 최초로 드러낸 셈입니다.[522]

그러나 1946년 5, 6월에 미국의 대한정책이 좌우합작 지원으로 바뀌자 여운형은 미국인한테 다시 필요한 인물로 부각되었다.

습니다"라고 말하였다(*HUSAFIK*, 72쪽).

520) *HUSAFIK* 2, 28~30쪽.

521) *HUSAFIK* 3, 365쪽. 이와 함께 심지연, 앞의 책, 부록 125~418쪽 참조.

522) 미 국무성 비밀외교문서, 『해방 3년과 미국』 1, 김국태 역, 돌베개, 1984, 228~231쪽.

앞에서 우리는 '테러에의 익숙함'이 주민집단학살과 얼마나 상관관계가 깊은가를 살펴보았는데, 미군은 테러를 방조하였고 실질적으로는 조장하였다. 미군정과 주한미군은 테러가 빈발하는 것에 개탄하였고, 24군단의 『G-2 보고』등 여러 문서에서 테러에 대하여 상세히 기록하였지만, 미국의 법치주의와 명백히 모순되게도 테러를 막기 위한 노력은 거의 하지 않았다. 오히려 테러에 관한 미군의 태도를 보면, 미군은 한국인에 대한 편견이 크게 작용한 것이겠지만, 테러를 용인하고 조장한 것으로 볼 수밖에 없다. 대개 미군정이 좌익에 대하여 탄압을 가하고 있을 때 테러가 많이 일어나는 것을 결코 우연이라고 볼 수는 없을 것이다. 『G-2 보고』에 따르면, 테러는 앞에서 언급한 바와 같이 특히 1947년 7월 하반기에서 9월 전반기까지 심하였다. 여운형이 암살된 7월 19일을 전후한 시기는 미소공동위원회가 공전되어 미·소 합의에 의한 임시정부 수립이 불가능하게 되어 분단이 확실시되었지만, 아직 미국이 그 다음 수순을 밟고 있지는 않았다. 7월 27일 남로당에서는 '공위 경축 민주임정 수립촉진 인민대회'를 전국 각지에서 열었는데, 8월에 미군정에서는 좌익 간부에 대하여 대대적으로 체포하였다. 미군정이 설치된 이후 가장 큰 규모의 좌익탄압이었다. 그런데 1947년 9월 중순 미국이 한국문제를 유엔에 이관한 후 테러는 많이 줄었다.523)

미군정에서는 미군정청 관리나 검찰, 경찰이 테러에 관련이 많은 청년·학생단체를 지원하고, 테러를 방조하기도 한다는 것을 잘 알고 있었다. 이들 청년·학생단체는 미군정청의 구호물자와 배급품 지원을 받았다.524) 특히 조병옥 경무부장과 장택상 수도경찰청장은 테러를 조장하고 있다는 비난을 많이 받았다. 1946년 12월에 경무부 수사국장 최능진은 조병옥 등이 부정 경찰관의 도량을 조장하였다고 주장하고, 조병옥 이하 부정 경찰관을 퇴진시킬 것을 요구하다가 쫓겨났는데, 조미공동소요대책위원회에서는 친일파 경찰문제를 처결하기 위해서는 조병옥과 장택상이 사임해야 한다고

---

523) 서중석, 앞의 책, 557~561쪽 참조.
524) 위의 책, 333~334쪽.

강력히 주장하였다.[525] 조·장 두 사람의 퇴진문제는 1947년 5월에도 제기되었다. 1947년 5월 초 김규식, 여운형, 안재홍 등은 조병옥, 장택상의 해임과 경찰권 남용을 줄이기 위한 극적 조처, 관공리 비리의 철저한 조사 등을 요구하였다. 김규식과 안재홍은 경찰이 정화되지 않았고, 특히 조·장이 제거되지 않았다는 이유로 각각 입법의원 의장직과 민정장관직 사표를 냈지만,[526] 조·장 두 사람은 미군정 기간 내내 절대적인 신임을 받았다. 조병옥의 강경책은 제주도사태를 악화시키는 데 큰 몫을 하였다.

지금까지 살펴본 것에서 시사받을 수 있는 바대로, 대규모 학살이 일어날 수 있는 여건이나 풍토는 대체로 미군정시기에 마련되었고, 그것은 제주도에서 확인될 수 있다.

2) 고립무원의 섬이기 때문에 일어난 집단학살

메릴은 제주도에서 극심한 유혈사태가 발생한 가장 중요한 이유로 육지에서 멀리 떨어져 있는 지리적 조건을 들었다. 그것이 군과 경찰로 하여금 여론을 두려워하지 않고 학살을 자행케 한 것으로 파악한 것이다. 이러한 메릴의 지적은 미국·미군정한테도 그대로 적용된다. 그러한 지리적 성격을 잘 알고 있었기 때문에 미국·미군정은 초토화작전을 지시하였고, 주민집단학살을 용인, 방조하였다.

4·3항쟁은 미군정에 반대하여 일어난 사건이었다. 대학살이 자행된 것은 이승만 정권에 들어와서였지만, 그때도 작전지휘권이 미군한테 있었고, 메릴이 지적한 대로 미군은 고문 자격으로 모든 작전에 참여하였다.[527] 뿐만 아니라, 5여단 고문관 트레드웰 대위가 1948년 10월 9일 미군의 효율적 개입을 촉구하는 보고서를 로버츠 군사고문단장에게 올린 직후 제주경비사령부가 설치되었고, 곧이어 대규모 주민집단학살이 자행되었다.[528] 미군은 군과 경찰에 의한 주민집단학살을 직접 목도하였고,[529] 집단학살에 대

---

525) 위의 책, 460~461쪽.

526) 『G-2 보고』 4, 1947. 5. 14, 137쪽 ; 1947. 5. 21, 164쪽.

527) 메릴, 「제주도반란」, 『한국현대사연구』 1, 이성과현실사, 1988, 203쪽.

528) 김종민, 「제주4·3항쟁－대규모 민중학살의 진상」, 42쪽.

해 보고를 받거나 알고 있었다. 그래서 그것을 『G-2 보고』 등 각종 문건에 기술하였다. 조선통신 특파원 조덕송의 글에는 "미군철모에 미군복, 미군화에 미군총, 비가 오면 그 위에 미군우장을 쓴다. 멀리서 보면 키가 작은 미군부대가 전진하는 것 같다"고 쓰여있는데,530) 토벌대는 미군이 제공하는 장비와 화력, 운송수단이 없으면 전혀 움직일 수 없었다.

제주지역 미군총사령관으로 딘 군정장관의 특명을 받은 제주도 최고지휘관인 미 20연대장 브라운 대령은 "원인에는 흥미가 없다. 나의 사명은 진압뿐이다"라고 말하였다.531) 섬사람들이 미군정에 등을 돌린 상황에서 유혈사태가 벌어지고 있는데, 왜 등을 돌렸는지 그 원인을 알아보고 대책을 세우지는 않고 이승만처럼 무조건 진압작전을 펴면 문제가 해결될 수 있다는 사고는 어디서 나왔을까. 메릴이 말한 바와 같이, 제2차 세계대전 후 미 점령군에 대항하여 그토록 격렬한 민중항거가 분출된 곳이 세계 어느 나라에서도 없었다면, 먼저 왜 그랬는지를 알아봐야 할 일이 아닌가. 더구나 미국은 격렬한 민중분출의 원인을 제공한 직접 당사자였다. 4·3을 가져온 도화선인 1947년 3·1시위는 전국 각지에서 벌어졌지만, 그때 제주도는 미군이 직접 시위에 개입한 예외적인 지역이었다. 시위군중 진압병력을 지휘한 자는 제주도 군정청 경찰고문관 패드리치 대위였다.532) 3·1시위 발포 사망으로 3·10관·민총파업이 일어났을 때 섬에 온 조병옥 경무부장은 제주도를 붉은 섬으로 규정하였고, 그러면서 대거 들어온 육지경찰과 서청원들의 테러와 억압으로 제주도는 공포와 무법의 땅이 되었다. 육지경찰과 서청원들이 들어온 것도 미군정의 방침이었고, 그들의 행위를 방조하거나 묵인한 것도 미군정이었다.533)

미군정은 4·3사태를 악화시키는 데 결정적으로 기여하였다. 왜 4·3사

---

529) 예컨대 제민일보4·3취재반, 앞의 책 4, 361쪽 참조. 이러한 목도는 자주 있었을 것이다.

530) 조덕송, 「유혈의 제주도」, 『제주민중항쟁』 3, 48쪽.

531) 위의 글, 53쪽.

532) 제민일보4·3취재반, 앞의 책 1, 304쪽.

533) 메릴, 앞의 글, 202쪽 참조.

태가 일어났는가를 잘 알고 있었던 김익렬 9연대장은 제주 군정장관 맨스
필드 대령에게 평화적으로 문제를 해결할 방안을 진언하였고, 맨스필드는
그것을 받아들여 4월 28일 김중령은 유격대사령관 김달삼과 귀순·평화회
담을 가졌다. 그리하여 총성이 멈추고 하산하는 사람도 생겼는데, 5월 1일
메이데이날에 오라리 방화사건이 발생하여 사태를 역전시켰다. 4·28평화
회담에 배석하였던 9연대 정보장교 이윤락 중위가 후에 말한 대로 "오라
리 사건은 단순한 사건이 아니라, 제주학살을 점화시킨 역사적 계기가 된
사건"이었다. 경찰은 이 사건을 폭도들의 소행으로 발표하였으나, 김익렬
의 지시로 검거된 범인은 대한청년단 대원이었다. 곧 이 사건은 경찰 등이
4·28평화회담을 깨기 위하여 계획적으로 저지르고 그것을 '폭도'들의 소
행으로 몰아붙인 조작사건이었다.

그런데 이상한 것은 이 방화사건이 미군 촬영반에 의하여 입체적으로
촬영되어 지금까지 보존되어있다는 점이다. 미군의 고의성이 분명히 개재
된 촬영이었다. 당시 제주도에 와 있던 CIC 소령은 제주도사태에 대한 김
익렬의 설명을 일축하고, 계엄령 직전의 송요찬 포고와 똑같이 5km 이상
떨어진 중산간지대를 적성지역으로 간주하고 토벌을 강화하라고 지시하였
다.534) 오라리 방화사건이 있은 지 이틀 뒤인 5월 3일 귀순자 200~300명
이 드루스 대위 인솔하에 임시수용소로 쓰고 있는 비행장으로 호송되었는
데, 경찰 50여 명이 중기관총 등을 난사하며 공격하였다.535) 경찰은 폭도로
가장하고 민가를 방화하였다. 다시 전투가 시작되었다.536)

1948년 5월 5일 제주에서는 딘 군정장관, 안재홍 민정장관, 조병옥 경무
부장 등이 참가하여 회의를 열었다. 김익렬 중령이 제주도사태를 브리핑하
는데, 조병옥이 김익렬을 가리키며 영어로 "저기 공산주의 청년이 한 사람
앉아있소"라고 말하면서 회의장은 난장판이 되었다. 다음날 박진경 중령이
김익렬 후임으로 제주도에 와 부임하였다.537) 이날 딘 군정장관은 신문기

---

534) 제민일보4·3취재반, 앞의 책 2, 147~176쪽 ; 김익렬, 앞의 글, 332~334쪽.
535) 김창후, 「1948년 4·3항쟁, 봉기와 학살의 전모」, 『역사비평』 1993 봄, 145쪽.
536) 김익렬, 앞의 글, 336~337쪽.
537) 위의 글, 338~344쪽.

자단과의 회견에서 "제주도 외에서 들어온 공산주의자들의 선동과 모략과 위협에 잘못 인도된 청년들이" 경찰관 등을 살해하고 방화하는 것으로 판명되었다고 밝혔다.[538] 전후 관계를 볼 때, 딘은 사태를 파악하지 못하고 있었던 것이 아니라, 극우반공주의자들이 그러하듯 명백히 사실을 왜곡하여 뒤집어씌우고 있었다. 그것은 브라운 대령이 말한바, "원인에는 흥미가 없다"와 표리관계에 있다. 미군정이 신임한 조병옥 또한 4·3사태를 "조선의 소련 연방화 또는 위성국화를 기도한 남조선 파괴공작에 가담한" 자들의 총선거 방해공작이라고 주장하였다.[539]

미군정에서는 주민집단학살을 몰고온 초토화작전을 지시, 조장하였다. 김익렬의 회고에 따르면, 미군정은 처음에는 초토화작전에 반대하였으나, 그 뒤로는 묵인하였고, 나중에는 오히려 장려하였다.[540] 4·28평화회담 직후에 만난 딘 군정장관의 정치고문은 제주도 폭동진압의 시급성을 말하고 김익렬에게 초토화작전을 펼 것을 권하였다.[541] 딘 장군은 신임 9연대장 박진경 중령에게 초토화작전을 펴도록 극비명령을 내렸다.[542]

초토화작전은 어떠한 이유로도 용인될 수 없는 전쟁범죄이지만, 당시 유격대의 무장을 보더라도 도저히 납득하기가 어렵다. 4·3 초기 경찰은 폭도의 규모를 1천 명으로 발표하였고, 9연대에서는 200~300명 정도로 파악하고 있었다.[543] 메릴은 미군 자료에 근거하여 봉기군의 주력을 500명쯤으로 파악하였다. 그들의 절반만이 소총으로 무장되어있었을 뿐, 이들의 무장 또한 빈약하기 짝이 없었다. 그 반면 시기에 따라 차이가 있겠지만, 미군은 1949년 4월 1일자 정보보고에서 토벌대측이 한국군 2,622명, 경찰 1,700명, 민보단 5만 명으로 구성되어있다고 기술하였다.[544] 해상과 상공에

---

538) 『동아일보』 1948. 5. 7.

539) 『동아일보』 1948. 6. 24.

540) 김익렬, 앞의 글, 304쪽.

541) 위의 글, 312~313쪽. 그는 김익렬에게 초토화작전이 완료되면 미국에서 살도록 해주겠다면서 10만 달러를 주겠다고 제의하였다고 한다.

542) 위의 글, 344쪽.

543) 장창국, 「피로 물든 제주도」, 『제주민중항쟁』 1, 384쪽.

544) 제민일보4·3취재반, 앞의 책 2, 385쪽.

는 미해군과 공군이 포진하고 있었다. 제주도는 고립무원의 섬이어서 유격대의 활동은 제한적일 수밖에 없었다. 그럼에도 불구하고 제주도사태가 오래간 것은 미국이 그 원인에 '흥미'가 없었기 때문이었다.

미국은 왜 제주도에서 비인간적 만행을 서슴없이 저질렀는가. 미국이 명백히 문명국에서 금지되어있는 초토화작전을 지시하고 조장한 이유의 하나는, 미군정에 대한 반대활동이 국제적으로 알려지고 소련 등 공산주의자들에 의하여 선전되는 것을 막기 위해서였다.[545] 미국무부에서 한국을 중시하였기 때문에 그렇게 나왔다는 점, 한반도에서 조속히 미군을 철수하고자 한 군부와 주한미군의 입장도 생각해볼 수 있다.[546] 그렇지만 그러한 이유가 주민집단학살을 사주하고 방조한 것을 합리화시켜줄 수는 없다. 미군정 지도자나 미군 장교들은 주민집단학살을 당연시하였고, 그것을 방지하려는 노력을 하지 않았다. 제주도가 멀리 떨어진 외진 곳이어서 적절히 차단만 하면 학살 뉴스가 한국과 미국, 세계에 새나가지 않을 것이라고 판단한 것이, 한국인은 그런 방식으로 다루어도 좋다거나 다루어야만 한다는 야만적인 군국주의 사고방식과 결합된 것이 참혹한 학살을 불러온 것임에 틀림없다. 일본군이 태워 없애고 굶어 없애고 쏘아 없애는 3광작전, 3진작전을 편 것은 이유가 있을 수 없고, 어떠한 이유로도 합리화될 수 없기 때문에 도쿄 재판과 중국, 러시아에서의 여러 재판 등에서 단죄를 받은 것이다. 나치의 유태인 학살, 슬라브인 학살도 마찬가지이다. 미국은 파시즘에 반대한 민주주의 연합국의 일원으로 나치 전범들에 대한 뉘른베르크 재판과 일본전범들에 대한 도쿄 재판을 주재하였다. 제주도 주민집단학살에 대한 재판을 제네바나 다른 곳에서 연다면 미국은 피고인으로서 무어라고 항변할 수 있을까. 베트남에서 미라이촌 학살의 진상이 밝혀졌을 때, 미국에서는 양심의 소리가 높아 결국 미정부도 그 잘못을 시인하였다. 그런데 제주도에서는 미라이촌 학살과 같은 학살이 수십 번 반복되었다.

여순반란사건도, 따라서 여순에서의 많은 민간인 희생도 작전권이 미군

---

545) 위의 책, 308쪽 참조.
546) 김종민, 「제주4·3항쟁 — 대규모 민중학살의 진상」, 50~51쪽.

한테 있을 때 발생하였다. 여순사건이 일어난 다음날인 1948년 10월 20일 상오, 로버츠 미군사고문 단장실에는 이범석 국방부장관, 송호성 경비대 사령관과 미고문단 참모들이 모여 긴급회의를 열고 광주에 기동작전사령부를 설치하였다. 하우스만 대위는 로버츠 단장으로부터 한국군사령부가 사태진압에 적절하게 대처하지 못하면 즉각 작전통제권을 직접 관장할 것, 기동작전사령부를 구성하고 적절한 감독행위를 할 것 등의 임무를 부여받았다. 광주 기동작전사령부 요원의 한 사람으로 내려와 활동을 한 하우스만은 여순사건이 종결된 후 미 국방부로부터 '효율적이고 신속한 여순반란 진압작전의 공로'를 인정받아 훈장을 수여받았다.547)

3) 미국·미군의 한국인 인명경시 풍조

북에서의 학살문제를 논외로 하더라도, 한국전쟁 때의 여러 형태의 집단학살에 대해 미국은 분명 책임이 있다. 제주도에서의 초토화작전, 11사단장 최덕신 준장의 견벽청야작전은 AP통신이 입수한 영동 일대에 주둔하였던 미 1기갑사단이 1950년 7월 24일에 내린 명령 "피난민이 (방어)전선을 넘지 못하도록 하라. 넘으려 하면 그가 누구든 발포하라. 여자와 어린이의 경우 분별력있게 대처하라", 미 1기갑사단 오른쪽 지역에 배치된 미 보병 25사단 통신문 "사단장 윌리엄 킨 소장은 전투지역에서 움직이는 모든 민간인은 적으로 간주돼야 하며 발포해야 한다고 지시했다"와 기본적인 취지를 같이한다. 노근리에서의 주민집단학살은 지휘관이 지휘계통을 따라 하달된 '포괄적 사살명령'으로 피난민에 대한 사살권을 부여받았다고 생각하고 발포를 명령함으로써 발생하였을 가능성이 있다.548)

일부 7연대 출신 미군들은 중대장이었던 챈들러 대위가 현장에서 "모두 없애버려"라고 명령했음을 증언하였는데, 이들은 챈들러 대위가 무전을 통해 연대본부와 사전 협의를 했을 것으로 믿고 있으며, 한 미군은 대대 수준의 장교가 발포명령을 하달했다는 소문을 들었다고 말했다. 이와 관련해

---

547) 하우스만·정일화 공저, 『한국대통령을 움직인 미군대위』, 한국문원, 1995, 171~193쪽.

548) 『동아일보』 1999. 10. 4. 참조.

서 7월 26일 아침 미 8군 본부 통신명령 "'반복'(따옴표는 필자)하지 않겠다. 언제 어떤 피난민도 전선을 넘는 것을 허용하지 말라"와 미 1기갑사단의 명령, 미 보병 25사단장 킨 소장의 지시와의 상관성이 깊이있게 논의되어야 할 것이다. 그것은 한국전선의 책임자였던 미 8군 사령관 워커 중장, 나아가서 일본에서 한국전쟁을 총지휘했던 맥아더 장군이 위와 같은 불법적인 명령과 어떤 관계가 있느냐에 대한 논의로 이어지게 되어있다. 이러한 점을 논의하는데, 미군 당국이 학살의 진상을 은폐하려 했던 사실은 중시될 수밖에 없다. 1999년 10월 8일 미 CBS 텔레비전에서의 보도가 그 한 예이다. 이 방송은 1951년 미군이 북한군을 밀어붙일 당시 포로가 되었다가 풀려난 토드 이병에 대한 군의 조사과정에서 토드 이병이 "킬러작전이 시작됐으며, 우리는 적을 공격하기 위해 이동했고 여자, 어린이 할 것 없이 우리 앞에 있는 것은 모두 죽였다. 우리는 걸어다니는 것은 모두 죽였다"고 밝혔음을 전하였다. 미국 육군은 토드 이병의 증언을 극비로 분류해 바깥으로 알려지지 않게 했으며, 그가 다른 곳에서 이런 주장을 하지 못하도록 했다. 토드 이병은 미 육군이 오래 전에 킬러작전의 내용을 다른 사람에게 말하지 말라고 했다며, CBS와의 회견에서도 킬러작전의 내용을 말하지 않았다.[549]

1950년 7월의 첫째 주에 충남 대덕군 산내면 낭월리 골령골에서 대전형무소 재소자와 보도연맹원 등이 학살될 때, 학살현장에는 미군 고급장교가 포함된 참관단이 있었으며, 미 극동사령부 연락장교 애버트 소령은 미대사관 육군무관 에드워즈 중령의 라이카 카메라로 학살장면 등을 촬영하였다. 커밍스는 "이 사건은 노근리 사태보다 훨씬 규모가 크다"고 지적하고, "미군은 이 사건에 대해서도 조사해야 할 것"이라고 역설했는데, 미군과 미대사관은 이같은 대규모 학살을 묵인한 수준을 넘어서서, 어떠한 형태로든 그 학살에 개입되어있었음에 틀림없다.

제주도나 여순사건에서처럼 미군은 일정한 수준 이상의 국군의 모든 부대에 배치되어있었다. 제11사단 9연대장이었던 김희준은 자신의 연대에

---

549) 『한겨레신문』 1999. 10. 11.

남북전쟁 때 남부군사령관이었던 리 장군의 직계 손자인 리 대령이 고문관으로 파견되어왔음을 증언하였다.550) 미군 고문관들은 9연대에 의하여 저질러진 거창, 산청 등지에서의 주민집단학살뿐만 아니라, 11사단의 다른 연대에 의하여 자행된 학살에 대해서도 알고 있었음에 틀림없다. 그럼에도 불구하고 그것을 조사하지도 않았고, 항의하거나 제지하지 않았다. 11사단장 최덕신의 견벽청야작전이나 미군이 1950년 7월 하순에 내린 지시가 기본 취지를 같이하는 것이고, 거창, 산청 등지에서의 학살과 충북 영동군 노근리에서의 학살, 경북 왜관교 등의 폭파로 인한 희생이 비슷한 성격의 것이었기 때문에 그러하였을지도 모른다. 곧 미군 지휘부에서는 그러한 학살을 심각한 만행으로 생각하지 않았을 가능성이 있다.

학살, 처형에 대한 미국정부의 입장을 명료히 보여주는 문서로 무초 주한미대사가 미 국무장관에게 보낸 전문이 있다. 1950년 12월 20, 21일자의 이 전문에서는 한국측의 부역자 총살형 집행에 대한 영국군의 항의문제를 다루고 있다. 12월 20일자의 개요는 다음과 같다.

12월 15일 서대문형무소와 마포형무소의 경비원들은 서울 북쪽의 큰 공동묘지에서 '비상사태하의 범죄처벌에 관한 특별조치령'에 의하여 서울지방법원에서 유죄판결을 받은 39명의 수감자를 처형하였는데, 이것을 영국군 병사들이 목격하였다. 그 현장을 본 영국군 준위는 자신의 부대장에게 보고서를 제출하였다. 보고서에서 그는 처형이 아무런 격식도 없이 그저 쏘아죽이는 모양이고, 합법성이 믿어지지 않으며, 두 명의 소년과 어린 처녀들이 포함되어있었다고 주장하였다. 이 보고서는 언커크로 보고되었고 외국 보도기관에도 알려져 여러 신문에 기사화되었다. 언커크는 비공식적으로 한국 내무부장관과 법무부장관에게 사실 여부를 문의하였고, 로이터 통신은 보고서 내용을 보도하면서 그가 북한의 사리원에서 목격한 바 있는 대량학살에 관해서도 보도하였다.551)

---

550) 중앙일보사 편, 앞의 책 3, 411쪽.

551) 무초는 이 전문에서 미국대사관과 미국사절단은 사리원에서의 대한민국정부의 대량학살이라고 보도된 로이터 기사에 관해서 공동조사를 실시하였던바, 그 결과 미군민간지원단에 고용된 북한인 반공단체가 유엔군의 철수기간중 사리원에서

영국군 준위의 보고서에 쓰여있는바 어린이의 총살은 사후(死後) 검시결과 허위임이 밝혀졌다. 영국군은 만약 앞으로 영국군 지역 내에서 다른 사람들을 총살하려는 총살집행대가 있을 경우에는 그들을 쏘아죽일 것이라고 경고하였다. 이 전문에는 이 총살형으로 야기된 세계 여론의 폭발과 재판없이 대량학살이 자행되고 있다는 외국 보도기관의 보도 때문에 정부는 더 적당한 장소와 방법이 발견될 때까지 잠정적으로 처형을 중지하였다는 내용과, 일이 이렇게 확대되자 대통령은 법무부장관에게 지시하여 앞으로는 사형을 받은 사람의 가족에게 반드시 그 사실을 통고하고 집행 후에 시체를 찾아갈 수 있도록 하라고 명령하였음이 기술되어있다.[552]

무초는 12월 21일 처형문제와 관련하여 두 개의 전문을 미 국무장관에게 보냈다. 앞의 전문에서는 정치범 처형을 잠시 중지하라는 대통령의 명령에도 불구하고, 12월 20일 저녁 육군감찰관실은 숫자 미상의 형 확정자를 처형하려고 시도하였는데, 그 죄수들은 세계적인 말썽을 일으켰던 그 영국군 29여단 배치지역을 포함한 지역의 육군 군사재판에서 형을 언도받은 사람들이었다고 기술하였다. 그런데 영국군 장교가 통역관을 데리고 현장에 갔을 때는 이미 17명이 죽었던바, 이 전문에서는 땅구덩이를 파고 죄수의 뒤통수를 총으로 쏘아 집단적으로 살해한 것으로 추측하였다. 영국군 장교들은 처형을 중지시키고 사형집행 영장을 검사하였던바, 육군참모총장의 도장이 찍힌 것을 확인하였다. 영국군 제29여단장은 즉시 그 지역 내에서 앞으로 처형할 수 없다는 명령을 내리고, 만약 그런 짓을 하는 자가 있을 경우 '응분한 처치를 하기 위해서 필요하면 강제력을 행사해서라도' 그 책임자를 자기 앞에 끌고오라고 휘하부대에 지시하였다. 이때 그는 "나는 그 처형방식보다 나의 장병에게 미치는 효과를 더 우려하고 있다"라고 말하였다.

두번째 전문에서는 한국군은 20일 영국군 지역에서의 사형집행에 관한 조사를 실시하였고, 영국군 지역에서는 앞으로 처형하지 않겠다고 영국 대

대량학살을 하였다는 사실을 발견한 바 있었다고 보충 설명하였다(서동구 역편, 앞의 책, 608쪽).
552) 위의 책, 607~610쪽.

리대사에게 확약하는 한편, 그 총살대를 지휘한 중위를 군사재판에 회부하였다는 사실과, 20일 총살 예정자는 58명으로서(57명은 간첩죄, 1명은 살인죄) 영국군이 개입하기 전에 20명이 총살되었고, 나머지는 서대문형무소에 재수감되었다는 사실을 미 국무장관에게 보고하였다.[553]

영국군의 항의와 그것에 의거한 세계여론은 이승만 정부에 즉각 영향을 미쳤다. 이승만은 12월 19일 감형하겠다는 성명을 발표하였고, 12월 18일자로 감형령이 공포된 것으로 발표되었다. 그런데 이 감형령에는 사형선고를 받은 자에 대한 언급이 없다.[554]

한국정부의 처형방식이나 학살에 영향력을 행사할 수 있는 것은 이 전문이 시사하듯, 미국정부였다. 미군은 영국군과는 비교가 안되게 넓은 지역을 관할하고 있었고, 연대나 대대 등의 하부부대에까지 고문관을 파견하고 있었으며, 한국군의 화력과 장비, 통신·이동수단을 부담하고 있었다. 무엇보다도 미군은 한국군의 작전권을 장악하고 있었고, 그것을 넘어서서 한국정부한테 영향력을 행사할 수 있는 위치에 있었다. 학살과 비인도적인 처형을 저지할 수 있는 영향력이 미국정부에게는 충분히 있었다. 그러나 제주도에서의 대규모 주민집단학살 사태에서부터 한국전쟁에 이르기까지 미국이 그러한 영향력을 행사하려고 하였을까는 지극히 의문이다.

앞의 세 개의 전문에 쓰여있는 것처럼 영국군의 항의가 없었더라면 그러한 처형방식이 논란이 되었을지 의문이다. 그것은 단적으로 영국군 배치지역에서만 앞으로 처형하지 않겠다고 하고, 총살대를 지휘한 중위를 군법에 회부하였다고 통보하였다는 기사에서 입증된다고 하겠다. 이 전문의 어디에서도 그러한 일이 영국군 배치지역에서 일어났기 때문에 문제가 된 것이 아니라는 사고방식은 찾아볼 수 없다. 이 전문을 읽어보면 다른 약소국이 아니고 미국의 강력한 우방인 영국군 여단장이 항의하였기 때문에 미국정부가 움직인 것으로 묘사되어있다.

최근에 이도영이 미국 국립문서보관소에서 찾아낸 자료에는 미대사관과

---

553) 위의 책, 616~617쪽.
554) 박원순, 앞의 글, 190~191쪽.

미군이 부역자 처형에 대해서 영국군과 얼마나 대조적인 태도를 보여주었나를 입증하는 문서와 사진이 있다. 1951년 4월 대구 인근에서 부역자들이 한국 육군 헌병들에 의하여 처형될 때, 주한미군군사고문단 소속 군사고문은 그 장면을 촬영하였고, 미대사관 육군무관실에서 그것을 현상, 인화하였다.

'비상사태하의 범죄처벌에 관한 특별조치령'은 앞에서도 살펴본 대로 너무나 가혹하고, 재판관의 일시적인 판단착오로 사형에 처해질 수 있었다. 또 실제로 그렇게 되어 많은 인명이 희생되거나 중형에 처해짐으로써 사회여론이 비등하였다. 그래서 국회에서도 그것을 개폐하기 위하여 이승만 정권과 심한 갈등을 겪으면서도 1950년 12월경부터 많은 노력을 기울여왔다. 그러나 무초는 미 국무장관에게 보낸 전문에서 이 대통령의 특별조치령을 상세히 설명하면서 놀랍게도 그것의 문제점을 지적하지 않고, "비상사태하에서 반국가사범을 신속하게, 그리고 엄중하게 처리할 것을 목적으로 하고 있다"고 서술하였다. 심지어 국회에서의 주장과는 상반되게, 이승만이 원만하게 법집행을 처리하려 한다는 것을 거듭 강조하여 미국정부가 개입할 여지를 없애버렸다. 그리고 미국대사관은 12월 15일의 처형사건이 소홀하게 집행된 것은 사실이지만, 법에 의해 합법적으로 설립된 법정의 판결결과에 의한 것이었다는 조사결과에 따라 불만이 없다는 뜻을 12월 20일에 언커크에 통보하였음을 밝혔다. 이러한 미 대사관의 견해는 영국군이 과잉반응을 보였다는 말밖에 안된다. 미 대사관 직원이나 지휘관에게는 영국군 여단장이 말한 "나의 장병에게 미치는 효과를 더 우려하고 있다"는 발상 자체가 없었다는 것이 참으로 이상한 일이다.555) 영국과 비슷한 문화권이지만, 1945년 9월 8일 인천에 상륙한 이래 습관이 되어서 그럴까. 또 하나 놀라운 것은 사리원에서의 대량학살이 한국군 내에서가 아니라 미

---

555) 영국군이 항의하였던 바로 그 시기에 당시 서울대 사학과 교수였던 김성칠은 그의 일기에 다음과 같이 기술하였다(1950년 12월 28일자). "(김성칠의) 마을에는 흥남서 철수해온 미병들이 들어서 여러가지 불안한 공기를 자아내고 있다. 부흥동과 치일동에서 부녀를 강간한 사건이 생겼고, 아랫 마을에는 여자를 내어주지 않는다 해서 무고한 백성을 쏘아죽인 사건이 생겼다. 젊은 여자들은 모두 산중으로 피난가고 있다"(김성칠, 앞의 책, 308쪽).

군사민간지원단에 고용된 원람들에 의하여 저질러졌고, 이 사건이 로이터 통신 특파원의 기사 때문에 세계적으로 문제가 되어 미 대사관과 미 사절단에서 조사한 결과 사실임이 밝혀졌음에도 처벌에 관한 언급이 없다는 점이다.556)

최근 AP통신에 의하여 상세히 밝혀진 노근리에서의 주민집단학살, 왜관교 등의 폭파로 인한 주민희생 및 그러한 사실에 대한 은폐행위 등은 미군 지휘관이나 미 정부의 각종 한국인 학살에 대한 태도를 이해하는 데 많은 시사를 준다. 우선 노근리에서의 주민집단학살, 왜관교 폭파 등으로 인한 수많은 주민의 희생을 솔직히 털어놓고 사죄의 마음도 보인 미국인들이 많다는 것에 새삼 서양 근대 문명의 두께를 느끼게 한다는 점을 한국인 또는 동양인으로서는 중시할 필요가 있다. 그러나 그와 함께 일본 군국주의자들이나 나치의 비인간적, 반문명적 심성을 가진 미군과 미군정, 미 정부 관계자들도 존재하였다는 점을 지적하지 않을 수 없다. 나치가 유태인이나 러시아인의 학살을 당연시하였다면, 그들은 한국인 학살에 죄의식을 느끼지 않았다.

노근리에서의 주민집단학살에는 여러가지 이유가 있을 수 있다. 7월 20일을 전후하여 미 24사단이 대전지방에서 참패하였고, 사단장 딘 소장이 포로가 된 것이 미군들에게 미친 영향은 고려되어야 할 것이다. 주민들이 화풀이성일 수도 있다고 주장하는 것에는 이 점도 생각해볼 수 있다. 또 주민집단학살에 관여한 미 1기갑사단 7연대 2대대 소속 병력들은 일본에서 한국전선에 투입된 지 3일밖에 안되었고, 전투경험이 없는 10대의 소총수들도 있었다는 점을 감안해야 할 것이다. 그러나 실수에 의한 폭격이었다거나 북한군이 포함되어있는 것으로 알고 폭격했다는 것은 설득력이 약하다. 미군들이 "피난시켜 주겠다"며 집합시켜 며칠간 끌고다니다가 폭격 직전에 어디론가 무선 교신을 하고 일제히 빠졌다는 점, 미군이 짐 검사를 하면서 땔감을 구하기 위해 주민들이 가지고 있던 낫, 톱까지 빼앗은 뒤 폭격이 시작되었다는 점 등 때문이다. 피난민들을 '전투 방해물'로 간주하

---

556) 서동구 편역, 앞의 책, 607~618쪽 참조.

였을 경우도 생각해볼 수 있다.557) 미군은 노근리 일대에서만 학살을 자행한 것이 아니라는 점을 주목해야 한다. 왜관 일대에서도 피난민들의 생명을 고려하지 않았지만, 중국군이 공세를 취했던 1951년 1월에도 충북 단양군 영춘면과 둔포, 경기도 용인 일대에서도 대규모 참극이 수차에 걸쳐 자행되었다는 것은 무엇을 말해주는 것일까.

노근리에서의 주민집단학살 등 한국인 학살과 관련해서 1999년 10월 3일『로스앤젤레스타임즈』의 보도는 중요시되어야 할 것이다. 이 신문은 한국민에 대한 인식부족, 인종차별주의를 노근리 학살의 한 요인으로 지적하고, 커밍스가 "트루먼 대통령이 인종차별을 하지 말라고 지시했지만, 백인 미군 병사들은 기본적으로 인종차별적이었으며, 유색인종을 열등한 인종으로 간주했다"고 말한 것을 인용하였다.558)

미군정이 1945년 9월 한국에 설치되자마자 친일파, 그 중에서도 악질 친일경찰을 대거 등용하여 활용한 것도, 극우청년단체의 테러를 묵인하고 방조한 것도, 제주도에서의 미군 최고 지휘관인 브라운 대령이 "원인에는 흥미가 없다. 나의 사명은 진압뿐이다"라고 말하고, 미군이 제주도에서 초토화작전을 지시하고 방조한 것도, 유럽전선 예컨대 프랑스, 독일이나 이탈리아전선에서는 일어날 수 없는 일이었다. 또 독일이나 이탈리아에서 나치나 파시스트를 연합군의 보조로서 이용할 수 있다는 것도 상상하기조차 어렵다. 명백히 불법적 명령으로, 전쟁범죄로 처단될 수 있는 1950년 7월 24일 미 기갑사단의 명령이나, 7월 26일 미 보병 25사단 통신문이 존재할 수 있고, 중화기 중대장인 챈들러 대위가 상급자와 연락을 취한 뒤 굴다리 입구에 기관총을 설치하고 발포할 것을 지시하면서 "모두 없애버리자"라고 말한 것도, 왜관교에서 미 1기갑사단 사단장 게이 소장이 지프 앞에 서서 "개××들 다 날려버려"라고 말한 것도 유럽에서라면 도저히 있을 수 없는 일이었다. 미국정부가 제주도 주민집단학살, 한국전쟁기의 주민집단학살에 대하여 대처하는 데 가장 중요시해야 할 것은 미군·미군정·미국

---

557) 이상의 이유에 대해서는『한겨레신문』1999. 10. 1. 참조.

558)『한국일보』1999. 10. 5.

정부 일부 관계자들의 이와 같은 비인간적, 반문명적 사고이다. 그것은 미국 등 연합국이 뉘른베르크나 도쿄 재판에서 보여주었던 정신적 자세를 한국에서의 주민집단학살에 대해서도 명백히 보여줄 것을 요구한다. 제주도와 전쟁중 미군·미국정부 관리들이 보여준 태도를 다음의 묘사에서 다시 한번 되새겨보자.

한국전쟁을 취재하던 AP통신의 스완톤 기자는 당시 부모에게 이렇게 썼다.

이 전쟁의 가장 처참한 부분은 수백 명의 피난민들이 우리 공군의 기총소사로 죽어간다는 것입니다. 저는 많은 전쟁을 보았으나 이렇게 참담한 광경은 처음이었습니다. 우리 공군은 이것이 필요하다고 합니다. 피난민 행렬 중에 적이 끼여있다는 것입니다. 그러나 저는 피난행렬에 기총소사를 퍼부어 적 한 명을 죽이는 데 25명의 무고한 양민이 죽는다고 계산했습니다. 정말 이렇게 살육할 가치가 있는 것입니까? 양민을 적으로 만드는 것이 아닌지요?[559]

커밍스와 할리데이의 공저인 『한국전쟁의 전개과정』에는 『꼴리에』지에 실린 다음과 같은 미군들의 대화가 인용되어있다.

젊은 조종사가 커피를 쭉 들이키면서 말했다. '아니! 저기 사람들이 손을 흔들고 있는데 쏘지 말아야겠지요.' '쏴버려! 군대야.' 상대방은 가차없이 말했다. '그렇지만, 아니! 저들은 모두 흰 파자마 같은 것을 입고 뿔뿔이 흩어져 있는데요!' '여자나 애들이 보이나?' '여자요? 모르겠는데요. 여자들도 바지를 입잖아요. 그렇지 않아요? 그렇지만 애들은 없습니다.' '그럼 군대야. 쏴버려!'

이 책에서는 또한 영국 기자 톰슨이 『한국의 통곡』이라는 저서에서 미해병대가 아무런 양심의 가책도 느끼지 않고 실성한 사람이 발작을 일으

---

559) 방선주, 「노근리 양민학살과 한국전」(『한국일보』 1999. 10. 1)에서 재인용.

키듯 초로의 민간인들을 죽이는 것을 목격하였고, "미군 헌병들은 적들을 사람처럼 이야기하지 않고 원숭이처럼 취급한다"고 기술한 것을 인용하였다.[560]

마지막으로, 앞에서도 시사한 바대로 미국이 이승만과 같은 극우 지도자를 강력히 지지한 것이 비인간적 행위가 저질러질 수 있는 온상이 될 수 있었음을 지적하는 것은 중요한 의미가 있다. 알렌은 『한국과 이승만』이라는 그의 저서에서 다음과 같이 기술하였다.

그 당시 미국 지도자들의 눈에는 이승만이라는 위인이 바로 그들이 절실히 필요로 하는 진정한 의미에서 타협할 줄 모르는 반공지도자의 전형적 인물이었다. 그렇기 때문에 이승만이 미국의 대일정책을 온갖 방법을 다해서 방해하려 하고 있을 때에도, 그리고 한국휴전의 성립과 한국에서의 민주주의 발전마저 방해하는 데 전력을 다하고 있을 때도 미국은 그에 대한 강력한 지지를 아끼지 않았던 것이다.[561]

---

560) 커밍스·할리데이, 앞의 책, 89~90쪽.
561) 알렌, 앞의 책, 261~262쪽.

제4절 피해대중과 극우반공체제의 형성

1. 주민집단학살과 극우반공체제

1) 기억의 공포

극우반공체제 형성의 배경과 과정에 대해서는 여러 차원에서 논의되어야 할 것이다. 그것은 1931년 일제의 만주침략을 전후하여 군국주의 파시즘의 강화 속에 반공·반소이데올로기가 전체주의적인 방식으로 한국 주민들에게 주입되고, 친일경찰·관공리, 황국신민화운동에 나선 종교·교육지도자, 유지와 부르주아층이 일제의 침략전쟁을 찬양하면서 반공운동을 벌였던 것이 역사적 배경을 이루고 있다.562) 또 기독교인들은 천주교가 더욱 그러하였지만, 미국 선교사들과 미국 천주교·개신교의 성향과 근대 민족사에서의 위상을 반영하여 '태생적으로' 강렬한 반공주의자들이었다.563)

극우적 반공운동은 해방 후 미군정의 지원을 받고 탄압과 테러를 수반하면서 1945년 말의 반탁운동에서부터 본격적으로 전개되었고, 그것은 단정운동과 표리관계에 있었으나, 민족혁명적 상황에서 대중한테 뿌리내리는 데 한계가 있었다. 극우반공체제는 1949년 6·6반민특위 습격테러사건, 국회프락치사건, 6·26김구암살, 6·5국민보도연맹 창설 이후 강요되어 구축되었다.564)

그러나 이 시기의 극우반공체제가 대중들한테 부분적인 것을 넘어서서 전반적으로 내면화되었다고 보기는 어렵다. 많은 정치학자들이 반공이데

---

562) 정영태, 「일제 말 미군정기 반공이데올로기의 형성」, 『역사비평』 1992 봄, 128 쪽 참조.

563) 강인철, 「한국전쟁기 반공이데올로기 강화, 발전에 대한 종교인의 기여」, 『한국 전쟁과 한국사회변동』, 풀빛, 1992 참조.

564) 백운선, 『제헌국회 내 '소장파'에 관한 연구』 서울대 정치학과 박사논문(1992) 과 서중석, 앞의 책 2는 대체로 이러한 가정 아래 쓰여졌다.

올로기가 뿌리내리는 것은 한국전쟁을 경과하고 난 이후로 이해하고 있는 것은 일리가 있다.

극우반공이데올로기, 극우반공체제는 학살을 매개로 하여 강력한 기반을 마련하였다. 초토화작전은 문명세계에서 엄격히 금지되어있고, 그것을 명령한 사령관은 전범으로 재판을 받게 되어있다. 제노사이드(주민집단학살)는 1945년 8월 8일 뉘른베르크 국제재판소 헌장, 1946년 2월과 12월 유엔총회에서의 결의, 1948년 제노사이드 관련 협약, 1968년 11월 유엔총회에서의 결의 등에서 공소시효가 적용되지 않고 범행일시에 관계없이 소추가 가능한 비인도적 범죄 등으로 규정되어있는 데도 불구하고, 한국에서는 극우반공체제와 극우반공이데올로기를 강화시키는 강력한 기제로 작용하였다.

우선 학살은 끊임없이 공포를 조장하고 확산시킴으로써 극우반공체제를 강화하였다. 극우반공체제와 극우반공이데올로기는 학살, 테러, 감옥, 고문, 격리로부터 산출된 공포의 산물이었다. 폴 뢰꾀르는 "결코 망각해서는 안될 사건들에는 공포가 결부되어있다"라고 말하였지만,[565] 그 말은 아우슈비츠의 유태인수용소에만 적용되는 것이 아니라, 한국에서 학살당한 사람들의 가족과 그것을 목도하고 들은 바 있는 모든 사람들에게 해당된다. 경남 거제도 앞 지심도에서 총알을 퍼부었는데도, 경찰이 쏜 총알에 보도연맹원 3~4명씩을 묶었던 철사가 끊어져 살아남은 이학근은 항상 입버릇처럼 "겪지 않은 사람은 그 공포를 모른다"고 되뇌었다고 한다.[566] 그러한 공포는 학살당하였던 모든 사람들이 가졌던 것일 뿐만 아니라, 그들 가족과 친지의 것이기도 하며, 그 현장 부근에 있었거나 그 이야기를 들은 사람들의 것이기도 하다. 수십 년간 언제까지나 그림자처럼 따라다니는 후자를 '기억의 공포'라고 부를 수 있을 것이다. 제주도 북촌마을 학살을 주제로 중편소설 「순이삼촌」을 쓴 현기영은 그 기억의 공포를 이렇게 진술하였다.

---

565) 핀킬크라우트, 『잃어버린 인간성』, 이자경 역, 당대, 1997, 187쪽에서 재인용.
566) 조성구, 앞의 글, 164쪽.

어두운 밤, 먼 데 하늘의 여기저기 구름에 벌겋게 번져있던 마을들을 태우는 불빛, 총성, 수많은 사람들이 죽어간다는 소문이 어린 내 가슴을 짓눌러대곤 했다. 칠성통 입구에, 관덕정 마당에 목잘린 입산자들의 머리통이 뒹굴고, 생포된 입산자들이 군중 앞에서 습격 몇 번, 방화 몇 번, 도로차단 몇 번, 시키는 대로 죄목을 복창하고는 트럭에 실려 형장으로 가는 것도 보았다. 나는 「아버지」에서 토벌대의 초토화작전으로 불타버린 후, 지금까지 재건 안된 채 영영 폐촌이 되어버린 나의 향리를 이렇게 묘사했다. "죽어 있는 마을, 소등해버린 자정 이후의 먹칠 같은 어둠으로 지워진 마을……"567)

현기영 어머니의 외숙네는 계집아이 하나만 남겨놓고 몰사 죽음을 하였고, 현기영 어머니의 고모네, 이모네도 식구들 태반이 죽었다. 그런데 현기영의 아버지는 군인이었고, 막내이모부는 경찰인 반면 다른 가족들은 대개가 '폭도 가족'이었다. 막내이모는 남편의 죽음에 목놓아 통곡할 수가 있었지만 폭도 가족들은 울 수가 없었다. 무서워서였다. 식구들이 어느 날 갑자기 '폭도 가족'이라고 죽임을 당했는데, 이번에는 자기 차례가 아닐까 하고 늘 강박관념에 시달리는 그들이었다. 울음소리를 냈다간 자칫 '폭도 가족 여기 있소'하고 광고하는 꼴이 되지 않을까 두려웠던 것이다. 또 살아남은 자들은 덜 서러워야 눈물이 나고, 덜 무서워야 울 수가 있었다. 이처럼 수많은 피학살자 가족들은 제주도에서건 육지에서건, 수십 년 동안 울어본 적이 없었다. 그들의 멍든 꽉 닫혀진 가슴에는 필설로 말할 수 없는 공포의 역사가 살아숨쉬고 있었다.568)

이 학살의 공포는 현기영 친척들의 경우처럼 불특정 다수에게 따라다닐 수 있다는 특징을 갖고 있다. 주민집단학살은 청장년은 말할 것도 없고, 어린이건 노인네건 부녀자건, 누구나 당할 수 있었다. 언제, 어디서 당할지 알 수 없었다. 집안에 좌익이 한 사람만 있어도 참혹하게 학살당할 수 있

---

567) 현기영, 「내 소설의 모태는 4·3항쟁」, 『역사비평』 1993 봄, 165쪽.
551) 현기영, 앞의 책, 51쪽 참조.

었고, 가족들이 경찰서에 끌려가 숱한 고문을 당하는 등 이루 말할 수 없는 고통을 당하였다. 학살당하고 고문당하는 것은 자신의 주관적 사고나 행위와 일치하는 것이 아니었다.

2) 피해의식

학살의 공포는 피해의식을 수반한다. 학살 자체가 엄청난 피해이고 학살자 가족들은 참혹한 수난의 세월을 살아야 하였는데, 이 때문에 피학살자 가족이나 학살을 목도하고 소문을 들은 사람들은 패배주의에 빠지기 쉽고 피해의식에 젖기 쉽다. 그 점을 제민일보4·3취재반의 일원으로 4·3학살을 취재한 김종민 기자는 이렇게 지적하고 있다.

반발심도 '적당히' 당해야 생기는 걸까. 너무도 참혹한 희생이 있었으나 반세기 동안 그 억울함은 외면당해왔다. 주민들은 철저하게 좌절해 허무주의에 빠졌고, 큰 피해의식에 시달리고 있었다. 부모가 총살을 당할 때 맨 앞줄에 서서 박수를 치고 만세 부를 것을 강요당한 주민들, 굴속에 숨었던 가족들이 아기 울음소리 때문에 들켜 몰살당하는 모습을 요행히 밖에 나왔다가 숨죽여 흐느끼며 바라봤던 사람들, 토벌대가 인근을 지날 때 들킬까 두려워 우는 아기의 입을 틀어막았다가 자기 자식을 질식사시킨 어머니, 이들의 심정을 온전히 이해한다는 것은 불가능하다.[569]

현기영은 단편 「해룡이야기」에서 자신의 고향을 "그 악몽의 현장, 가위눌림의 세월, 그게 그의 고향이었다. 그러니 고향은 한마디로 잊고 싶은 것의 전부였고, 행복과 출세와는 정반대 개념으로 이해하였다"고 묘사하였다. 고향에 살면서 고향을 잃어버린 청소년, 오직 저 거친 수평선을 뚫고 비극과 가난으로 찌든 제주섬을 탈출하는 것이 꿈인 청소년은[570] 제주도에서 현기영 한 사람만이 아니었다.[571] 제주도에서, 제주도 출신으로 4·3

---

569) 김종민, 「4·3 이후 50년」, 375~376쪽.
570) 현기영, 앞의 글, 164쪽.
571) 황상익은 자신과 후손들을 고향과 조상들로부터 분리, 단절시키는 행위를 인격

의 진실을 알기 위해서 노력하는 사람들 중 4·3을 목도하였거나 4·3학살에 근접해서 태어난 사람들은 아주 드물다고 한다. 다른 여러 요인도 작용하였겠지만, 피해의식 때문이었다.

4·3의 실상을 밝혀야 한다고 말하는 사람들은 대개가 4·3을 본 적이 없는 40대 중반 아래로, 그것도 주로 1980년대에 대학을 다닌 사람들이다. 1953년 4월에 작성한 국정감사 보고서에는 부산지방 검찰청의 통계가 들어있다. 그 통계에 의하면 구속인원수의 95%가 영장 없이 체포되었고, 서울 지방검찰청의 경우 영장 없이 긴급구속당한 사람들의 75%가 불기소처분된 것으로 나타나있다. 곧 많은 사람들이 영장 없이 체포당해(사후 영장청구) 경찰서에서 10~20일간 유치당하였는데, 그 중 75%가 무죄 또는 기소중지로 나온 것이었다. 그런데도 이들은 "그저 열흘 들어갔다 나왔으니 무사히 별일 없었어"라고 항의하지 않고 자위한다고 윤길중은 개탄하였다.[572] 어쩌면 이들한테는 여차하면 죽기도 하는 판인데 쉽게 살아나온 것이 다행이라는 생각이 들지 않았을까. 너무나도 심하게 당하기만 한 사람들은 권력에 대한 공포 속에 당하는 것이 숙명이고 당연하다는 사고에 빠져들기 쉽다. 그것은 현기영이 폭도, 용공의 누명을 쓴 채 죽어간 수많은 원혼들, 그 대참사에서 용케 살아남은 생존자들이 어쩔 수 없이 뿌리 깊은 피해의식에 눈멀게 되었다고 말한 대목과[573] 비슷한 현상이라고도 볼 수 있다. 그래서 많은 한국인들은 피해의식이 깊이 내면화되어 제2의 천성처럼 굳어버렸고, 그것은 숙명적인 열패감과 자기부정을 낳았으며, 권력에 대한 맹목적인 두려움을 불러일으켰다.[574] 그것은 또한 갑오농민전쟁, 의병전쟁, 3·1운동, 항일투쟁을 겪고 목도하면서 쌓아올려진 것이기도 하였다. 일제침략자가 학살에서 기도한 바대로 극우반공세력들이 기도하였다면 그것은 큰 성공을 거둔 셈이다.

피해의식은 의식의 전도현상으로도 볼 수 있는 사고의 굴절을 일으킨다.

분리의 한 유형으로 파악하였다.

572) 『제2대 국회를 움직이었든 인물』, 국회타임스사, 1954, 110~111쪽

573) 현기영, 앞의 글, 166쪽.

574) 위의 글, 166쪽.

마을에서 촉망받고 똑똑하다는 말을 듣던 사람들이 원망의 대상이 된 경우는 제주도에서만 있었던 일이 아닐 것이다. 『제민일보』의 김종민 기자는 토벌대에게 부모를 잃은 유족들 중에는 토벌대를 원망하기보다는 산에 오른 청년들에게 더 적개심을 갖는 사람들이 있었다고 증언한다. 누가 총을 쐈든 청년들이 난리를 피는 바람에 애꿎은 자기 가족들까지 그토록 처참하게 희생을 치른 것 아니냐는 주장이었다.[575]

경남 남해군 이동면 신전리 복곡 골짜기에서 보도연맹원 33명이 줄줄이 엮인 채 학살당하였을 때, 그곳에서 형을 잃은 심옥천(남해군 서면 금곡리)은 그 후 연좌제 때문에 자기 아들들이 큰 피해를 입었다고 생각하고 있다. 청소년기에는 부모의 슬퍼하는 모습을 보고 형이 너무나 불쌍했다고 생각하였지만, 나이가 들면서는 빨갱이 집안으로 매도되어 남의 눈치를 살피면서 살아갔다. 그러다 성적이 우수하였던 큰아들이 1989년 경찰대학에 응시하여 2차까지 합격하였으나 3차에서 불합격하자, 그는 형의 묘지로 달려가 그것을 파헤치려고 하였다.[576]

피해의식은 사회의식이나 가치관을 굴절시키지만, 경우에 따라서는 심한 역전현상을 보여주기도 한다. 부모가 학살당하는 등 극우반공세력 또는 극우반공체제로부터 심한 피해를 입은 사람들 중에는 모순되게도 더 극단적으로 극우적 행태를 보이고, 극우반공세력의 일원이 되고자 하며, 극우반공체제 수호에 앞장서기도 하는 경우가 적지 않다. 자아분열, 인격분리의 한 현상이었다.

제주도에서는 한국전쟁이 일어나자 앞다투어 군에 입대하였다. 어느 날 갑자기 집합하여 이유도 모른 채 총살당하는 것보다는 자신의 의지대로 총알을 피할 수 있는 전쟁터가 훨씬 안전하였기 때문이었다. 그런데 토벌대에게 가족을 잃었거나 토벌대의 눈총을 받아 곤욕을 치렀던 사람일수록 "해병대 3기로 지원입대하여 인천상륙작전에 참전했다"는 군경력을 애써 강조하였다. 이러한 현상은 제주도가 얼마나 공포의 땅이었는가를 말해주

---

575) 김종민, 「4·3 이후 50년」, 377~378쪽.
576) 부산매일, 앞의 책, 269~270쪽.

는 것이고, 빨갱이 잡는 데 앞장선 사람이 어째서 빨갱이일 수 있느냐는
항변이나 자기변호일 수도 있다.577) 군에 입대한 사람들 가운데는 함평 일
대 양민학살의 경우처럼 부분적으로 육지에서의 학살에 가담한 예가 있다.
부대장의 명령 때문에 그들이 학살에 참여하였는지, 피해의식 콤플렉스가
극단적으로 작용하여 제주도 청년으로 하여금 황상익이 말한 바 '반동형
성'의 형태로 마성(魔性) 또는 야만성을 갖게 하였는지는 더 연구해봐야 할
것이다. 전쟁 때 육지에서 제주도 출신 군의 만행이 다른 곳에서도 있는
것으로 보아,578) 심한 의식의 역전현상이라는 점을 생각해보지 않을 수 없
다.

　의식의 전도현상은 남해에서 보도연맹원 집단학살로 죽은 형의 묘를 파
헤치려 하였던 심씨한테서도 보이지만, 그와 같이 학살당한 사람들의 유족
은 오히려 학살당한 자신의 부모형제를 원망하는 경우가 적지 않다. 1992
년 구좌읍 중산간지대에 있는 다랑쉬굴에서 여자와 어린이를 포함한 유골
11구가 발견된 것은 4·3학살을 새롭게 생생히 확인시켜준 충격적 사건이
었다. 다랑쉬굴 일대와 발견된 유골들은 잘 보존하여 모름지기 4·3의 귀
중한 역사현장으로 삼아야 하였다. 제주도 여론은 유골을 양지바른 곳에
안장하자는 쪽으로 모아졌는데, 희생자의 유족도 아닌 친척이라는 한 사람
이 갑자기 나타나 유족대표로 등장하면서부터 사태는 달라졌다. 당시 무장
대의 습격으로 큰 피해를 입었던 세화리의 일부 주민도 유골 매장에 반대
하였다. 제주도의 여론에도 불구하고 대세는 '보이지 않는 손'에 의하여 바
뀌었다. 당국에서는 "매장을 권유함에도 불구하고 유족들이 한사코 화장을
주장했다"고 발표하였고, 유골은 불에 태워져 바다에 수장되었다. 유골 화
장에 결정적 역할을 한 그 유족대표는 일제강점기에 사회주의운동을 벌이
며 항일투쟁을 한 독립투사의 아들이었다. 그런데 그 독립투사는 해방 후
인민위원회 활동을 하다가 일본으로 넘어갔고, 그 후 재일동포 북송선을
탔다. 이 때문에 그 아들이 어떠한 고통을 치렀으리라는 것은 충분히 짐작

---

577) 김종민, 「4·3 이후 50년」, 373~374쪽.
578) 조성구, 앞의 글, 169쪽 참조.

할 수 있다.579)

 '기억의 공포'를 새롭게 해주고, 억울하고 불법적인 학살행위의 피해자에게 오히려 공포가 따라다니는 것을 실감케 하는 것이 연좌제였다. 학살당한 가족과 가까운 친지들은 학살당하였다는 이유 하나로 연좌제에 묶여 항상 감시를 받았고, 공무원 임용에 제한을 받았으며, 사관학교에도 갈 수 없었다. 1970년대까지는 해외에 나가는 것을 제한받았기 때문에 수출과 관련된 기업에 취직되기도 어려웠다. 경남 진양군 금산면 동사리에서 구장을 하였던 박중철이 보도연맹원으로 다른 100여 명과 함께 학살당한 후 그의 처와 자식들은 연좌제 때문에 사회생활을 제대로 하지 못하였고, 큰아들은 정신이상증세를 일으켰다.580)

 패러독시컬한 현상이지만, 학살이 가져다준 시효 없는 공포와 피해, 피해의식은 극우반공체제를 떠받치는 기둥 역할을 하였다. 곧 그것은 극우반공체제의 수호신으로 기능하였다. 극우반공체제하에서 한 사람이라도 '좌경세력'이나 '불온분자'가 있어서는 안되기 때문에 그러한 사람으로 지목되면 집안에서건 마을에서건 따돌림을 받고 격리되어야 하였다. 부산매일의 『울부짖는 원혼』에는, 경남 남해의 경우 보도연맹원들은 한밤중이건 농사일이 바쁜 대낮이건 지서에서 소집하면 수시로 달려가야 하였으나, 누구 하나 불평하거나 반항하지 않았다는 증언이 실려있다. 불평 그 자체가 바로 빨갱이임을 확인시켜주는 분위기 때문이었다.581) 1950년대이건 그 이후이건, 노동운동이나 농민운동은 '불온한 짓'으로 낙인찍히기 일쑤였고, 반국가사범으로 국가보안법 등에 의하여 제제를 받은 경우가 많았다. 학생운

---

579) 김종민, 「4·3 이후 50년」, 374~375쪽.

580) 조성구, 앞의 글, 162쪽.

581) 부산매일, 앞의 책, 264쪽. 황상익은 '빨갱이'라는 단어가 떠오를 때마다 '문둥이'라는 말이 떠오른다고 기술하였다. 문둥이는 '나병환자'라는 뜻만 가지고 있는 것이 아니라, 인간을 완전히 소외시키고 그 존재를 아예 부정하는 '죽은 자'의 뜻도 가지고 있기 때문이다. 우리 사회에서 '빨갱이'라는 말은 그동안 '죽어야 할 자' 더 나아가 '죽여야 할 자'라는 의미가 있었다. '빨갱이'라는 낙인이 찍히면 더 이상 인간이 아니므로 그에게는 어떤 만행도 가능하였다.(황상익, 앞의 글, 336~337쪽)

동도 그런 경우가 적지 않았다. 사건화될 경우 당자도 그렇지만, 부모 등 가족들이 더욱 두려움을 가졌다. 다음의 예와 같이, 자식이 학생운동 현장에 있다는 사실을 안 것만으로 갖게 된 두려움은 학살의 공포와 직접 연결되는 것은 아니지만, 한국사회에서 공포 또는 두려움과 피해의식이 극우반공체제를 떠받쳐주는 강력한 힘이라는 것을 말해준다.

참 말도 못하지요. 세상이 무너지고 눈앞이 캄캄해졌으니까요. "우리 자식 망했구나, 이젠 인생 낙오자가 되는구나" 하는 생각이 들면서 머리가 아프고 온 몸에 힘이 빠져 드러눕지 않으면 쓰러질 것만 같았어요.

TV에서 대학생 수십 명이 ○○건물에 들어갔다고 하길래 우리 자식이 저기 있는 게 아닌가 하는 예감이 들었어요. 여기저기 달아보다가 우리 애가 그곳에 들어갔다는 것이 확인되는 순간 폭삭 늘어져 죽겠는데, 앞이 캄캄해지고 가슴이 두근두근 뛰는 게 "이젠 다 살았구나" 하는 생각밖에 없었어요.[582]

3) 개성과 창조력이 질식당한 사회

1980년대 이전에는 사상범 또는 양심수의 변호를 맡기도 어려운 적이 있었다. 여순사건 때 순천지방 검찰청의 박찬길 검사는 다른 19명과 함께 군에서 발행한 것 같지도 않은 사형집행장이라는 것 하나로 처형되어 사회적으로 큰 문제가 된 바 있었다. 박검사는 군정기부터 경찰의 인권유린에 비판적이었고, 경찰이 체포한 좌익을 석방하거나 가벼운 형을 구형하여 미움을 받았기 때문이었다. 그런데 민국당의 조영규 의원은 이렇게 진술하였다.

박검사에 대한 총살은 검찰진영에 대한 캄플 주사였습니다. 과거에 좌익을 도와주고 좌익을 석방시키는 그런 사람을 훈계하는 위대한 한 방법이었다고 저는 생각합니다.[583]

---

582) 정기열, 「대학인의 삶을 찾아서」, 『민족이여 통일이여』, 풀빛, 1987, 156쪽에서 재인용.

전쟁기에 유병진 판사는 '비상사태하의 범죄처벌에 관한 특별조치령'에 따라 부역자들을 재판하면서 무척 고민하였다. 고심 끝에 그는 그 대통령령은 현실을 무시한 것이요, 그런 까닭에 민족을 해칠 수 있다고 보았고, 부역자한테 중형을 요구하는 여론이 과혹(過酷)한 것이라고 결론짓고, 정의를 살리고 민족의 정당한 부르짖음을 대변하며, 나아가 민국의 앞날을 위하여 소신있게 재판하기로 결심하고 이를 악물고 감연히 나섰다. 그러나 그의 표현을 빌면, 노도와 같은 여론의 흐름이 그를 삼킬 듯하였고, 그래서 그는 "죽음을 각오하고 이에 뛰어들었다"고 자신의 심정을 토로하였다.[584] 극우반공체제에서 진실과 정의를 위해 싸운다는 것은 최악의 사태까지 염두에 두고 있어야 하였다. 그러나 현실세계에서 성서에 나오는 그와 같은 '의인'은 찾기란 힘들었다.

극우반공체제에서 인간은 자기자신을 실현시킬 수 없었다. 조봉암은 「우리의 당면과업」에서 김구·김규식 등과 뜻을 같이하던 민족주의자들과 보도연맹원 생존자 및 그 가족들이 어떠한 박해와 수난을 당하고 있는가를 상세히 서술하면서, 한국인의 철천지 소원은 자유와 독립 그것이었고, 개성을 마음껏 발휘하여 무엇이든지 힘껏 마음껏 해보고 싶은 그것뿐인데도, 현실의 실정은 공포 속에 위축되어 골방 속이나 뒤꽁무니에 숨어서 좌고우면하기에 바쁘고, 시와 비를 주장할 만한 용기를 잃고 늘 소극적이고 미온적이어서 과연 이 땅에 직언·직필이 있는가를 의아케 한다고 지적하였다. 그래서 국민간에 미신적인 행동의 범위는 확대되고 정감록파의 목소리는 커진다는 것이었다. 송건호가 1967년에 쓴 글에서 젊은 층(대학생)만이 국민의 입장에서 행동적 참여를 하고 있을 뿐, 기성층은 극우반공체제하에서 반공적 지식인까지 하도 많이 당하다보니까 이지러지고 위축되고 정신적 망명을 받기도 하여 회피와 침묵 속에 말이 없다고 진단한 것도[585] 조봉암의 지적과 같은 맥락이다.

이 땅은 수십 년간 진영논리, 반공이데올로기가 휩쓰는 지적 황폐함과

---

583)『국회속기록』제5회 14호, 1949. 10. 5.

584) 유병진, 앞의 책, 4~5쪽.

585) 송건호, 「한국지식인론」,『민족지성의 탐구』, 창작과비평사, 1975, 52~53쪽.

무력감 속에서 자신의 역사, 자신의 정체성을 상실한 매판·사대의 비주체적 사회가 전개되었고, 문화라고 이름붙일 수준도 못되는 수구적이고 복고적인 풍조가 만연하였다. 주눅들고 졸아드는 참새가슴을 하면서 두려움에 떨어야 하는 세상에서는,586) 말 한 마디 할 때마다 주위를 두리번거리고, 글 한 자 쓸 때마다 걸리지 않을까 불안해하는 세상에서는 참된 지성, 뛰어난 문학이 나올 수 없다. 현기영이 1970년대 칠흑 같은 어둠 속에서 한국지성사와 한국문학사에 한 페이지를 남기게 된 「순이삼촌」을 쓸 수 있었던 것은, 역설적이지만 유신이라는 엄혹한 현실 때문이었다. 그는 심미주의라는 '도착된 미의식'에 사로잡혀있다가 유신체제에서 문학의 사회적 의미를 깨달았고, 그래서 자신이 젖줄대고 태어난 척박한 섬땅, 침탈과 대학살과 가난으로 찌든 고향의 모태로 정신적 귀향을 감행하여 자신의 정체성, 자신의 역사를 찾는 작업으로 「순이삼촌」을 집필하였다. 그것에는 유병진 같은 사람의 용기가 요구되었다. 그의 자기발견 작업은 그 뒤에도 쉼없이 계속되었다. 그러나 그의 작품도 4·3과 관련하여 주로 수난의 측면만을 다루고 있다. 현기영처럼 용기있는 사람도 항쟁을 전면으로 다룰 용기는 나지 않았다. 그러한 심정이 「위기의 사내」에 다음과 같이 토로되어있다.

그는 피하조직에 영원히 치유되지 않을 응혈상처를 지닌 불구자였다. 그가 맞은 매의 효과는 정확했다. 글장이로서 그는 예각이 멍들어버린 두루뭉수리가 되어버렸다. 아무리 눈을 흡뜨고 펜대에 힘을 줘보지만 멍든 감수성으로 힘찬 글을 써낼 수는 없는 노릇이었다.587)

톨스토이의 『전쟁과 평화』를 비롯해서 위대한 문학작품은 상당수가 역사의 격동기를 다루었다. 한국은 일제 말 해방 직후의 격동기를 겪었고, 4·3과 여순사건, 한국전쟁을 가지고 있다. 예지와 통찰력으로 가득찬 깊이 있는 연구, 위대한 문학작품, 웅장한 드라마를 낳을 수 있는 더할 나위 없

---

586) 한강하, 「아아, 민족자주와 통일의 그날이여!」, 『민족이여 통일이여』, 16쪽.
587) 현기영, 앞의 글, 164~165, 170쪽.

이 좋은 소재들이다. 그러나 유년기부터 개성 또는 창조성을 탈진시킨 사회, 그 사람의 정치이념이 진보적이든 보수적이든 격동기를 있는 그대로 묘사할 수 없는 두려움과 피해의식으로 병든 사회에서는 그 사회의 문화자산을 풍부하고 위대하게 할 수 있는 작품이나 학문이 나올 수 없다. 산사람(유격대원)의 정치이념, 격정, 고뇌와 방황을 정면에서 묘사할 수 없는데 어떻게 위대한 4·3문학, 전쟁문학이 나올 수 있겠는가.

피해의식은 극우반공체제에 순응하는 인간형을 만든다. 그것은 반공이데올로기가 왜 그렇게 강력하고 강인한가를 설명하는 중요한 한 요소이다. 이러한 현상은 어느 특정 지역의 고유한 현상이라기보다는 보편성을 갖고 있지만, '피해'가 특히 심하였던 지역에서 더 두드러졌다. 제주도의 경우 4·3 이후 어떠한 결정을 내려야 할 때가 오면 "남의 대동하겠다"라고 말한다고 한다. 자신의 생각과 상관없이 다수의 결정에 따르겠다는 의사표시이다. 4·3의 경험이 제주사람들에게 모난 돌이 정 맞는다는 속언을 일깨워 준 것이다. 정부가 하는 짓이 부당하다 하더라도 순응해야 하고, 만약 반대하고 나서는 청년이 있으면 꾸중을 들었던 것도 그 때문이었을 것이다. 제주사람들은 자식들이 학생시위에 참여할까봐 전전긍긍하였다.[588]

제주도 사람들의 이러한 성향은 역대 선거에서의 득표상황에도 일정하게 반영되었다(다음의 표 참조). 다음 표를 보면 6월민주항쟁 이전에는 제주도에서 여당 후보에 대한 표의 비중이 전국 득표율보다 월등히 높거나 상당히 높아서 제주도가 여당에 던지는 표가 많았던 것을 알 수 있다. 투개표 부정을 감안하여야겠지만, 특히 이승만 정권기에 압도적으로 이승만 후보에 대한 표가 높다는 것은 그만큼 피해의식이 작용하였다는 반증일 것이다. 그것은 진보 성향이 있는 조봉암 후보에 대한 대단히 낮은 득표율로 나타났는데, 1952년의 8·5정부통령선거에서는 조후보가 이시영 후보보다 득표율이 낮다.

그러나 박정희 정권하 대통령선거에서는 이승만 정권에 비해 제주도에서 상대적으로 여당 후보의 득표비중이 낮아졌다. 그것도 6대 선거와 7대

---

588) 김종민, 「4·3이후 50년」, 378~379쪽.

역대 대선 후보자별 득표율

2대		이승만	조봉암	이시영	신흥우
(1952. 8. 5)	전국	74.6	11.4	10.9	3.1
	제주	83.8	6.4	7.0	2.8
3대		이승만		조봉암	
(1956. 5. 15)	전국	70.7		30.3	
	제주	87.9		12.1	
5대		박정희		윤보선	
(1963. 10. 15)	전국	46.6		45.1	
	제주	69.9		22.3	
6대		박정희		윤보선	
(1967. 6. 3)	전국	51.5		40.9	
	제주	56.5		32.1	
7대		박정희		김대중	
(1971. 4. 27)	전국	53.2		45.3	
	제주	56.9		41.4	
13대		노태우	김영삼	김대중	김종필
(1987. 12. 16)	전국	36.6	28.0	27.1	8.1
	제주	49.8	26.8	18.6	4.5
14대		김영삼	김대중	정주영	박찬종
(1992. 12. 18)	전국	42.0	33.8	16.3	6.4
	제주	40.0	32.9	16.1	8.8
15대		김대중	이회창	이인제	권영길
(1997. 12. 18)	전국	40.3	38.7	19.2	1.2
	제주	40.6	36.6	20.5	1.4

출전 : 김종민, 「4·3 이후 50년」, 『제주4·3연구』, 198쪽에서 재인용.

선거에서는 박정희 후보의 득표율이 제주도에서 거의 같아졌는데, 야당 후보에 대한 표의 비중은 6대 선거에 비해 상대적으로 민주의식이 고양되었던 1971년에 치러진 7대 선거에서 많이 높아져, 1960년대 이후 제주도 주민들의 의식이 변화하고 있음을 보여주었다. 1987년 대통령선거에서 노태우 후보의 득표율이 전국 득표율보다 꽤 높다는 것은 피해의식이 작용하였다기보다는 이 지역이 비교적 지역갈등에서 초연하고 여권 표가 상대적으로 많음을 보여주는 것이다. 반면 1997년 대통령선거에서는 상대적으로 진보적인 김대중 후보의 득표율이 전국의 그것보다 제주도에서 미세하게 높았고, 보수적인 이회창 후보는 전국의 그것보다 낮은데, 진보진영 후보 권영길은 전국 득표비중보다 제주도에서의 그것이 약간 높아 이 시기가 되어서야 제주도가 다른 지역보다 오히려 진보적임을 드러냈다.

2. 무지와 왜곡의 체계화

1) 무지와 왜곡의 강요

국가보안법이 경직적으로 운용되던 극우반공체제하에서는 일종의 국가보안법체제라고 할 만한 현상이 있었는데, 그 중 하나가 근현대사에 대하여 무지를 강요한 일이었다. 국가보안법체제에서는 북에 대해 사실을 아는 것이 범죄가 될 수 있었다. 북에서 나온 인쇄물이나 유인물은 하등 정치적인 것이 아닌 학술적인 것조차 소지 자체가 금지되었다. 북에 관한 사실을 말하는 것은 그것이 기밀이 아니고, 예컨대 "평양에는 트롤리 버스가 다닌다더라" "평양은 전원 도시로 유명하다"와 같은 일반적인 사실을 얘기해도 국가보안법이나 반공법의 피의자가 될 수 있었다. 북에서 촬영한 금강산 사진이나 백두산 사진을 가지고 있어도 마찬가지였다. 정부기관에서 선전·홍보하는 것을 제외하고서는 북에 대해 알고 있어서는 안되었다. 그렇다고 남한에 대해서는 진실을 말할 수 있었는가 하면, 그것도 실제는 비슷하였다. 반공법이나 국가보안법에서 이적표현물이라는 조항, 곧 북을 이롭게 한다는 조항을 확대해석하면 걸리지 않을 경우가 드물었다. 가지고 있는 사회·인문과학서적도 그러하였고, 정부 비판도 그러하였다. 과거의 기록물을 지니고 있는 것도, 해방 전후사를 증언하는 것도 그 대상이 될 수 있었다. 친일파나 민족해방운동에 관한 연구도 제한적이 될 수밖에 없었다. 6월민주항쟁 이전에 현대사는 물론, 근대사 연구가 제대로 안된 이유의 하나도 여기에 있었고, 다른 이유들도 대개 그것과 연관되어있었다. 한국인은 자신의 근현대사를 상실할 수밖에 없었고, 그만큼 정체성을 상실한 인간이 될 수밖에 없었다.

극우반공세력이 남과 북에 대하여 무지와 왜곡을 강요한 것은 극우반공세력이 그와 같은 무지와 왜곡 속에서 자신의 지반을 구축할 수 있었기 때문이다. 주민집단학살사건이 제대로 밝혀지지 않았고, 그것을 밝히려는 노력이 이승만 정권이나 5·16쿠데타 권력 등에 의해서 저지된 것도, 진실 앞에서 극우반공체제가 버텨낼 수 없다고 두려워하였기 때문이었다. 그런데 학살은 공포와 피해의식이 어떤 다른 역사적 사실보다도 강렬히 작용하였기 때문에 무지와 왜곡이 훨씬 심하였고, 그것의 진실 앞에서 극우반공체제가 버텨내기 어렵다는 점이 작용하여 무지와 왜곡의 체계화 현상이 현대판 바벨탑이라고 할까, 거대한 공포의 위압적 조형물로서 수십 년간에 걸쳐 쌓아올려지기에 이르렀다.

국민보도연맹원 및 경찰감시 대상자 집단학살은 그 규모로만 봐도 한국 역사상 보기드문 대참사로서 어떠한 입장에서든 국민들에게 중요하게 기억되도록 해야 하였다. 그런데 40년에 가까운 세월이 흐른 1988년에『말』지 기자가 그 집단학살사건을 취재하면서 주위사람들에게 보도연맹이란 말을 들어본 적이 있느냐고 물으면, 처음 듣는다고 답하는 경우가 십중팔구였다. '保導'란 말의 뜻도 아는 사람이 드물었고, 대개가 언론보도의 '報道'로 오인하였다고 한다. 설사 안다 하더라도 무시무시한 냉전풍토에 젖어서 가족 중에 보도연맹과 관련된 사람이 있다는 것을 숨기는 분위기가 지배적이었다.[589]

전북 옥구군 미면 미룡리 용둔마을에서 보도연맹에 연루되어 목숨을 잃은 김태욱의 아들 김신정(1989년 현재 47세)은『한겨레신문』에서 보도연맹에 관한 기사를 읽기 전까지 보도연맹이란 것이 있었는지도 몰랐다. 아버지가 보도연맹원으로 죽었다는 사실도 그 뒤 부친의 친구가 말해주어서 알았다.[590] 당시 보도연맹원이었는데 가까스로 살아난 부친을 둔 정모는 "어릴 적에 아무도 말해주지 않는 분위기 속에서 일반 상식인으로서는 통하지 않는, 두려워서 이야기할 수 없는 가정사가 많았다"고 말하였다.[591] 보도연맹원 집단학살을 6월민주항쟁 후 대중매체를 통하여 최초로 알린

---

589) 김태광, 「해방 후 최대의 양민참극 '보도연맹'사건」, 20, 26쪽.
590) 김태광, 「속 '보도연맹'사건」, 46쪽.
591) 김태광, 「해방 후 최대의 양민참극 '보도연맹'사건」, 26쪽.

것으로 알려진 김태광 기자의 『말』지 기사 제목에도 다 '학살'이라는 단어가 빠진 것을 봐도 이 학살에 얼마나 무서운 공포가 서려 있었던가를 짐작할 수 있다. 필자도 1990년대 후반에 이 문제를 언급하면서 학생들에게 보도연맹이라는 말을 들어본 일이 있느냐고 물으면 모두 다 모른다고 답변하였다. 보도연맹원 학살사건을 목도하고 들은 사람들도 자식들에게 말하지 않을 정도로 침묵으로 일관하였고, 그래서 일반학생들은 그런 사실을 전혀 모르고 있었던 것이다.

사정은 일부 소수의 군인에 의하여 저질러진 주민집단학살사건도 비슷하였다. 여러가지 이유로 폭로되고 큰 정치적 사건으로 확대된 거창양민학살을 제외한 다른 지역에서의 학살은 일반인들이 거의 모르고 있다. 1960년 4월혁명 후 주로 5, 6월경에 산청, 함양, 남원 등지에서의 학살이 보도되기는 하였지만, 그 정도의 수준이었고, 5·16쿠데타로 여러 학살사건의 유족회원들이 구속되면서 다시금 수십 년간 말도 꺼낼 수 없는 상황에 이르렀다. 『동아일보』의 김영택 기자가 1988년 5월 함평에서 학살을 취재할 당시에도 37년의 세월이 흘러갔는데도 유가족이나 마을사람들은 군당국의 위협이 얼마나 극심하였던지, 이 사건의 상황에 대하여 입 열기를 두려워하였다. 그 취재기가 활자화되는 데도 꼭 1년이 걸렸다.592)

입 열기를 두려워한 것은 4·3학살도 마찬가지였다. 4·3은 결코 발설해서는 안될 무서운 금기여서 모든 사람의 입을 얼어붙게 하였다. 현기영은 고교교사 때 방학을 이용하여 고향에 내려가 취재에 몰두하였는데, 친척들마저 좀처럼 입을 열려고 하지 않았다. 어느 할머니는 4·3 때 죽은 큰아들의 모습을 보는 것 같다며 그의 손을 붙잡고 하염없이 눈물을 흘렸지만 끝내 가슴속 옹매듭으로 맺혀있는 얘기는 하지 않아, 그 역시 덩달아 울기만 하다가 발걸음을 돌렸다고 한다.593) 3만 명 이상의 희생자가 났는데도 그러하였기 때문에 4·3에 관한 한 40년 가까이 제주도는 얼어붙은 숨막힌 땅이었다. 4·3 진상 밝히기 등 4·3과 관련된 대학생들의 시위나 필화

---

592) 김영택, 앞의 글, 112쪽.
593) 현기영, 앞의 글, 166~167쪽.

사건들이 좌경용공과 결부되어 보도되면 제주도민들은 숨죽여 가슴을 쓸어내렸다.

현기영보다 훨씬 늦은 시점에 취재를 하였던 김종민 기자와 동료 기자들도 증언자들의 입을 열게 하느라 무진 애를 먹었다. 증언자들은 "세상이 다시 어지러워지면 내 발언이 문제가 될 게 아니냐"고 반문하며, 자신들이 그동안 권력으로부터 겪었던 고초나 고통을 이야기하였다.594) 마을의 온갖 사건을 얘기한 증언자들이 정작 자기 부모가 토벌대에게 희생되었다는 사실은 말하지 않는 경우도 많았다. 우연히 다른 사람으로부터 그 사실을 전해듣고 다시 찾아가서 물어보면 그제서야 '실토'하면서 '모든 게 시국 탓'이라고 부언하였다.595) 공포와 피해의식은 그만큼 컸다.

국회의원 등 유명 인사들도 가족이나 친지 중에 학살당한 사람이 있다는 것을 구태여 감추는 경우가 적지 않다. 그 점은 제주도의회 4·3특위의 희생자조사에서도 비슷하였다. 사회적으로 널리 알려진 사람이나 공무원들 가운데는 희생자를 신고하지 않는 경우가 많았다. 입을 열지 않는 데는 연좌제도 한몫 하였다. 많은 증언자들이 자기 부모가 억울하게 희생되었는데도 토벌대에게 죽었다는 이유 하나만으로 자신은 물론 자식들의 장래까지 막혔다고 하소연하였다. 1980년대 초에 연좌제 폐지가 발표되었지만 아직도 비공식으로 적용되고 있을 것이라고 믿으면서, "내 일생을 망쳤는데, 그 멍에를 자식에게까지 물려주라는 말이냐"라며 증언을 기피하는 예도 있었다.596)

---

594) 제주도의회 4·3특위에서 희생자조사를 발표하고 4·3 진상이 『제민일보』에 연재되자 제주도 경찰청에서는 전담자를 정하여 4·3조사에 나섰다. 경찰은 희생자 명단의 진위 여부나 『제민일보』에 보도된 증언내용을 확인하러 다녔다(김종민, 「4·3 이후 50년」, 372쪽). 희생자 유족들에게는 그것도 심리적 압박이 되지 않을 수 없었을 것이다.

578) 황상익은 이러한 행위가 의식적으로 증언을 삼갔다고 볼 수도 있지만, 자신과 관련된 사실을 교묘히 억압한 것으로도 이해할 수 있다고 지적하였다. 또 '실토'했다고 하지만 사실은 '남의 일'로 여기고 있는지도 모른다고 해석하였다. 그는 그러한 심리를 격리로도 설명하였다. 격리는 끔찍한 사건에 동반하는 감정이나 느낌을 의식에서 몰아내는 무의식적 방어기전으로, 사건은 기억하지만 그것에 수반된 정서는 기억하지 않는 현상이다(황상익, 앞의 글, 331쪽).

극우반공이데올로기의 지주인 레드 콤플렉스는 보도연맹원 피학살자 가족들의 증언에서도 빈번히 나오듯이 희생자들이 농사만 지었던 세상물정을 잘 모르는 사람들이었다는 주장으로도 나타난다. 제주도의 경우, 대부분의 유족들은 자기 부모가 일자무식의 촌부였음을 빠뜨리지 않고 애써 역설하였다. '좌익사상'을 가질 만한 사람이 아니라는 사실을 강조하기 위해서였다. 그래서 제주도 희생자 유족의 10분의 1을 차지하는 '반공유족'이 숫적 열세에도 불구하고 계속 유족회를 주도하였고, 회원의 절대다수를 차지하는 토벌대에 희생된 유족들은 그 안에서 '억울함을 보장받으며' '반공유족'들과 함께 빨갱이를 성토하였다. 제주도에서 유족회 회장단이 토벌대에 희생된 가족으로 바뀐 것은 1996년이었다.[597) 국회에서 각지의 양민학살사건을 조사할 때 거창양민피학살자 가족들은 '신원면 유가족 일동'의 이름으로 1960년 5월 25일에 국가에 호소문을 보냈는데, 그 호소문에는 "원혼들은 반공정신이 확고하여 국군을 환영하여 묵묵히 끌려다녀 반항없이 참사하였으니"라는 구절이 나온다.[598) 이 구절 하나만으로도 당시 서민들의 정신상태 등 여러 현상을 설명할 수 있을 것이다.

"억울하다" "일자무식이었다"는 식으로 표현되는 피학살자 가족들의 피해의식은 주민집단학살의 진실을 밝히는 데도 많은 어려움을 초래하고 있고, 피학살자 유족들끼리 연대를 갖는 것도 힘들게 하고 있다. 피학살자 유족들간의 연대는 한국과 같은 상황에서는 여러 지역이 함께 하는 것이 더 바람직한데, 그렇게 되지 못하는 것은 한국사회에 만연한 반공이데올로기, 레드 콤플렉스나 피해의식 때문이다. 1990년대에 '문민정부'가 들어서서 광주문제가 '해결'될 전망이 높아졌을 때, 광주의 일부 관계자들이 제주도나 다른 지역의 학살문제에 대해서도 공동의 연대를 표명하고 함께 해결해줄 것을 요구하는 활동을 벌일 수 있는 좋은 기회가 왔고, 이것이 광주민주항쟁의 정신을 참되게 이어받는 길이라고 역설하였지만, 별다른 호응을 받지 못하였다.

---

596) 김종민, 앞의 글, 370~372쪽.
597) 위의 글, 373쪽.
598) 노민영·강희정, 앞의 책, 193~194쪽.

필자가 거창양민피학살자 묘소에서 유족 한 분에게 비슷한 시기에 당하였던 산청 등 다른 지역의 양민피학살자 유족들과 연대하여 일하는 것이 좋지 않겠느냐고 말하였으나, 지역마다 '사안이 다르기 때문에' 곤란하다는 의미의 답변을 들은 바 있다. 같은 사단, 같은 연대, 같은 대대에 의하여 같은 시기에 학살당하였는데도 자신들은 '억울하다'는 것을 확고히 내세울 수 있지만, 다른 쪽은 꼭 그렇지 않다고 보는 것은 레드 콤플렉스가 작용한 데다, 다른 쪽과 연대하면 의심을 사 조사를 받게 될 것이라는 등의 피해의식이 결합하여 낳은 현상이다. 광주의 경우도 그러하지만, 그것은 한국사회가 그만큼 심하게 공동체성이 파괴되어 어떻게 해서라도 우리만 살아남자, 살아보자는 일반적인 사고에 맥이 닿아있다. 극우반공체제는 박정희식 근대화와 혼연일체가 되어 시민사회를 불구로 만들고, 여러 계층·계급의 연대를 막고 사람들을 모래알처럼 흩어놓았다. 피학살자 유족들과 진상조사운동 및 피해보상·복권운동 등도 그와 같이 만들어버렸고, 그것은 또 극우반공이데올로기가 계속 살아숨쉬게 하는 데 기여하였다.

좌익이 우익을 많이 학살한 지역, 좌우익 상호간에 학살이 많았던 지역은 대체로 레드 콤플렉스나 무력증세가 상대적으로 심하고, 그만큼 극우반공이데올로기가 기승을 부렸다. 제주도에서 토벌대에 학살당한 사람들의 유족들이 40년 이상을 숨죽이고 산 큰 이유 중의 하나는 산사람들이 전체 피학살자의 10% 내외를 살해하였기 때문이었다. 특히 4·3 후기에 유격대가 세화리 등을 덮쳐 무차별 학살을 자행한 것은 잔인하기 이루 말할 수 없는 만행이었다. 반공체제에서 유격대한테 학살당한 사람들 유족들의 분노와 원망 앞에 다른 피학살자 유족들은 전전긍긍하지 않을 수 없는 경우가 많았다.

경상도와 전라도는 일제시기에 농민운동이 강하였던 지역이고, 해방 후에도 다른 지역에 비하여 인민위원회 활동이 강하였으며, 1946년 10월항쟁에서도 경상도 다음으로 전라도에서 항쟁 또는 소요의 규모가 컸다. 전쟁기 빨치산 활동도 이 지역에서 많았다. 그러나 경상도지역은 인민군이 들어오지 못한 곳이 많았고, 들어왔어도 상대적으로 일찍 쫓겨갔다. 전라도는 인민군 점령지역이어서 부역자가 많이 생겨났고, 몇몇 지역에서는 단순한 좌우의 대립이 아니라 여러가지 이유와 형태로 심한 동족상잔이 있었다. 이 점이 1950년대에서 1960년대 초에 이르는 시기에 상대적으로 전라도지역이 경상도지역에 비하여 진보적 활동을 제한한 주요 요인의 하나로 되었다.[599]

선거운동의 제약과 투개표 부정 때문에 유권자의 의사가 정확하게 반영되었다고 보기는 어렵지만, 그것은 1950년대 정부통령선거에서도 부분적으로 드러난다. 투개표가 심한 부정투성이여서 정확하지는 않지만, 1956년 5·15정부통령선거에서 조봉암 후보는 경북과 경남에서 각각 전체 유효득표수의 44.7%, 37.7%를 차지한 반면, 전북과 전남에서는 각각 39.8%, 27.9%로서 경상도지역에 비해 상대적으로 지지율이 낮다.[600] 제1장에서도 살펴봤지만, 손호철은 경북의 경우 1956년 정부통령선거에서 인민군 점령지역이 많았던 북부지역에서는 조봉암 후보 득표율이 29.5%에 지나지 않았지만, 남부지역은 57.1%에 달하고 있는 점을 들어 한국전쟁의 경험이 투표에 영향을 미쳤음을 지적하였다.

1958년 12월 24일에는 국회에서 국가보안법 개정안 통과가 있었는데(24파동), 이날 시·읍·면장을 선거제에서 임명제로 바꾼 지방자치법 개정안이 동시에 통과되었다. 그것에 촉매역할을 한 것이 1958년 10월 대구시장선거에서의 민주당 후보의 압승이었다.[601] 1960년 3·15정부통령선거를 전후하여 일어난 시위도 경상도지역이 주도하였다. 마산에서는 두 차례에 걸쳐 큰 규모의 항쟁이 벌어졌고, 중고등학교 시위도 대구와 부산 등지에서 횟수가 많았다. 4월혁명 후 진보적 활동도 경상도가 주도하였다. 초기에 기성층의 진보운동을 주도한 교원노조운동도 대구지방에서 시작되었고, 교원노조 가입자수도 경북과 경남이 각각 그 지방 전체 교원수의 63.1%, 57.4%를 차지하였는데, 전북과 전남은 각각 4.4%, 2.1%에 머물렀

---

599) 이와 똑같은 현상은 아니지만, 피해가 많은 지역은 한동안 잠잠해지는 현상이 일제강점기에서 나타났다. 전라도는 갑오농민전쟁의 중심지였고, 후기의병투쟁이 격렬히 전개되었다. 그러나 3·1운동에서는 상대적으로 미약하였다. 그렇지만 10년 후 광주학생운동에서는 또다시 중심지역이 되었다.

600) 중앙선거관리위원회, 『대한민국선거사』 1, 1973, 740쪽.

601) 손봉숙, 『한국지방자치 연구』, 三英社, 1985, 83쪽.

다.602) 4월혁명 후 경상도에서는 피학살자유족회의 활동이 활발한 반면, 전라도에서는 미약하였다.603)

2) 왜곡의 누적과 체계화

수만 명의 희생자를 낸 보도연맹원 학살 같은 중요 사건을 대학생들이 전혀 모르고 보도연맹이 무슨 단체인지도 들어본 바 없다고 할 정도로 40~50년간을 무지의 상태, 곧 입을 열 수 없는 상태에 있었는데, 이러한 무지의 강요와 표리를 이루어 극우반공체제를 떠받쳐온 것이 사실에 대한 왜곡이다. 제주도 4·3학살에서 가장 규모가 큰 주민집단학살은 조천면 북촌리에서의 학살이었다. 그런데 제주도경찰국에서 펴낸 『제주경찰사』 (1990) 315쪽에는 이 사건에 대하여 다음과 같이 기술되어있다.

2월 15일, 세칭 북촌사건이 발생했다. 이 마을을 습격한 공비들은 어린이와 노인을 제외한 대부분의 마을 남자들을 무참히 학살하거나 납치해갔다. 토벌대가 공격해가자 일부는 산으로 도망가고 일부는 마을로 숨어들어 약탈과 방화를 자행했다. 장시간 소탕전이 벌어지고 북촌리는 황폐한 마을이 되어버렸다.604)

날짜도 틀리지만 가해자가 정반대로 뒤바뀌는 등 사실과는 전혀 다르다. 그런데 이 글을 읽어보면 상투적이라고 할까, 수십 년간 자주 대하던 글투임을 쉽게 짐작할 수 있을 것이다. 그것을 다른 사건도 아닌 북촌주민 집단학살사건에, 더구나 1980년대 이전도 아닌 1990년대에 써놓은 것이다. 제주도에서 나이든 사람이라면 누구나 알 만한 북촌리사건을 이와 같이

---

602) 이철국, 「4·19시기의 교원노동조합운동」, 『역사비평』 1988 봄, 191쪽.

603) 1980년 광주민주항쟁·학살 이후 광주가 피학살자유족회의 활동을 포함하여 민주화운동의 성지가 되고, 해마다 4월과 5월이 되면 민주민족운동이 핏빛 진한 함성을 토하면서 가열차게 전개된 것은 가해자가 '경상도 정권'이었고, 그 '경상도 정권'이 헌정을 유린하고 학살을 자행한 뒤에 세워진 종속적 파쇼정권이었기 때문이다.

604) 김종민, 「4·3이후 50년」, 353~354쪽에서 재인용.

기술할 정도이니 다른 4·3에 관한 기술이 얼마나 사실과 다르고, 또 정반대의 것들이 많을까는 미루어 짐작할 수 있다. 무지를 강요하면서 교육과 매스컴 등 모든 매체를 장악하고 있던 극우반공세력은 수십 년간에 걸쳐 왜곡의 체계화라고 부를 수 있는 현상을 만들어왔다. 1982년에 발행된 고등학교 국사교과서에는 4·3에 대하여 이렇게 기술하였다.

제주도 폭동사건은 북한공산당의 사주 아래 제주도에서 공산무장폭도가 봉기하여, 국정을 위협하고 질서를 무너뜨렸던 남한 교란작전 중의 하나였다.

4·3이 북조선로동당에 의해 사주되어 일어났다는 증거는 아직까지 전혀 발견된 바 없다. 또 1948년 4월 현재 남한에서 혁명활동을 벌였던 세력은 북로당이 아니라 남로당이었다는 것은 상식에 속하는 일이다. 이 국사교과서는 1990년 9월에 일부 수정되었으나, 4·3을 '북한 공산주의자들의 교란작전의 하나'로 보는 시각에는 변함이 없고, 중학교 교과서도 같은 맥락이었다. 이 교과서를 집필한 교수들은 『제민일보』 취재반의 질문에 자신들은 4·3에 대해 잘 알지 못하고 있으며, 기존 기술을 참고하여 썼다고 답변하였다.605) 『박헌영』의 필자인 박갑동은 『제민일보』와의 인터뷰에서 4·3이 남로당 중앙당의 지령에 의해 일어났다고 기술한 부분의 근거를 묻자 모 신문사에 그 글을 연재할 때 '외부'(모 기관을 가리킴—필자)에서 개입하여 그렇게 썼다고 답변하였다.606)

앞에서 본 대로, 여순사건에 대하여 오동기의 잔당이 일으켰다는 이범석 국무총리, 김태선 수도경찰청장의 발표나, 그 시기 강화도에 공비가 침입하였다는 윤치영 내무부장관의 국회 답변은 전부 허위였다. 그것은 1951년 4월 거창양민학살에 대한 정부의 발표나 부산정치파동 때 국제공산당사건에 대한 이승만의 담화도 그러하였다. 허위와 왜곡의 대표적 사례의 하나가 신탁통치문제이다. 1952년 내무부 치안국에서 발간한 『대한경찰전사』

---

605) 제민일보4·3취재반, 앞의 책 2, 409~413쪽.
606) 위의 책, 402~404쪽.

제1집에는 1945년 12월 28일에 발표된 모스크바3상회의 결의에 대하여 다음과 같이 기술되어있다.

> 한때 한국정계를 혼란시키고 소련의 침략정책을 구체화시키어 북한 괴뢰집단 및 극렬 좌익분자를 사주(使嗾)하여 온갖 흉행을 감행케 한 요인이 되는 모스크바3상회의인 것이다. …… 5년간 신탁안이야말로 소련의 주창으로서 그들 노제(露帝) 이래의 동점남하(東漸南下)와 크래믈린의 세계적화 흉모를 간파하기에 어렵지 않은 것으로……607)

지금까지 모든 자료와 수많은 연구가 한결같이 신탁통치는 미국이 1942년경부터 구상하여 1943~45년 동안에 구체화한 것으로 밝히고 있다. 1945년 12월 16일부터 모스크바에서 열린 외무장관 회의에서도 번즈 미 국무장관은 12월 17일 신탁통치안을 제안하였다. 그러나 소련측은 한국인이 바라는 조속한 민주주의임시정부 수립이 자국의 이해관계에도 유리하다고 판단하고 임시정부안을 골자로 한 수정안을 12월 20일에 제시하였던바, 세 나라 외무장관은 소련안을 중심으로 하되 제3항 후단에 미소공동위원회가 임시정부 등과 협의하여 방안을 마련하게 될 신탁통치를 실시할 것이 포함된 결의에 합의하였다.

그런데 모스크바회의에서 신탁통치를 소련이 주장하고 미국이 즉시독립을 요구하였다는 허위사실은 일찍부터 유포된 바 있었다. 그것은 모스크바 3상회의 결의가 발표되기 전인 1945년 12월 26일의 이승만 방송에서 시사되었고, 27일 미국 워싱턴에 있는 정체불명의 통신사에서 보내온 것으로 국내 신문에 대서특필되면서 반탁투쟁이 시작되었다. 1945년 12월 말의 반탁투쟁은 다분히 대소 강경론자들의 고의적인 모략이 개재된 것으로 보이는608) 오보에 바탕을 둔 면이 있었다.609) 그 뒤 소련 타스통신과 미 국무부

---

607) 내무부치안국 대한경찰전사발간회, 앞의 책 1, 49쪽.
608) 이완범, 「한반도 신탁통치 문제 1943~1946」, 『해방 전후사의 인식』 3, 237~238쪽 ; 서중석, 앞의 책, 313쪽.
609) 자세한 것은 서중석, 위의 책, 301~325쪽 참조.

의 해명에 의하여 사실이 밝혀졌는데도,[610] 일부 극우세력은 이와 같은 흑색선전을 계속하였고, 그것이 『대한경찰전사』(제1집)에도 그대로 실렸다. 모스크바회의에서 소련측은 신탁통치안을 주장한 데 반하여 미국측은 한국의 즉시독립을 주장하였다는 허위사실은 1967년에 발행된 『한국전쟁사』 1에도 실려있다.[611] 민족자주정신에 따른 반탁투쟁과는 달리, 친일파 등 외세의존세력이 허위보도에 따라 반탁투쟁을 벌이며, 통일정부 수립을 반대하고 '즉시독립'의 구호 속에 단정수립을 추구하였다면 얼마나 역사적인 희화인가.

무지와 왜곡은 또한 그것으로부터 벗어나려는 노력에 대하여 극우반공세력이 가차없는 철퇴를 가하고, 일반인들을 그것과 격리시킴으로써 지속되었다. 1990년에 있었던 KBS사태는 경영진측이 4·3특집 방영을 불허하면서 일어났다. 1997년 초부터 4·3을 영상다큐멘터리로 만든 <레드헌터>는 논란을 불러일으키다가 인권운동가 서준식의 구속을 불러왔고, 그 영화를 둘러싼 논란은 1998년까지 계속되었다. 서울 고척고등학교 1학년 여학생 3명은 1991년 1월 8일 음식집에서 4·3 얘기를 꺼냈다가 대공용의자로 신고되었고, 학교측에 의하여 징계방침이 정해졌다.[612]

강만길의 『한국근대사』·『한국현대사』, 하우저의 『문학과 사회의 예술사』에서 유토피아 사회를 묘사하였다는 무협지 『무림파천황』에 이르기까지, 1998년 11월 현재에도 대검찰청에서 이적표현물로 분류하고 있는 서적이 1,270종이라고 보도되었지만,[613] 극우반공세력의 재단에 의한 금서목록이 말해주는 바대로, 진실을 파헤치고 왜곡된 사실을 사실대로 지적하거나 권력의 주장과 다른 견해나 판단을 주장하면, 그것은 "사실을 왜곡하여 유언비어를 날조 유포시킨 행위" 또는 "북괴의 선전선동에 동조하는 이적행위" 혐의로 기소될 수 있었다. 또 이들은 용공 좌경사범으로 낙인찍혔다. 유신체제 때와 신군부집권기에 특히 그러하였지만, 좌경이란 말은 무서운

---

610) 위의 책, 324~325쪽.

611) 대한민국 국방부 전사편찬위원회 편, 『한국전쟁사』 1, 72쪽.

612) 『제민일보』 1991. 1. 15.

613) 『한국일보』 1998. 11. 11.

위력을 가지고 있었다. 좌경은 사회를 혼란에 빠뜨리는 반사회적 반국가적 범죄로서 단호히 처단되어야 하였고, 사회로부터 격리되어야 하였다.[614]

한편으로는 '무지와 왜곡'에 대한 도전을 물리적인 방법으로 격리하고, 다른 한편으로는 '무지와 왜곡'을 학교교육, 라디오나 텔레비전, 신문 등을 통한 언론매체에 의한 교육 등을 통하여 수십 년간 강요할 때, 거기서 무지와 왜곡의 체계화·집적화 현상이 생긴다. 예컨대 1980년대 대학생 자식에게 보인 많은 부모들의 현실관, 현대 역사관, 반공관, 세계관은 1950년대에 지녔던 것보다도 훨씬 납덩이같이 화석화하고 견고한 것이 아니었을까.[615] 유신시대에 낯익은 다음과 같은 한 학생의 글에서처럼, 유신체제기나 신군부집권기에 초중고학생들이 지니고 있던 반공관은 1950년대의 초중고 학생들이 가지고 있던 것보다 훨씬 더 반이성적이며 비인간적이고 병적인 것이 아니었을까.

칼 마르크스라는 엉터리 철학자가 공산주의를 만들어낸 후부터 온갖 붉은 무리들이 세계 각지에서 창궐하게 되었다고…… 이부자리에서 오줌을 싸서는 안된다는 것을 확실히 알게 된 그즈음에 벌써 저는 공산주의자가 우는 아이 잡아가는 '망태 할아범'보다 더 무서운 존재임을…… 그들은 어떤 때에는 제 동포를 무자비하게 학살하고 재산을 약탈하며 연약한 여자를 강간하고 마을을 불태우는 파괴자로 나타났습니다. …… 또한 그들은 물질만을 숭배하며 영혼과 정신의 가치를 부인하며 사상을 위해서 자식이 부모를 고발하여 아오지탄광에 끌려가게 하는 냉혈한이요 패륜아로 나타나기도 했습니다. …… 그들은 못생기고 더러우며 손톱에 붉은 피가 뚝뚝 흐르는 털투성이 손을 가진 흡혈귀로 등장하기도 했습니다. …… 국민학교 4학년 학교에서 실시한 반공포스터 경연대회에서 저도 그런 그림을 그려서 상장을 탄 일이 있습니다.[616]

---

614) 「좌담 : '좌경'에의 도전」, 『민족이여 통일이여』, 125~126쪽.
615) 한강하, 앞의 글, 20~22쪽 참조.
616) 위의 글, 16~17쪽.

3. 야만성의 사회

레비스트로스는 "야만인이란 무엇보다도 야만성을 믿는 사람이다"라고 말하였지만,[617] 극우반공체제는 학살에 대해 죄의식을 느끼지 않는 야만성의 사회이며, 피학살자 유족들이 때로는 더 극우반공적인 행태를 보이는 병든 사회이다. 지금도 그러한 면이 있지만, 어째서 1987년 6월민주항쟁 이전까지 제주4·3학살이건 보도연맹원학살이건, 각각 3만 명 이상이 희생된 것으로 추정되는 주민집단학살이 사회문제화되지 않았을까. 이승만이나 박정희는 말할 나위 없지만, 사회 각계의 주도층이 그와 같은 끔찍한 학살을 몰랐을 리 없다.

장준하의 이중적 역사인식은 여러가지로 시사하는 바가 많다. 1971년에 쓴 것으로 되어있는 「브니엘」에서 그는 여운형을 혹평하고 해방 직후 이승만 노선을 높이 평가하였으며, 자신이 모시고 환국하였던 김구에 대해서는 언급도 하지 않았다. 그는 그 책을 단정노선에 서서 집필하였다.[618] 그러나 1973년에 쓴 미발표 원고 「민족통일전략의 첫단계」에서는 앞의 역사관과 정반대 성향을 보여주었다. 이 글에서 그는 건국준비위원회를 민족해방을 주체적으로 맞으려는 기민한 대책이자 최초의 국내외 세력의 통일전선 구축이라는 측면에서 높이 평가하였고, 김구의 임정 실패 원인 중 하나로 이승만을 필두로 한 세력을 일찍이 극복하지 못한 점을 들었다. 그는 이렇게 결론지었다.

몽양은 일찍이 건준의 실패를 거울로 삼아 반이승만 운동을 위한 통일전선을 모색해야 했고 백범은 몽양의 비명(1947)을 계기로 이승만의 계속적 범죄에 대비했어야만 했다.[619]

---

617) 핀킬크라우트, 앞의 책, 38쪽에서 재인용.

618) 장준하, 「브니엘」, 『'사상계'지 수난사』, 사상, 1988, 151쪽.

619) 장준하, 「민족통일전략의 현단계」, 『민족주의자의 길』, 사상, 1988, 45~47쪽.

무엇이 장준하의 역사관을 정반대로 바꿔놓았는가. 1972년 7·4공동성명 – 10월유신을 경계로 하여 장준하는 그 이전에는 단정노선을 인정하는 반공주의자의 일원으로 이승만이나 박정희를 비판하였는데, 그 이후에는 백범 노선을 걷는 민족주의자로 분단체제에 도전하며 이전과는 다른 시각에서 이승만과 박정희의 정체를 인식하였다. 전자를 지양하고 후자에 섰을 때 장준하는 이승만 – 박정희 극우반공체제의 출발점을 제시하지 않을 수 없었던바, 그것이 건국준비위원회와 여운형에 대한 재평가로 나타났다.

장준하가 1972년경을 전후로 정반대의 역사관을 갖게 된 것은 새로 공부해서 그렇게 된 것이 아니라, 그 이전부터 인식하고 있었던 것을 다시 정리한 것이다. 다시 말해서 그는 1972년 이전에는 한 가지 사실에 대하여 정반대되는 두 가지 '인식'을 지니고 있으면서, 그 사회에서 격리되지 않거나 일정하게 기득권을 계속 유지하기 위해서는 어쩔 수 없었겠지만, 극우반공세력이 주도하는 사회에서 반공주의자의 일원으로 살기 위해서 거기에 상응하는 역사관을 내세웠던 것이다. 그 점은 주민집단학살에 관해서 여론주도층이나 기득권층이 보여준 태도에 대해서도 비슷하게 말할 수 있을 것이다. 그들은 진실을 모르고 있는 것은 아니었지만, 극우반공체제라는 '현실세계'에서 기득권을 누리기 위해서는 극우반공이데올로기의 목소리로 살아가야 하였던 것이다. 일정한 수준 이상의 지식인, 언론인, 종교인, 정치인 등의 다수가 이중인격자였고, 한국형 지킬 박사와 하이드가 아니었을까. 이 점을 장준하는 분단이 초래한 자아분열로 이해하였다.

생각해보면, 지난 4반세기의 민족분단은 얼핏 말하듯 이념과 제도의 차이만을 말하는 것이 아니었다. 민족 한 사람의 생활의 분단이자 곧 파괴요, 나 자신의 분열이요 파괴였다. 남북한에 걸쳐서 민족의 정력은 모든 민족적 적대, 자기파괴를 위해 고갈될 지경에 이르렀다.[620]

한국사회에서 자아분열증세가 얼마나 심할 수 있는가를 지금까지 여러 형태로 살펴보았는데, 그것을 모두 다 분단으로 돌리는 것은 무리라고 생

---

620) 장준하, 「민족주의자의 길」, 『민족주의자의 길』, 55쪽.

각한다. 분단체제를 산출한 남쪽에서의 기제는 극우반공체제인데, 그것이 유난히 한국적 속성을 가진 점을 중심에 놓고 판단할 때, 분단이 아니었더라도 그리고 양태가 약간 다를 수는 있어도, 단정세력과 같은 성격의 세력이 지배적 위치에 있는 한 극우반공체제, 극우반공이데올로기는 있었을 것이다.

주민집단학살에 태연하고 일부는 이를 당연시하는 태도는 극우단정세력이나 대중의 상당수가 일찍이 서유럽에서 발전한 근대적 인간관이나 사회관, 국가관을 자신의 것으로 발전시키지 못한 데서 연유한다. 한말은 다분히 봉건적 성격이 남아있던 시기였다. 일제강점기에 한국인은 일제의 전체주의 지배를 받았던바, 동남아시아와도 달리 한국은 1945년 해방될 때까지 부르주아민주주의의 경험이 없었고, 인간의 기본권도 누려보지 못하였다. 특히 기득권층이나 식자층은 군국주의 파시즘 또는 천황제 파시즘의 세례를 심하게 받았다. 새로운 계층이 이제 막 발육하려 할 즈음에 세계자본주의에 편입되기 시작하였고, 개화파는 약탈성·수탈성이 강한 일본제국주의의 침략하에서 정신적으로나 경제적으로 자립성이 취약하였다. 지주·부르주아상층은 다수가 한말에도 일제의 '보호'를 기대하기도 하였고, 강점기에는 일제에 유착하여 자본주의 발전을 도모하였으며, 일제 말에는 민족의식 말살운동인 황국신민화운동에 나섰다. 이 때문에 지주·부르주아세력의 주도층은 해방 후에까지 지나치게 외부의존성을 띠게 되었으며, 일제의 유산과 그것 때문에도 민족적 기반을 갖기 어려웠다. 이 점과 군국주의 파시즘 또는 천황제 파시즘이 결합되어 이들은 해방 후 물적, 인적으로 식민체제를 청산하고 민족국가를 건설하려는 탈식민 민족혁명운동에 대항하여 상당부분이 자신의 정신적 물질적 취약성 때문에도 현상유지를 강렬히 추구하였던바, 이들의 정신세계로써는 자립적, 자율적, 자주적이고 근대적인 인간관·사회관·국가관이 자리잡기가 쉽지 않았다. 오히려 그것을 대립시하였던 이들은 미국·미군정의 물리력, 테러 등에 의존한 극우적 공격성을 속성으로 지녔고, 부분적인 현상이겠지만 심지어 주민집단학살에도 별다른 죄의식을 갖지 않았던 것으로 보인다.

그런데 이들의 비인간적인 극우반공주의는 종속적 성격이 결합되어 자신들에 대립되는 것 ─ 그것은 공산주의일 수도, 김구·김규식 등의 민족주의일 수도, 서유럽의 자유민주주의일 수도 있었다 ─ 을 파괴하는 것에는 강렬하였지만, 어떠한 사회를 건설하겠다는 점에서는 '팔굉일우(八紘一宇)' '대동아공영권' 등을 내세운 천황제 파시즘과도 또 다르게 공소하기 짝이 없었다.621) 나치도 소위 게르만 민족공동체를 약속하였는데, 극우반공주의자들은 네거티브한 것만 있었고 포지티브한 것이 대단히 미약하였다. 극우단정세력이 그러한 문제점을 모른 것은 아니었다.

1948년 정부수립 직후 반공주의만으로는 민족주의와 사회주의에 대항하기 어렵다고 보고 국론을 통일하기 위한 '국가이념'으로 이승만 대통령은 일민주의를 창도하였다. 군국주의 파시즘, '천황' 대신에 이승만 지지자들이 내세운 유일영도자론, '한국적 민주주의', 반공주의, 계몽주의를 주내용으로 한 일민주의는 단정세력의 성격을 반영하여 공소하고 조잡한 데다, 미국 - 친미세력으로부터도 달갑게 여겨질 수 없어 한국전쟁이 끝나면서 일단 종말을 고하였고, ─ 이른바 한국적 민주주의 또는 민족적 민주주의로 분장한 한국적 파시즘은 5·16군부쿠데타 세력에 의하여, 그리고 유신체제에서 또다시 선을 보였다 ─ 그 뒤에는 일제천황제 파시즘 이래의 극

---

621) 군국주의 파시즘 또는 천황제 파시즘에서 강조한 '황도의 선포' '천황의 위세의 존엄' '神武정신의 구현' '큰 御意를 받들어' 등은 어떠한 사회를 구현하겠다는지 알 수 없는 공소하고 조잡한 '대일본주의' 침략론으로, 천황제 이데올로기의 공허함을 잘 말해주고 있다(와카스키, 앞의 책, 94쪽 참조). 모두가 천황의 갓난아이[赤子]라는 천황제 가족국가의 일원으로서 現人神으로까지 천황을 절대적으로 우러러 받들며, '참된 도의국가'를 실현하고, '참된 (상고시대의) 일본정신을 구현'하겠다는 군국주의 파시즘에 1억 일본인의 대다수가 절대적으로 귀복하였다는 것은 참으로 놀라운 현상이다. 히틀러에 대한 독일인의 경우도 비슷하였지만, 그러나 전후 독일은 나치즘을 제거하기 위하여 노력한 반면, 일제가 패망한 지 50년이 넘은 오늘날에도 다수의 일본인은 천황제 파시즘 아래 자행한 침략과 학살을 '영광의 역사'로 기억하고 있다. 丸山眞男가 지적한 대로, 그만큼 일본이 근대적인 인간관과 사회관, 국가관이 결핍되어있다는 징표이다. 그런데 그것의 상당부분이 이승만의 일민주의에 수용된 데서도 알 수 있듯이(서중석, 「이승만 정권 초기의 일민주의와 파시즘」 참조. 홍익인간의 복고적 이데올로기성에 대해서는 송건호, 「민족지성의 반성과 비판」, 『민족지성의 탐구』, 91~92쪽 참조), 이 천황제 파시즘의 해독이 일제패망 후 가장 광범위하게 영향을 미친 나라는 일본이 아니라 한국이라고도 생각된다. 종속성이 갖는 정신적 물질적 피폐함 때문이었다.

우반공주의와 해방 후 친미주의가 극우반공이데올로기의 기간이 되었다.[622] 그러한 속에서 극우반공이데올로기는 비제도적 또는 제도적 테러, 국가억압기제와 결합하고 공포와 피해의식, 무지와 왜곡의 집적화·체계화를 기반으로 하여 억압적 공격성을 가차없이 발휘하였다. 주민집단학살이 하나의 기반이 되어 뿌리내린 극우반공이데올로기, 극우반공체제는 그것에 대하여 죄의식을 느끼지 않고 한반도나 동북아에서 원자전도 불사한다는, 인간성이 피폐할 대로 피폐한 부끄럽기 짝이 없는 야만성의 사회를 갖게 하였다.

---

622) 서중석, 「이승만 정부 초기의 일민주의」, 『진단학보』 83, 1997 ; 서중석, 「이승만 정권 초기의 일민주의와 파시즘」 참조.

제5절 부역자문제, 인민군 점령 및 군·경에 의한 피해와 극우반공체제

1. 부역자와 극우반공체제

1) 부역자가 많았던 까닭

주민집단학살이 극우반공체제의 형성에 미친 영향을 분석하였지만, 한국전쟁이 극우반공체제의 형성과 강화에 미친 영향은 그밖에도 여러 요인이 있다. 부역자 처리과정도 그것에 중요하게 작용하였고, 북의 남침으로 인하여 전쟁이 수행되는 과정에서 발생한 여러 문제, 곧 전쟁노역, 피난살이 등에서 발생한 고초와 전쟁고아·전쟁미망인, 전쟁재해 등도 극우반공이데올로기 강화에 일조하였다. 또 전쟁수행과 관련하여 군과 경찰, 청년단체 등 각종 군·경 보조조직이 민간에 입힌 피해도 역설적이지만 반공이데올로기를 강화하는 역할을 하였다.

부역자 중에는 법 절차를 받지 않고 학살당한 사람도 많았지만, 부역자처리의 가혹함과 방대한 부역자의 존재, 그것과 연결되어있는 연좌제는 극우반공체제를 형성·지탱·강화하는 데 크게 기여하였다. 이러한 부역자문제는 집단학살이 40년 가까이 계속된 공포와 피해의식, 무지와 왜곡의체계화 속에서 극우반공체제를 형성, 강화한 것과 거의 비슷한 형태로 한국 현대사에 영향을 미쳤다. 그런데 주민집단학살에 비하여 대다수가 생존해있는 부역자문제는 1950년대와 그 이후에도 간간이 사회문제로 거론되었다.

전쟁이 일어났을 때 직접적이든 간접적이든 인민군측에 '협력'하지 않을수 없었던 부역자가 대량으로 생기게 된 데는 두 가지 이유가 있었다. 하나는 인민군이 삽시간에 마산과 왜관 부근, 포항에까지 밀고내려와 점령지역이 대단히 넓었다는 점이다. 그것에 더하여, 9월 15일 인천상륙작전 이후 인민군은 6·25 초기에 전쟁을 끝내겠다는 조급한 계산으로 후비병력을 갖추지 못한 채 남침하였기 때문에 패주에 패주를 거듭하였는데, 중국군이 개입한 이후에는 또 미군과 국군이 무너져 평택, 제천 부근까지 중국군이 내려옴으로써 경기도, 강원도 일대가 한때 다시 공산측에 점령되었다는 것도 고려하여야 한다. 강원도 사람들은 이 전쟁을 피스톤전쟁 또는 톱질전쟁으로도 불렀지만, 전선이 고정되지 않고 톱질하듯이 수차례 밀고 밀린 것은 전쟁 초기에 인민군 점령지역이 대단히 넓었다는 점과 함께 부역자를 대량산출한 기본 여건이 되었다. 둘째는 전쟁이 발발한 날부터 이승만이 대전에 피신할 때까지, 또 피신한 날 심야까지 방송 등을 통하여 국민에게 안심하라고 말하였고, 28일 새벽 2시 30분에는 한강 인도교를 폭파하여 서울시민과 경기도 일부 지역 주민들이 피신할 수 없어서 '잔류파'가 대량으로 생겨났다는 점이다.

앞에서도 지적한 바와 같이, 전쟁 발발 초기에 국군이 패한 것은 인민군의 병력과 화력이 우세하였다는 점 외에도, 이승만 대통령이 북진통일만 외쳤을 뿐 국방부장관이나 군지휘관을 적절히 배치하지 않았고, 군이 대전차시설 등 공격에 대한 대비책을 세우는 데 충실하지 않았으며, 24일 밤의 장교 연회, 25일의 대규모 휴가 등이 겹치고, 가장 중요한 동두천 - 의정부 방위에 적절한 조치를 강구하지 못한 것이 한 원인이었다. 많은 군사전문가들이 놀라고 있듯이, 미국의 대응은 지극히 신속하고 규모가 컸다. 해군과 공군에서 미군이 월등 우세하여 곧 제해권·제공권을 장악하였기 때문에 국군이 춘천지구나 강릉지구에서 보여준 바와 같이 인민군의 공격을 며칠간만 저지하여 중부지방에서 방어선 구축을 어느 정도 구사할 수 있었더라면, 전쟁이 중부지방 아래로 확대되는 일은 피할 수 있었을지도 모른다. 이승만 대통령이 전쟁 전에도 적절히 대비하지 못하였고, 전쟁이 난 후에도 거의 무대책으로 시종하다시피하고, 내각이나 국회에 알리지도 않은 채 조급히 피신한 것이나 국방 관계자들이 적절히 대응하지 못한 것이 전선의 확대에 일조하였다.

이 문제와 관련지어 중요하게 짚어보아야 할 것은, 전쟁이 시작되어도 김일성이 기다렸던 봉기가 남한에서 일어나지 않았다는 점이다. 이승만 대

통령이 도피하여 정부가 와해된 것처럼 보였던 6월 말경에 각지에서 남로
당이나 빨치산이 봉기나 폭동을 일으켰다면, 어쩌면 김일성이 기대한 상황
이 벌어졌을지 알 수 없다. 그러나 봉기나 폭동은 일어나지 않았다.[623] 인
민군이 들어오지 않은 지역에서 봉기나 폭동이 일어나지 않았다는 것은
전쟁이 38선 부근에서만 일어났다면, 다른 지역에서는 별다른 일이 안 일
어났을 것이고, 따라서 전쟁의 참화가 대폭 줄었을 것이고, 그만큼 부역자
문제도 심각하지 않았을 것임을 말해준다.

김일성 등 조선로동당 지도부가 전쟁을 일으킨 것은 미군이 그렇게 대
규모로 신속히 움직이지 않으리라고 판단한 것이 가장 중요한 이유였겠지
만, 남한에서 봉기가 일어날 것으로 예견한 것도 한 이유였다. 김일성은 전
쟁 발발 다음날인 26일 밤 평양방송을 통하여 남한측이 이북지역으로 진
공해왔기 때문에 인민군이 이에 맞서 반공전을 벌이고 있다면서, 남반부
노동자에게 도처에서 태공(怠工)하며 총파업과 폭동을 일으키고, 공장, 직
장, 광산, 철도 등을 수호할 것을 포함하여 농민, 개인기업·중소기업가·
상인, 문화인 인텔리에게 전쟁에 적극 협력할 것을 요구하였다. 그러나 김
일성이 1950년대나 그 이후에 박헌영을 비난하면서 말하였듯이, 지리산을
비롯한 경남북·호남지구의 몇 개 유격지구를 제외하고는 아무 반응이 없
었다. 심지어 박헌영과 이승엽 일파가 전쟁 개시 20일 전에 남한 각도에
미리 침투시킨 정치공작원들도 '민중봉기'를 일으키지 못하였다.[624] 이것
은 남로당이 해방 직후에서 1949년까지 대단히 강력한 정치세력이었는데
도, 왜 베트남이나 다른 지역과는 다르게 전쟁이 끝난 뒤 무력한 존재가
되고, 조직적으로 활동하지 못하게 되었는가를 설명해주는 열쇠이기도 하
다.

---

623) 전쟁이 발발하였을 때 이승만 정부와 인민군에 대하여 국민의 반응이 어떠하
였는가는 풍부하고 다양한 자료로 면밀히 분석하여야 할 것이다. 함석헌은 1958
년에 한 글에서 "전쟁 터지자 나타난 것은 국민의 냉담한 태도였다. 즉 국민들이
정부를 신용하지 않았다. 전쟁은 정권쥔 자들의 일로 알았지 국민의 일로 알지
않았다"라고 주장하였다(함석헌, 「생각하는 백성이라야 산다—6·25싸움이 주는
역사적 교훈」, 『사상계』 1958. 8, 32~33쪽).
624) 김남식, 앞의 책, 443~444쪽.

폭동이나 봉기는 왜 일어나지 않았는가. 군중을 선동하여 투쟁으로 몰고
갈 핵심지도부가 없었고, 대중 또한 폭동이나 봉기에 호응할 분위기가 별
반 되어있지 않았기 때문이었다. 그것은 남로당이나 유격대가 무력한 상태
에 빠져있었다는 것을 의미한다. 남로당이 약화된 데는 이승만 정부의 강
권정책이 한몫 하였다. 보도연맹을 만들어 강제로 가입시키고 대량으로 남
로당 관계 혐의자들을 구속, 취조하는 과정에서 무수한 관제 빨갱이가 만
들어졌고, 인권이 다반사로 유린되었다. 또 빨치산 작전지역에서 민이 겪
은 고초는 이루 말할 수 없었다.[625] 이러한 마구잡이 탄압일변도의 작전이
남로당의 모험주의적 활동과 남로당의 치밀하지 못한 조직을 파괴하는 데
상당부분 기여하였을 것이다. 그러나 막강한 세력으로 보였던 남로당이 무
너진 데는 내부적 조건이 훨씬 중요하게 작용하였다.

　남로당은 1950년 5·30선거에서 무력함을 여지없이 보여주었다. 2년 전
5·10선거와 달리, 남로당은 이 선거에서 거의 영향력을 미치지 못하였다.
미 국무장관에게 보내는 1950년 5월 27일자 총선거 상황보고 전문에서 무
초 대사는 "선거를 교란시키기 위한 공산주의자들의 활동은 아직 보고된
바 없으며, 선거를 실시하는 데 대해서도 1948년 당시처럼 괄목할 만한 반
대는 없다. 정부 소식통들은 전라북도와 38도선 인접 지역에서 게릴라의
교란활동이 미리 있을 것으로 예상하고 있으나, 미 군사고문단의 정보보고
는 다만 소규모의 사건만이 있으리라 보고 있다"라고 평가하였다.[626] 선거
운동 기간중에 북로당과 연결되어있는 성시백(成始伯) 사건 등이 발표되었
지만, 조소앙 등 중도파 지도자가 이 선거에서 남로당과 관련있다는 어떠
한 증거도 제시되지 못하였다. 5·30선거와 같이 중요한 문제에서 남로당
이 힘을 쓰지 못한 것은 남로당 조직이 와해되어있었기 때문이었다.

　남에서 당조직을 이끌었던 남로당 서울지도부는 1950년 3월에 책임자인
김삼룡(金三龍)과 이주하(李舟河)가 체포됨으로써[627] 붕괴되었다. 서울시당

---

625) 서중석, 앞의 책 2, 267~285쪽.

626) 서동구 역편, 앞의 책, 111쪽.

627) 김남식, 앞의 책, 427쪽에는 김삼룡 등의 체포가 3월 27일이라고 기술되어있는
　　데, 양한모, 앞의 책, 232~233쪽에는 3월 15일 체포된 것으로 되어있다.

은 1949년 9월부터 주요 간부가 체포되어 그해 연말에는 거의 모든 조직이 마비상태에 있었고, 지방당 조직들도 파괴되어 하부조직이 와해되어있었기 때문에 서울지도부의 붕괴는 시간문제였다.[628] 빨치산은 1949년 여름과 가을에는 '아성공격' 등의 작전을 벌이며 활동이 많았으나, 군·경 동계토벌작전에 의하여 크게 손실을 입었다. 태백산지구 빨치산들은 거의 전멸되다시피 하였고, 지리산·호남지구에서도 소수 인원으로 편성된 빨치산이 잔존해있을 뿐이었다. 그럼에도 불구하고 북에서 남로당 지도부는 1950년에도 큰 성과가 있었다고 과장하여 선전하였다.[629] 한국은 베트남과 달라서 지형적으로 빨치산이 은거할 만한 곳이 거의 없었고, 활엽수가 많고 겨울은 추웠기 때문에 동절기에는 활동하기가 아주 어렵게 되어있었다.

빨치산 대원들도 그러한 점이 있었지만, 적지 않은 남로당원들이 '혁명의 대의'와 분단 반대를 위하여 헌신적으로 싸웠다고 주장될 수도 있다. 그러나 전체적으로 볼 때 남로당은 자신들의 주장과 달리 '레닌주의당'이라고 보기 어려울 만큼 규율이 잡혀있지 않았고, 모험주의 투쟁일변도로 나아간 면이 강하였다는 비판을 면하기 어렵게 되어있었다. 또 백남운은 1946년 4월 "남선(南鮮) 정계의 지금까지 걸어온 발자취를 통관하건대, 대체로 신경적 모략전이나 전단전(傳單戰)으로 일관하였을 뿐이고, 인민 앞에서 정강정견으로써 당당한 정전(政戰)을 해온 일은 없었다고 해도 과언이 아닐 것 같다"라고 지적하여,[630] 극우와 함께 조선공산당을 비판하였는데, 남로당의 선전선동에는 모략이나 중상의 수준에 속하는 것이 적지 않았던바, 이러한 요인들은 상호 연결되어 남로당이 대중한테 강고한 뿌리를 내리지 못하게 하였고, 그 때문에 한번 와해되기 시작하면 걷잡을 수 없게 되어있었다.

남로당은 결성될 때 대중 정당을 표방하였으면서도 실제로는 레닌주의당을 지향하였는데, 레닌주의당으로서 볼셰비키 전사로 무장되기 어려웠던 것은 일제강점하로 거슬러올라간다. 일제는 워낙 철저히 공산주의 활동

---

628) 김남식, 앞의 책, 427쪽.

629) 위의 책, 423~424쪽.

630) 백남운, 『조선민족의 진로』, 新建社, 1946, 2쪽

을 탄압하여 공산주의자들이 그룹 형태건 다른 형태건 대중 속에서 오래 활동할 수 없게 만들었고, 그 때문에 실천경험이 축적되기가 쉽지 않았을 뿐만 아니라, 전향과 사상 감시를 심하게 하여 조직적으로나 한 인간으로서나 파열을 갖게 하였다.

그러나 남로당의 기율이 흐트러진 것은 직접적으로는 해방 이후의 작풍, 더 직접적으로는 결당 이후의 조직관리와 투쟁형태 때문인 것으로 지적받고 있다. 좌익3당 합당과정에서도 당원을 받아들이고 간부진용을 짜는 데 문제가 많았고, 그 뒤 당원 3배가, 5배가 운동이 더욱 자신들이 이상화한 이른바 볼셰비키화에서 거리가 멀어지게 하였다는 것이다. 극우반공이데올로그들의 주장과는 대조적으로, 제주에서의 4·3봉기는 대단히 중대한 일인데도 불구하고 중앙당의 지시는커녕 중앙당과 일체 협의가 없었다. 그 점은 여수 14연대에서 지창수 상사가 반란을 일으켰을 때도 마찬가지였다. 또 여수나 순천의 지방당도 중앙당의 지시없이, 또 내부 의사결정과정을 거치지 않고 이 반란에 합류하였다. '레닌주의당'이라면 4·3이나 여순사건처럼 중요한 일에 위와 같은 방식으로 일이 진행된다는 것을 상상할 수 있을까. 적어도 남로당이 가장 중시할 수밖에 없었던 서울시당 간부는 철저한 볼셰비키였을 것이라고 생각하기 쉽다.

그런데 서울시당 중요 간부들도 하루아침에 전향해버렸다. 서울시당 특위책인 홍민표는 자신의 저서에서 1949년 8월 27일 중앙특위가 자신을 서울시당 수습위원장에 임명하고, 9월 20일까지 서울에서 무장폭동을 일으키라는 지시를 받았다고 기술하였다. 이러한 임명과 지시를 어디까지 믿을 수 있는가는 불확실하지만, 홍민표가 서울시당 특수부의 중요 간부인 것은 틀림없다.[631] 홍민표는 폭동을 4일 앞둔 9월 16일 경찰에 체포되었는데, 그는 불과 얼마 되지 않아 전향을 결심하였고, 남로당 서울시당 상임위원회 전원과 서울지구 유격사령관이 무기를 가지고 대한민국 품에 안겼다고 기술하였다. 그에 의하면 남로당 서울시당 간부들은 9월 20일 서울시경 사찰과에서 남로당 서울시당 상임위원회를 개최하였고, 9월 22, 23일 양일에

---

631) 김남식, 앞의 책, 427쪽 참조.

걸쳐 홍민표는 국내외 기자들과 회견하여 그 자신뿐만 아니라 남로당 서울시당 지도부의 집단전향을 선언하였다.[632] 그 뒤 홍민표는 남로당 지방당 간부였던 박일원처럼 경찰간부가 되어 타공전선에 발벗고 나섰다.

더 검토해봐야겠지만, 조선공산당 - 남로당의 성세는 해방 후 혁명적 분위기에서 있었던 현상이었다. 그러나 남로당은 그와 같은 중요한 여건을 장기적 전망에서 신축성있게 활용하지 못하고, 단기적 투쟁이나 세 과시에 집착하여 무모하게 투쟁일변도로 나아가 결국 역량을 소모하고 대중이 떨어져 나가게끔 하였다는 비판을 받지 않을 수 없게 된 것이다. 남로당의 모습에는 이른바 볼세비키 전사로서의 이상형과 실제 행태 간에 메울 수 없는 간격이 있었던 것이 아닐까.

2) 부역자의 형태

전쟁이 발발하였을 때 남한에서 남로당의 영향력은 미약하였지만, 국군이 패배하여 남한의 거의 대부분이 한때 인민군 치하에 들어가게 됨으로써 부역자가 대규모로 산출되었다. 점령지역에서는 당이 재건되었고, 그와 함께 서울시 임시인민위원회와 각 도·군·면·리 임시인민위원회가 조직되었다. 그런데 대개가 1950년 7월 15일에 발표된 선거방법과 자격에 관한 규정에 의해 임시인민위원회는 인민위원회로 바뀌었다. 친일분자, 친미분자 등을 제외한 만 20세 이상에게는 선거권·피선거권이 주어졌는데, 거수에 의해 다수결로 리(동)총회에서는 리인민위원회 위원과 면인민위원회 위원 선거를 위한 대표자를 뽑았고, 면대표자대회에서는 면인민위원회 위원과 군인민위원회 위원 선거를 위한 대표자를 뽑았으며, 군대표자대회에서는 군인민위원회 위원을 선출하는 방식으로 되어있었다.

1950년 7월 18일 도선거위원회를 7명으로 구성하고, 리·면·군 인민위원회 선거를 7월 29일까지 실시하기로 결정하였는데, 9월 13일까지 경북 8개 군과 경남 9개 군 및 제주도를 제외한 점령지역 108개 군, 1,186개 면, 13,654개 리에서 인민위원회 선거가 실시되었다고 한다. 인민위원회 위원

---

632) 양한모, 앞의 책, 211~219쪽.

수는 군이 3,878명, 면이 2만 2,314명, 리가 7만 7,716명으로 되어있었으니까,[633] 각급 인민위원회 위원 총수는 10만 명이 넘었다. 인민위원회는 토지개혁, 친일·친미분자 및 친이승만 세력 등 소위 반동분자의 색출과 숙청, 의용군 모집, 보국미 조달, 군수품 및 부상병 수송 등 인민군 원호사업과 정치선전·선동 등 점령정책을 관장하고 집행하였다.[634]

점령지역에는 인민위원회 말고도 많은 단체나 기구가 있었다. 정치보위부, 내무서, 자위대(치안대) 등은 직접 점령통치에서 일익을 담당하였고, 소년단, 민주청년동맹, 여성동맹, 직업동맹, 농민동맹 등의 외곽단체와 문화단체총연맹, 문학가동맹, 법학자동맹 등의 직능별 단체 등도 조직되었다. 또 민족자주연맹 군사원호위원회는 인민군의 군사자금 조달과 부상병 위문방송 등의 임무를 떠맡게 되었다. 이러한 단체에 가입되어있는 인원도 수십만 명에서 기백만 명에 이를 것이다. 그밖에 정당·사회단체들도 점령통치에 협조하지 않을 수 없었을 것이다.[635]

의용군도 전쟁부역자였다. 점령지역에서 '의용군' 모집은 7월 6일 「의용군 초모사업에 대하여」라는 방침이 내려지면서 본격화되었다. 이 방침에서는 18세 이상의 노동자, 빈농, 청년학생들을 주요 의용군 모집대상으로 규정하였다. 그러나 자원 형식의 의용군 모집은 그 이전에도 있었다. 7월 3일 학생 약 1만 6천 명이 서울운동장에 모여 "전선을 지원하자!"는 구호를 외치며 시가행진을 벌였고, 동대문과 광화문에서는 '애국학생 궐기대회'가 열렸는데, 이 자리에서 남녀 학생 수백 명이 '지원'하였다.[636] 전쟁 초기에는 의용군 징집시 높은 호응도가 있었던 것으로 자료에 나온다.[637] 미 CIA 보고서는 "서울 학생의 절반 이상이 대거 북한군에 입대하였다"고 전하고, 이러한 사실은 "북한에 의하여 강제된 측면이 있기는 하지만, 이는 과거

---

633) 김남식, 앞의 책, 447~448쪽 ; 장미승, 앞의 글, 180~181쪽.

634) 장미승, 위의 글, 182~183쪽.

635) 박원순, 앞의 글, 186쪽.

636) 권영진, 「북한의 남한점령정책」, 『역사비평』 1989 여름, 92~93쪽 ; 김남식, 앞의 책, 450~451쪽.

637) 장미승, 앞의 글, 195~196쪽.

이승만 정권이 얼마나 남한 민중들로부터 지지를 못 받고 있었는가를 보여주는 것"이라고 분석하였다.[638]

그러나 처음 1~2회가 지나가고 나서부터는 강제징집이 두드러졌다. 마을마다 3~4차례, 많은 경우는 6~7차례 모집이 있었는데, 후반에 갈수록 강제징집이 많아졌다. 18세 이상의 학생들에게 의용군 입대가 강요되었고, 민청원들이 거리에서 지나가는 청년들을 연행하여 강제입대시키기도 하였다.[639] 김일성은 8·15해방 5주년기념 평양시 인민위원회 경축대회에서 의용군 총수가 1950년 8월 15일 현재 40만 명이라고 보고하였는데,[640] 북한 정규군의 손실은 많은 부분 의용군에 의하여 보충되었다. 의용군은 간단한 훈련을 거쳐 전선으로 동원되었던바, 각 도에서는 9월 초 의용군을 중심으로 여단을 편성하였다.[641] 이러한 의용군의 강제징집과 그해 12월에 있은 국민방위군 징집은 당시의 상황을 말해준다.

아마도 이 숫자가 가장 많았겠지만, 부역자는 또 있었다. 여러 형태의 인민위원회나 정치보위부, 내무서 등의 동원이나 협조요청에 응한 사람들이 아주 많았을 것이다. 또 이들과 인민군에게 식사제공 등 편의를 봐준 사람들도 많았을 것이고, 군수품 운반이나 부상병 수송과 간호에도 많은 사람들이 동원되었다. 또한 미군은 엄청난 양의 폭탄을 투하하였던바, 파괴된 교량과 도로, 철로 등의 복구에 동원된 사람도 아주 많았다. 한 자료에는 1950년 8월 한 달 동안 서울에서만 연인원 22만 명이 각종 노역에 동원되었으며, 경기도 내 민청원들은 8월 하순까지 연 30만 명을 동원하였다고 한다.[642]

---

638) 권영진, 앞의 글, 93쪽.

639) 장미승, 앞의 글, 196쪽.

640) 위의 글, 197쪽. 김점곤은 남에서 강제로 끌려간 의용군수를 약 20만 명으로 추정하였다(김점곤, 『한국동란』, 광명출판사, 1973, 318쪽).

641) 이러한 부대로 경북의 안동사단, 충남의 대전사단, 전남의 광주여단 등이 있었다고 한다(권영진, 앞의 글, 93쪽).

642) 장미승, 앞의 글, 197쪽.

1950년 4월 14일 '서울동북
10km' 지점의 처형장으로
끌려나온 39명의 죄수들.
미군측은 이들이 공산주의자이며
정부전복을 기도했다고
기록하고 있다.
이 처형에는 6명의 미군무관 및
장교가 참관하고 사진을 찍었다.
사격을 위해 도열한 헌병 뒤에
중절모를 쓰고 서 있는 사람이
미군 장교다.

오후 3시, 일제사격으로
39명의 죄수들은 처형되었다.
이들 39명 처형에는 헌병
200명이 동원되었다고 한다.

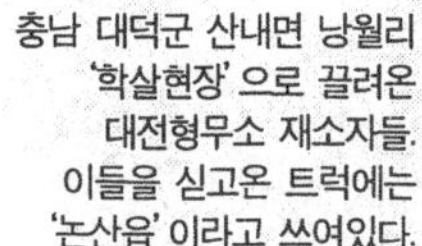

충남 대덕군 산내면 낭월리
'학살현장'으로 끌려온
대전형무소 재소자들.
이들을 싣고온 트럭에는
'논산읍'이라고 쓰여있다.

이들 재소자는 구덩이 앞에
엎드린 채 사격당하였고, 그후
구덩이로 버려졌다. 그리고
구덩이에서는 다시
확인사살이 행해졌다.

1951년 4월 어느날 대구에서. 부역자로 끌려나온 사람들. 곧 죽게 된다는 사실을 몰랐던 듯 표정이 태연하다. 반면 지휘관인 듯한 군인은 웃는데, 그는 과연 이들의 죽음을 모르고 있었을까.

작은 구덩이에 사람들을 한가득 몰아넣고 이들을 향해 사격을 가하고 있는 군인들.

대전형무소 죄수 학살에 대한 보복으로 인민군이 1,000여 명의 우익 인사들을 죽여 수장하였다고 알려지는 대전형무소의 우물

132명의 주검을 모신 제주도의 '백조일손지묘'

1951년 2월 거창양민학살에서 희생된 사람들의 합동묘. 오른쪽 무덤이 여자와 어린이 묘이고, 왼쪽은 남자들의 묘다. 두 무덤 앞(사진의 왼쪽)에 이를 알리는 비석이 뽑혀져 나가고 그 흔적만이 남아있다.

3) '잔류파'의 심사

경기도 등 여러 지역에서 관공리와 경찰관은 도피하기에 바빴지만,[643] 이승만 정부가 서울을 버리고 간 것은 크게 논란이 되었다. 이 때문에도 국회는 이승만 대통령이 국민에게 사죄할 것을 결의하였고, 86명의 의원이 연서하여 국무위원 전원 사직권고안을 제출하였다. 그렇지만 정부는 사죄는커녕 미안하다는 인사도 없이 서울로 들어오기가 무섭게 부역자를 엄단한다는 방침을 선포하였고, 잔류한 사람들은 심사대상이 되었다. 이미 10월 4일 계엄사령관의 지휘 감독하에 서슬퍼런 군·검·경 합동수사본부가 설치되어 부역자 검거수사와 처리를 전담하였던바, 합동수사본부에서는 본부장 김창룡 중령이 전횡하다시피 하였다.[644]

10월 12일 계엄사령관은 "시내 각 구, 동회를 통하여 적치(敵治)에 부역한 자는 반원 연대책임하에 철저히 적발할 것"을 지시하였다. 이어서 즉각 애국반원은 오는 20일까지 전반원 연대책임하에 부역자를 적발하여 명부를 작성하고 동회를 경유하여 소관 파출소에 제출하고, 국군입성 후에 행동이 수상한 자는 감시하는 동시에 관헌에 고발해야 한다는 세부지침을 내렸다.[645] 그런데 당국 못지않게 무서운 존재가 '도강파'였다. 9·28수복이 되면서 '도강파'는 애국자 행세를 하였고 '잔류파'를 부역자로 몰아치고 닦달하면서 세태가 험악해졌다. 도강파의 행태를 서울대 사학과 교수로 '잔류파'였던 김성칠은 이렇게 일기에 썼다.

거듭 되풀이하여 방송하는 사이에 정부는 '남하'하고, 모 당은 국민을 포탄 속에 속여서 내버려두고…… 눈치빠른 사람들은 약삭빠르게 피난하여 어리석고도 멍청한 많은 시민[서울시민의 99% 이상]은 정부의 말만 믿고 직장을 혹은 가정을 '사수'하다가 갑자기 적군(赤軍)을 맞이하여 90일 동안 굶주리고 천대받고 …… '남하'한 애국자들의 호령이 추상 같아서

---

643) 『국회속기록』 제8회 39호, 1950. 10. 31, 朴濟煥 의원 발언 참조.

644) 박원순, 앞의 글, 177, 191쪽.

645) 위의 글, 173쪽.

'정부를 따라 남하한 우리들만이 애국자이고 함몰지구에 그대로 남아있는 너희들은 모두가 불순분자이다' 하여 곤박(困迫)이 자심하니 고금천하에 이런 억울한 일이 또 있을까.646)

후에 한 신문은 "한동안 도강파가 득세하여 툭하면 6·25 때 일을 들추어내기가 일쑤이고 멀쩡한 사람을 병신 만들기가 다반사였다"라고 썼지만,647) 도강파들은 수복되자마자 각계, 각 단체에서 잔류파를 심사하고 닦달하였다. 국회에서는 남하한 국회의원을 제외하고 특별위원회를 구성하여 남아있던 국회의원을 조사하기로 하였다.648) 도강파·잔류파 문제로 학계와 문화계는 오랫동안 갈등이 생겼다. 화가들은 두 파로 갈라졌는데, 적치 3개월 동안 미술인들의 행적을 조사하여 A, B, C급으로 나누기로 하였다. 연세대 교무위원회에서는 괴뢰정권에 채용되어 봉급, 배급을 받은 자, 적군, 그 관청, 다른 학교, 단체에 채용되어 협력한 자, 의용병 간 자를 축출한다는 원칙을 정하였다.649) 도강파·잔류파 문제는 문단, 악단, 화단의 헤게모니 장악에 이용되어 큰 혼란이 조장되었다. 심한 암투는 문화인의 위신을 떨어뜨렸다.650) 대부분의 경우 상황이 부역자를 만들어냈지만, 이승만과 이승만 정권에 대한 비판의식이 부역자를 만들어낸 경우도 많았다. 부역자 처리문제에 대하여는 김성칠의 1950년 10월 24일자 일기 내용이 주목된다.

이래저래 똑똑한 사람들이 좌익과 관계를 많이 맺게 되어 우리나라를

---

646) 김성칠, 앞의 책, 251~252쪽.

647) 『경향신문』 1960. 9. 3.

648) 국회 특별심사위원회에서는 장건상, 呂運弘 등에 대한 보고서를 작성하였는데, 징계자격위원회의 징계자격심사 결과 징계처분하지 않기로 결정하였고, 그것은 국회에서 재적 138, 가 82, 부 46, 기권 10표로 가결되었다(『국회비공개회의 속기록』 제10회 41차 회의, 1951. 3. 7).

649) 박원순, 앞의 글, 174~176쪽. 朴定根 의원은 "탈환 이후에 부역심사를 한다고 할 때에 학생이 선생을 심사한다고 해가지고 방방곡곡에서 말못할 사태"를 일으켰다고 말하였다(『국회속기록』 제10회 39호, 1951. 3. 5).

650) 「동란 후 9년간의 자취」, 『인물계』 1959. 6, 21쪽.

위하여 일할 기회를 놓쳐버린 것이 개인적으로나 국가적으로나 여간 애석한 일이 아닌데, 지금 남아있는 중립분자까지 억지로 몰아내려는 것은 참으로 무모하달까, 심하면 민족의 자살행위로밖에 볼 수 없느니……651)

1955년 1월 충남 아산군 신창면 신창학살사건을 취재하러 간 기자에게 신창국민학교 이학균(李學均) 교감의 부친 이병성(李丙性)은 이렇게 말하였다.

　내 아들도 6·25 때 학교에 나왔다고 해서 창고에 가두었는데 돈 10만환을 주어 석방시켰고, 나 밖에도 두 사람이 돈을 주고 빼내었지요. ……억울한 사람들을 3, 40명씩 새끼줄로 엮어 산골짜기로 끌고가는 것을 볼 때 가슴이 막혔으나 어떻게 해요. 기관단총인가 하는 것을 가지고 있었는데, 여기서 건너다보니 픽픽 쓰러지더군요.652)

이 문제를 연구한 박원순 변호사는 다음과 같이 결론내렸다.

　일반적으로 말해서 극소수의 적극적 부역사건을 제외하고는 부역자에 대한 처벌은 부도덕, 불의한 일이었고, 위법부당한 과정이었다. 정부가 국민을 사지에 몰아놓고 살기 위해 거기서 안간힘을 다해 헤엄쳐 나오는 사람을 향해 배신자며 비겁자라고 욕하며, 다시 그 구렁텅이로 몰아넣은 것이 부역자 처벌의 본질이었다. 부역자를 처벌하기 위해서는 먼저 패전과 서울 함락에 대한 정부와 당국자의 책임추궁이 선행되어야 마땅했다. …… 적극적 부역자들은 이미 자취를 감추었고, 행세깨나 하는 자들은 어떤 통로를 거쳐서도 빠져나갔다. 비상사태라는 이름 아래 자기비호의 능력을 갖지 못한 민중만이 불복과 항변의 기회나 수단도 갖지 못한 채 대량으로 부역자의 딱지를 받아야 했다.653)

---

651) 김성칠, 앞의 책, 259쪽.
652) 『한국일보』 1955. 1. 18.
653) 박원순, 앞의 글, 194~195쪽.

내무부 치안국의『대한경찰전사』에 따르면, 당국에서는 부역자를 네 부류로 나누었다고 한다. 첫째, 이념적 공명자(共鳴者)로서 공산주의 사상에 이념적으로 공명하고, 또한 그것을 정당하다고 긍정하여 실천에 옮기려는 자들. 이러한 자들은 공산주의를 광신하고 또 행동하는 것인 만큼 가장 용감하고 잔인하게 폭력적인 행동을 감행한 적극분자이다. 둘째, 반정부감정 포지자로서 비록 공산주의를 신봉하지 않더라도 정부시책에 대하여 불만 불평을 가진 자들. 이들은 막연히 기존 조직의 변혁을 추구한 자들로 6·25전란을 맞아 돌발적인 파괴세력에 가담한 소극적인 공산분자들이다. 셋째, 대세뇌동자(大勢雷同者)들로서 공산주의 신봉자가 아니고 반정부분자도 아니지만, 지리적 조건과 미·소 양국의 병력을 비교하고 소련이 강대하다고 맹단(盲斷)하여 일시적으로 대세에 부화뇌동한 자들. 이들은 소극분자에 속한다. 넷째, 일신의 명철보신(明哲保身)을 도모하여 기회에 편승한 자들로 강압 밑에 불본의(不本意) 내지 피동적으로 부역한 소극분자들.654) 그러나 반정부적이라고 해서 소극적 공산분자로 인정한 것도 납득하기 어려운 논리이고, 첫째에서 넷째에 이르는 부류로 가려낸다는 것은 지극히 어렵게 되어있다. 따라서 이와 같은 애매하고 막연한 기준에는 결국 자의성이 가장 중요한 잣대가 될 수밖에 없다.

4) 부역자와 그 가족에 대한 재산탈취 등 월권행위

부역자는 형법과 국가보안법으로 처벌할 수도 있었지만, 주로 1950년 6월 28일 대전에서 대통령 긴급명령 제1호로 공포된 '비상사태하의 범죄처벌에 관한 특별조치령'에 의해서 처벌되었다. 이 대통령 특별조치령은 앞에서 살펴본 바와 같이, 전쟁 전에는 징역 4년이나 5년에 해당될 것이 사형으로, 2년이나 3년이 무기나 15년형을 선고받게 되어있는 등 법정형이 지극히 엄혹하였다. 그것도 단심으로 단독판사가 짧은 시간 내에 공판하고 선고하도록 제한하였기 때문에 졸속재판이나 오판 등으로 치명적인 사태가 일어날 수 있었다. 부역자에 대해서는 이미 수많은 살상행위나 재산침

---

654) 한국경찰사편찬위원회 편,『한국경찰사』2, 내무부치안국, 1973, 548쪽.

해현상이 일어나. 국회에서는 1950년 9월 17일 사형(私刑)금지법안과 부역
행위특별처리법안이 통과되었으나, 두 법 모두 정부에서 비토하여 재의를
요구하였다. 결국 국회가 재의를 결의하여 12월 1일에 공포되었다.

그러나 정부는 이 법을 시행할 의지를 보이지 않았고, 그 후에도 군·검
·경 합동수사본부가 존치하였다. 이 합동수사본부는 경인지구 CIC 대장
으로 본부장인 김창룡 중령의 전횡으로 검찰과 경찰의 불만이 많았다.
1951년 4월 29일 국회에서 합동수사본부가 독자적 수사권을 갖는다는 것
은 위헌이고 월권행위가 자행되고 있어, 수사기관의 난립을 방지하고 인권
유린의 작폐를 근절하기 위하여 이를 해체할 것을 요구하였고, 5월 2일 국
회본회의에서 가결됨으로써 5월 23일 해체되었다.[655] 또한 위헌의 여지를
줄이기 위하여 국회에서 통과시킨 '비상사태하의 범죄처벌에 관한 특별조
치령' 개정안은 1951년 1월 30일에 공포되었다.

1951년 6월 5일 헌정을 유린한 부산정치파동의 와중에서도 국회에서는
'비상사태하의 범죄처벌에 관한 특별조치령' 폐지와 이 법에 기인한 형사
사건 임시조치법안을 의결하였다. 그러나 이것을 정부에서는 6월 20일자
로 환부하였다.[656] 또한 국회에서는 전 보도연맹원으로서 전쟁 발발 후 공
산당에 가담, 협력하지 아니한 자, 본의가 아니었는데 좌익 혐의를 받고 있
는 자 및 자수자에 대하여는 심사위원회에서 엄격히 심사하여 합격된 자
는 도시 민증을 수여하고, 기타 차별대우를 철폐하는 등 국민으로서 건전
한 활동을 하게 할 것을 주내용으로 한 '전 보도연맹원 포섭에 관한 건의
안'을 가결하였다.[657] 그러나 당국은 조봉암이 「우리의 당면임무」에서 자
세히 지적하고 있듯이 여전히 이들에 대해 '비국민' 대우를 하였다.

당국은 엄벌 위주로 나갔지만, 부역자와 그 가족들에 대한 불법부당한
'즉결처분'에 대한, 곧 부역자를 탐색해내어 마구 총살하는 등 살상과 빈번
한 재산침해,[658] 사설 수사단체의 난립에 대한 비판적 여론을 무시할 수

---

655) 합동수사본부가 해체되자 본부장 김창룡은 특무부대장으로 영전되어갔다(박원
  순, 앞의 글, 191~192쪽).
656) 『국회속기록』 제12회 83호, 1952. 6. 21, 의사국장(서상준) 발언.
657) 『국회속기록』 제11회 97호, 1951. 11. 19.

없어 대처방안을 발표하기도 하였다. 보복살상 등의 행위가 많아 살벌한 분위기가 한창이었던 1950년 10월 14일, 헌병사령관 장창국 대령은 "정당한 수속없이 군경의 '역산(逆産)' 점거, 입주를 엄단"하기로 함과 동시에, "청년단체는 군·경 수사기관에 협조임무밖에 없으며, 부역자라 할지라도 불법 구속하여 구타를 할 때는 그 책임자는 물론 담당자를 엄중 처벌하겠다"고 밝혔다.659) 이러한 담화는 군·경에 의한 재산탈취가 어떠하였는가를 말해주는 한 예가 될 것이다.660) 수복 직후 서울에서 빈 집은 이유를 불문하고 군·경이 우선적으로 점유하였고, 쓸 수 있는 집은 거지반 군·경과 득세부리는 자들에게 속하여 이재민들은 뚫어진 벽돌담이나 방공호 속에서 겨울을 맞아야 할 형편이었다.

부역자 엄벌과 일부 군·경의 부역자 및 그 가족의 재산탈취 관계를 어떻게 보아야 할 것인가. 그것은 극우의 성격과 행태를 이해하는 데 도움이 될 수 있다. 앞에서 제주도건 거창 등지에서건, 학살에 가담한 자 또는 잔혹한 행위를 한 자들이 피학살자나 그 가족들, 해당 지역 주민들로부터 금품 또는 재산을 탈취하는 경우를 보았다. 해방 후 고위권력자에서 관공리, 군 관계자, 경찰 등에 이르기까지 권력을 쥔 자는 대개 그 권력을 이용하여 축재하였다. '좋은 자리'는 부정축재의 온상이었고, 그것은 상당부분 극우성과 연계되어있었다. 곧 맹렬한 극우성의 발휘는 정신적 물리적인 면에서의 비도덕성이나 저열성을 말해주기도 하지만, 기득권이나 기존 재산의

---

658) 부역자의 경우도 당자뿐만 아니라 가족들도 심하게 당한 경우가 적지 않았다. 박제환 의원은 "자위대…… 부역자를 체포하고 구금하고 폭력으로써 이것을 고문이라고 할까 …… 소위 역산이라고 해가지고 부역행위를 한 사람의 가옥 혹은 기타 재산을 차압을 하고 그래서 그 가족에 대해서 식량도 주지 아니하고…… 가족을 축출하고 …… 일부 권력을 가진 사람 혹은 자위대니 이러한 간부 사람들이 그 가옥을 들고 재산을 상당히 이것을 불법으로 처리된 것도 있는 거 같고…… 가족의 추방문제 또는 그 자들의 재산의 차압문제, 이런 것은 과거 공비들이 3개월간 감행하였던 그 방법과 그 정신이 똑같은 것으로서…… 우리 대한민국이 과거에 6·25사변 이전에 우리 정부가 부패했다는 것을 자기네가 이번에 실제로 체험을 통하야 잘 알았다. …… 이것은 누구나 이구동성으로 말하는 것"이라고 말했다(『국회속기록』 제8회 39호, 1950. 10. 31).

659) 박원순, 앞의 글, 177~179쪽.

660) 『국회속기록』 제8회 39호, 1950. 10. 31, 조광섭 의원 발언.

보호와 관련됨과 함께 금품 또는 재산탈취와도 관련이 있었다.

해방 후 친일 군·경을 포함하여 악질적 친일파나 극우분자들은 부패부정과 함께 모리성에서도 뒤지지 않는 경우가 많았다. 1949년 6·6반민특위습격테러를 지휘한 중부경찰서장 이구범이나 국회프락치사건 수사의 일선 책임자였던 서울시경 사찰과장 최운하 등은 1948년에 독직사건으로 수사를 받았다.661)

한창 전쟁중이었던 1951년 11월 노진설(盧鎭卨) 감찰위원장은, 6·25사변 수습비 중 내무부치안국에서 운용한 정보비는 지방 일선에서 사용되어야 함에도 불구하고 당시 치안국장 김태선에게 1,900만 원, 내무부장관 조병옥에게 1,800만 원을 지출하였고, 또 내무부 6·25사변수습비 중 경찰통신시설 복구비에서 5억 7,790만 원을 꺼내 치안국에서 동선(銅線)을 사들였는 바, 260톤에 해당하는 이 동선은 기존의 동선을 절단하여온, 곧 절취한 장물로서 인정되고, 이 동선 '수집'에 경찰관이 관여된 부분이 있었기 때문에, 사건이 발생하였을 당시 치안국장이자 현서울시장인 김태선을 면직에 처하였다고 국회에 보고하였다.662) 또한 조진만(趙鎭滿) 법무부장관은 그 사건을 수사하고 있다고 답변하였다.663) 내무부의 고위책임자들이 전쟁을 어떻게 인식하였는가를 말해주는 하나의 예가 될 것이다.

전쟁중 부정부패에 의한 모리·착복이 가장 큰 규모로 일어난 것이 앞에서 말한 국민방위군사건이었다. 1950년 12월에서 그 다음해 1월에 걸쳐

---

661) 서중석, 앞의 책 2, 140~143쪽.

662) 김태선은 6·6반민특위습격테러, 국회프락치사건, 김구 암살사건 때 서울시경 국장이었고, 전쟁 초기에 치안국장이었다가 1951년 5월에 서울시장이 되었다. 감찰위원장의 조치가 있었는데도 김태선은 1952년 7월까지 서울시장직에 있었고, 1952년 8·5정부통령선거에서 내무부장관으로 장택상 국무총리와 함께 부통령에 유권자들이 이름도 잘 몰랐던 咸台永을 당선시키는 데 공헌하였다.

663) 노진설은 이밖에도 8,040만 원에 해당하는 전주 50본을 치안국에서 사들인다고 하였는데, 납품은 되어있지 않고 국고에서는 지출되어있으며, 통신기재와 고철로 외자관리청에서 6,800여만 원을 사들인 것도 현품은 인수받지 않고 치안국에서 돈만 지불하였다고 말하였다(『국회속기록』 제11회 100호, 1951. 11. 22). 같은 날 任容淳 의원은 국제연합에서 1951년 2월에 피난민을 위해서 생고무 80톤(1톤당 1,200만 원)을 주었던바, 행방이 묘연한데, 이것에 대한 수사가 경무대경찰서에서도 묵살된 이유를 사회부장관에게 추궁하였다.

60만 명 이상의 장정이[664] '죽음의 행진'을 하면서 기아와 동상, 발진티푸스 등 전염병으로 5만 명 또는 수만 명이 숨졌고, 51개소 교육대에 간신히 도착하여 수용된 인원은 38만여 명이었다.[665] 장정들은 교육대에 수용된 이후에도 계속 사망하여 1951년 6월 말 현재 1,234명이 숨졌고, 환자는 1만 654명(4월 16일 현재)이었다.[666] 그런데도 국민방위군 간부들은 1951년 국민방위군 예산이 통과하자 장정들의 식비, 연료비와 공금 등을 착복, 횡령하여 국방부, 육군본부 등의 고급장교 초대 연회비, 여당격인 신정동지회의 정치자금 등으로 사용하고 기밀비, 연회비, 출장비 등으로 낭비하였다.[667] 최경록 헌병사령관이 발표한 것에 의하더라도, 국민방위군 간부들의 부정처분 액수는 총 24억 2,799만 원이며, 양곡 1,800가마였다.[668]

전쟁 전이나 그 후도 성격이 비슷한 면이 많았지만, 전쟁이 절호의 기회나 되는 것처럼 전쟁기에 극우세력의 권력남용과 정경유착에 의한 재산·자산 축적은 부분적 현상을 넘어 광범위하게 일어났다. 한국형 자본주의의 한 단면으로 극우의 재산축적 메커니즘이었다. 사상검사였던 엄상섭 의원

---

664) 국회에서 朴永出 의원은 '제2국민병 문제보고'에서 당초 130만 명 이상을 동원하려는 계획이었는데, 실제 동원수는 68만 350명이라고 말하였다(『국회속기록』 제11회 23호, 1951. 7. 11). 국민방위군 동원 총인원수를 정확히 알고 있는 사람은 없으나 60만 명 이상일 것으로 한 연구자는 추정하였다(洪思重, 「국민방위군사건」, 『전환기의 내막』, 563쪽).

665) 『국회속기록』 제10회 75호, 국민방위군의혹사건 조사보고, 太完善 의원 발언. 이와 함께 홍사중, 위의 글, 563쪽 참조. 박영출 의원은 도중 낙오로 이탈한 자가 38만 2,208명, 현지 도착자가 29만 8,142명이라고 보고하였다(『국회속기록』 제11회 23호, 1951. 7. 11). 방위군사령부에서 실시한 신체검사에 응한 장정은 21만 3천 명이었다(홍사중, 같은 글, 563쪽). 방위군 장정들은 교육대 입소시설이 미비하고 인원이 차 입소하기도 쉽지 않았다. 강화군 출신의 장병들은 1950년 12월 20일 인천지구를 떠나서 제주도로 갔으나 수용할 준비가 되어있지 않으니 부산으로 가라고 하여 부산으로 왔다. 그러나 부산에서는 구포로 보냈던바, 그곳에서는 김해로 가라 하였고, 김해에서는 대책이 없다고 해서 다시 부산으로 왔다. 이러한 현상은 다른 장정들한테서도 있었다(『국회속기록』 제10회 6호, 1951. 1. 15, 金從會 의원 발언).

666) 『국회속기록』 제11회 23호, 1951. 7. 11, 박영출 의원 보고.

667) 「국민방위군사건」, 『1950년대의 인식』, 418쪽.

668) 부산일보사, 앞의 책(상), 204~205쪽.

이 경찰이 치안비용 명목으로 주민의 재산갹출을 강요하여 불응하면 빨갱이라는 죄명을 붙여서 함부로 체포, 감금한다고 지적한 것도[669] 하급단위에서 그러한 현상이 나타난 것으로 이해할 수 있다. 비슷한 시기에 김광준 의원은 좌익계 가족이라 해서 토지 등 재산을 빼앗고, 토지이전 등기에 응하지 않으면 좌익이라 해서 구타하고 죽이는 일이 있는데, 모 경찰서장은 그것이 위법행위임을 확신하지만 적법적으로 처단하지 못하고 있다고 말하였다. 적법적으로 처리하면 서장이 빨갱이라는 말을 듣게 되고 또 자리를 유지해나가기가 대단히 어렵기 때문이었다.[670] 이것 또한 극우들의 서슬퍼런 '빨갱이몰이'와 재산축적의 관계를 보여주는 한 예이다. 김성칠의 고향에는 인민군이 들어오지 않았는데도 들어온다고 하여 모두 소개당하였다. 그곳 사람들은 "소개했다"라고 하지 않고 "소개당했다"고 말하였다. 군·경이 나가야 한다고 하도 닦달해서 2, 30리 밖으로 열흘 정도 나갔다 돌아왔는데, 그동안에 양식이고 나무고 이불이고 옷이고 간장이고 된장이고 간에 모조리 없어지고, 남은 것은 자신들이 등에 짊어지고 간 것밖에 없었다. 누가 그에게 "군·경과 그 끄나풀과 또 그들과 통하여 나중까지 남을 수 있었던 사람들이지요"라고 귀띔해주었다. 김성칠은 후퇴할 때마다 군·경이 한몫 본다고 어느 국회의원이 하던 얘기가 떠올랐다.[671] 고향사람들은 김성칠한테 이런 말도 하였다.

그런 중에도 글쎄 CIC의 끄나풀이라는 녀석들이 있어서 피난하고 있는 가엾은 처녀들을 오열(五列)의 혐의가 있다 해서 데려다 능욕하기, 군인들이 우매한 피난 농민들을 협박해서 소를 빼앗아가기, 값을 치러준다지만 시가의 10분의 1도 못 되는 정도이고, 그러한 군인들을 좇아다니면서 그 소를 사서 장사하는 악덕한들도 있었답니다. 피난짐을 소에다 싣고 와서 소를 빼앗겨버리고 울고 있는 농민이 얼마나 되었는지 모른답니다.[672]

---

669) 『국회속기록』 제10회 37호, 1951. 3. 2.
670) 『국회속기록』 제10회 64호, 1951. 4. 24.
671) 김성칠, 앞의 책, 263쪽, 1950. 10. 29.자 일기.
672) 위의 책, 264쪽, 1950. 10. 29.자 일기.

6·25 때 31세로 모 대학 교수였던 최모 여인은 순경이 집을 빼앗고자 부역자로 몰았던바, 사형을 선고받았다가 감형이 되었고, 그 뒤 특사로 석방되었다가 무죄판결을 받았다. 그는 재판비용으로 집값을 다 들이밀어 세입자가 되었다. 혐의 내용은 인텔리가 후퇴하지 않은 것은 필시 부역자임에 틀림없다는 것이었다.[673] 눈감으면 코베어 먹는 세상이었다.

수복기 국군과 유엔군이 북진할 때 '이북동포가 공산당의 압제에 신음한' 북쪽 땅에서도 비슷한 현상이 일어났다. 이 지역에서의 재산탈취는 '점령지역' 또는 '빨갱이지역'이어서 그랬는지 모르지만, 부역자들에 대한 것보다 더 집중적으로 발생하였다. 강원룡은 1950년 10월 중하순경에 함남 이원에 있는 부모를 모시러 국군을 따라 철원을 지나 장림(長林)이라는 곳까지 갔다가 더이상 갈 수 없어 되돌아올 때 목격한 충격적인 모습에 경악하였다. 짧은 북행이었는데, 어떠한 경로로 들어왔는지 국군이 있는 곳에는 남쪽에서 올라온 장사꾼들이 따라붙어 마치 자신들이 점령군이나 되는 것처럼 칼만 안든 강도짓을 하고 있었다. 강원룡은 그러한 모습을 다음과 같이 묘사하였다.

장사꾼들은 트럭을 동원해서 집집마다 마구 들어가서는 쌀이나 돈이 될 만한 물건들을 털다시피 들어내 왔다. 그리고 제멋대로 헐값으로 값을 쳐서 이남의 화폐로 물건값을 지불하는 시늉을 했다. 그러나 그런 일을 당한 집은 북쪽에서 통용이 되는지 안되는지도 모르는 화폐 몇 조각을 받고 몽땅 물건을 뺏긴 꼴이 되어버리는 것이었다.[674]

강원룡 목사가 본 것은 예외적 현상이 아니었다. 국회 전문위원인 이선교(李宣敎)는 국회에서 평양에 갔다온 시찰보고를 다음과 같이 하였다.

국군과 유엔군에게 참말로 매달려 울면서 왜 이제 오셨습니까 하면서 음식도 준비하고 환호했던 것만은 사실입니다. 그러나 그 다음날부터는

---

673) 『동아일보』 1957. 9. 1.
674) 강원룡, 『빈들에서』 1, 열린문화, 1993, 325~326쪽.

환멸의 비애를 느꼈다고 보아요. 들어가서 국군의 비행이 있고, 역시 유엔군의 비행도 다소간 있었던 모양입니다. 물론 여자를 능욕하는 것도…… 물건을 빼앗아가는 것도 있었을 것이고, 가옥을 접수한다고 해서 …… 물품의 약탈은 굉장한 형편 …… 평양에 있던 악질도배들이 국군하고 같이 돌아다니면서 공산당 물건이니 뺏는다는 행위를 거듭하기 때문에 그 시가에 혼란이라는 것이 한이 없습니다.[675]

김성칠의 1950년 11월 14일자 일기에도 "국군이 평양에 들어가서 또 기타의 이북지역에서 약탈과 강간을 함부로 하여 이북동포들의 커다란 실망을 사고 있다는 소문이 들려온다"라고 쓰여있다. 그는 이북 수복지구의 행정을 놓고 국제연합과 이승만 정부가 갈등을 보이고 있는데, 자신은 국제연합측의 견해를 지지하고 싶다고 피력하였다. 질이 좋지 못한 행정요원이나 감정에 치우치기 쉬운 월남동포들이 들어가서 이북동포들을 압제하고 능멸한다든가 하는 일이 있어서 이북을 이남의 식민지처럼 닦달할 것이 우려되었던 것이다.[676]

빨갱이몰이, 잔혹성, 학살, 재산탈취는 다 그런 것은 아니지만, 상호간에 일정하게 함수관계가 있다. 부역자 재판을 할 때 유병진 판사가 부닥쳤던 바와 같이, 부역자는 가차없이 중형 내지 극형에 처해야 한다고 도강파 등 극우가 외친 '사회적 심리장애현상'[677]도 그러한 함수관계와 무관한 것으로 보이지 않는다. 극우반공통치가 가장 철저하였던 유신체제하에서 정경유착현상과 박정희 권력핵심부의 엄청난 치부행위도 극우반공주의자들의 성격을 잘 말해주는 예가 될 것이다. 극우반공주의자들의 극우성은 권력남용, 자산(자본)축적과 일정한 관계가 있다.

5) 부역자의 처리

체포된 부역자수는 얼마나 될까. 1950년 10월 31일 국회에서 국회의원이

---

675) 『국회속기록』 제8회 43호, 1950. 11. 4.

676) 김성칠, 앞의 책, 280~281쪽.

677) 유병진, 앞의 책, 4~5쪽.

각 지방의 피해현황을 보고할 때, 조광섭(趙光燮) 의원은 서울시경과 합동 수사본부에서 얻은 자료에 의하면, 서울시에서 부역자로 1만 924명이 수감 되었는데, 그 중 6,313건은 기소되고, 4,611건은 취조 보류중이라고 말하였 다.[678] 경찰은 11월 2일 현재 피검된 부역자 총수는 3만 6,274명으로, 이 중 8,171명이 석방되었고, 8,795명이 송치되었다고 발표하였다.[679] 나머지는 취조중인 것으로 보인다. 11월 13일 현재 전국의 부역자 검거자 총수는 5 만 5,909명으로, 이 중 서울이 1만 5,948명(송치 3,466명, 석방 5,155명), 경기 가 1만 1,129명(송치 2,474명, 석방 5,136명)으로 월등히 많았고, 다음은 전북 으로 5,596명(송치 943명, 석방 1,874명)이었다. 강원, 충남, 경북, 경남, 전남 은 각각 3천 명 미만 2천 명 이상이었고, 인민군이 들어가지 않은 제주도 는 1,667명으로 인구비로 보면 아주 많은 편이며, 충북은 955명이었다.[680]

『한국경찰사』 2에 의하면, 인민군 치하 3개월간에 걸친 부역자 중 검거 인원은 15만 3,825명, 자수인원은 39만 7,090명으로, 총 55만 915명의 부역 자가 처리되었다. 이들 가운데 북한군 1,448명, 중국군 28명, 빨치산 9,979 명, 노동당원 7,661명이었다.[681] 부역자 가운데는 문인 노천명(盧天命), 조 경희(趙敬姬), 영문학자 이인수(李仁秀), 백남운의 동생 백남교(白南敎) 등이 있었다. 부역자들은 1950년대 내내, 그리고 1960년대에도 체포되었다. 과거 에 부역자로 검거되어 일단 처리가 끝났는데도 새로운 신고가 들어오면 다시 체포되었다.

부역자 처리를 엄밀하게 조사하여 신중히 처리하기에는 인원면에서도 어려움이 있었다. 경찰관의 경우 사상자가 많았고, 북진에 따른 점령지의 치안수요로 말미암아 부역자를 처리할 경찰관이 절대적으로 부족하였 다.[682] 본말이 전도된 강변이지만, 정부에서 판사가 부족하여 재심을 해본

---

678) 『국회속기록』 제8회 39호, 1950. 10. 31. 서울시경찰국에 따르면, 검거된 서울시 부역자수는 10월 18일 현재 7,987명, 10월 30일 현재 1만 1,592명인데, 이 중 남자 8,692명, 여자 2,900명이었다(박원순, 앞의 글, 185쪽). 여자도 꽤 많은 것을 볼 수 있다.
679) 『조선일보』 1950. 11. 20.
680) 박원순, 앞의 글, 185쪽.
681) 한국경찰사편찬위원회 편, 앞의 책 2, 547쪽.

댔자 더 신중을 기하기 어려운 형편에 있다고 주장할 만큼[683] 판사수도 태부족이었다. 1950년 11월 25일 법원행정원장 노용호(盧龍鎬)는 전쟁으로 사법부의 중추기관인 서울 지방법원 판사 40명 중 19명이 행방불명이라고 국회에서 보고하였다. 더욱이 서울 고등법원의 경우 14명 중 8명이 행방불명되었고, 남은 6명 중 3명은 지방법원 직무대리로 내려보냈으며, 3명이 남아 잔여건수 200여 건을 처리중이라는 것이었다.[684] 변호사 등으로 판사를 보충하였지만, 1951년 4월에도 25명이 결원이었다.[685]

이와 같이 판사가 부족한 가운데 격증한 부역자건을 2개소의 군법회의에서 짧은 시일 내에 처리하기란 어려워 경미한 건은 일반재판소로 이관하였는데, 지방법원의 단독판사가 단시일에 허다한 사건을, 그것도 "부역자의 종자를 말려버리겠다"는 분위기와 '빨갱이 판사'로 낙인찍히기 쉬운 상황에서, 유죄일 경우 사형(특별조치령 제3조), 사형에서 10년 이상의 형(특별조치령 제4조)을 선고하여야 했다.[686]

검거된 수십만 부역자들의 죄상을 분석할 수 있는 자료는 찾기가 쉽지 않다. 다음에서는 얼마만큼 일반적인 현상일지는 알 수 없으나 '중량급'과 '경량급' 두 가지 경우를 예로 들어보겠다. 전자로는 충남 도고에서 수복 직후 집단으로 총살된 사람들의 죽기 직전 모습이다. 반공학도가 목도한 모습을 통해서 이들이 어떠한 사람들인지 생각해볼 수 있을 것 같다.

DB의 창백한 얼굴, 나으리를 찾던 그 비명. 강동지를 찾으며 물을 달라던 TK. 자기는 죽어도 좋으나 부모가 불쌍하다던 어여쁜 여자. 자기의 두 딸을 부탁하던 KE. 마지막으로 순경의 팔뚝을 지근거리며 애원하던 여자 정치공작대원. 대한민국 만세를 부르던 늙은 공비. 나는 억울하게 죽는다고 외치던 인민군. 고개를 숙이고 터벅거리고 가던 CW. 뒤를 흘끔흘끔 바

---

682) 박원순, 앞의 글, 178쪽.

683) 『국회속기록』 제10회 제9호, 1951. 1. 18, 법제사법위원장 윤길중 의원 발언.

684) 『국회속기록』 제8회 58호, 1950. 11. 25.

685) 『국회속기록』 제10회 65호, 1951. 4. 26, 윤길중 의원 발언.

686) 유병진, 「재판관의 고민」, 『신태양』 1957. 7, 85~88쪽.

라보며 자기의 본명을 마지막에 고하던 내무서원. 마지막에 앗! 소리를 지르던 **YK**. 두 눈만 남고 얼굴이 도망가 죽은 공비. 총을 맞고 윽! 하고 비명을 지르던 공비……687)

김성칠의 1950년 10월 25일자 일기에도 기구한 얘기가 나온다. 그가 잘 아는 국(鞠)모를 만나 들은 얘기였다. 교원인 딸은 역시 교원인 부군이 6월 28일 직후 대수롭지 않은 일로 정치보위부로 잡혀가자 남편을 구해내기 위하여 반동가정이 아니라는 표시로 여맹 일을 보았는데, 그 일로 이번에는 자신이 헌병대에 끌려간 것이다. 사위는 인민공화국에 잡혀가서 행방불명이고 딸은 대한민국에 구금되어있으니, 갑자기 고아가 된 외손들이 밤낮 보채고 있다는 하소연이었다. 김성칠은 그러한 일이 그 가정뿐일까 싶어서 가슴이 쓰렸다고 쓰고 있다.688)

오제도의 증언에 의하면, 서울 종로경찰서에 구금된 600명의 용의자 중 200명 남짓은 부녀자였는데, 정밀히 조사하였더니 대부분이 군인과 경찰 가족이었다. 남편은 38선을 넘어 진격중인데, 처는 반역자로 몰린 것이다.689) 이것은 특수한 예일 것이다.

그러나 유병진 판사가 만난 홍안의 소년은 반드시 특별한 케이스가 아닐 수도 있다. 국민학교를 졸업한 빈가 출신의 만 14세 홍안 소년에 대한 검사의 기소사실은, 그 소년이 내무서에 근무하여 조력하였고 내무서원에게 우익인사들의 가옥을 안내하여 그들을 살해케 하였다는 것이었다. 유판사는 이 사건을 심리할 때 자기 집에 있는 14세의 중학생 아들이 떠올랐다. 그의 아들은 자신(유병진)이 피신해있던 7월 말경 성동경찰서 부근을 지나갈 때 소년단원들에게 붙들려 가입을 강요당하다가 도망해왔다고 말하고, "그때 나도 파출소 같은 데서 심부름이나 하라면 오히려 좋아서 하였겠지만, 거기에서는 밥도 얻어먹을 수 있으니까! 그런데 소년단 같은 데

---

687) 강신항, 앞의 책 1, 142쪽. 이 책 151쪽에는 총살당하면서 부역자들이 "나 때문에 가족들이 몰살당하는 것은 억울합니다"라고 말한 것으로 쓰여있다.

688) 김성칠, 앞의 책, 260쪽.

689) 박원순, 앞의 글, 180쪽.

들어가서야 할 일이 있어야지"라고 덧붙였다.[690]

유판사는 3, 4회 공판에서부터 부녀자를 꽤 만났다. 17세 처녀로부터 50세에 이르는 부인들과 애기를 업은 부인도 있었다. 그들 대부분의 죄명은 인민반장 또는 인민통장 혹은 여성동맹 간부로서 여맹 가입을 권하고, 된장, 고추장 혹은 놋그릇 등을 수집하여 인민군에게 제공하였으며, 주민들을 강제로 노력동원하였고, 내무서원 또는 민청원들이 우익인사들 집 수색이나 재산몰수 등을 할 때 안내하였다는 것이었다. 위의 세 가지는 상부의 명령이었고, 네번째는 내무서원 및 그들 관리들이 반 혹은 통내의 주민주택 소재를 묻기에 반장, 통장으로서 알려준 것이었다.[691] 유판사는 다음과 같은 부역자들도 만났다.

부역이라는 문앞에 한 번도 가본 일도 없는 '젠자이' 장사를 소위 그들 인민위원회 서기로 만들어놓았는가 하면, 동(洞)여맹위원장의 추대를 한사코 거부한 후 3개월간 방에만 들어앉았던 과거의 보련원(保聯員)을 관제 여맹위원장으로 만들어도 보고, 실지 아무 일도 하지 않았던 모 국회프락치 의원의 처로 하여금 그 남편의 내조자라 하여 빨갱이의 탈을 씌워도 놓고……[692]

부역자로 학살된 사람도 그러하지만, 사형집행이 몇 명이나 되었는지도 불확실하다. 사형선고가 처음으로 집행된 것은 1950년 11월 8일로 연세대 교수인 영문학자 이인수[693] 등 26명이었다. 1950년 11월 25일 현재 계엄사령부는 부역자재판에서 사형선고를 받은 사람이 877명, 이 중 사형집행된 사람이 161명이라고 발표하였다. 중앙고등군법회의에서 169명이 선고받았

---

690) 유병진, 앞의 책, 121~122쪽.

691) 위의 책, 124~125쪽.

692) 위의 책, 155~156쪽.

693) 영문학계의 수재인 이인수는 점령당국에 인치되어 유엔군 포로의 통역 등에 종사하였다. 후에 탈출하여 피신하였는데, 李教善이 신변안전 보장을 받고 미군대령에게 대면시켰으나, 한국기관으로 넘어온 뒤 사형되었다고 한다(김석영, 앞의 글, 14쪽).

고(96명 집행), 서울지구 고등군법회의에서 475명이 선고받았으며(65명 집행), 서울 지방법원에서 233명이 사형선고를 받았다(집행 없음).694)

주한미대사가 미국무장관에게 보고한 전문에 따르면, '비상사태하의 범죄처벌에 관한 특별조치령'에 의거하여 1950년 10월 1일부터 12월 15일 사이에 391명의 사형선고가 확정되었고, 그 중 242명이 총살형에 처해졌다. 앞에서 언급한 대로, 12월 20일에 58명을 총살형에 처할 예정이었으나, 20명만 총살되었고 나머지 38명은 영국군의 제지로 서대문형무소에 일단 재수감되었다.695)

영국군의 항의 등 국내외의 여론이 비등하자 1950년 12월 19일 이승만은 "악질 부역행위자를 엄중처벌할 것이나, 개과천선코자 하는 자에게 기회를 잃지 않게 하기 위하여 사형의 판결이 선고된 죄수라 할지라도 신중히 검토하여 감형 등 적당한 조치를 강구코저 한다"는 성명을 발표하였다. 또 12월 18일에는 감형령이 공포되었는데, 특별조치령으로 선고받은 자의 경우, 무기징역은 15년으로, 10년을 초과한 자는 언도형기의 2분의 1로 감형되었다.696) 사형에 대한 조치가 보이지 않는 것이 관심을 끈다.

부역자는 전쟁이 끝난 후에도 계속 체포되었다. 1960년대에도 6·25 때의 일이 간혹 중상모략으로 이용되었다.697) 또 피학살자 가족들이 계속 연좌제에 묶여있었던 것처럼, 부역자는 말할 것도 없고 그 가족·친척들도 자신도 잘 모르는 상태에서 연좌제로 묶여 계속 감시를 받았고, 취업, 여권 발급 등에 제한을 받는 등 사회활동에 어려움을 겪었다. 그것은 국군 내 남로당 프락치였던 박정희를 포함하여 해방 후 좌익활동에 연루되어있던 이승만·박정희 정권의 고위공직자들이 아무런 제약을 받지 않았던 것과 대조를 이룬다. 연좌제가 얼마나 광범위하게 많은 사람을 묶었을까는 독립운동가 김순애(金淳愛)의 경우가 말해준다. 김순애는 해방 후 이승만, 김구와 함께 우익 3영수의 한 사람이었으나 이승만과 노선을 달리 한 김규식의

---

694) 박원순, 앞의 글, 188~190쪽.

695) 서동구 역편, 앞의 책, 607~617쪽.

696) 박원순, 앞의 글, 190~191쪽.

697) 『경향신문』 1960. 9. 3. 참조.

부인이라는 이유로 이승만 정권에서 말못할 고통을 많이 당하였는데, 4월 혁명 후에도 부역자 취급을 받았다. 미국에 있는 장녀를 만나러 가려고 여권신청을 하였다가 치안국으로부터 전쟁 때 군사원호사업 위원으로 부역하였다고 기입되어있다는 통지를 받았다.[698]

연좌제 폐지는 유신체제가 붕괴되고 광주학살을 거쳐 신군부가 등장한 1980년 8월에야 논의가 되었다. 광주학살 위에 성립한 신군부가 무엇인가 인상을 좋게 주기 위하여 내놓은 것이 연좌제의 전면 철폐였다. 연좌제 철폐는 신군부정권 헌법에도 오르게 되었던바, 이 헌법 제12조 3항에는 "모든 국민은 자기의 행위가 아닌 친족의 행위로 인하여 불이익을 받지 아니한다"라고 쓰여있다. 1981년 3월경 내무부는 연좌제에 의한 이른바 신원특이자에 대한 기록을 일제히 정리하는 한편, 본인이 적치하에서 부역하였을 경우라도 그 행위가 가볍거나 죄과를 뉘우치고 있는 사람에게는 앞으로 신원조사 등에서 문제삼지 않기로 하였다고 밝혔다. 그럼에도 불구하고 1984년 10월 3일 개천절에 즈음하여 이진희 문공부장관은 「대공신원기록관리정책 전환에 대한 발표문」을 통하여, "정부는 6·25 부역자에 대한 행정상 신원관리기록을 모두 삭제, 앞으로 이들이 해외여행이나 공직임용 등에 있어 조금이라도 불이익을 받는 일이 없도록 할 것"이라고 밝혔다. 이 당시 대공신원기록이 삭제된 전쟁부역자는 5천 명 선이었고, 생존하고 있는 부역자는 5만 명 정도로 추산되었다.[699]

1984년 이후에는 연좌제가 완전히 폐지되었을까. 앞에서 언급한바, 형이 보도연맹원으로 학살당한 경남 남해군 서면에 사는 심옥천은 장남이 1989년 경찰대학에 응시하여 1, 2차에서는 합격하였으나 3차에서 불합격이 된 것을 형과 연관시키고 있다. 오죽하면 그 일이 있은 뒤 형의 묘를 파헤치려고 하였을까. 20세기가 저무는 1990년대에도 내용적으로는 연좌제가 작동하고 있을 것이고 세상이 달라지면 피해를 입을지도 모른다고 두려워하고 있는 것은 일부 제주도 사람들뿐일까.

---

698) 『민국일보』 1960. 12. 8.

699) 박원순, 앞의 글, 193~194쪽.

2. 인민군 점령이 준 고통과 피해

1) 점령지역에서의 고통과 '숙청'

전쟁은 그 자체로 참혹한데, 한국전쟁은 특히 많은 고통과 피해를 주었다. 톱질전쟁이니 피스톤전쟁이니 해서 춘천시에는 적군(赤軍)이 다섯 번이나 들어오고 나갔지만,700) 한반도 전역이 몇 번이고 큰 전쟁터가 되었다. 또 인천상륙작전으로 인천과 원산선이 잘리는 바람에 인민군측에 가담하였거나 협력한 사람들은 산으로 올라가 그 중 상당수는 어쨌든 빨치산이 되었다. 의용군에 끌려갔거나 어떻든 부역행위에 관련된 수많은 사람들이 학살되고 처형되고 감옥소로 갔으며, 체포되지 않았더라도 수십 년간 전전 긍긍 가위눌린 생활을 하지 않을 수 없었다. 피학살자, 부역자의 가족·친지가 입은 피해와 불안도 아주 컸다. 한국전쟁은 지구적 규모로 냉전을 확대 심화시켰다는 점에서 세계사적 중요성을 갖지만, 한반도에서는 아주 조악한 형태로 이데올로기 전쟁의 성격을 띠어 참화는 한층 컸다. 보복과 보복의 동족상잔으로 마을은 쑥대밭이 되고 한 동네에서 또는 마을끼리 수십 년간 또는 그 이상을 원수처럼 지냈다.701)

한국전쟁은 비행기 폭격이 많았던 것으로도 기억될 것이다. 서울도 1950년 8월을 전후하여 폭격이 심하여 도심지대건 변두리건 소이탄, 로케트탄을 퍼붓고 곳곳을 잿더미로 만들었다.702) 인민군의 전선이 길어질수록 폭격 때문에 인민군은 밤에만 움직이는 군대로 변하였고, 그만큼 무기이동과

---

700) 『국회속기록』 제11회 22호, 1951. 7. 10, 洪昌燮 의원 발언.

701) 김성칠의 1950년 11월 1일자 일기에는 다음과 같은 대목이 나온다. "하여튼 이번 경험을 통해서 내가 절실히 느껴지는 점은 난리가 났을 때 교묘히 숨느니보다도 평소에 마을사람들과 좋게 지내고 또 세상에 아무와도 원수를 맺지 않는 것"(김성칠, 앞의 책, 267쪽).

702) 위의 책, 149쪽(1950. 8. 4.자 일기) 참조. 6·25 직후부터 1950년 9월 말까지 미공군은 한반도에 9만 7천 톤의 폭탄과 780만 갤런의 네이팜탄을 퍼부었는데, 이것은 지난날 태평양전쟁에서 사용한 것보다 훨씬 많은 양에 해당된다는 주장도 있다(권영진, 앞의 글, 93~94쪽).

병참문제, 시설복구로 인하여 주민들이 동원되어 고통을 겪어야 하였다. 이러한 전쟁의 참화가 세월과 함께 수십 년간 교육과 TV 등으로 극적으로 전달될 때, 전쟁의 참화가 반공체제 강화에 어떠한 역할을 했을 것인가는 충분히 짐작할 수 있다. 이 점에서 특히 긴 기간이 아닌 짧은 기간의 점령이 갖는 의미는 다각도로 깊이 분석되어야 할 것이다. 한국인은 북의 침략으로 인한 전쟁의 참화로 너무나 큰 피해를 입었고 고통을 당하였다.

앞 절에서 본 바와 같이 교량과 철도, 도로 그리고 길목, 터널, 집하장, 창고 등 운송보급과 관련된 시설들의 복구 등 파괴된 후방의 복구를 위해서, 또 군수품 운반, 인민군 식사 제공, 부상병 수송 및 간호를 위해 점령지역 도처에서 수많은 인력동원이 있었다. 1950년 10월 31일 국회에서 조광섭 의원은 서울의 강제노역을 다음과 같이 말하였다.

> 구복(口腹)이 원수이나 먹고 살아야 될 테니 강제로 직장에 끌려나갔고, 한강다리가 끊어진 다음 전서울시를 강제부역을 시켜가지고 동원해서 마포강에서부터 영등포에 이르는 동안 낮에는 공습관계로 절대로 일을 시키지 못하고 야밤중에 부녀자 할 것 없이 매가구에 한 명씩 강제로 동원시켜가지고 그 중(重)한 탄환을 마포다리로부터 선이봉, 영등포 방면에 넘겨 일을 시키는……703)

북의 『조국해방전사』 1에는 "7월 15일 서울에서만 1만 8천여 명의 학생들과 수만 명의 서울시민들이 파괴된 한강철교를 비롯하여 도로를 복구하는 데 동원되었고, 9월에 경북 안동군에서는 400여 명의 학생들이 100여 명씩 나누어 전선수송대를 조직하고 안동으로부터 80여 리나 되는 전선에 포탄을 운반하였으며, 80여 명의 학생들이 15일간씩이나 안동비행장 복구사업에 참가하였다"라고 쓰여있다.704) 전쟁 못지않게 위험을 수반한 노역이나 전선원호사업 등은 많은 반발을 불러일으켰을 것이다. 한 대학생은 고향에서 다음과 같이 일기(1950. 9. 16)에 기록하였다.

---

703) 『국회속기록』 제8회 39호, 1950. 10. 31.
704) 권영진, 앞의 글, 94쪽에서 재인용.

자식은 의용군으로, 복구대로, 굴파기로 날마다 끌려가고, 군량미, 찬조미, 찬조금, 위문금, 위문품, 결의문 축하문 대회, 궐기대회, 뭐뭐, 야경, 전달 등등에 골치 아프다.[705]

식량결핍은 도시에서 훨씬 심하였다. 이미 1950년 7월 중순에 들어가면서 서울시내의 가장 큰 문제의 하나는 식량결핍이었다. 인민군은 들어와서 제일 먼저 집집마다 식량을 조사하고 이를 뒤져내어 마을의 굶는 사람들에게 나눠주고 자기네도 갖다먹으면서 일주일 안으로 식량배급이 있을 것이라고 장담하였다. 서울시 임시인민위원회는 식량창고, 개인 곡물상 또는 피난 떠난 빈집을 수색하여 식량이 될 만한 것들을 모두 모아 일정기간 배급을 실시하였다.[706] 하여튼 전쟁 전에 2천 원하던 쌀값이 인민군이 들어오고는 5천 원이 되었으며, 7월 중순에 접어들면 1만 원을 바라보게 되었고, 앞뒷집에서 굶는다는 소문이 돌았다. 당시 서울에서 옷값은 지천으로 싸지고 기름값은 다락같이 올랐다고 한다. 옷을 양식으로 바꿔 먹었고, 대개의 풀은 기름에 무쳐먹으면 큰 중독을 일으키는 일이 없다는 이유 때문이었다.[707] 갈수록 공습 등으로 교통이 마비되었기 때문에 서울은 식량반입의 길이 더욱 막혔다.

인민군 식량조달을 위한 미곡공출은 점령지역 주민들의 원성을 샀다. 애국미 납부운동이라 이름붙인 미곡공출이 전쟁고와 겹쳐 한층 더 생활을 어렵게 하였다. 충북 청원군에서는 민청원이 마을을 순회하면서 각종 부식물과 대·소맥 70가마를 '수집'하여갔고, 충북 영동군에서는 '애국미'로 대맥 183가마를 가져갔다. 의용군 가족을 원조하기 위한 갹출도 있었다. 이러한 공출에 응하지 않으면 반동으로 몰릴 수 있었다. 미곡 외에 의류품 등 군수물자동원이 각 리마다 설치된 인민군원호사업연락소를 중심으로 이루어졌다.[708]

---

705) 강신항, 앞의 책 1, 111쪽.
706) 김점곤, 앞의 책, 329쪽.
707) 김성칠, 앞의 책, 95~97쪽.

빨치산들이 출몰하는 지역의 주민들은 어느 쪽한테서건 학살당하기도 하였지만, 여러가지로 무수한 고통을 겪었다. 그 중의 하나가 보급투쟁이란 이름 아래 식량과 금품을 빼앗긴 일이었다. 밤이면 밤마다 빨치산이 내려와 공격하고 식량을 약탈하고 가축을 도살하는 산간마을이 적지 않았다.709) 빨치산들이 수년간 활동한 지역의 주민들이 겪은 고초는 말할 수 없이 컸다.710)

서울에서는 전출문제로도 불안에 떨었다. 청년들을 의용군으로 붙잡아가는 바람에 7월 중순에 들어오면 거리에는 젊은 사람들의 내왕이 부쩍 줄었는데, 그때쯤 전출명령이 떨어져서 시내는 벌집을 쑤신 것 같았다. 꼭 서울에 머물러 있지 않아도 될 사람들을 지방의 농장과 공장, 광산으로 보내는 것이었다. 명령을 받으면 몇 시간 안에 떠나야 하였다. 짐은 인민위원회에서 보관하였다가 나중에 부쳐준다고 하였으니, 이 전출이 시민들을 얼마나 불안케 하였을까 짐작할 수 있다. 김성칠은 식량문제, 인민군으로 끌고 가는 것, 전출문제를 서울사람들이 전쟁 초기에 겪은 가장 큰 괴로움으로 꼽았다.711)

점령지역에서는 경찰, 군인, 공무원 및 그 가족들, 우익청년단원, 국민회 등 각종 우익단체 간부, 지주 등 친이승만세력으로 좌익을 탄압한 우익인사 또는 '반동분자'들이 '숙청'되었다. 반동분자 색출은 정치보위국이 중심이었고, 인민위원회, 자위대(치안대), 민청원, 여맹원 등이 가세하였다. 인민위원장이나 당위원장이 숙청자 명단을 작성하여 정치보위국 산하 경찰조직(내무서 면분주소 리자위대)에 제출하면 '인민재판'을 통하여 처리되었다. 이러한 숙청은 보복적 성격이 강하였고 학살도 적지 않게 자행되었다. 숙청대상은 포괄적으로 정해졌지만, 대상을 구체적으로 확정하고 형량을 결정하는 일은 몇 개 면에 대한 재판관할권을 가진 인민군 위수사령관 등 하

---

708) 장미승, 앞의 글, 197~198쪽.

709) 전라북도의회 6·25양민학살진상실태조사특별위원회, 앞의 보고서, 153쪽 참조.

710) 김남식, 앞의 책, 475쪽

711) 김성칠, 앞의 책, 95~97쪽.

급집행자의 재량에 맡겨져 있었기 때문에 자의성이 개재되기 쉬웠다. 북의 내무성에서는 악행 금지, 고문·구타 금지 등을 내무서원들에게 교육시켰으나, 팔에 붉은 완장을 두른 민청원, 여맹원, 자위대원들이 곳곳에서 '설쳐대는' 일이 많았다. 급격한 상황이 많이 발생하였기 때문이기도 하지만, 면·리 등 하급단위로 갈수록 '권력'남용을 막을 수 있는 여건이 되어 있지 않았다. 계급 계층에 따라 차이가 있었지만, 숙청은 혐오감이나 불안감을 유발하여 민심이반을 초래하였다.712)

숙청은 재산몰수를 수반하였다. 토지개혁 정령과 시행규칙을 근거로 하여 거주지에서 피신한 자는 토지와 더불어 농업용구, 종자, 비료, 가축, 건물의 재산목록을 작성하여 인민위원회가 관리, 처리하였다. 경남 사천군 삼천포읍의 경우 인민위원과 치안대원이 읍장, 구장, 경찰 등 우익인사들의 가산 일체를 몰수하였다. 피신하지 않은 경우에도 재산을 몰수하는 예가 많았다. 경남 남해군 창선면에서는 체포된 '반동' 3명의 재산을 치안대원이 몰수하였다. 대개가 피신하였기 때문에 '반동분자' 또는 친이승만 세력에 대한 재산몰수에는 별다른 저항이 없었다.713)

2) 점령지역에서의 정책

점령지역에서 실시된 매우 중요한 정책은 토지개혁이었다. 전쟁 발발 열흘도 안된 7월 4일 서울시 임시인민위원회가 조직되자마자 최고인민회의 상임위원회에서는 북의 헌법 제7조에 의거하여 무상몰수 무상분배에 의한 토지개혁의 정령을 발표하였다. 정령 제1조는 토지개혁이 무상몰수 무상분배의 원칙에 의거함을 규정하였다. 제2조에서는 몰수토지의 대상을 정하였던바, 미국과 이승만 정부 및 그 기관들이 소유하고 있는 토지, 한국인 지주의 소유토지와 면적의 다과를 불문하고 계속적으로 소작을 주는 자의 토지가 그것이었다. 한국인 지주의 소유토지는 5정보가 기준이었는데, 지주의 토지라 하더라도 자작하는 토지의 경우 고용노동으로 자작하면 몰수

---

712) 장미승, 앞의 글, 190~192, 203쪽.
713) 위의 글, 193쪽.

대상이 되었고, 자기 노력으로 자작하면 제외되었다. 토지는 고용농민, 토지 없는 농민, 토지 적은 농민들에게 무상으로 분배되었다. 토지분배는 이들 전원이 참가한 농민총회에서 결정되었는데, 실제로 토지개혁을 실시한 주체는 농민총회에서 뽑힌 5~9인으로 구성된 각 리(동)의 농촌위원회였다. 농촌위원회는 시·면 인민위원회의 지도를 받아 토지개혁사업을 수행하였다.[714)

1950년 7월 4일 '점령지역 토지개혁에 관한 정령'을 발표한 뒤 토지개혁을 총괄하는 토지개혁중앙지도위원회가 구성되었다. 북의 농림상으로 토지개혁중앙지도위원회 위원인 박문규(朴文圭)는 평양에서 지도요원 500명을 훈련시켜 내려보냈다. 7월 15일에는 서울의 토지개혁중앙지도위원회 회의실에서 각 도의 토지개혁 책임자와 평양에서 파견된 지도위원들이 연석회의를 열어 구체적 계획을 토의하였고, 각 도에서도 농민동맹을 중심으로 토지개혁 실시를 위한 지도자 강습회가 열렸다. 각지에서는 농민들을 동원하여 토지개혁 정령을 선전하는 군중대회를 열었다.[715)

1950년 9월에 발표된 '공화국 남반부 해방지역 토지개혁 총결'이라는 내각보도에 따르면, 서울시, 황해(옹진, 연안), 경기, 강원, 충북, 충남, 전북 등에서는 완전 실시되고, 전남, 경북, 경남에서는 인민군이 장악하고 있는 지역에서만 실시되어, 남한의 1,526개 면 중 1,198개 면에서 토지개혁이 실시되었다고 주장하였다. 이것을 토지면에서 본다면, 몰수토지는 59만 6,202정보(미국 소유지 975정보, 이승만 정부 소유지 3만 9,627정보, 회사 및 상사의 소유지 1만 4,993정보, 지주 및 소작을 준 토지소유자의 토지 52만 4,491정보, 기타 1만 6,116정보)이고, 분배토지는 57만 3,334정보(고용농민에게 2만 8,080정보, 토지 없는 농민에게 19만 6,494정보, 토지 적은 농민에게 34만 8,769정보)였다. 분배받은 농가는 총농가의 66%에 해당하는 126만 7,809호였다. 몰수

---

714) 그러나 1946년 3월에 있었던 북에서의 토지개혁과 달리 축력, 농기구 등의 생산수단과 주택 및 건물에 대해서는 몰수하지 않기로 되어있었고, 토지가 몰수된 지주도 다른 지역으로 이동하지 않아도 되었다. 민족반역자의 자작지는 즉각적인 몰수를 유보하고 추후에 있을 정식재판에 의하여 몰수하기로 하였다(김주환, 「한국전쟁중 북한의 대남한 점령정책」, 『한국전쟁연구』, 태암, 1990, 193~197쪽).

715) 김남식, 앞의 책, 449~450쪽.

토지 중 2만 2,829정보는 국유화되었다. 이밖에 농민들이 지주에게서 구매한 8만 9,994정보에 대해서는 부채를 폐기하였다.[716]

토지개혁은 1949년 기준으로 남한인구의 78.8%를 차지하는 농민을[717] '전취'할 수 있는 대단히 중요한 문제였다. 1950년 7월 4일 토지개혁에 관한 정령이 발표된 직후 『해방일보』에서는 인민군대가 남한에 들어온 목적 가운데 가장 중요한 것은 "조선 인민의 세기적 숙망"인 토지개혁을 실시해서 농민을 봉건적 토지소유관계에서 해방시키는 것이라고 주장하였다.[718] 이미 1946년 8월경부터 조선공산당·남로당에서는 북에서와 같은 토지개혁을 실시할 것을 군중집회에서 요구하였으며, 무상몰수 무상분배는 남로당이 농민에 파고드는 데 중요한 선전선동 수단이었다. 1949년 봄 남의 제헌국회에서 농지개혁법안이 활발히 논의되고 통과되려고 할 때, 북의 내각은 1949년 5월 9일 남에서도 북과 같은 방식으로 토지개혁이 이루어져야 한다고 주장하고, 남에서 실시할 토지개혁안을 마련하기 위하여 '토지개혁 법령기초위원회'를 조직할 것을 결정하여 박문규 등 21명으로 위원회를 구성하였다. 그러나 1949년 6월 이래 남로당의 공세는 실패를 거듭하여 전쟁 이전에는 슬로건 차원에 머물렀다.[719] 전쟁을 일으켰을 때, 북에서는 토지개혁 실시 날짜를 각 도 단위로 정하게 하였지만, 점령지역에서 임시인민 위원회가 조직되면 제일 먼저 토지개혁을 하도록 한 것도[720] 토지개혁의 중시를 단적으로 말해준다.

북에서는 점령지역에서 토지개혁을 통하여 어느 정도 농민의 마음을 '전취'하였을까. 일부 연구자들은 사료검토 불충분으로 6·25 이전에는 남에서 실질적으로 토지개혁이 이루어지지 않은 것으로 판단하고, 전쟁중 북의 토지개혁을 평가하거나 남에서 토지개혁을 실시하기 전에 하기 위해서 북

---

716) 김남식은 1950년 9월의 내각보도 토지개혁 상황을 과장된 것으로 평가하였다 (위의 책, 450쪽). 이와 다른 견해는 김주환, 앞의 글, 200쪽 참조 .

717) 한국산업은행조사부, 앞의 책, 18쪽. 1949년에 농업 다음으로는 공무자유업이 5.2%, 상업이 4.7%, 공업이 3.3%로 되어있다.

718) 김주환, 앞의 글, 193쪽.

719) 위의 글, 192~193쪽

720) 김남식, 앞의 책, 450쪽.

이 전쟁을 서두른 것으로 이해하였다. 그런데 전쟁 직전에 사실상 남에서는 토지개혁이 이루어진 것과 마찬가지였다. 1949년 4월 28일에 국회에서는 지가보상률 150%, 농민상환율 125%로 법안을 통과하여 정부에 이송하였다. 정부에서는 상환액과 보상액의 차이 25%를 책임질 수 없다고 이의를 제기하면서 국회로 되돌려보내려 하였지만, 국회가 폐회중이기 때문에 법안이 소멸되었다고 통고하였다. 그러나 국회는 6월 15일에 정부의 소멸통고는 위법적 조치이므로 농지개혁법을 법률로서 확정된 것으로 결의하여 정부에 환송할 것이라는 제안을 가결하였다. 결국 정부는 6월 21일 이를 공포하였으나, 실행하지 않고 있다가 농지개혁법 개정안이 다시 상정되어 지가상환액을 125%에서 150%로 인상한 개정법이 통과되었다. 그리하여 1950년 3월 10일 개정 농지개혁법이 공포되고, 이어서 3월 25일에는 시행령이, 4월 28일에는 시행규칙이 공포되었다.[721]

농지개혁법 시행령과 시행규칙이 마련됨으로써 농지개혁사업이 시작되었는데, 일부 지역에서는 미처 분배되지 않고 있었다. 그러나 이 지역의 농민들도 대부분 토지분배대장 등을 통하여 자기가 분배받을 땅을 알고 있던 터이므로, 농지분배는 전쟁 직전에 대체로 끝났다고 봐야 할 것이다.[722] 따라서 이승만 정권이 조금만 더 농지개혁 시행을 늦추었더라면, 토지개혁의 성과가 북의 정권 쪽으로 넘어갈 수 있었을 것이라는 논법이 성립될 수 있다. 그러나 토지개혁과정을 잘 알면 그러한 주장이 일면적이라는 것을 알 수 있다. 해방 후의 혁명적 분위기 때문에 해방 첫해에 좌파 주도로 부분적으로 3·7제가 실시되었고, 미군정에서도 해방 첫해부터 3·1제를 실시하여 소작료가 대폭 낮아졌다.

5·10선거에는 거의 모든 입후보자들이 토지개혁 실시를 공약하여, 특히 정부수립 후에 심해졌지만, 지주의 소작지 방매 등으로 1949년 6월에는 해방되었을 때의 총소작지 144만 7천 정보에서 83만 정보로 대폭 줄었다. 83만 정보 중 23만 3,833정보는 귀속농지였으므로, 정부의 매수대상 경지는

---

721) 김병태, 앞의 글, 46~47쪽 참조.

722) 金聖昊 등, 『농지개혁사』하, 한국농촌경제연구원, 1989, 601~602쪽 참조.

60만 1,048정보밖에 되지 않았다. 토지개혁은 어떠한 형태든 1949년 6월 이전에 절반 이상이 이루어진 상태였다. 해방 후 토지개혁은 어쩔 수 없이 시행될 것이라는 여론이 계속 있었고, 제헌국회에서 토지개혁을 서두르고 정부에서도 의지가 있었던 것이 중요 요인이지만, 남로당 쪽에서 무상몰수 무상분배의 선전선동을 한 것도 한 요인이었다.[723]

북의 정권에 의한 토지개혁이 남의 농민들에게 큰 영향을 주지 못한 것은 어쨌든 전쟁 직전까지 토지개혁이 이루어졌고, 8월 1일부터 토지분배한 것을 기준으로 할 경우 두 달도 채 못 되어 국군이 들어와 수복된 것이 가장 중요한 요인이겠지만, 여기에는 다른 요인도 작용하였다. 그 하나는 현물세제였다. 1950년 8월 18일에 공포된 '점령지역에서의 현물세제 실시에 관한 내각결정'에 의하면 만기 작물(벼, 콩, 팥 등 가을수확물)에 대하여 북에서와 비슷하게 현물세로 수확량의 25%를 납입하고 일체의 조세나 공출제도는 폐지하기로 하였다. 지세를 고려하더라도, 25%의 현물세는 이승만 정부의 농지개혁에서 농지를 분배받은 농민이 매해 30%씩 5년간 상환하게 되어있는 것보다는 낮았으나, 훨씬 낮은 것은 아니었고, 자작농의 경우 큰 부담이 될 수 있었다.

그런데 현물세를 거둘 때 대개 북에서 내려온 판정원들이 서숙(조), 벼, 메밀 등을 낱알로 세고 심지어 과실류까지도 그렇게 함으로써 농민들의 반발이 심하였다. 정확한 조세를 부과하기 위한 방식이었으나, 이에 익숙지 않은 농민들은 "왜정 공출 때도 그렇게 하지는 않았다"고 불평하는 등 불만을 토로하였다. 인민군은 곧 밀려났기 때문에 빨치산 지역을 제외하고는 부과된 현물세를 내지 않았지만, 실제로 낱알을 셀 경우 적당히 부과하는 것보다 더 많은 세금을 물 수도 있었다.[724]

북의 토지개혁이 빛을 보기 어려웠던 데는 전쟁과 관련된 고통도 한몫하였다. 현물세 25%만 내면 되고 공출 같은 것은 없다고 주장하였지만, 전

---

723) 서중석, 앞의 책 2, 144~149쪽 참조. 1957년 말 일단락된 분배농지는 귀속농지 20만여 정보, 매수농지 약 26만여 정보 등 47만 22정보밖에 안되었고, 분배업무의 완결을 본 1966년 12월 말 현재는 55만 971정보였다(김병태, 앞의 글, 48쪽).

724) 김남식, 앞의 책, 450쪽 ; 김점곤, 앞의 책, 315쪽 ; 권영진, 앞의 글, 90~91쪽.

쟁수행을 위하여 여러 형태로 곡식을 징발해갔다. 돈으로 보상해주는 경우도 많았지만, 그것은 휴지나 마찬가지여서 빼앗기는 것이나 다름없었다. 노역 등 각종 부담도 농민들을 괴롭혔다. 공습이 잦은데 회의가 많은 것도 농민에게는 달가운 일이 될 수 없었다.

토지개혁에 이어 북에서는 노동법령의 실시를 공포하였다. 1950년 8월 18일에 공포된 내각결정 제146호 '공화국 남반부 지역에 노동법령을 실시함에 관한 결정서'에는 1946년 6월부터 실시한 북의 노동법령을 남에도 실시하고, 1950년 5월에 결정된 사회보험에 관한 규정 및 기타 노동에 관한 제반 법규를 남에도 적용한다고 되어있다. 노동법령은 8시간 노동제(유해직장과 지하노동은 7시간, 14~16세 소년들에게는 6시간), 14세 이하의 유년노동 금지, 성별 임금차별 금지, 근로자에 대한 사회보험제 실시의 의무화를 규정하였다. 또 여성에게는 77일간의 산전산후 유급휴가제가 규정되었고, 임신부·유모의 시간외 노동과 야간노동이 금지되었다.[725] 이 노동법령은 공장이 제대로 가동되지 않았고, 인민군이 곧 쫓겨갔기 때문에 선언적 수준에 머물렀다. 1950년 9월 15일에는 내각결정 제167호로 '해방지구에 공화국의 인민적 민주교육제도를 실시함에 관한 결정서'가 채택되었다.

3) 점령통치에 대한 평가

점령통치에 대해서는 객관적인 평가를 하기 어렵게 되어있다. 아직도 극우반공이데올로기가 위세를 떨치고 있어 학문적 견해를 그대로 개진하기가 쉽지 않은 것도 중요 요인이지만, 자료가 별반 없다는 점도 큰 문제이다. 이런 점에서 증언이 많이 채록되어야 할 터인데, 그것도 쉽지 않다.

점령통치를 평가하는 데서 제일 어려운 점은 주관적 의도 또는 의지와 객관적 상황의 거리를 어떻게 평가할 것인가, 객관적 상황이 초래된 요인을 어디서 찾을 것인가의 문제이다. '점령지에서의 정책'과 연결되어있는 북의 초기 인민민주주의에 대해서는 1960년대 이후의 정치와 구별하여 중요시하는 연구자들이 있다.[726] 그런 점을 부분적으로 인정한다 하더라도

---

725) 장미승, 앞의 글, 189~190쪽.

점령은 짧았고, 전쟁의 참화와 그것이 준 고통은 심각하였다. 그런데 이 글에서는 객관적 상황을 가져온 요인을 밝히려는 것보다는, 그것이 휴전 후 극우반공체제의 공고화, 남로당의 무력과 어떠한 관계에 있는가를 밝히려는 데 더 관심이 있다.

점령지역에서의 혁명수행은 전쟁수행의 조급성에 쫓겨 조야함을 면하기 어려웠다. 북에서의 '반제반봉건민주주의혁명'도 시간을 두고 민주주의적으로 자발성을 유도하기보다는 시급한 목표달성과 연관되어 위로부터 강박하는 성격이 많았지만, 점령지역에서는 상황의 긴박함 때문에도 훨씬 더 그러한 경향이 심하였다. 초기부터 미군이 제해권과 제공권을 장악하고 9월 중하순에는 인천과 원산선 안에 에워싸인 상태에서 인민위원회나 자위대, 각종 단체의 구성, '반동분자' 숙청과 재산몰수, 토지개혁, 현물세 부과 등에서, 그들의 기준에 따르더라도 자발성과 공정성보다는 쫓기듯이 조급하고 거칠게 진행되기 쉬웠고, 인민을 전선원호사업 또는 각종 노역에 동원하고 물자를 징발하는 일이 무엇보다도 우선시되었다.

전쟁 때의 인민군에 대한 평가로는 다음과 같은 증언도 있다.

놈들이 어떠한 전술을 썼느냐 하면 무력전에는 졌는데 사상전에는 이겨봐야겠다고 해서 대단히 민심을 살려고 하는 전술을 썼다 말이에요. 이에 세 가지 원칙이 서 있어요. 부녀자 강간을 안할 것, 소를 잡아먹지 않을 것, 죄 없는 사람을 잡지 않을 것. 이러한 3대 원칙하에서 행동을 했다 말이에요. 그러므로 해서 거기에 있는 사람들은 대단히 괴뢰군이라든지 중공군의 행동에 대해서 오히려 감탄하고 있다 말이에요.727)

저쪽의 조직과 훈련이 매우 우수하다는 것입니다. 그러므로 이른바 인민군들도 대체로 질이 좋았습니다. 우리 민족도 하기에 따라서는 반드시 사회가 부패하고 군이 불량화하고만 마는 것이 아니라는 확증을 잡을 수

---

726) 예컨대 서동만의 박사논문 『북조선에서의 사회주의체제의 성립』(동경대대학원 총합문화연구과, 1995)에는 그러한 관점이 엿보인다. 역사문제연구소 편, 『1950년대 남북한의 선택과 굴절』에 실려있는 북 관계 논문들은 1950년대 북에서의 代案的 논의를 주로 검토하였다.

727) 『국회속기록』 제11회 22호, 1951. 7. 10, 홍창섭 의원 발언.

있어서 기뻤습니다. 그러나 그 정치가 허위의 선전만을 일삼고 인간을 인간으로 다루지 아니하는 그 무자비성에 있어서는 참으로 정이 떨어졌습니다.[728]

한국전쟁이 준 피해는 총체적으로 살펴봐야 한다. 설령 인민군의 행태가 위와 같은 것이었다고 하더라도 전쟁이 준 고통 앞에 그것은 별반 의미가 없었다. 점령지역에서 '혁명'은 인민군의 패주와 함께 포말처럼 사라졌고, 모든 것이 별 저항없이 원상태로 돌아갔다.[729]

점령통치에 대한 서울시민들의 반응은 김성칠의 일기에서 그 일단을 엿볼 수 있다. 자유주의 사학자로서 특히 중간층의 입장을 잘 보여주는 것이겠지만, 그는 1950년 8월 19일자 일기에서 이렇게 썼다.

벌써 그들의 황금시대는 지나간 듯, 사람들은 모두 겉으로 나타내어 말하지는 아니하나 속으로는 거의 전부가 공산주의를 외면하게 되었다. 아무런 정령(政令)에도 비협력적이고 돌아서면 입을 삐쭉한다. 첫째는 그들의 그 입버릇처럼 인민을 위한다는 정치가 일마다 인민에게 너무 각박하기 때문이요, 둘째는 미군이 참전하고 그 폭격이 우심해지자 세상은 멀지 않아 반드시 번복하고야 말리라는 추측에서이다. 이러한 기미를 눈치채고 볼셰비키들은 더욱 초조해하지만, 그럴수록 백성들은 더욱 미련한 채 한다.

농촌에서 중농 이상은 인민군 점령통치에 반발하였을지라도 빈농과 고농(雇農)은 다를 수 있다는 점을 생각해볼 수 있다. 북에 의한 남에서의 토지개혁이 빈농과 고농 중심이었는가는 자료를 통해 검토하여야겠지만, 토지개혁사업을 수행한 농촌위원회 구성원으로는 고농과 빈농이 많았다. 북의 정권은 대체로 남에서도 고농과 빈농에 의거하여 중농과 동맹하며 부농을 고립시키는 계급정책을 썼다고 볼 수 있다.[730] 이들은 내무서원 등에

---

728) 김성칠, 앞의 책, 268쪽.
729) 장미승, 앞의 글, 202~203쪽 참조.

도 많이 들어가 있었던 것으로 보인다. 그러나 인민군이 물러났을 때, 고농과 빈농은 더이상 점령통치를 지지하는 세력으로 남아있지 않았다. 점령통치기간이 아주 짧았고 국군과 경찰이 들어왔을 때 지지자나 협력자들은 부역자 처리대상이 되었다. 빈농과 고농 또한 전쟁의 고통을 심하게 겪었다. 설사 토지개혁 등의 수혜자로서 '인공'측을 지지한다고 하더라도, 또 '해방'의 분위기 속에 있었다고 하더라도, 종전 후 그들은 강력한 반공통치 아래에서 자신들의 목소리를 낼 수 없었고, 고립되어있었다.

4) 동원 및 금품징수 등의 민폐

전쟁으로 인한 고통은 그것만이 아니었다. 국군이나 유엔군은 근로동원법과 징발에 관한 특별조치령 등에 의하여 노무자를 동원하였다. 철도, 도로, 항만수축 등 각종 복구사업에도 많은 노력동원이 필요하였다. 노무자로 동원된 전체 숫자를 알 수는 없으나, 강원도 수도사단에서 영덕군 주민 3천 명을 징발하였다는 것으로 보아[731] 연인원 수십만 명이 넘을 것으로 추산된다.[732] 미군이 요구한 노무자 5, 6만 명은 2, 3개월 후면 돌려보내기로 하였는데, 1951년 봄에 동원된 사람들이 11월이 되도록 돌아오지 못하였다.[733]

노무동원이 너무 심하여 가을곡식을 거두어들이지 못하는 일도 발생하였다.[734] 노무자 동원의 비리도 문제였다. 길가에서 마구 붙잡아가 청년들이 다락방에 숨어 나오지 않았다.[735] 1951년 봄, 국회에서는 보궐선거구에서 노무동원을 당분간 보류하자고 건의하였다. 관공리들이 여당 쪽 후보가 아닌 쪽 운동원을 노무자로 동원하였기 때문이었다.[736] 군에 동원된 노무

---

730) 김주환, 앞의 글, 195쪽.

731) 『국회속기록』 제11회 66호, 1951. 9. 29, 朴晩元 의원 발언.

732) 1952년 3월 국방위원회 감사보고에는 육군 25만, 해군 9천, 공군 4,500, 해병대 2만, 노무군단 7만 명이라고 하였는데(『국회속기록』 제12회 37호, 1952. 3. 27), 노무군단 7만 명은 군에 동원된 노무자를 가리킬 것이다.

733) 『국회속기록』 제11회 93호, 1951. 11. 12, 徐相德 의원 발언.

734) 『국회속기록』 제12회 3호, 1951. 12. 24, 李敎善 의원 발언.

735) 『국회속기록』 제11회 66호, 1951. 9. 29, 任興淳 의원 발언.

자들을 구타하여 말썽이 생기기도 하였다. 1951년 9월 대구 부근에서는 군인들이 노무자 20명을 도로변에 꿇어앉혀놓고 폭행하고 있는 것을 국회의원이 목도하였다. 또 한재(旱災)로 물을 푸기 위하여 밤에 불을 켜놓고 일하는 농민들을 그 부근 도로확장공사에 동원하여 구타하였고, 그것과 관계된 것이겠지만 공병대원들이 선산군, 칠곡군 일대의 면장 여러 명을 수시간 동안 꿇어앉히고 구타하는 등 폭행한 것이 문제가 되기도 하였다.737)

의용경찰도 고달팠다. 의용경찰이란 주로 전남지방에 많았던 것으로 보이는데, 경찰에서 빨치산을 토벌하기 위하여 청년들을 모집하여 사적으로 사령(辭令)을 준 '경찰'이었다. 의용경찰 중에는 피난민이 많았다. 1951년 7월 전남에서는 약 8천 명의 의용경찰이 있었고,738) 홍범희 내무부차관의 보고에 따르면, 10월 현재 2만 9,083명으로 정식 경찰관의 반을 넘었다. 이들은 장비뿐만 아니라 모든 면에서 제대로 갖추어진 것이 없었다. 홍내무부차관이 방문하였던 남원의 한 고지에서 본 의용경찰은 신발이 없어 맨발로 걸어다니거나 고무신을 신고 전투에 나서기도 하였고, 담요나 이불하나 없이 맨바닥에서 노숙하였다.739) 제1선에 나서서 싸우는데도 부상당하면 자신이 돈을 만들어 약을 사가지고 가야지 그렇지 않으면 주사를 놔주지 않았다.740)

의용경찰 등 경찰보조원들은 민간의 지원에 의존하고 있었다. 조순 의원의 표현을 빌면, "[의용경찰에 대해서] 지금까지 물론 쌀 한 톨 준 일 없이 지방에서 순전히 국민이 부담"하였기 때문에 민폐가 대단히 클 수밖에 없었다.741) 전남의 경우 경찰서마다 빨치산을 토벌하기 위하여 50명 내지

---

736) 『국회속기록』 제12회 10호, 1952. 1. 21, 郭泰珍 의원 발언.

737) 『국회속기록』 제11회 66호, 1951. 9. 29, 박만원 의원 발언. 요구에 응하지 않는다고 군·경이 면장을 구타하는 일은 다른 지역에서도 종종 있었다(『국회속기록』 제11회 66호, 1951. 9. 29, 李鍾純 의원 발언).

738) 『국회속기록』 제11회 23호, 1951. 7. 11, 趙淳 의원 발언.

739) 『국회속기록』 제11회 67호, 1951. 10. 1.

740) 『국회속기록』 제11회 66호, 1951. 9. 29, 朴祺培 의원 발언. 장택상 국회부의장의 전북시찰 보고에 의하면, 의용경찰 비슷한 한 부대 100여 명은 짚세기, 고무신 등도 신고, 한복 바지저고리, 유엔군이 버리고 간 옷 등 28가지의 옷을 입고 있었다(『국회속기록』 제10회 89호, 1951. 5. 28).

100명의 출동원이 있었는데, 이들 한 사람에 대해서 매월 5만 원의 여비를 민간에서 갹출하였다.[742] 면에서 먹여살리는 대한청년단 특동대(特動隊)라는 무보수 '경찰'도 있었다.[743] 경남에서는 2만 1,105명의 향토방위대 및 청년단이 하등 보수도 없이 경찰 앞에 서서 일선에서 전투하였다.[744] 청방이니 자위대니 해서 한 면에 수백 명이 애국미 등의 이름으로 쌀을 거둬 먹기도 하였다.[745] 전쟁중에 조직된 군 유사단체로 법적 근거가 모호한 유격총사령부는 자칭 대통령 혹은 국방부 직속단체라고 주장하면서 자동차, 자전거, 라디오, 심지어 농가가구까지 징발하여 매각처분하였고, 여러 곳에서 민심을 혼란에 빠뜨린 것으로 지적되었다.[746]

실제로는 군·경에서도 많이 사용하였지만, 의용경찰 등에 필요한 경비 등 각종 기부금을 걷는 곳이 구국총력연맹이었다. 전쟁 직후인 1950년 7월 초에 생긴 이 단체는 부산에 본부가 있고 각 도에 지부를 두었으며, 군·면에까지 조직되어있었다. 도에서는 도지사가 회장을 맡았고, 군·면에서는 군수와 면장이 그 장이었다. 구국총력연맹이건 국민회건 대한청년단이건, 고지서 같은 것을 관에서 발급하였다.

전북의 경우 구국총력연맹 및 이와 유사한 단체에서, 정읍에서는 1951년 1월과 3월 두 달간에 1억 7,400만 원의 기부금을 거두었고, 김제군 금산면에서는 1950년 10월부터 1951년 3월까지 거두어들인 돈이 1억 1천만 원이었다.[747] 전북에서 가장 인구가 적은 고을에 속하는 진안에서도 구국총력연맹이 생겨나서부터 1951년 3월 말까지 약 6억여만 원을 거두었다.[748] 한 의원은 전북에서는 의용경찰 8,600명을 유지하기 위해서 매달 4억 3천만

---

741) 『국회속기록』 제11회 23호, 1951. 7. 11.

742) 『국회속기록』 제11회 66호, 1951. 9. 29, 鄭在浣 의원 발언.

743) 『국회속기록』 제12회 3호, 1951. 12. 24, 趙大衍 의원 발언.

744) 『국회속기록』 제10회 53호, 1951. 3. 28, 徐璋珠 의원 발언.

745) 『국회속기록』 제8회 47호, 1950. 11. 10, 李在鶴 의원 발언.

746) 『국회속기록』 제8회 43호, 1950. 11. 4, '군 유사단체인 유격총사령부 해체요구 건의안'.

747) 『국회속기록』 제11회 8호, 1951. 6. 9, 송방용·서민호 의원 발언.

748) 『국회속기록』 제10회 68호, 1951. 4. 29, 金正枓 의원 발언.

원의 세금 아닌 세금을 걷지 않으면 안되게 되어있다고 말하였다.[749]

충남에서 조사한 것을 보면, 국민회에서 2,228만 400원과 벼 400가마니, 경찰후원회에서 7,091만 1,010원과 벼 135석 이상을 거두었고, 국민방위군에서 4,731만 64원, 향토방위대에서 8,221만 3,400원, 대한청년단에서 2,677만 7천 원, 시국대책위원회에서 7억 9,926만 790원을 거둔 것으로 되어있다.[750] 산간벽지로 갈수록 심하였고, 봉급이 너무 박봉이었기 때문에 일어난 현상이기도 하지만, 경찰은 식량이나 연료 등을 민간인한테 '징발'하여 살았다.[751]

이밖에 난립된 수사기관도 민을 괴롭혔다. 한 국회의원은 1951년 3월 계엄하에서 수사기관이 11개나 된다고 언명하였고,[752] 광주에는 육군헌병대, 육·해·공군 합동헌병대, CIC육군본부감찰대가 있었는데,[753] 이렇게 난립한 군수사기관들은 서로 자기관할이라면서 '피의자'들을 괴롭혔을 뿐만 아니라 민폐도 심하였다. 이들 군수사기관에는 '문관'이 많았던바,[754] 이들은 거의가 실제로는 문관도 아니어서 급료도 받지 않고 수사기관 소속원 노릇을 하였다.[755]

---

749) 『국회속기록』 제11회 66호, 1951. 9. 29, 송방용 의원 발언.

750) 『국회속기록』 제10회 67호, 1951. 4. 28, 윤길중 의원 발언.

751) 『국회속기록』 제10회 51호, 1951. 3. 26, 권중돈 의원 발언. 박기배 의원은 전남 해남에서 다음과 같이 거두어갔다고 말하였다. "今般 1월 2월 양 개월에 경찰서에서 의용경찰 혹은 경찰직원의 피복이니 양곡이니 연료대라고 해가지고 거둔 요구금액이 3천5백만 원. 지서에서는 없는가. 보통 2개월에 한 번씩 지서주임 갈려, 한 번 갈리는 데 30만 원 할당. 현재 저의 면에 7명의 정식 경찰, 5명의 의용경찰이 있는데, 지서주임 한 번 갈리면 본 경찰 5명, 의용경찰 서너 분이 갈려, 보통경찰은 한 번 갈리는 데 10만 원, 의용경찰은 5만 원, 이래가지고 두 달에 85만 원 나가…… 한 달 지서 소요량 장작 한 달 다섯 개비씩 피웁니다. 그것을 25만 원으로 잡고 피워본다면 750만 원, …… 석유는 매월 한 집에서 한 슴씩 거둬 그 금액 50만 원, 겨울에는 면화, 면포, 식량, 간장, 전부 현물로 매호당 할당……"(『국회속기록』 제10회 51호, 1951. 3. 26).

752) 『국회속기록』 제10회 38호, 1951. 3. 3, 蘇宣奎 의원 발언.

753) 『국회속기록』 제11회 66호, 1951. 9. 29, 박기배 의원 발언.

754) 張洪琰 의원은 광주와 목포에 군수사기관이 9군데인데, 한 군데에 문관이 50명씩은 있다고 한다고 말하였다(『국회속기록』 제10회 56호, 1951. 3. 31).

755) 『국회속기록』 제10회 56호, 1951. 3. 31, 장경근 국방부차관 답변.

전재민 구호미 등 전재민이나 절량농가 등에 돌아가야 할 배급품도 많은 경우 경찰서·지서나 관공서로 넘어갔다. 경북 선산군에서는 1951년 1월경 전재민 구호미 300석 중 귀향장정 급식용으로는 100석만 사용하고, 후생용이라는 이름으로 선산경찰서에 100석, 군청 직원들에게 30석을 주고, 나머지 70석은 환금하여 접대비로 썼다. 전남의 경우 1951년 4월에서 12월까지 백미 4,771석, 잡곡 530석이 경찰서 등에 특배로 나가고 소량만이 영세농가용으로 돌아갔다.[756]

5) 피난민, 전쟁미망인·전쟁고아

한국전쟁 하면 피난생활이 연상되는 경우가 많다. 많은 사람들이 피난살이를 하면서 지긋지긋하게 고초를 겪었다. 피난살이는 피스톤전쟁, 톱질전쟁으로 표현되는 것처럼 갑자기 밀고 밀리는 전쟁이어서 한 번이 아니라 여러 번 간 사람들이 적지 않았다. 춘천지방에는 인민군이 다섯 번이나 들어왔다지만, 이 때문에 중부지방 사람들은 서너 차례씩 피난길에 오르기도 하였다. 피난대열은 중국군이 밀고내려왔을 때 가장 규모가 컸다. 이때는 함경도, 평안도지방에서부터 중부지방에 걸쳐 대대적으로 피난행렬이 있었는데, 그 중에 상당부분은 당국이나 군의 권유 또는 소개령에 의한 피난이거나 원자탄이 투하된다는 '소문' 등에 의한 피난이었다. 충북의 경우 과장된 것으로 보이지만, 1951년 1월 중순 현재 계엄사령부 민사부장의 소개령으로 130만 명이 이불 한 채 없이 거지가 되어 전부 마을에서 나왔다고 국회에 보고되었다. 아무런 계획도 없이 소개령을 내렸기 때문이었다.[757]

1·4후퇴 때 강원도와 충북에서는 경북지방으로 피난을 많이 갔다. 육군 제773부대 보고서에 따르면, 영월, 평창, 홍천, 정선, 적성(積城) 등지에서 봉화로 들어온 8만 7천여 피난민들 중에서 일부분만이 한 달이 넘는 기간 동안 쌀 2승씩을 한 차례 배급받았을 뿐, 그 외에 아무런 구제대책이나 시설이 없어 무수한 병사자가 발생하였다. 단양, 제천, 원주, 적성, 홍천 등지

---

756) 『국회속기록』 제12회 37호, 1952. 3. 27, 농림위원회 국정감사보고서.
757) 『국회속기록』 제10회 11호, 1951. 1. 20, 郭義榮 의원 발언.

에서 영주, 안동으로 피난해온 10여만 명도 역시 구호를 받지 못하여 민생고가 극도에 달하였다. 이들은 급기야 귀환을 희망하였지만 유엔군의 피난민 입주금지계획에 의하여 단양 방면에서 통행이 차단되었다. 영주군 봉현면에는 원주민 6천여 명과 피난민 입주자 2천여 명이 있었는데, 인민군 패잔병이 통과한 지점이어서 유엔군 작전에 의하여 주민 4천여 명의 거주지와 가재도구가 소실되었다. 이 보고서에서는 이 지역 각 군 및 각 읍·면 소재지 주민들이 거의 다 피난하였는데, 가옥과 가재는 대부분 소각당하였고, 특히 식량이 부족하다고 지적하였다.[758]

피난은 어느 경우나 식량결핍과 거주할 가옥 부족 등으로 심한 고통을 겪었다. 피난도중 폭격, 질병, 기아, 추위 등으로 많은 사람들이 죽거나 병들었고, 피난하면서 이산가족이 무수히 생겨났다. 당국은 수용소를 마련해준다고 하였지만, 난민들 숫자나 당국의 여건을 볼 때 수용소가 제대로 운영되기를 바라기는 어려웠다. 1·4후퇴 때 당국에서는 피난민들을 대구와 부산지방으로 집결시켜 제주도에 50만 명, 거제도에 10만 명 등을 수용하고자 하였다. 그러나 1951년 1월 중순 현재 미8군에서 제주도에는 10만 명 이상이 들어갈 수 없다고 지적하여 4만 8천 명을 수용하였고, 거제도에는 9만 8천 명이 수용되었다.[759]

피난민 총수를 파악하기란 쉽지 않다. 피난민의 범주도 간단하지 않다. 월남인들을 포함하는 문제도 그러하고, 인근 지역으로의 일시적 피신을 피난으로 볼 것인가 하는 문제도 있다.[760] 피난살이를 얼마나 하였느냐 하는 기간의 문제도 있다. 그러한 것이 아니더라도 이 시기의 혼란상과 여러 형태의 피난민의 존재로 피난민의 수효를 파악하는 것은 어렵게 되어있다. 이한빈은 1950년 6월 25일에서 1953년 7월 28일까지 피난길에 오른 총수를 550만 명으로 추산하였다.[761] 한 연감에는 1952년 3월 15일 현재 난민이

---

758) 『국회속기록』 제10회 35호, 1951. 2. 27, 의사과장 李鎬賑 발언.

759) 『국회속기록』 제10회 11호, 1951. 1. 20, 사회부차관 崔昌順 발언.

760) 충북의 경우 1950년 10월 현재 한 면에서 다른 면으로 피난간 사람이 약 37만 명, 한 군에서 다른 군으로 피난간 사람이 35만 명, 도를 벗어나 피난간 사람이 30만 명이었다고 한다(『국회속기록』 제8회 39호, 1950. 10. 31, 趙大衍 의원 발언). 과장된 것일 수 있지만, 전쟁 첫 시기에 충북 인구의 과반수가 피난을 간 셈이다.

1,046만 4,491명인 것으로 기술되어있다.[762)

국방부정훈국 전사편찬위원회에서 펴낸 『한국전란 1년지』(D 34쪽)에는 1951년 2월 초 현재(전북은 1월 15일, 전남은 1월 29일임) 조사된 피난민은 서울, 경기, 강원을 제외하고 487만 409명이며, 같은 지역에서 490개 수용소에 121만 8,890명이 수용되어있는 것으로 나와있다. 피난민 숫자가 일주일 전의 조사보다 125만여 명이 증가한 것이었다. 1951년 8월 정부의 답변에 따르면, 경기도에 피난민이 132만 2천 명, 강원도에 92만 9천 명, 충북에 92만 명이어서, 이 시기에 이 3개 도에 300만 명 이상의 피난민이 있는 것으로 나타나있다.[763) 경기도와 강원도에 피난민이 많았던 것은 월남한 사람들이 이 지역에 머물렀기 때문이었다. 이 때문에 강화도에는 원주민이 12만 3천 명인데, 피난민이 8만 2,588명이나 들어와 있었고,[764) 인천에는 12~15만 명이 몰려왔다.[765) 한 연감에는 휴전 직후의 숫자로 보이는데, 전국의 피난민 수가 275만 6,394명(그 중 경기도 85만 6,054명)으로 기록되어있다.[766) 따라서 전쟁 전시기에 걸쳐 피난길에 오른 연인원은 대충 잡더라도 1천만 명이 훨씬 넘을 것이다.

1950년 수복되고 얼마 후 서울의 경우 주택의 완파·반파가 2만 514호로 22만 3,811명이 피해를 입었고, 경기도의 경우 주택의 전소·전파가 1만 9,033호, 반소·반파가 7,285호로 보고된 바 있지만,[767) 전재민의 피해도 정확히 파악하기 어렵게 되어있다.[768) 1953년 8월 15일 현재 사회부 통계에 의하면, 전재민수가 강원도 57만 8,915명, 경남 57만 1,910명, 서울 55만

---

761) 이한빈, 『사회변동과 행정』, 박영사, 1968, 91쪽.

762) 동아일보사, 『동아연감 1975』, 40쪽.

763) 『국회속기록』 제12회 39호, 1951. 8. 4, 사회부차관 최창순 답변.

764) 위의 속기록, 최창순 사회부차관 발언.

765) 『국회속기록』 제11회 66호, 1951. 9. 29, 尹城淳 의원 발언.

766) 영남일보사, 『한국연감 1954』, 213쪽.

767) 『국회속기록』 제8회 39호, 1950. 10. 31, 조광섭·박제환 의원 발언.

768) 1953년 8월 15일 현재 사회부 통계에는 파괴된 가옥수가 51만 5천 호로 나와있고(영남일보사, 앞의 연감, 212쪽), 1956년 1월 6일자 『조선일보』는 한국전쟁 때 소실된 주택을 59만 5천 호, 살 곳 잃은 세대 170만 명으로 보도하였다.

211명, 경기 42만 5,391명 등 362만 6,915명으로 잡혀있다.[769]

전재민 중 가장 고달프고 어려운 생활을 하는 사람들이 미망인과 고아들일 것이다. 역시 1953년 8월 15일 현재 사회부 통계에 따르면, 전재 미망인수는 전북의 4만 6,240명, 전남의 4만 3,198명 등 29만 3,852명으로 되어있다.[770] 그렇지만 이 29만여 명 중에 납북자, 월북자 가족이 얼마나 포함되어있는가는 불확실하다. 1956, 57년에는 전쟁미망인이 13만 명으로 보도되었는데,[771] 여기에는 협의의 전쟁미망인만 포함되었을 것이다. 엄요섭(嚴堯燮)은 1955년에 군인 미망인 1만 7,424명, 경찰관 미망인 8,187명과 그 밖의 전재 미망인이 39만 명 정도 있다고 기술하였다.[772] 그러나 실제 전쟁과 관련되어 홀몸이 된 부인들은 이보다 더 많았을 것이다.[773] 고아의 경우 1953년 8월 15일 현재 사회부 통계에는 4만 4천 명으로 나와있다.[774] 1956년 정초에 한 신문에는, 당국 통계에 의하면 전쟁고아가 7만 명인데, 이 중 약 4만 명만 수용되어있다고 보도하였다.[775] 고아들은 슈샤인 보이 등 밑바닥생활을 하였다. 전쟁으로 윤락여성도 많이 생겨났다. 1952년에 검진자는 댄서가 2만 997명, 위안부가 22만 7,387명, 접대부가 2만 4,950명, 밀창(密娼)이 2만 6,623명, 기타 1만 532명 등 31만 489명인데, 이 중 보균자가 8만 4,176명으로 되어있다.[776] 1952년 5월 30일 현재 유엔마담이 2만

---

769) 영남일보사, 위의 연감, 1쪽.

770) 위의 연감, 1쪽.

771) 『한국일보』 1956. 12. 13.자에는 전쟁미망인 13만 명 중 보사부가 추정한 요구호대상자는 7만 명인데, 이 중 당국의 직접적인 혜택을 받고 있는 사람은 1,696명이라고 보도되었다. 『조선일보』 1957. 5. 9.자 조간에는 13만 전쟁미망인 중 전국 46개소 공사립 母子院에 3천여 명만 혜택을 받고 있다고 보도되었다.

772) 엄요섭, 「한국사회 10년사」, 『사상계』 1955. 10, 211쪽.

773) 모두 다 전쟁과 관련된 미망인은 아니지만, 전남의 경우 1956년 현재 미망인 수가 9만 8천여 명인데, 그 중 5만 3천여 명이 구호대상으로 보도되었다(『동아일보』 1957. 3. 29). 1959년 6월 말의 통계에는 미망인수가 50만 5,296명인바, 이 중 4만 8,418명이 군인관계 미망인, 1만 1,769명이 경찰관계 미망인, 44만 5,119명이 납치인사 미망인이 섞인 일반 미망인인 것으로 되어있다(국가재건최고회의 한국군사혁명사편찬위원회, 『한국군사혁명사』 제1집 상, 1963, 109쪽).

774) 영남일보사, 앞의 연감, 212쪽.

775) 『조선일보』 1956. 1. 3.

5,479명(그 중 경남 1만 1,514명)이라는 기술도 있다.[777]

3. 전쟁 이후 극우반공체제의 강화

1) 북진통일운동의 억압적 성격

극우반공체제는 4·3학살, 보도연맹원 및 경찰감시 대상자 학살, 거창 등지에서의 양민학살 등 학살과 부역자 '처리' 등을 통하여 기반을 강력히 구축하였다. 그것은 학살·부역자에 따라다닌 공포와 피해의식, 열패감 위에 기반을 구축하고 강화되었다. 그것과 표리를 이루어 극우반공체제는 학살에 대한 무지뿐만 아니라, 남과 북에 대한 무지와 왜곡을 포함한 근현대사 전반에 관한 무지와 왜곡을 바탕으로 위력을 과시하였다. 특히 인위적으로 끊임없이 긴장을 고조시켰던 1950년대나 유신체제에서 극우반공체제는 공포와 피해의식, 그리고 무지와 왜곡의 독초를 먹고 비대해진 불가사리처럼 '과대성장'하였고, 그것은 자신을 키워준 이승만 정권이 붕괴하고 유신체제가 몰락하였어도 오히려 강세를 띠는 것 같았고, 또 경화되었다. 이런 점에서 1950년대가 공고기라면, 1970년대는 극성기라 할 만하다. 반공의식의 경화에 대응하는 것이기도 하겠지만, 4·3에 대한 무지와 왜곡도, 보도연맹원 및 경찰감시 대상자 학살에 대한 무지도 더욱 경화되어갔다. 1987년 6월민주항쟁 이전까지 총체적으로 공포와 피해의식, 무지와 왜곡이 민중을 짓눌렀다.

다른 한편으로 1950년대에 극우반공체제를 강화하는 데 중요한 역할을 한 것이 북진통일운동이었다. 휴전협정 반대투쟁, 뉴델리 밀회사건을 빌미로 한 제3세력·중립화통일 배격투쟁, 중립국감시위원단 축출시위, 재일교포북송 반대운동 등의 형태로 전개된 북진통일운동은 거의 전국민을 1950년대 내내 동원하였다는 점에서 규모와 지속성 면에서 유례가 드물었다.

---

776) 영남일보사, 앞의 연감, 218쪽.

777) 부산해운대 유엔마담 368명 중 이혼자 123명, 전쟁미망인 101명, 출정자 아내 52명, 전쟁 전 과부 17명, 이전 접대부 76명이었고, 생활난으로 유엔마담이 된 사람이 95%였다(이상 엄요섭, 앞의 글, 209~210쪽).

북진통일운동은 통일염원을 반영하는 측면이 있었지만, 미국과 유엔의 입장에 정면배치되는 것으로, 미국이 작전권을 장악하고 있었고 소총 탄알 한 방에서 휘발유 한 갤런까지 미국에 의존하고 있는 상황에서, 또 한미상호방위조약 제1조에서 명백히 북진통일을 배격하고 있었기 때문에 전혀 현실성이 없었다. 뿐만 아니라, 조봉암-진보당의 평화통일론이나 유엔의 통일결의나 참전 16개국의 통일결의안도 배격하는 등 북진통일론을 제외한 어떠한 통일론도 용납하지 않아 통일로 갈 수 있는 현실적 방안을 모두 철저히 차단하였다는 점에서 실질적으로는 반통일론이었다. 손가락을 잘라 혈서를 쓰면서 수천 수만 군중이 멸공북진을 고창하는 분위기가 말해주듯이, 또한 그것은 북에 대한 적개심이나 증오감을 최대한 고조시켜 북과 어떠한 형태로도 대화나 교류를 불가능하게끔 함으로써 분단고착을 공고히 하였다는 점에서 어떻게 보면 반공존의 공존논리였다.

이와 같은 성격의 북진통일론은 계속 전시상태 또는 준전시상태라는 국가비상상황을 조성하여 데마고기로 흥분된 군중심리의 와중에서 한 사람의 영도자한테 국가의 운명을 맡겨야 한다는 분위기를 조성하여 이승만에게 권력을 집중시키는 탁월한 작용을 하였다. 북진통일운동은 새마을운동도 그런 면이 많았지만 한국형 파시즘 동원체제의 대표적 예였는데, 이승만이 국력을 크게 낭비하면서 북진통일운동을 전개한 내밀한 이유는 여기에 있었다. 북진통일운동 자체가 극우적인 반공운동이었지만, 분단고착의 공고화, 이승만에게로의 권력집중은 그 자체가 모두 극우반공체제를 강화하는 것이었고, 북진통일운동이 자취를 감추고 이승만은 몰락하여도 극우반공체제를 바꾸지 않는 한 북진통일운동이 생성한 극우반공논리와 이데올로기는 강력히 작동하게 되어있었다.[778]

"공산당을 타도하자"고 외치고, 공산당의 씨를 말리자, 공산당을 때려죽이자는 말이 나오는 북진통일운동의 와중에서는 주민집단학살 등 학살문제나 부역자의 과잉처단 등에 대해서 항의나 비판의 말을 꺼낼 수 없었고, 그것을 '합리화'하고 당연시하는 정신상태를 조성하였다. 피학살자 가족이

---

778) 서중석, 「이승만과 북진통일」, 『역사비평』 1995 여름 참조.

나 부역자 및 그 가족들은 두려움에 마음이 졸아들어, 피해의식이나 열패감에 사로잡히게 되고, 자신의 반공상태를 과시하여 사회적 소외로부터 탈출하고자 하였다. 조봉암-진보당은 1956년 정부통령선거운동에 임해서야 가까스로 평화통일을 주장하여 계속 위협당하다가, 결국 1958년 초 진보당사건이 터졌고 조봉암 등 진보당 관계자들은 영어의 몸이 되었지만, 북진통일운동하에서는 극우반공이데올로기가 정답으로 인정하는 발언만 할 수 있었고, 그것에 어긋나는 주장은 용납되지 않았다. 북진통일운동기에 담론의 범위가 얼마나 제한되었는가는 조병옥 테러사건과 대구매일 테러사건이 하나의 예를 제공한다.

미국이 가장 신임한 자 중 한 사람으로 미군정하에서 내내 경무부장이었고 전쟁이 일어났을 때 내무부장관이었으며, 뉴델리 밀회사건의 배후로서 앞장서서 제3세력을 배격하고 초강경한 북진통일노선을 고창하게 되는[779] 조병옥은 1953년 6월 이승만이 포로들을 석방하였을 때, 한국정부가 유엔·미국과 하등 사전협의 없이 엄연히 제네바 포로협정에 규정되어있는 포로를 일방적으로 석방하는 것은 대한민국과 유엔·미국의 관계를 악화시킬 우려가 있다는 성명서를 발표하였다. 그러자 곧 조병옥 숙소 부근과 종로경찰서 근처에는 '역적'이라는 벽보가 나붙었고, 그날 밤 괴한이 침입하여 흉기로 조병옥의 복부를 강타하여 그는 의식불명이 되었다. 이틀 후 조병옥은 헌병에 체포되어 서대문 육군형무소에 갇혔고, 조병옥이 생각하기에 정말 기이하게도 조봉암과 관련시켜 대통령 암살을 음모하였다는 점을 검사로부터 신문받았다. 그는 27일간이나 육군형무소에 감금되었다. 물론 폭도들은 체포되지 않았고, 흉기로 인한 상처로 7개월이나 치료받다가 1952년 2월에야 보행이 자유롭게 되었다.[780]

조병옥의 발언으로 이승만·조병옥 못지않게 극우반공주의자인 김준연의 집도 조병옥의 집처럼 군중한테 습격당하여 파괴되었고, 민국당 본부도 습격당하였다.[781] 한 정치학자는 4개월간 계속된 휴전 반대운동은 대한민

---

779) 위의 글, 127~130쪽 참조.
780) 조병옥, 『나의 회고록』, 350~354쪽.
781) 국회타임스사, 『제2대 국회를 움직이었든 인물』, 90쪽.

국에 생물학적 변동을 일으켜 이승만의 권력을 강화시켰다고 주장하였는데,[782] 휴전 반대운동이 일단락될 즈음 민국당은 눈에 띄게 쇠약해졌다.

중립국감시위원단 철거요구 시위가 한창이던 1955년 9월 13일 『대구매일신문』에 학생동원을 자제할 필요가 있다는 내용의 「학도를 도구로 이용하지 말라」는 사설이 실리자, 국민회와 자유당 간부들이 인솔한 청년들이 경북경찰국 사찰과 간부의 지휘를 받으며 이 신문사를 습격하여 중경상자가 여러 명 나왔고, 인쇄기 등 기물이 파괴되었다. 사설을 쓴 주필 최석채는 국가보안법 위반혐의로 구속되었다. 경찰간부는 "백주의 테러는 테러가 아니다"라는 명언을 남겼고, 이 테러사건 국회조사단장인 자유당의 최창섭(崔昌燮) 의원은 국회에서 "대구매일신문은 국가, 민족에 대해서 중대한 테러를" 한 반국가적 행위를 하였다고 규탄하고, 테러한 자들이 "애국심에 불타는 나머지 이 국가, 민족을 원려(遠慮)해가지고 정당한 일을 하는 데 있어서는 그 청년에게 훈장을 주고 싶다"라고 발언하여 화제가 되었다. 9월 18일 국민회 등으로 구성된 애국단체연합회[愛聯] 이름으로 뿌려진 「시민·출판업자·법정변호사·문화인 기타 일체의 지식인에게 고함」에는 이렇게 쓰여있다.

이적 신문 대구매일의 주필 최석채는 17일 정오 드디어 피검되었다. 이적 사실은 너무나 가공(可恐) 광대한 것이며, 상상 이외의 죄상이 탄로되고 있으니 한국민은 수하를 막론하고 차(此)를 변호하는 협조적 언사, 동정기사, 위문 등이 있을 시는 그와 같은 계열의 이적행위자로 간주하고 애련에서는 특별조치가 있을 것을 사전에 경고한다.[783]

2) 전쟁 이후의 빨갱이몰이

궐기대회, 시위 등을 통하여 멸공 북진통일운동이 가열차게 전개되고 공산당에 대한 적개심이 고취되었지만, 반공교육은 비교적 허술한 편이었다. 1955년부터 문교부에서는 반공교육을 강화하기 위하여 '도의' 책을 펴냈지

---

782) 尹天柱, 『한국정치체계서설』, 文運堂, 1962, 346~348쪽.
783) 서중석, 「이승만과 북진통일」, 135~136쪽에서 재인용.

만 강도가 약하였고, 교육비중도 크지 않았다. 신문에서도 1950년대 초반보다 그 이후가 반공에 대한 사설이나 기사가 많았지만,[784] 그래도 데마고기나 과장이 1960년대 말 이후보다 적었다. 아직 언론매체도 발달하지 않았고 보급도 얼마 되지 않았지만, 그때까지는 연속방송극이나 오락프로를 포함하여 유신체제하에 있었던 매체를 활용한 '반공의 생활화'는 미약하였다. 민주주의에 대하여도 초중고에서 한국적 민주주의라는 이름 아래 파시즘적 국가관을 주입하지 않았고, 미국식 자유민주주의를 이상으로 하였다. 전쟁 때나 전쟁이 끝난 직후에 가장 강렬한 반공교육이 있을 법한데, 왜 전쟁이 끝나고 상당기간이 지나고나서 극단적인 반공교육이 일어나고, 전쟁에서의 참혹상과 공산당의 만행이 부각되는가는 그 자체가 중요한 연구대상이 될 것이다. 1950년대에는 책을 읽는 것도 그 이후와 비교하면 자유로웠다. 규제가 있기는 하였지만, 그것도 허술한 편이었다. 신국가보안법으로 불리었지만, 국가보안법 개악은 1958년 12월 24일에 이루어졌고, "북괴를 찬양 고무 또는 동조하여 이롭게" 한다는 이현령비현령의 조항이 들어있는 반공법은 5·16군부쿠데타 이후에 공포되었다는 점을 상기할 필요가 있다.

이승만 정권에서 극우반공체제 수호의 첨병으로는 국회의원 집 불온유인물 투입사건, 일명 올가미사건과 김성주 고문살해사건으로 주목을 받은 원용덕의 헌병총사령부와 관(棺)사건, 부산 조병창 방화사건, 동해안 군반란사건 일명 김종평 장군 사건 등 사건조작을 많이 한 것으로 알려진 김창룡의 특무대, 방첩대 등이 이승만을 둘러싸고 경쟁하였다. 그러나 일반적으로는 경찰, 그 중에서도 일제강점기 고등경찰을 연상시키는 사찰계가 반공의 일선에서 가장 중요한 역할을 하였다. 알렌은 이승만이 정권유지수단으로 계획적으로 경찰을 악용한 행위는 일본통치의 가장 악랄한 독소를 한국사회에 항구화시키는 결과를 가져왔다고 지적하였지만, 이승만 정권은 휴전 후에도 여전히 경찰에 의존하여 억압통치를 폈다. 경찰통치는 정부통령 직선, 국회의원과 지방의회 등의 선거에서 확연히 눈에 띄어 '반도

---

784) 문현아, 「한국전쟁 직후 지배이데올로기의 형성과정에 관한 연구」 이화여대 정외과 석사논문, 1993, 60~78쪽 참조.

통치의 첨병'에서 '정당정치의 첨병'으로 바뀌었다는 평을 들었다.

농민에 대한 경찰서장의 위세는 대단하였다.[785] 지서주임만 되어도 시골에서는 '산골 대통령'이라는 말을 들었다. 1950년대에는 겨울이면 나무가 양곡 못지않게 소중하였으므로, 중농 이하 또는 빈농은 거의 다 산림보호 관계법을 어기게 마련이었다. 또 명절 때나 농번기에는 막걸리를 담그는 일이 습관화되어있어 주류관계법을 어기는 경우도 부지기수였다.

인구의 대다수를 차지하고 있는 농민들이 경찰한테 꼼짝 못한 것은 산림문제, 술문제와 함께 지서유지비, 경비미(米) 등 경찰관계 잡부금 징수와 그밖의 권력남용에도 기인하였지만, 역시 빨갱이로 몰리는 것이 두려웠기 때문이었다. 평소에도 잘못 보이면 빨갱이로 몰려 혼이 날 수 있었지만, 각종 선거 때마다 빠지지 않고 찾아오는 것이 야당계에 표를 찍으면 빨갱이로 몰릴 수 있다는 점이었다. 이승만은 1956년 5·15정부통령선거가 끝난 직후에 가진 내외신 기자회견에서 "이번 선거결과를 보면 친일하는 사람과 용공주의자들을 지지하는 사람이 많은 것 같다"라고 말하여, 개표부정을 접어두더라도 고 신익희 후보에게 표를 준 180만 명 내외의 국민과 조봉암 후보를 지지한 216만 명 이상을 친일파, 용공주의자 지지자로 몰아세우고, 그와 함께 신임 내무부장관에 일제강점기 경찰서장이었던 이익흥을, 치안국장에 김종원을 임명한 바 있었다.

상부에서 내려온 것을 이행하는 것이겠지만, '산골 대통령'의 발상도 이승만과 비슷하였다. 1954년 5·20총선이 끝나고 얼마 후 국회에서 유진산 의원은 경찰서장 등 경찰이 동원되어 마을 반장회의 등을 열어 여당과 야당에 대해서 해석해주었던바, 야당은 반정부당으로 공산당보다 더 나쁘다,

---

785) 경찰서장은 대개 그 지역 자유당 의원과 연계를 맺는 등 중앙권력과 연결되어 있었다. 전쟁기의 예이지만, 전북 임실서장은 모 정부요인의 배경이 있어 정부당 국자나 도당국자도 손을 못댔다. 그는 농우 41두를 탈취하였고, 수억대의 재산을 모은 것으로 지적받았다(『국회속기록』 제10회 89호, 1951. 5. 28, 장택상 국회부의장의 전북시찰 보고). 경찰서장의 축재는 만연된 현상이었다. 임실 출신의 嚴秉學 의원은 임실서장이 전남으로 영전되어갔는바, 돈버는 서장은 왕왕히 영전할 수 있고, 좋은 서장은 오히려 그 자리를 지탱하지 못하는 형편이라고 말하였다(『국회속기록』 제10회 90호, 1951. 5. 29).

공산당보다 더 나쁜 야당 후보에게 투표하면 너희 마을은 공산당 소굴로 본다, 너희 마을 표가 120인데 야당 표가 한 표 나오면 너희 부락에 공산당이 하나가 있고, 열이 나오면 열이 있다는 것을 증명한다고 협박하였다고 폭로하였다. 그는 이와 같이 6·25 때 피난 못간 것, 9·28 이후 여러가지로 시달림과 고통을 받은 것을 상기시키는 협박을 받는 통에 선거라는 주권행사가 성스러운 경축행사가 아니라 그야말로 원수 같고 지긋지긋한 것으로 느낀다고 말하였다.[786]

1956년 5·15정부통령선거에서도 비슷한 현상이 일어났다. 진주 출신의 황남팔 의원은 모 당 입후보자, 다시 말하면 공산주의자인 아무개에게 투표를 많이 한 너희 마을들은 모두 다 빨갱이다, 그러므로 이번 지방자치선거에 경찰이 요구하는 사람에 대해서 투표하지 아니하는 경우가 발생하면, 너희 부락은 전부 쏘를 파든가 전부 처단하겠다고 협박했다고 전하였다.[787] 5·15정부통령선거 직후에 경남지역의 현석호(玄錫虎) 의원은 경찰이 그보다 더 자극적으로 전쟁시기의 주민집단학살을 상기시키는 다음과 같은 협박을 하였음을 전했다.

> 이 동네에서 만약에 야당 쪽 표가 나온다면 이 동네는 몰살을 해버린다. 만약에 우리가 북진할 때에 있어서는 이 동네의 너희들부터 전부 다 죽이고 가버린다.[788]

사찰계 형사들은 피학살자 가족, 부역자 및 그 가족들에 대한 연좌제 업무도 보았지만, 요시찰인 동태도 감시하였다. 요시찰인은 특수요시찰인 또는 특요시찰인과 보통요시찰인 또는 갑 요시찰인, 을 요시찰인 등으로 나뉘어 있었다. 1955년의 경우 특수요시찰인은 1월에 3,181명이었는데 12월에는 2,939명으로 약간 줄었고, 보통요시찰인은 1월에 4만 3,418명이던 것

---

786) 『국회속기록』 제19회 25호, 1954. 7. 16. 이와 함께 같은 날의 朴海楨 의원 발언 참조.

787) 『국회속기록』 제22회 66호, 1956. 8. 17.

788) 『국회속기록』 제22회 20호, 1956. 5. 29.

이 역시 12월에 3만 8,295명으로 꽤 많이 줄었다. 1957년의 경우 특요시찰인은 736명인데, 전좌익층이 396명, 전중간층이 30명, 시찰 요하는 자가 310명이었다. 같은 해 갑요시찰인은 전중간층 63명, 전좌익층 766명, 시찰 요하는 자 525명, 월북도피자 1만 7,858명으로 총 1만 9,242명, 을요시찰인은 전좌익 및 중간층 4,051명, 부역자 8,433명, 귀순·자수·전향자 1,691명, 시찰 요하는 자 3,092명으로 총 1만 7,267명이었다. 그래서 1957년의 요시찰인은 모두 3만 7,245명이었는데, 이것을 도별로 보면, 경북이 가장 많아 7,081명이고, 전남 6,657명, 경기 5,905명, 경남 4,147명, 전북 3,191명, 강원 2,938명, 충남 2,548명, 충북 2,512명, 서울 2,161명, 제주 105명 순이었다.[789] 전중간층은 김규식, 김구 등과 노선을 같이한 사람들이다.

'시찰 요하는 자'는 누구를 가리킬까. 이들은 좌익이나 중간층이 아님이 분명하다. 그것은 1953년의 사찰사범 검거표를 보아도 알 수 있다(앞은 건수, 뒤는 인원임). 총계는 5,081/6,646인데, 그 소속을 보면 인민군 22/26, 유격대 246/330, 정치보위부 23/37, 내무서 45/45, 검찰소 2/2, 노동당 299/526, 인민위원회 141/146, 민청 86/103, 부역자 319/360, 자위대 98/118, 직맹 25/28, 전농 6/6, 여맹 52/57, 민학(民學) 2/2, 대의원 1/1, 오열(五列) 70/84, 문맹(文盟) 2/2이고, 나머지 3,642/4,773으로 과반수를 훨씬 넘는 숫자가 기타로 분류되어있다.[790]

요시찰인에 대해서 김수선은 주로 시찰 요하는 자 또는 기타를 가리키겠지만, 한민당 전성시기에 만들어진 반한민당 계열 인사에 반자유당 인사의 명단이 들어갔을 것으로 추측하였다.[791] 내무부장관을 역임한 조병옥은 항일민족운동자이거나 혹은 반공투사라고 할지라도 정부 비판자들은 일제 때처럼 요시찰 명부에 올려놓고 감시한다고 지적하였다.[792] 전중간층은 극우반공노선에 비판적인 사람들이겠지만, 시찰 요하는 자는 그보다 광범위하여 야당세력 등 이승만 정부 비판자들이 주된 대상일 것이다. 이와 같이

---

789) 한국경찰사편찬위원회, 앞의 책 2, 1175∼1176쪽.
790) 위의 책, 1178∼1179쪽.
791) 김수선, 앞의 책, 127∼128쪽.
792) 조병옥, 『민주주의와 나』, 181∼182쪽.

극우반공체제에서 요시찰 대상은 광범하였다. 최석채는 요시찰인과 관련하여 다음과 같이 토로하였는데, 극우반공체제의 성격을 극명히 보여준다고 하겠다.

이 지긋지긋한 '시국'의 어감에 도조(東條)의 호령을 연상하고 중일전쟁 이래의 일본제국주의 침략을 다시금 회상한다. 그때의 불령선인(不逞鮮人)이란 위협의 형용(形容)이 금일의 반정부분자란 대명사로 바뀌어 권력에 억눌리는 자는 일생의 숙명처럼 요시찰인이란 고난의 길을 걸어야만 되고, 호령하던 계급은 언제나 같은 위치에서 같은 시국의 방패(防牌)로 그 형세를 유지하여야만 되는가?793)

3) 학살과 5·16쿠데타

5·16군부쿠데타는 '혁명공약' 첫번째에서 "반공을 국시의 제1의로 삼고 지금까지 형식적이고 구호에만 그친 반공태세를 재정비 강화한다"라고 주창한 대로, 4월혁명기에 완화된 극우반공체제를 재정비, 강화하는 데 1차적 목표를 두었다. 4월혁명과 함께 어느 정도 자유와 민주주의가 피어있는 상황에서 자주성 또는 주체성의 문제가 제기되고 통일운동이 전개되고 노동운동이 살아남과 동시에 학살과 암살사건 등에 대한 진상조사, 진실 바로알기 운동이 추진되었던바, 이 모든 것이 군부쿠데타로 철퇴를 맞고 철저히 억압되었다. 이미 자료가 있었기 때문이겠지만, 쿠데타권력은 혁신계, 청년·학생운동세력, 사회운동과 학살진상 규명에 관련되었던 사람들을 일망타진하였다. 1961년 5월 19일 장도영(張都暎) 국가재건최고회의 의장은 '친공·용공분자'를 단호히 처단하겠다고 밝히고 그날 아침까지 930명을 구속하였다고 발표하였다. 민족주의세력 또는 진보세력은 5월 21일 현재 2,014명이 검거된 것으로 발표되었는데,794) 그 이후에도 계속 체포되었다.

5·16의 본질은 쿠데타권력이 부정축재자와 부정선거 원흉, 자유당 간부들에 대한 처단보다 민족주의세력, 진보세력에 대해서 훨씬 더 강경한 탄

---

793) 최석채, 앞의 책, 193쪽.

794) 최창규, 『해방 30년사』 4(제3공화국), 成文閣, 1976, 52쪽.

압을 보여준 데서 잘 드러났다. 쿠데타권력은 혁신계와 청년·학생운동세력 등을 '재판'하기 위해서, 이들을 특수반국가행위 사범으로 규정하고, 1961년 6월 22일 특별소급법으로 '특수범죄 처벌에 관한 특별법'이란 것을 공포하였다.795) 이 '법'에 의해서 '단죄'받은 대상은 다음과 같다.

이들은 대개 혁신당, 사대당, 사회당, 통사당, 민자통 등 반국가행위 단체의 중심인물들이었으며, 그밖에 민통학련, 교원노조, 민족일보사건 등이 있는가 하면, 4·19 이후 혼란한 정세를 틈타 과거 '빨갱이'(따옴표는 원문대로임)의 유가족들이 억울한 학살 운운하며 위령비 건립, 형사보상금 청구, 처형 군·경 색출 등을 빙자하면서 합법적인 토대를 구축하여 괴뢰선전에 고무동조한 소위 '유족회'사건 등이 모두 혁명심판을 받은 것이다.796)

쿠데타권력은 부정축재로 인하여 규탄과 처단의 표적이었던 재벌들로 하여금 오히려 차관을 도입하여 더욱 규모가 큰 재벌로 성장하도록 유도하여 이들과 유착하였다. 그리고 중경임시정부 국무위원인 장건상, 김성숙 등 독립운동자들이 다수 포함된 '특수반국가행위자'를 가혹하게 탄압하였다. 혁명검찰부에서 수리한 사건을 보면, 특수반국가행위사건은 225건 608명으로 혁명검찰부에 수리된 사건의 전체 인원 1,474명의 41.3%를 차지하였다. 그 반면 3·15부정선거 원흉들은 163건 396명이 수리되었을 뿐이다.797) 혁명재판소에서 처리한 것을 보아도 부정선거 원흉은 69명이 유기징역을, 4명이 무기징역을 선고받았고, 6명이 사형선고를 받았는데, '특수반국가행위자'들은 통일운동을 하였다는 등의 죄목으로 125명이 유기징역을, 3명이 무기징역을 선고받았고, 5명이 사형선고를 받았다.798) 법집행에서 부정선거 원흉은 사형 등 중형을 선고받았더라도 대개 2~3년 내에 석

---

795) 한국혁명재판사편찬위원회, 『한국혁명재판사』 2, 1962, 16~17쪽.
796) 위의 책, 64~65쪽.
797) 위의 책, 68쪽.
798) 위의 책, 60~61쪽.

방되었는데, 혁신계 인사와 학생·청년들은 다수가 오랫동안 복역하였다는 점도 상기하여야 할 것이다.

쿠데타로 권력을 잡은 군인들이 대규모 체포, 소급입법 제정 등으로 자주화운동, 통일운동, 사회운동, 암살·학살 등의 진상규명운동, 진실세우기운동 등을 혹독히 탄압한 것은 민족주의 활동이나 진보적 활동 등에 재갈을 물려 종속적 극우반공체제를 재정비, 강화하기 위해서였다. 그 중에서 피학살자 가족들이나 관계자들을 구속하고, 피학살자의 분묘를 파헤치는 등 묘소와 비석을 훼손한 것은 피해대중의 공포와 피해의식, 무력감을 상기시키고 증폭하여 무지와 왜곡의 상태를 심화하고, 주민집단학살을 당연시하고 정당화하는 분위기를 확인하고 강화함으로써 극우반공이데올로기의 지배력을 공고히 하려는 데 의도가 있었다. 그것은 또한 학살을 주도하거나 가담한 군인·경찰에게 면죄부를 주고 그들의 행위를 고무 찬양하여 극우반공체제의 전열이 흐트러지지 않도록 하고 그것을 더욱 튼튼히 하는데 목표가 두어졌다. 학살을 주도하거나 가담한 군인·경찰에게 면죄부를 주고 그들의 행위를 고무 찬양한다는 것은 쿠데타권력이 그들과 동류의식 또는 '연대의식'을 가졌다고 공언한 것으로, 곧 그들과 동일한 인간성과 국가관·세계관을 가졌다고 공언한 것으로 이해할 수도 있다. 그 뒤로 무려 30년 동안이나 학살에 관하여 거의 침묵을 지키게 되는 것도 이 시기의 탄압과 묘소 훼손, 학살행위의 정당화 등이 중요한 작용을 하였다. 한국인은 특히 고인에 대하여 추모의 마음이 강하고 산소문화가 유별난데, 쿠데타권력의 탄압과 훼손은 '제2의 학살'이라고 볼 수 있는 비인간적 반인륜적 행태였다.

아래에서는 박정희 등 쿠데타권력의 성격을 적나라하게 보여주는 피학살자 가족·관계자들의 구속 및 재판과 묘소 훼손을 간략히 정리한다. 대개의 경우 구속된 유족회 관계자 중 일부가 재판을 받았다. 그런데 구속되어 얼마 후 풀려났거나 재판을 받아 무죄로 석방되었다고 하더라도, 당사자와 가족, 주위사람들에게는 구속된 자체가 큰 사건 또는 시련으로 받아들여졌다. 이러한 유족회사건은 대개가 다음과 같은 '죄상'을 가진 것으로 기소되었다.

모년 모일 위령제를 거행할 것을 결의하고 동일 동소에서 위령제를 실시하고, 1) 처형된 자의 법적 조치 및 호적 정리, 2) 처형 관련자의 법적 처단, 3) 유족에 대한 국가의 보호조치, 4) 유골 발굴 및 위령비 건립 등을 위한 활동을 벌이어 좌익분자를 애국자인 양 가장시키어 허위선전함으로써 용공사상을 고취하고……799)

6·25동란 당시 처형된 좌익분자의 신고를 받기로 합의하고…… 좌익 처형자를 양민인 양 가장 선전하여 민심을 현혹시키고……800)

(4월혁명 후 김해·창원 피학살자 공동분묘를 만든 것에 대하여) (1960년) 6월 25일 (김해군 진영읍 소재) 포교당 앞[前]에서 유족 및 일반시민 약 6,000여 명의 참집리에 발인식을 거행하고 진영 역전에 이르러 유족 및 일반시민 약 10,000여 명이 집합한 가운데 고별식을 거행한 후 유골을 선두로 약 10여 리에 달하는 진영읍 설창리 고개까지 군중은 장사진을 이루고 유족들이 통곡하면서 행진한 후 마산-부산 간에 국도 연변으로 대중이 잘 볼 수 없는 설창고개에 유골을 합장하고 마치 위대한 우국열사와도 같은 거대한 분묘를 설치하여801) 그들을 찬양하여 용공사상을 고취하고……802)

반정부적 내지 반국가적인 행동의 일부로밖에 볼 수 없는 이른바 처형 관련 군·경을 색출 처단하자고까지 결의함으로써 국시와 국가의 지상명령에 의하여 그 직무를 수행한 군·경을 가리켜 학살자시(視)하고 그들을 복수 처단하여도 가하다는 의결을 행함으로써 용공이적행위자를 동정하고 군·경에 대한 증오감을 조성케 하여 용공적 사상을 고취하고……803)

쿠데타권력에 의하여 투옥되었거나 '혁명재판소'에서 '재판'받은 유족회 사건은 다음과 같다.

---

799) 위의 책, 194쪽.
800) 위의 책, 195~196쪽.
801) 이 공동분묘에는 336명의 유골이 합장되었다(부산매일, 앞의 책, 257쪽).
802) 한국혁명재판사편찬위원회, 앞의 책 2, 327쪽.
803) 위의 책, 331쪽.

* 경상남북도 피학살자유족회사건 : 권중락, 이원식, 이삼근, 이용노, 이복녕, 김현구, 이효철, 노현섭, 탁복수, 문대현, 하은수, 이병기, 오음전 등이 피고인으로, 4월혁명 후 국회에서 국회결의로 학살사건 진상조사단이 구성되어 각지로 파견 조사케 하고, 경남북도 당국에서도 각 시·군·읍·면을 통하여 피해자 신고를 접수할 때, 권중락은 경북지구피학살자유족회(이하 경북유족회라 약칭) 전국피학살자유족회(이하 전국유족회라 약칭)에, 이원식은 경북유족회 대구지구피학살자유족회 전국유족회에, 이삼근은 성주지구피학살자유족회 경북유족회 전국유족회에, 이용노는 경북유족회 전국유족회에, 이복녕은 대구유족회 경북유족회에, 김현구는 경북유족회에, 이효철은 경북유족회에, 노현섭은 마산지구피학살자유족회 경남지구피학살자유족연합회(이하 경남유족회라 약칭) 전국유족회에, 탁복수는 충무시피학살자유족회 경남유족회 전국유족회에, 문대현은 동래지구피학살자유족회 경남유족회 전국유족회에, 하은수는 경남유족회 전국유족회에, 이병기는 마산유족회 경남유족회 전국유족회에, 이병기는 마산유족회 경남유족회 전국유족회에, 오음전은 경남유족회 전국유족회에 가입하거나 그것을 조직하였다.804)

이원식은 사형, 노현섭은 무기징역, 권중락·이삼근은 10년, 다른 피고인은 무죄를 선고받았다.805)

* 경주피학살자유족회사건 : 1961년 2월 대구지방법원에서 사형선고를 받은 이협우(1950년부터 국회의원, 3, 4대는 자유당임)와 관계된 건으로, 1949년 음력 7월 7일 밤 월성군 내남면에서 일가친척 22명이 학살당한 김하종·김하택 형제와 내남면 다른 지역에서 학살당한 사람과 관계가 있는 최영우, 신경시 등이 피고인으로, 이들은 경주지구피학살자유족회를 발기, 조직하였거나 가담하였다. 김하종은 징역 7년을, 김하택·최영우는 징역 3년에 집행유예 5년을 선고받았다.806)

---

804) 한국혁명재판사편찬위원회, 앞의 책 4, 189~193쪽.
805) 위의 책, 14쪽, 이 재판이건 다른 사건의 재판이건 부분적으로 파기가 있었던 상소심의 형량은 생략한다.
806) 위의 책, 255~285쪽.

* 경산피학살자유족회사건 : 최규태(학생, 당시 21세) 무죄[807]

* 마산피학살자유족회사건 : 한범석 무죄[808]

* 창원피학살자유족회사건 : 김봉조 무죄[809]

* 밀양피학살자장의(葬儀)위원회사건 : 김봉철(金元鳳 동생) 무기징역[810]

* 김창(金昌, 김해·창원)피학살자합동장의위원회사건 : 김영욱 징역 7년, 김영봉 징역 3년, 방영조 무죄.[811]

『울부짖는 원혼』에는 김창피양민학살유족회라는 단체가 나오는데, 김해군 진영읍 설창리에 합동묘소를 만들었다는 기록이 두 단체에서 다 나오는 것으로 보아 합동장의위원회와 유족회는 동일한 단체일 것이다. 일반묘소의 5배가 더 되는 336구 유골의 합동분묘가 만들어지고, 그 뒤 묘비를 세우려고 할 때 5·16쿠데타가 발생하여 합동묘소는 어느 날 밤 파헤쳐져 유골상자가 깔아뭉개졌고, 유족회 회원들에게는 체포령이 떨어졌다.[812]

* 동래피학살자합동장의위원회사건 : 김세룡·송철순 징역 5년, 한원석·추월량 무죄[813]

* 산청군 출신 도의원 민치재는 4월혁명 후 도의회에서 산청학살사건을 정식 발의하였는데 5·16 후 투옥되었다.[814]

* 김창피양민학살유족회와 별도로 조직된 김해피양민학살유족회 관계

---

807) 위의 책, 287~292쪽.

808) 위의 책, 293~302쪽.

809) 위의 책, 303~312쪽.

810) 위의 책, 313~324쪽.

811) 위의 책, 325~348쪽. 김영욱은 부친이 3·1운동에 가담하여 3년간 감옥에 있었는데, 육군에 입대하였던 김영욱 형제가 군대에 나가 싸우고 돌아와서, 부친이 모략에 걸려 처형된 것을 알았다고 한다(같은 책, 343쪽).

812) 부산매일, 앞의 책, 256~257쪽.

813) 한국혁명재판사편찬위원회, 앞의 책 4, 349~368쪽.

814) 부산매일, 앞의 책, 99쪽.

자들 수십 명이 쿠데타 후 끌려갔다.815)

　* 제주4·3진상규명동지회원들이 1961년 5월 17일 검거되었고, 제주신보 신두방 전무는 옥고를 치렀으며, 대정 지역에서는 진상규명에 앞장섰던 몇 명이 군입대중 체포되었다. 경찰은 유족들이 세운(백조일손지묘 등의-필자) 위령비를 부수어 파묻었다.816)

　* 문경양민학살사건(신북면 석봉리 석달마을) 유족회 간부들이 정부에 진상규명을 촉구하는 호소문을 보낸 것이 5·16 후 포고령 18호 위반(반국가행위)혐의로 구속되었다.817)

　* 1951년 1월 5일 11사단 20연대 2대대 6중대에 의하여 고창군 공음면, 무장면, 대산면 주민 등 500여 명이 공음면 선동리 선산마을 입구(또는 선인봉 및 옥산저수지 앞)에서 무차별 학살당하였다고 하는데, 1960년대에 들어와 당시 주민들의 증언과 270명에 달하는 연서명을 받아 "600여 명이 양민을 학살한 불온 군·경을 처벌하고 정부는 책임지라"는 탄원서를 군사혁명위원회 등에 제출하였다가 김기선 등 관계자들이 오히려 곤욕을 치렀다.818)

　거창양민학살지역 피학살자 합동묘지도 수난을 당하였다. 쿠데타가 난지 한 달도 안된 1961년 6월 15일 당국은 합동묘지에 대한 묘지개장 명령을 내리고 공동묘지로 이장토록 지시하였다. 그러나 유족들이 합동묘지에 묻힌 뼈를 보고 누구누군지 사람을 가려낼 수 없다는 이유로 묘소의 보존을 호소하였다. 그래서 봉분만 파헤쳐졌고, 1960년 11월 제막식을 가졌던 위령비 비문은 정으로 지워져 땅 속에 묻히게 되었다. 5·16군부정권은 유족회를 반국가단체로 지목하였고, 문병현 유족회장 등 6명이 5월 18일 체포되어 구속되었다. 그 뒤 6명 중 연로한 2명이 석방

---

815) 위의 책, 258쪽.

816) 김종민, 「4·3 이후 50년」, 407쪽.

817) 김삼웅, 앞의 책, 104쪽.

818) 전라북도의회 6·25양민학살진상실태조사특별위원회, 앞의 보고서, 67, 72~73쪽.

되고 3명이 추가로 구속되어, 7명이 혁명재판소에서 재판을 받았다. 1962년 초에는 학살 당시 면장으로 1960년 5월 돌팔매에 맞아죽은 박(朴榮輔)면장 타살혐의로 7명이 구속되었다. 1962년 7월 보통군법회의에서는 유족회의 반국가단체 관련 부분에는 무죄를 선고하였으나, 박면장 타살사건은 모두 형을 받고 집행유예로 풀려났다. 유족회 가족들은 연좌제에 묶여 불이익을 감수하여야 했다. 그 반면 학살 때 지휘관이었던 11사단 9연대 3대대장 한동석은 앞서 말한 대로 5·16 후 강릉·원주시장을 거쳐 보사부 서기관이 되었다.[819]

4) 박정희 정권의 극우반공체제 강화

5·16쿠데타 후 극우반공체제는 새로운 모습을 보였다. 혁신계와 진보적 청년학생들이 체포되어 그 중 상당수가 '혁명재판'에 회부되어 민족주의·진보세력의 활동이 아주 어렵게 되었고, 4월혁명 후 완화된 국가보안법이 다시 개악되었으며, 반공법과 집회 및 시위에 관한 법률이 만들어졌다. 정보수사기관으로 중앙정보부가 조직되었고, 군수사기관으로 되어있는 보안사가 특무대 이상의 역할을 하였으며, 경찰도 정보 1·2과로 강화되었다.

이승만·자유당 정권의 테러가 반은 어용 관제단체, 깡패 등에 의존하여 거칠게 자행되었고, 거친 동원체제였는 데 비해, 군부의 정보장교들이 주도한 정보 정권인 박정권에 와서 테러는 막강한 조직들에 의하여 관리되고 행사되어 훨씬 더 제도화·조직화되었으며, 그만큼 세련되고 빈틈이 없었다. 국가의 동원력 또한 그러하였다. 행정국가 또는 과대성장국가가 주도한 극우반공체제는 이승만 정권 시기보다 더욱 잘 작동되었다. 극우반공체제는 1930년대에서 1945년에 이르는 일제의 군국주의 파시즘 관헌통치를 연상시키는 유신체제에서 극단의 형태로 전개되었다.

이 시기 극우반공체제는 유신체제의 등장과 함께 갑자기 강화된 '사상범'의 전향 강요, 재일교포유학생간첩단사건 등과 같은 유의 '간첩단'사건,

---

819) 부산매일, 앞의 책, 41, 45~46, 55~56쪽. 거창의 피학살자 명예회복운동은 1987년 6월항쟁 이후 본격적으로 전개되어 1996년 1월 5일 김영삼 대통령은 「거창사건 등 관련자의 명예회복에 관한 특별조치법」(법률 제5,148호)을 공포하였다.

긴급조치, 사회안전법의 역할도 유의하여야겠지만, 더 중요하게는 전체주의적인 방식으로 반공교육이 사회와 교육기관 등을 통하여 이루어졌다는 점이다. 모든 사고와 생활에 반공이데올로기가 침투되고 작동되는 것처럼 보였다. 이 시기 반공교육은 북진통일운동 이래의 전통을 이어받은 것이긴 하지만, 이성에 호소하는 이성적 합리적인 성격이라기보다는 감성에 강한 자극을 주는 정의적(情意的) 충동이 중심을 이루었다.820)

해방 후, 한국전쟁시기, 이승복 군으로 상징되는 북한게릴라의 침투 등에 의한 학살·방화 등의 만행을 영상·방송매체, 활자매체, 온 교실의 4면 벽과 복도를 뒤덮은 포스터와 그림 등을 통하여 홍보하였고, 북괴의 남침의도와 김정일의 부당한 세습후계 등이 끊임없이 사회와 교육기관을 통

---

820) 한 교육대학원생이 1982년 10월 인문계 남녀고교 3학년생 남자와 여자 각각 350명을 대상으로 앙케트조사를 한 결과, 반공의식을 높이는 데 영향을 준 것과 효과적인 것은 다음과 같이 집계되었다.

반공의식을 높이는 데 가장 큰 영향을 준 것은

	남		여		전체	
북한현실	84명	24.00%	71명	20.29%	155명	22.14%
공산주의의 이론 비판	34	9.71	30	8.57	64	9.14
민주주의의 우월성	44	12.57	50	14.29	94	13.43
북한의 도발사건	182	52.00	172	49.14	354	50.57
공산국가의 갈등	3	0.86	20	5.71	23	3.29
우리 전통문화의 우월성	3	0.86	7	2.00	10	1.43
계	350	100.00	350	100.00	700	100.00

반공의식을 높이는 데 가장 효과적인 것은

	남		여		전체	
전문가 초빙 강연	11명	3.14%	14명	4.00%	25명	3.57%
귀순자 강연	54	15.43	69	19.71	123	17.57
기록영화	104	29.71	109	31.14	213	30.43
견학	116	33.14	116	33.14	232	33.14
신문 라디오	49	14.00	28	8.00	77	11.00
강의	7	2.00	10	2.86	17	2.43
기타	9	2.57	4	1.14	13	1.86
계	350	100.00	350	100.00	700	100.00

출전 : 서병숙, 「고등학교의 반공교육에 관한 연구」 고려대 교육대학원 윤리교육전공 석사논문, 1983, 19쪽.

하여 반복 선전되었다. 이 시기 반공교육에는 방송매체의 보급이 한몫 하였다. 라디오는 해방되던 해 6만여 대밖에 안되던 것이 1965년에 125만 대로 늘어났고, 1980년에는 950만 대가 되어 가구당 1대가 넘게 되었다. 적지 않은 마을에 중앙작동식의 엠프가 설치되어 새마을노래 등이 울려퍼지고 온 마을이 똑같은 방송을 듣게 된 것도 1960년대 후반 1970년대 시기였다. TV는 1966년까지만 해도 1만여 대밖에 없었으나, 1975년에는 180만 대로 늘어났고, 1980년에는 690만 대가 보급되어 100가구당 86.7가구가 TV를 가져 '영상혁명'이 일어났다.[821)

이러한 반공교육에 의하여 어른도 어린아이도 북에 거주하는 주민이 같은 동포로 생각되기는커녕 특수한 세계에 사는 별종으로 느껴져 가까이 하기에 섬뜩한 부류로 보이기도 하였으며, 북의 공산주의자들은 우는 아이 잡아가는 '망태 할아범'보다 더 무서운 존재였고, 잔인무도한 이리떼나 흡혈귀로 떠올랐다.

유신체제의 권력자들은 비인간적 반문명적인 행위도 할 수 있었다. 중앙정보부장 김재규(金載圭)는 1979년 12월 8일 비공개로 진행된 군사법정에서 부산에 계엄이 선포되고 나서(부마사태는 10월 17일 발생하였고, 18일 0시에 비상계엄령이 선포되면서 사태가 걷잡을 수 없이 확대되었음) 현지에 다녀와 박정희에게 부산사태의 심각함을 보고하였을 때, 박정희와 차지철(車智澈)이 주고받은 말을 털어놓았다. 그는 자신의 말이 비공개 군사법정 밖으로 나가지 않았으면 좋겠다고 전제한 뒤, 자신의 부산사태 보고에 대하여 박정희가 "이제부터 사태가 더 악화되면 내가 직접 쏘라고 발포명령을 하겠다. 자유당 말에는 최인규라는 사람과 곽영주(郭永周)라는 사람이 발포명령을 하였으니까 총살됐지 대통령인 내가 발포명령을 하는 데 누가 날 총살하겠느냐"라고 말한 것으로 증언하였다. 그러자 차지철 경호실장은 박정희의 말에 한술 더 떠서 "캄보디아에서는 300만 명이나 희생시켰는데 우리가 100만~200만 명 희생시키는 것쯤이야 뭐 문제냐"고 거들었다는 것이다. 김재규는 이 증언에 이어 4·19에 물러난 이승만과 달리 박정희는

---

821) 노태돈 등, 『시민을 위한 한국역사』, 창작과비평사, 1997, 434쪽.

절대로 물러설 줄 모르는 성격을 가졌다고 덧붙였다.[822]

박정희가 만주군관학교와 일본육사에서 절대로 물러설 줄 모르는 '특등 일본인'으로 표창을 받고 '황군'의 간성으로 만주에서 항일세력을 '토벌'한 일이라든가, 해방 후 남로당 프락치사건 관계를 제쳐놓더라도, 5·16쿠데타 초기에 피학살자유족회나 거창피양민학살자 묘소와 비석 등에 대하여 취한 태도, 민청학련사건과 관련하여 1975년 4월 '인혁당' 관계자 8명을 대법원 판결 다음날 새벽 재심도 기다리지 않고 유신체제 반대세력에 대한 단호한 협박으로 사형시켜 정치의 제물을 삼은 것을 상기해볼 때 김재규의 우려는 결코 기우가 아니었을 가능성이 있다. 10·26 직전 차지철에 앞서서 경호실장이었던 박종규(朴鐘圭)의 고향이 포함된 부산과 마산의 경상도에서 대규모 시위가 일어나지 않고, 만일에 광주에서 그러한 일이 발생하였다면, 절대로 물러설 줄 모르는 유신체제의 '영도자'와 차지철 등 추종자들에 의하여, 박정희가 키워놓은 정치군부 중심의 신군부에 의한 1980년 5월 광주학살보다 더 참혹한 광주학살이 발생하지는 않았을까.[823]

한국전쟁기에 공산군이 저지른 만행이 전쟁 직후에는 비교적 간단히 다루어졌는데, 그것이 어느 정도 잊혀질 무렵인 1970년대에, 7·4남북공동성명을 담보로 제2의 쿠데타를 일으켜 만들어놓은 유신체제에 와서 전보다 훨씬 더 중요하게 다루어진 점은 박정희 정권, 그 중에서도 유신체제기 박정희 정권의 성격을 말해주는 의미있는 현상이다. 비교 대상이 다르기 때문에 동일 수준에 놓고 말하는 데는 문제가 있지만, 그러한 현상은 1959년에서 1965년까지 사용한 문교부 발행의 『중학도덕』과 같은 시기 역시 문교부 발행의 『고등도덕』에 나오는 한국전쟁기 북의 만행에 대한 서술, 국토통일원에서 서울대학교 교육대학원에 위탁하여 펴낸 『통일교육교수지

---

822) 金在洪, 『軍』 2(핵개발 극비작전), 동아일보사, 1994, 169~170쪽.

823) 1998년 9월 동아일보 김재홍 기자는 삼성의료원 영안실에서 함께 나올 때 필자에게 그와 같이 말하였다. 월남에 파병된 군대의 일부가 관여된 '잔혹행위'도 박정희 정권의 성격 등과 관련하여 구명되어야 할 것이다. 그러려면 우선 '잔혹행위'의 진상이 밝혀져야 한다. 이루 말할 수 없이 끔찍한 잔혹행위에 대해서는 구수정, 「아 몸서리쳐지는 한국군!—베트남전 24돌에 돌아보는 우리의 치부, 베트남전범조사위의 끔찍한 기록들」, 『한겨레 21』 제256호(1999. 5. 6) 참조.

침서』(원고본, 1971)의 한국전쟁기 북의 만행 서술, 문교부에서 펴낸『사상교육(반공교육)지도자료집』제1집(1975)의 한국전쟁기 북의 만행 서술에서도 나타난다. 뒤의 두 책자는 초중고 교사들에 대한 반공교육용으로 사용하기 위해 만들어졌다.

앞의『중학도덕』2에는 전쟁과 관련하여 "공산당은 음모, 약탈, 밀정, 파괴, 방화, 살인 등 잔악무도한 짓을 감행한다. 이는 우리가 6·25사변중에 직접으로 당해본 일"(153쪽)이라고 서술하여 전쟁기의 현상을 공산당의 일상적인 행태가 표출된 것으로 일반화하여 간략히 서술하였다. 그 점은『고등도덕』2에도 비슷하여, "우리는 6·25사변의 경험에 의하여 공산침략이 얼마나 악랄하며, 그 피해가 얼마나 처참한가를 실지로 체험하였다"(159쪽)라고만 서술되어있다.『통일교육교수지침서』에서는 '6·25동란' 항목에서 내용 개요를 순차적으로 기술하고, 교수방법에서 먼저 "6·25동란은 시종일관 무력적화통일을 근본신조로 삼는 북괴두목 김일성의 책임하에 이루어졌다는 것을 이해시켜야 한다"(330쪽)고 기술하고, 마지막으로 "공산주의자들과는 협상이나 타협이 있을 수 없다는 점과, 그들은 세계공산혁명을 궁극 목표로 삼고 있으며, 철두철미 폭력혁명과 일당 전제독재를 공산주의 실현의 철칙으로 삼고 있다는 점을 더욱 강조하여야 할 것이다"(331~332쪽)라고 역시 일반론적으로 기술하였다.

그러나 유신독재기에 펴낸『사상교육(반공교육)지도자료집』제1집의 논조는 위의 것과 사뭇 다르다. 이 책자의 '단원 2 : 북괴의 도발책동과 6·25사변'의 교수목표 중 '태도' 항목의 첫째가 "6·25사변중에 보여진 북괴의 비인도적 행위에 대하여 '증오심'(따옴표는 필자)을 가진다(가지도록 한다는 의미-필자)"(163쪽)라고 기술되어있고, 이 단원의 '3. 6·25사변'에서는 지도내용에서 괴뢰군의 만행을 역사적 사실과는 상관없이 다음과 같이 묘사하였다.

1. 점령지에서의 학살계략…… 한국군 포로의 무차별 사살, 민간인과 지주 및 자본가에 대한 학살, 40세 미만을 전멸시킨다는 남침 초기의 기본계획.

2. 반공애국자와 양민에 대한 만행…… 김일성의 비밀지령에 의하여 비전투양민에 대한 대량학살 자행.
3. 북괴에 희생된 숫자…… 순수 민간인 학살 12만 8,936명, 의용군으로 잡아간 숫자 약 40만 명, 괴뢰군에 납치된 숫자 총 8만 4,532명, 월남한 북한동포 250만 명(170쪽)

언론매체에 의한 전쟁기 북의 만행에 대한 기사도 그 이전에 비하여 유신체제기에 유독 강렬하였다. 그 한 예로 시기에 따라 체질이 다르기 때문에 역시 동일 수준에 놓고 평가하는 데는 문제가 있지만, 『조선일보』의 6·25기념 사설과 기사를 보자.

전쟁이 끝난 이태 후인 1955년 6월 25일자 사설 「비분한 6·25를 상기하면서」(1면)에는 "남북 3천리는 불과 피로 산천의 모습조차 변하게 만들고 수백만의 인명을 해하게 한 그 죄업을 생각하는가 못하는가. 한인의 탈을 쓴 소련 공산당의 앞잡이들이여…… 침략과 파괴의 기계"라는 표현이 들어있다. 그런데 수백만 인명을 해하게 한 것이 전쟁 때문인 것은 분명하나, 누구인지는 다소 애매한 것이 유의된다. 이 날짜 2, 3, 4면에도 6·25 관련 기사가 있으나 학살 또는 만행을 다루지는 않았다. 그것은 이승만의 6·25 기념 담화에서도 비슷하다. 그의 담화에는 '북괴의 학살만행'이 전혀 나오지 않거나 거의 나오지 않고 있다.824)

---

824) 이승만 담화집 참조. 전쟁 발발 1주년을 맞아 낸 담화에서는 공산주의에 대한 유화책을 철저히 배격한다고 되어있을 뿐 북괴의 만행에 대해서는 언급이 없다(이승만, 「6·25사변 제1주년에 際하여」, 『대통령이승만박사담화집』, 55~57쪽). 2주년 담화에서도 중국공산군과 소련의 貪暴無道한 죄상을 비판하는 정도였다(이승만, 「6·25 멸공통일의 날에 際하여」, 같은 담화집, 89~90쪽). 공산군 침략 3주년을 맞아 이대통령은 장문의 기념사를 발표하였는데, 휴전협정을 반대한다는 것이 주내용이고, 학살문제는 거론하지 않았다(이승만, 「6·25사변 제3주년 기념사」, 같은 담화집, 120~124쪽). 4주년 기념사도 침략군을 소탕할 것을 강조하였는데, 학살만행에 대해서는 언급하지 않았다(이승만, 「새기운과 용맹으로 영구한 세계평화 이루자」, 같은 담화집 2, 39~40쪽). 그 점은 장문의 5주년 기념사에서도 마찬가지이다(이승만, 「6·25사변 제5주년 기념사」, 같은 담화집 2, 72~77쪽). 이승만이 전쟁중에 저질러졌던 공산당의 학살만행을 별반 언급하지 않은 것은 여러가지로 분석할 필요가 있다.

휴전협정 체결 5년이 되는 1958년 6월 25일자『조선일보』조간에서는 「만물상」란에 실린 "시산혈하(屍山血河)라면 좀 과장된 말이지만, 무수한 인명이 총포 폭탄에 쓰러지던 광경" 정도가 눈에 띈다. 이 날짜 석간의 경우 사설 「침략의 6·25 그날을 다시 맞아」에 "동족상잔의 피의 불의 기록이 6·25전쟁…… 3천리 강산을 잿더미와 더불어 애매한 죽음의 시체를 널어놓고도 그들은 무엇을 얻었다고 외칠 수 있었는가"라는 표현이 주목된다. 두 기술은 동족상잔 등을 묘사하는데, 역시 그러한 행위의 주체에 대해서는 다소 애매하게 기술하였다.

1965년 6월 25일자 신문에는 2(사설), 4, 5, 7면에 걸쳐 6·25에 관한 기사가 있지만 만행을 고발하는 것은 찾아보기 어렵다.

1970년 6월 25일자 신문에도 6·25 관련기사는 적지 않지만, "반공어린이 이승복 군 동상 서울 강남국민교에 세워" 정도의 기사가 있을 뿐이고, 다음날 신문 7면에는 "북괴의 불법남침과 온갖 만행"이란 표현이 눈에 띌 정도다.

그런데 1975년 6월에는 규모나 논조가 달라진 것을 볼 수 있다. 6월 한 달 19회에 걸쳐 6·25 체험기가 박스기사로 실렸으며, 6월 25일자 1면 톱에 실린 박정희 대통령의 "남침 위한 군시설 철거하라"는 요지의 6·25특별담화에는 "북한 공산군의 야만적인 침략" "북한 침략주의자들이 우리를 다 같은 동포로 생각하였다면 어찌 감히 조국 강토를 하루아침에 폐허로 만들고 수백만의 무고한 동포를 대량학살하는 만행을 저지를 수 있었겠는가"라는 표현이 들어있다. 또한 2면의 사설에 이어 3면에 실린 홍종인(洪鍾仁)의 박스기사에는 "저들의 6·25 때 저지른 무궤도한 침략, 살륙의 광태"라는 표현이 있고, 7면에는 사회면 톱기사로 "오늘 6·25 4반세기"라는 제목 아래 "평화스럽던 이 땅에 붉은 마수가 뻗쳐 산하를 피로 물들인 지 어언 4반세기"라는 기사가 있다.『조선일보』에는 다음날에도 6·25 관련기사가 꽤 실려있다.

반문명적이고 비인간적인 주민집단학살의 진상을 밝히려는 시도에 대해서, 박정희 정권은 국시와 국가의 지상명령에 반한 반정부적 내지 반국가적 행위로 몰아 탄압하여 학살에 대해서 전혀 말조차 꺼낼 수 없는 공포분위기를 조성하였고, 4·3학살 등 부분적으로 인지된 상태의 학살에 대해서는 그것을 당연시하는 야만의 풍조가 황량하고 척박한 이 땅 위에 만연하였다. 학살에 대해서 피해대중은 박정희 통치기간 내내 이전보다도 더욱 납덩이 같은 가슴으로 공포의 침묵을 지켰고, 제주도에서건 거창이나 다른 지역에서건 고혼들을 거두어 편히 잠들게 하는 어떠한 활동도 할 엄두를 내지 못하였다. 거창피학살자 합동묘소의 위령비건 제주도 백조일손지묘의 위령비건 심하게 훼손된 채 내버려둘 수밖에 없었다. 이와 대조적으로 유신체제기에 주로 그러하였지만, 북괴의 학살만행이라는 것을 정의적 충동을 자극하는 형태로 강조하여 북에 대한 적개심을 극도로 고취시켰다. 그리하여 분단고착의 강화수준을 넘어서서 남과 북의 이질화와 적대감의 체질화로서 분단체제라고 불러도 좋을 만한 그러한 현상이 일반적인 양태로 자리잡았다. 또한 재일교포유학생간첩단사건, 민청학련사건 등 여러 의옥사건이 일어나고, '인혁당' 관계자 8명이 법살(法殺)당하기에 이르렀다.

학살과 관련된 양 극단의 대조적인 현상은 북진통일운동처럼 극우반공체제를 강화시키고, 박정희 사적 권력의 영속, 곧 유신체제 영속을 위한 기제로 작동되었다. 동족상잔의 폐허 위에 쌓아올려진 1950년대의 북진통일운동과 비슷한 한국형 파시즘의 동원체제였는데, 그때보다 중앙정보부 등의 강력한 통제수단과 각종 형태의 미디어를 통한 홍보·교육수단을 함께 극대화하여 활용하였다는 점에서 훨씬 세련되어있었고, 훨씬 전체주의적이었으며, 그럼으로써 극우반공체제의 극성기(極盛期)라고 부를 만한 상황이 초래되었다.

박정희 유신체제에서 김일성 가짜설이 한 예가 될 수 있겠지만,[825] 무지와 왜곡의 집적화·체계화 현상이 한층 뚜렷해졌다. 해방 전후에 부모가 무슨 일을 하였으며 어떤 이유로 학살당하였는지 자식조차 모르는 사회가

---

[825] 국토통일원의 『통일교육교수지침서』에는 김일성에 대하여 "1930, 40년대에 한·만 국경산악지대에서 일본측 경찰지서를 습격하고 또한 몇 차례의 게릴라전을 통하여 소란을 피운 일은 있었으나, 그가 한국혁명운동에서 큰 부분을 차지한 일도 주도권을 쥔 일도 없었다"라고 기술하여(272쪽), 1971년까지만 해도 어느 정도 인정되는 부분이 있었음을 알 수 있다.

되었고, 왜 자신이 극우적 반공이데올로기의 맹신자가 되었는지 반문해볼 생각조차 떠오르지 않았다. 조봉암이 그랬던 것처럼 희생자-피해대중의 눈으로 진실의 역사를 보려고 한다든가 희생자-피해대중과 연대를 가지려고 하는 것은, 현기영의 표현을 빌린다면 소등해버린 자정 이후의 먹칠 같은 어둠 속으로 사라졌다. 아니 그것은 자신과는 전혀 상관이 없는 낯선 이질의 세계였다. 한국인은 현대 역사가 실종된 역사상실의 시대에 잡초처럼 모래알같이 그렇게 살았다. 그만큼 자아로부터 소외된 불구적이고 분열된 삶이었다.

참고문헌

자료

* 권대복 편, 『進步黨』, 지양사, 1985.
* 정태영·오유석·권대복 편, 『죽산 조봉암 전집』 1~6, 세명서관, 1999.
* 국회사무처, 『국회속기록』(『국회속기록』으로 약칭), 『비공개회의 속기록』
* 『대통령이승만박사담화집』, 공보처 편, 1953.
  『대통령이승만박사담화집』 2, 공보실 편, 1956.
* 『국무회의』 상·하, 申斗泳 친필복사본(1990. 4. 19. 국무총리비서관 李義榮 정리)
* 『週報』 1~241, 공보처.
* 민의원 사무처, 『참고자료 제6호－국회 교섭단체의 변천과 각 주요정당 사회 단체의 消長, 그 정강 정책 당원』, 1957.
* 국무원 사무처(張勉 정부), 『제1회 국민여론조사결과 보고서』(1960년 11월 실시)
* 중앙선거관리위원회, 『정강의 기구, 정강·정책 당헌 등』, 1965.
* 대한민국공보처통계국, 『대한민국통계연감』, 1953.
* 외무부, 『6·25 관련문서』, 1994.
* 전라북도의회 6·25양민학살진상실태조사특별위원회, 「6·25양민학살진상 실태조사보고서」, 1994.
* 제주도의회4·3특별위원회, 『제주도4·3피해조사 보고서』(수정·보완편), 1997.
* 여수지역사회연구소, 『여순사건실태조사 보고서』 1(여수지역 편), 1998.
* 『국회프락치사건 판결』(1950. 3. 14)
* 서울시경 사찰과, 『査察要覽』, 1955.
* 거창양민학살 45주년 합동위령제(팜플렛, 1996. 9. 10)
* 『경향신문』, 『동아일보』, 『민국일보』, 『서울신문』, 『자유신문』, 『조선인민보』, 『조선일보』, 『중앙일보』, 『한국일보』, 『한겨레신문』, 『한성일보』

816

* 『思想界』, 『新東亞』, 『新世界』, 『新天地』, 『新太陽』, 『月刊 朝鮮』, 『人物界』, 『政經文化』
* 『노동공론』, 『노동』
* 『한국연감 1954』(영남일보사), 『한국연감 1955』(영남일보사), 『경제연감 1957』(한국은행), 『세계연감 1959』(세계통신사), 『한국연감 1963』(한국연감편찬회), 『합동연감 1967』(합동통신사), 『동아연감 1975』(동아일보사), 『연합연감 1985』(연합통신사), 『조선중앙연감 1949』(조선중앙통신사), 『조선중앙연감 1950』(조선중앙통신사), 『조선중앙연감 1951~1952』(국내편, 조선중앙통신사), 『국회연감 1956』(정치신문사)
* 中村尙美·君島和彦·平田哲男 편, 『사료 일본근현대사』 3, 日本 東京 : 三省堂, 1985
* 미국무성 비밀외교문서, 『해방3년과 미국』 1, 金國泰 역, 돌베개, 1984.
* 徐東九 역편, 『한반도 긴장과 미국』, 대한공론사, 1977
* 『주한미국대사관 주간보고서 Joint Weeka』 1~8(정용욱 편, 영진문화사, 1993 영인, 이 저서에서는 『주한미국대사관 주간보고서』로 약칭)
* U. S. Army, *History of the United States Armed Forces in Korea* 1~4(돌베개, 1988 영인, *HUSAFIK*로 약칭)
* *FRUS* 1948~1960, 미국무부, 1974~1994
* GHQ, *HUSAFIK G-2 Periodic Report* (『미군사고문단정보일지』 1~6[한림대학아시아문화연구소 자료총서 2, 1988~1989 영인], 이 저서에서는 『G-2 보고』로 약칭. 鄭泰榮, 『조봉암과 진보당』(한길사, 1991)에 수록되어 있는 것을 많이 사용하였음)
* 조선총독부 고등법원 검사국 사상부, 『조선사상운동조사자료』 1, 1932.

저서

姜萬吉 편, 『조소앙』, 한길사, 1982.
姜信沆, 『어느 국어학도의 젊은 날』 1, 正一출판사, 1995.
姜元龍, 『빈들에서』 1~3, 열린문화, 1993.
강정구, 『분단과 전쟁의 한국현대사』, 역사비평사, 1996.
高貞勳, 『군』 상, 東方書苑, 1967.

『명인옥중기』, 필중서관, 1970.

高峻石, 『남조선정치사』, 日本 東京 : 刀江書院, 1970.

權五琦 대담, 『현대사 주역들이 말하는 정치증언』, 동아일보사, 1986.

권희경, 『한국혁신정당과 사회주의인터내셔날』, 태양, 1989.

金珖燮 편, 『이승만대통령 세계에 웨친다』, 대한신문사 출판부, 1952.

김광운, 『통일독립의 현대사』, 지성사, 1995.

김기원, 『미군정기의 경제구조』, 푸른산, 1990.

金洛中, 『한국노동운동사』(해방후편), 청사, 1982.

金洛中 · 金男起, 『굽이치는 임진강』, 三民社, 1985.

金南植, 『남로당연구』, 돌베개, 1984.

金南植 편, 『남로당연구자료집』 1~2, 고려대학교 출판부, 1974.

金南植 · 李庭植 · 韓洪九 편, 『한국현대사자료총서』 1~15, 돌베개, 1986.

金度演, 『나의 人生白書』, 康友출판사, 1967.

김동춘 편, 『한국현대사 연구』1, 이성과현실사, 1988.

김민희, 『쓰여지지 않은 역사』, 대동, 1993.

金炳台, 『한국농업경제론』, 比峰출판사, 1982.

金三奎, 『조선의 진실』, 일본 東京 : 至誠堂, 1960.

김삼웅, 『해방후 양민학살사』, 가람기획, 1996.

김삼웅 · 이헌종 · 정운현 편, 『친일파』, 학민사, 1990.

김삼웅 · 정운현 편, 『친일파』 2, 학민사, 1992.

金夕影 편, 『나는 차기 정부통령선거를 이렇게 본다』, 南光문화사, 1955.

金錫源, 『노병의 恨』, 育法社, 1977.

金奭學 · 林鍾明, 『光復30年』 2(麗順叛亂 篇), 全南日報社, 1975.

金聖七, 『역사 앞에서』, 창작과비평사, 1993.

金聖昊 등, 『농지개혁사』 상 · 하, 한국농촌경제연구원, 1989.

金壽善, 『누구를 위한 정치인가』, 통일청년웅변회, 1958.

金養齋, 『勞動組合敎程』, 前進社, 1947.

金英, 『黨人』, 白眉社, 1982.

김영주, 『한국통일문제』, 1958.

金雲泰, 『해방30년사』 2(제1공화국), 成文閣, 1976.

金雲泰 외, 『한국정치론』, 박영사, 1976 · 1989.

金潤煥 · 金洛中, 『한국노동운동사』, 一潮閣, 1970.

金乙漢 편저, 『千里駒 金東成』, 을유문화사, 1981.

金在洪,『군』 2(핵개발극비작전), 동아일보사, 1994.

金点坤,『한국동란』, 광명출판사, 1973.

　　　　『한국전쟁과 노동당전략』, 박영사, 1973.

김정원,『분단 한국사』, 동녘, 1985.

金宗文 편,『구월산』, 국방부 정훈국, 1955.

金鐘範 편저,『제2대 민의원 업적과 人物考』, 중앙정경연구소, 1954.

金鍾勳,『한국정당사』, 서울고시학회, 1983.

김진계·김응교,『조국』 상·하, 현장문학사, 1990.

金鎭學·韓徹永,『제헌국회사』, 新湖출판사, 1954.

金徹凡 엮음,『한국전쟁』, 평민사, 1989.

金哲洙,『한국헌법사』, 대학출판사, 1988.

金學俊,『한국민족주의의 통일논리』, 集文堂, 1983.

　　　　『반외세의 통일논리』, 형성사, 1979.

　　　　『李東華評傳』, 民音社, 1987.

　　　　『街人 金炳魯評傳』, 민음사, 1988.

金學俊 편,『혁명가들의 항일회상』, 민음사, 1988.

노민영·강희정,『거창양민학살』, 온누리, 1988.

盧重善 편,『민족과 통일』 1, 사계절, 1985.

盧重善 엮음,『남북한 통일정책과 통일운동 50년』, 사계절, 1996.

도진순,『한국민족주의와 남북관계』, 서울대학교출판부, 1997.

라종일 편,『증언으로 본 한국전쟁』, 예진, 1991.

류상영 외,『한미관계의 재인식』 1, 두리, 1990.

馬韓,『한국정치의 총비판』, 한국정치연구원, 1959.

閔寬植,『낙제생』, 重書閣, 1962.

朴己出,『한국정치사』, 일본 東京 : 민족통일문제연구원, 1976.

朴東緖,『한국행정의 발전』, 법문사, 1980.

박명림,『한국전쟁의 발발과 기원』 1·2, 나남출판, 1996.

朴炳潤,『재벌과 정치』, 한국양서, 1982.

朴實,『한국외교비사』, 기린원, 1979.

朴容萬,『경무대비화』, 三國문화사, 1965.

박원순,『국가보안법연구』 1~2, 역사비평사, 1989·1992.

朴殷植,『韓國獨立運動之血史』(서울신문사 출판국, 1946)

朴進穆,『民草』, 圓音출판사, 1983.

박찬표,『한국의 국가형성과 민주주의』, 고려대학교 출판부, 1997.
박태균,『조봉암연구』, 창작과비평사, 1995.
朴玄琛,『민족경제론』, 한길사, 1978.
朴喜範,『한국경제성장론』, 고려대학교 출판부, 1968.
裵恩希,『나는 왜 싸웠나』, 一韓도서주식회사, 1955.
白光河 편,『壇上壇下』, 세계출판사, 1955.
　　　『壇上壇下』, 昌平社, 1955.
　　　『壇上壇下』 2, 昌平社, 1955.
　　　『壇上壇下』 3, 白文社, 1958.
　　　『壇上壇下』 4, 白文社, 1958.
　　　『壇上壇下』 5, 文宣閣, 1962.
白南雲,『조선민족의 진로』, 新建社, 1946.
白南薰,『나의 일생』, 신현실사, 1968.
白斗鎭,『백두진회고록』, 대한공론사, 1975.
白善燁,『군과 나』, 대륙연구소 출판부, 1989.
　　　『智異山』, 고려원, 1992.
卞榮泰,『나의 조국』, 자유출판사, 1956.
邊衡允 외,『한국사회의 재인식』 1, 한울, 1984.
徐丙珇,『주권자의 증언』, 母音출판사, 1963.
　　　『정치사의 현장－제1공화국』, 中和출판사, 1981.
서재진,『한국의 자본가계급』, 나남, 1991.
서중석,『한국근현대의 민족문제연구』, 지식산업사, 1989.
　　　『한국현대민족운동연구』, 역사비평사, 1991.
　　　『한국현대민족운동연구』 2, 역사비평사, 1996.
鮮于基聖,『한국청년운동사』, 錦文社, 1973.
鮮于宗源, 『사상검사』, 啓明社, 1992.
孫道心,『경세가와 정략가』, 海溢堂, 1959.
孫鳳淑,『한국지방자치연구』, 三英社, 1985.
孫世逸,『이승만과 김구』, 일조각, 1970.
손호철,『해방 50년의 한국정치』, 새길, 1995.
宋建鎬,『분단과 민족』, 지식산업사, 1986.
송건호·강만길 편,『한국민족주의론』 1～2, 창작과비평사, 1982·1983.
송건호·박현채 외,『해방 40년의 재인식』, 돌베개, 1985.

宋南憲, 『해방 30년사』 1(건국전야), 成文閣, 1976.

　　　『해방 3년사』 1~2, 까치, 1985.

宋元英, 『제2공화국』, 샘터, 1990.

宋仁相, 『외화와 생활』, 동아출판사, 1959.

辛道煥, 『천하를 준다 해도』, 史草, 1991.

申昌鉉, 『海公 申翼熙』, 해공신익희선생기념회, 1992.

沈之淵, 『한민당연구』, 풀빛, 1982.

　　　『인민당연구』, 경남대학교 극동문제연구소, 1991.

　　　『대구10월항쟁연구』, 청계연구소, 1991.

安霖, 『동란 후의 한국경제』, 白映社, 1954.

안진, 『미군정기 억압기구 연구』, 새길, 1996.

梁又正, 『이대통령건국정치이념』, 연합신문사, 1949.

梁又正 편저, 『이승만대통령 독립노선의 승리』, 독립정신보급회, 1948.

양한모, 『조국은 하나였다?』, 日善기획, 1990.

梁好民 편, 『사회민주주의』, 종로서적, 1985.

吳蘇白 편, 『우리는 이렇게 살아왔다』, 광화문출판사, 1962.

吳制道, 『사상검사의 수기』, 昌信문화사, 1957.

　　　『추격자의 증언』 희망출판사, 1969.

元容奭, 『전란하의 농업경제』, 三協문화사, 1953.

柳秉震, 『재판관의 고민』, 서울고시학회, 1957.

兪英九, 『남북을 오고간 사람들』, 글, 1993.

柳珍山, 『해뜨는 지평선』, 한얼문고, 1972.

兪鎭午, 『憲法解義』, 明世堂, 1949.

柳致松, 『海公 申翼熙一代記』, 해공신익희선생기념회, 1984.

柳鴻, 『유홍』, 1976.

尹基禎, 『한국공산주의운동비판』, 통일춘추사, 1959.

尹吉重, 『이 시대를 앓고 있는 사람들을 위하여』, 호암출판사, 1991.

尹天柱, 『한국정치체계서설』, 文運堂, 1962.

尹致暎, 『윤치영의 20세기』, 삼성출판사, 1991.

李康勳, 『대한민국임시정부사』, 瑞文堂, 1975.

李敬南, 『분단시대의 청년운동』상 하, 삼성문화개발, 1989.

李寬求·朱耀翰, 『5·15선거논설집』, 경향신문사, 1956.

李基澤, 『한국야당사』, 백산서당, 1987.

李起夏, 『한국정당발달사』, 의회정치사, 1961.

李起夏 등, 『한국의 정당』, 한국일보사, 1987.

李大根, 『한국전쟁과 1950년대의 자본축적』, 까치, 1987.

李大根·鄭雲暎 편, 『한국자본주의론』, 까치, 1984.

李萬珪, 『여운형투쟁사』, 叢書閣, 1946.

이삼성, 『미국의 대한정책과 한국민족주의』, 한길사, 1993.

李相敦, 『回想半世紀』, 通文館, 1982.

李相斗, 『남북한의 이데올로기와 정치』, 巨木, 1986.

李瑄根, 『건국이념과 학생』, 新鄕社, 1954.

李英石, 『竹山 曺奉岩』, 圓音출판사, 1983.

      『야당 40년사』, 인간사, 1987.

이원덕, 『한일과거사 처리의 원점』, 서울대 출판부, 1996.

李元淳 편저, 『인간 이승만』, 신태양사, 1965.

李允榮, 『百史 이윤영회고록』, 史草, 1984.

李應俊, 『회고 90년』, 汕耘기념사업회, 1982.

李仁, 『半世紀의 증언』, 명지대학출판부, 1974.

李一九(이종률의 필명), 『현순간 정치문제 소사전』, 부산 국제신문사, 1960.

李鍾律, 『민족혁명론』, 들샘, 1989.

李哲承, 『全國學聯』, 중앙일보·동양방송, 1976.

李漢彬, 『사회변동과 행정』, 박영사, 1968.

      『국가발전의 이론과 전략』, 박영사, 1969.

李馨, 「3대국회」, 한국일보사, 1958.

李昊宰, 『한국 외교정책의 이상과 현실』, 법문사, 1969.

李鎬賑·姜仁燮, 『이것이 국회다』, 삼성이데아, 1988.

林苗民, 『벌거벗긴 한국경제의 생태』, 育英社, 1959.

林炳稷, 『臨政에서 인도까지』, 여원사, 1964.

林鍾國, 『일제침략과 친일파』, 청사, 1982.

      『실록 친일파』, 돌베개, 1991.

林彰洙, 『혁신정치관』, 東華문화사, 1960.

張勉, 『한 알의 밀이 죽지 않고는』, 가톨릭출판사, 1967.

張炳惠·張炳初 편, 『대한민국 건국과 나』, 滄浪張澤相기념사업회, 1992.

張昌國, 『육사졸업생』, 중앙일보사, 1984.

錢鎭漢, 『건국이념』, 敬天愛人社, 1948(전진한, 『이렇게 싸웠다』, 무역연구원,

1996 수록)

丁一權, 『전쟁과 휴전』, 동아일보사, 1986.

鄭一亨 편, 『한국문제 유엔결의 문집』, 국제연합한국협회, 1954.

鄭一亨 편저, 『유엔과 한국문제』, 新明문화사, 1961.

鄭太榮, 『조봉암과 진보당』, 한길사, 1991.

　　　『한국사회민주주의정당사』, 世明書館, 1995.

鄭華岩, 『이 조국 어디로 갈 것인가』, 자유문고, 1982.

정해구, 『10월인민항쟁연구』, 열음사, 1988.

曺圭河·李庚文·姜聲才, 『남북의 대화』, 한얼문고, 1972.

趙東杰, 『현대한국사학사』, 나남출판, 1998.

趙炳玉, 『나의 回顧錄』, 民敎社, 1959.

　　　『민주주의와 나』, 永信문화사, 1959.

曺奉岩, 「우리는 왜 개헌을 반대했나」(鄭太榮, 『조봉암과 진보당』 수록)

　　　「우리의 당면과업—對공산당 투쟁의 승리를 위하여」(鄭太榮, 『조봉암과
　　　진보당』과 권대복 편, 『진보당』에 수록되었으나, 전자를 사용하였음)

주영복, 『내가 겪은 조선전쟁』 2, 고려원, 1991.

朱耀翰, 『자유의 구름다리』, 文宣社, 1956.

陳德奎 외, 『1950년대의 인식』, 한길사, 1981.

崔錫采, 『서민의 抗爭』, 凡潮社, 1956.

최시중, 『인촌 김성수』, 동아일보사, 1986.

崔仁圭, 『옥중자서전』, 중앙일보사, 1984.

崔章集 편, 『한국전쟁연구』, 태암, 1990.

崔昌圭, 『해방30년사』 4(제3공화국), 成文閣, 1976.

최태환·박혜강, 『젊은 혁명가의 초상』, 공동체, 1989.

崔興朝, 『민주국민당의 내막』, 신문의신문사, 1957.

河璟根, 『제3세계정치론』, 한길사, 1980.

河英善 편, 『한국전쟁의 새로운 접근 : 전통주의와 수정주의를 넘어서』, 나남,
　　　1990.

韓根祖, 『자유분위기에 이상 있다』, 경향신문사, 1954.

韓培浩 편, 『한국현대정치론』 1, 나남, 1990.

韓昇洲, 『제2공화국과 한국의 민주주의』, 종로서적, 1983.

韓沃申, 『국가보안법 반공법 개설』, 한국사법행정학회, 1970.

韓徹永, 『한국의 인물—第一選 50인집』, 문화춘추사, 1952.

韓徹永 편, 『정치 대연설 선집』 상, 문화춘추사, 1953.
韓太壽, 『韓國政黨史』, 신태양사, 1961.
許政, 『내일을 위한 증언』, 샘터사출판부, 1979.
洪性囿, 『한국경제의 자본축적과정』, 고려대학교 출판부, 1965.
洪承相 편저, 『해방 이후 좌익운동권 변천사 1945~1991』, 경찰청보안국, 1992.
黃東駿, 『민주정치와 그 운용』, 韓一문화사, 1962.
剛泉華甲記念문집간행위원회 편, 『민족통일과 민족운동』(剛泉金洛中선생화갑
        기념논문집), 한백사, 1991.
건국청년운동협의회, 『대한민국건국청년운동사』, 1989.
경남대학교 극동문제연구소, 『한국전쟁과 남북한 사회의 구조적 변화』, 경남대
        학교 출판부, 1991.
공보실 방송관리국, 「대한민국 10년」 1958.
『광복30년 주요 자료집』(『월간중앙』 1975. 1. 별책부록)
국방부, 『한국전쟁사』(개정판) 1, 1977.
국방부 정훈국 전사편찬위원회, 『韓國戰亂1年誌』, 1951.
국립경찰전문학교, 『한국경찰제도사』, 1955.
국사편찬위원회 편, 『대한민국사 연표』 상, 1984.
국토통일원, 『통일교육교수지침서』(원고본), 1971.
국토통일연구회 편, 『민족정의의 함성』, 한국문화공사, 1959.
국회 민의원사무처, 『국회 10년지』, 1958.
국회 사무처, 『국회사』, 1971.
        『국회사』(자료편), 1971.
『내가 걸어온 길 내가 걸어갈 길』, 신태양사, 1957.
내무부 치안국, 『한국경찰사』, 1972.
내무부 치안국 大韓警察戰史發刊會, 『대한경찰전사』 1(민족의 선봉), 興國硏文
        協會, 1952.
농업협동조합중앙회, 『한국농정 20년사』, 1965.
        『한국농협 5년사』, 1966.
        『농협20년사』, 1982.
농지개혁사편찬위원회 편, 『농지개혁사』 상, 농림부 농지국, 1970.
대검찰청, 『한국검찰사』, 1976.
대검찰청 수사국, 『좌익사건실록』 1~11, 1965~1975.
대한민국건국10년지간행회 편, 『대한민국건국10年誌』, 1956.

대한민국 국방부, 『국방부사』 1, 1954.
대한민국 국방부 전사편찬위원회 편, 『한국전쟁사』 1, 1967.
동아일보사 편, 『근대한국명논설집』(『신동아』 1966. 1. 별책 부록)
　　　『동아일보사설선집』 1~2, 1977.
　　　『동아일보논설60년』, 1980.
동아일보서 편저, 『비화 제1공화국』 1~5, 弘字출판사, 1975.
　　　『현대사를 어떻게 볼 것인가』, 1987.
『명인옥중기』, 희망출판사, 1966.
문교부, 『사상교육(반공교육)지도자료집』 제1집, 1975.
문교40년사편찬위원회, 『문교40년사』, 문교부, 1988.
『민족의 해와 달』, 여론사, 1959.
민주당, 『투쟁의 족적』, 1957.
민중운동사연구회, 『해방 후 한국변혁운동사 1945~1953』, 녹진, 1990.
반민족문제연구소 편, 『친일파 99인』 1~3, 돌베개, 1993.
　　　『청산하지 못한 역사』 1~3, 청년사, 1994.
법과사회연구회, 『한미행정협정』, 힘, 1988.
법원행정처 편, 『한국법관사』, 育法社, 1976.
부산매일(항도일보 개제), 『울부짖는 冤魂』, 1991.
부산일보사, 『비화 임시수도 千日』 上·下, 1983·1984.
부흥부, 『부흥백서 1957』, 1958.
『사실의 전부를 기술한다』 희망출판사, 1966.
사월혁명청사편찬위원회, 『사월혁명사』, 成功社, 1960.
4·7언론회 편, 『한국신문종합사설선집』 1, 동아, 1985.
삼균학회편, 『素昻선생문집』 상·하, 횃불사, 1979.
서울신문사, 『한국외교비록』, 1984.
신문학회 편, 『한국의 백서』, 신문학회, 1957.
『애국애족의 길―대통령 리승만박사 정책교서』, 1958.
아시아아프리카라틴아메리카연구원 편, 『제주민중항쟁』 1~3, 소나무, 1988~
　　　1989.
安在鴻선집간행위원회 편, 『민세안재홍선집』 2, 지식산업사, 1983.
역사문제연구소 편, 『한국현대사의 라이벌』, 역사비평사, 1992.
　　　『인물로 보는 친일파역사』, 역사비평사, 1993.
　　　『바로잡아야 할 우리 역사 37장면』 1~2, 역사비평사, 1993

『한국의 지배이데올로기와 대항이데올로기』, 역사비평사, 1994

『분단 50년과 통일시대의 과제』, 역사비평사, 1995

『1950년대 남북한의 선택과 굴절』, 역사비평사, 1998

역사문제연구소 등 편『제주4·3연구』, 역사비평사, 1999

외무부,『曺(正煥)외무부장관 연설 및 성명집』, 1958

『한국외교 30년 1948~1978』, 1979

雩南전기편찬회 편,『우남노선』, 명세당, 1958

維民洪璡基전기간행위원회,『유민홍진기전기』, 중앙일보사, 1993

尹濟述선생문집간행위원회,『芸齋선집』上, 성지사, 1988

자유당,『자유당선전기본자료』제5집, 1954

『자유당의 업적과 시행』, 1960

전국철도노동조합 鐵路20년사편찬위원회,『철로20년사』, 1967

정치철학연구회 편,『전국 政見選集』, 黑人社, 1958

濟民日報4·3취재반,『4·3은 말한다』1~5, 전예원, 1994·1995·1997·1998

『제2대 국회를 움직이었든 인물』, 국회타임스사, 1954

제주4·3연구소 편,『이제사 말햄수다』1~2, 한울, 1989

조선일보사 편,『조선일보 명사설 5백선』, 조선일보사, 1972

『전환기의 내막』, 을유문화사, 1982

조선일보 편집국 편,『萬物相』, 조선일보사, 1977

중앙선거관리위원회,『한국정당의 기본문제에 관한 연구』, 1967.

『대한민국정당사』, 1968

『대한민국선거사』1, 1973

『대한민국정당사』1, 1973

중앙일보사 편,『민족의 증언』1~6, 1972

중앙일보 현대사연구팀,『발굴자료로 쓴 한국현대사』, 중앙일보사, 1996

중앙학도호국단,『대한민국학도호국단10년지』, 1959

한겨레신문사,『발굴 한국현대사 인물』1~3, 1991·1992

한국경찰사편찬위원회 편,『한국경찰사』1·2, 내무부치안국, 1972·1973

한국군사혁명사편찬위원회,『한국군사혁명사』제1집 상, 1963

한국노동조합총연맹,『한국노동조합운동사』, 1979

한국반공연맹,『반공도의 교본』, 1967

한국반탁반공학생운동기념사업회,『한국학생건국운동사』, 1986

한국사회학회 편,『한국전쟁과 한국사회변동』, 풀빛, 1992

한국산업은행 조사부,『한국산업경제10년사』, 1955
한국역사연구회 엮음,『한국역사입문』 3, 풀빛, 1996
한국역사연구회 현대사연구반,『한국현대사』 1~2, 풀빛, 1991
한국역사연구회 현대사증언반 편,『끝나지 않은 여정』, 대동, 1996
한국은행 조사부,『한국의 국민소득(1953~63)』, 1965
한국정치연구회 정치사분과,『한국전쟁의 이해』, 역사비평사, 1990
한국혁명재판사편찬위원회,『한국혁명재판사』 1~5, 1962
한국현대사연구회 편,『한국현대정치사』, 공동체, 1988
『한라산은 알고 있다. 묻혀진 4·3의 진상』
『해방20년』(기록편), 世文社, 1965
『해방20년』(자료편), 世文社, 1965
『해방20년사』, 희망출판사, 1965
『해방전후사의 인식』 1~6, 한길사, 1979~1989
『현대사와 공산주의』 1(한국에 있어서의 공산주의), 공보부, 1968
『현대한국을 뒤흔든 60대 사건』(『신동아』 1988. 1. 별책부록)
『현대한국정치가 91인집』, 新潮社, 1957
희망출판사 편집부,『남로당 主動 대사건실록(1945~1964)』, 희망출판사, 1971
山口弘三,『사상범죄 검거에서부터 송치까지』, 日本 東京 : 新光閣, 1933
中川炬方,『思想犯罪搜査提要』, 日本 東京 : 新光閣, 1934
細川嘉六,『植民史』 日本 理論社, 1972
荻野富士夫,『特高警察體制史』, 日本 東京 : 사라타書房, 1984
瀧澤秀樹,『현대한국민족주의론』, 미래사, 1985
小此木政夫,『한국전쟁』, 현대사연구실 역, 청계연구소, 1986
丸山眞男,『현대일본정치론』, 신경식 옮김, 고려원, 1988
升味準之輔,『일본정치사』 4(점령개혁, 자민당 지배), 日本 : 東京大學出版會,
    1988
若槻泰雄,『일본군국주의를 벗긴다』, 김광식 역, 화산문화, 1996
金道永,『붉은 잎』, 中國 瀋陽 : 료녕민족출판사, 1990
柴成文 趙勇田,『중국인이 본 한국전쟁』, 尹永茂 역, 한백사, 1991
葉雨蒙,『검은 눈』, 안몽필 역, 행림출판, 1991
중공중앙당사연구실,『중국공산당의 70년』, 민조실 역, 중국 : 민족출판사, 1992
게인,『해방과 미군정 1946. 10~11』, 까치편집부 역, 까치, 1986
굽타 외, 한국전쟁은 어떻게 시작되었나』, 정대화 편역, 신학문사, 1988

노블, 『이승만과 미국대사관』, 朴實 역, 井湖출판사, 1982
리지웨이, 『한국전쟁』, 김재관 역, 正宇社, 1981
마이어, 『민주사회주의』, 이병회 역, 인간사랑, 1988
매트레이, 『한반도의 분단과 미국』, 구대열 역, 을유문화사, 1989
맥켄지, 『사회주의』, 양호민 역, 탐구당, 1965
메릴, 『침략인가 해방전쟁인가』, 신성환 역, 과학과사상, 1988
미드, 『주한미군정연구』, 안종철 역, 공동체, 1993
볼드윈 편, 『한국현대사』, 사계절, 1984
쉐브르스키, 『자본주의와 사회민주주의』, 최형익 역, 백산서당, 1995
스토운, 『秘史 한국전쟁』, 백외경 역, 신학문사, 1988
시몬스, 『한국내전』, 기광서 역, 열사람, 1988
아이힐러, 『독일사회민주주의 100년』, 李泰榮 역, 중앙교육문화, 1989
알렌, 『한국과 이승만』, 尹大均 역, 합동통신사, 1961
올리버, 『한국동란사』, 김봉호 역, 문교부, 1959
       『이승만비록』, 박일영 역, 한국문화출판사, 1982
웨일즈, 『아리랑』, 조우화 역, 동녘, 1991
윌로우비, 『맥아더 장군의 한국전 비사』, 陳奉天 역, 시사통신사, 1957
커밍스, 『한국전쟁의 기원』, 프린스턴대학출판부, 1981(상·하, 김주환 역, 청사,
       1986)
『한국전쟁의 기원』2, 프린스턴대학출판부, 1990
커밍스·할리데이, 『한국전쟁의 전개과정』, 차성수·양동주 역, 태암, 1989
콩데, 『조선전쟁의 역사 1950~53』 상·하, 日本 東京 : 太平出版社, 1968
       『分裂朝鮮의 歷史 1953~66』 상·하, 日本 東京 : 太平出版社, 1968
크라크, 『다뉴브강에서 압록강까지』, 김형섭 역, 국제문화출판공사, 1981
타튼, 『일본의 사회민주주의운동 1870~1945』, 鄭光河·李行 역, 한울, 1997
트루만, 『시련과 희망의 세월』(트루만회고록) 下, 손세일 역, 知文閣, 1970
페렌바크, 『한국전쟁』, 安東林 역, 문학사, 1965
핀킬크라우트, 『잃어버린 인간성』, 이자경 역, 당대, 1997
하우스만·정일화, 『한국대통령을 움직인 미군대위』, 한국문원, 1995
헨더슨, 『朝鮮의 정치사회』(원제 Korea : The Politics of the Vortex), 鈴木沙雄 등
       역, 日本 東京 : 사이마루출판회, 1973

논문·글

姜萬吉, 「독립운동 과정의 민족국가 건설론」, 『한국민족주의론』, 창작과비평사,
1982

姜尙雲, 「진보당 이후의 혁신세력의 고민」, 『자유공론』 1959. 1.

강성혁, 「민족민주운동으로서의 4·19와 미국」, 『역사비평』 1988 봄

姜永壽, 「통일방안에 대한 양당 논쟁」, 『신태양』 1958. 6.

강인철, 「한국전쟁기 반공이데올로기 강화, 발전에 대한 종교인의 기여」, 『한국
전쟁과 한국사회변동』, 풀빛 1992.

「월남개신교·천주교의 뿌리」, 『역사비평』 1992 여름.

「남한사회와 월남기독교인」, 『역사비평』 1993 여름.

강정구, 「해방 후 월남인의 월남동기와 계급성에 관한 연구」, 『한국전쟁과 한국
사회변동』, 풀빛, 1992.

「미국과 한국전쟁」, 『역사비평』 1993 여름.

姜辰國, 「헐뜯긴 농지개혁법 초안」, 『신동아』 1965. 10.

高在鳳, 「경무대 4季」, 『남기고 싶은 이야기들』, 중앙일보·동양방송, 1977.

高貞勳, 「한국적 현실과 혁신세력」(『신태양』 1958. 7), 『죽산 조봉암 전집』 4, 세
명서관, 1999.

고창훈, 「4·3민중항쟁의 전개와 성격」, 『해방전후사의 인식』 4, 한길사, 1989.

孔提郁, 『1950년대 한국자본가의 형성과정』 서울대 사회학과 박사논문, 1992.

權大福, 「영원한 정치지도자의 위상 조봉암」, 『인물계』, 1989.

권영진, 「북한의 남한점령정책」, 『역사비평』 1989 여름.

「북한의 남한점령정책」, 『한국전쟁의 이해』, 역사비평사, 1990.

金甲洙, 「진보당 판결에 의혹은 없다」, 『신동아』 1965. 10.

「진보당 사건과 나」, 『신동아』 1966. 3.

김경자, 「반복되는 고문의 역사」, 『월간중앙』 1989. 3.

김계유, 「1948년 여순봉기」, 『역사비평』 1991 겨울.

「여순사건의 회고」, 『21세기 동아시아 평화와 인권』(제주4·3 제50주년기
념 국제학술대회), 1998.

金光涉, 「수에즈 운하 분쟁의 역사적 고찰」, 『세계의 초점―동구의거와 중동분
쟁』, 공보실, 1956.

金敎植, 「實錄 金昌龍」, 『월간조선』 1982. 10.

金根夏, 「한국의 공업구조와 성장」, 『사상계』 1962. 10.
金南植, 「남로당의 혁명노선」, 『한국현대사를 어떻게 볼 것인가』, 동아일보사,
    1987.
    「박헌영·남로당의 통일전선론」, 『역사비평』 1988 봄.
    「1948~50년 남한내 빨치산 활동의 양상과 성격」, 『해방전후사의 인식』
    4, 한길사, 1989.
    「전쟁 전후 남한에서의 무장유격투쟁의 전개」, 『한국전쟁연구』, 태암,
    1990.
金大商, 「일제잔재세력의 정화문제」, 『창작과비평』 1975 봄.
    「친일세력 재등장의 정치구조」, 『한국현대정치사』 1, 실천문학사, 1989.
金大仲, 「한국노동운동의 진로」, 『사상계』 1955. 10.
金大煥, 「1950년대 한국경제의 연구」, 『1950년대의 인식』, 한길사, 1981.
    「한국전쟁과 한국자본주의」, 『한국전쟁과 남북한 사회의 구조적 변화」,
    경남대출판부, 1991.
金東成, 「부산정치파동 회고」, 『신세계』 1963. 1.
김동춘, 「한국전쟁과 지배이데올로기의 변화」, 『한국전쟁과 사회변동』, 풀빛,
    1992.
    「1950년대 한국 농촌에서의 가족과 국가」, 『1950년대 남북한의 선택과 굴
    절』, 역사비평사, 1998.
김득중, 「제헌국회의 구성과정과 성격」 성균관대 사학과 석사논문, 1994
金末龍, 「노동조합운동의 전망」, 『새벽』 1960. 7.
김명섭, 「분단의 구조화과정과 한국전쟁」, 『해방전후사의 인식』 4, 한길사,
    1989.
金汶龍, 「발췌개헌」, 『전환기의 내막』, 조선일보사, 1982.
金炳台, 「농지개혁의 평가와 반성」, 『한국경제의 전개과정』, 돌베개, 1981
金炳輝, 「조병옥 박사께 드리는 공개장」, 『인물계』 1959. 12.
    「장면 내각은 부정축재자를 처벌할 수 있을까」, 『인물계』 1960. 9.
金三洙, 『한국자본주의 국가의 성립과 그 특질 1945~53』 日本 : 東京大 경제학
    연구과 박사논문, 1991.
金夕影, 「들어앉은 정객들」, 『신태양』 1957. 10.
    「고고의 聲 울렸던 두 개의 자유당」, 『인물계』 1959. 3.
    「도강파·잔류파의 유래와 전설」, 『인물계』 1959. 4.
    「족청계 자유당 최후의 순간순간」, 『인물계』 1959. 12.

김성례, 「근대성과 폭력 : 제주4·3의 담론 정치」, 『제주4·3연구』, 역사비평사, 1999.

金星淑, 「한국현대사, 중도좌파의 비극적 종말」, 『신동아』 1988. 8.

金成植, 「한국적 민족주의」 『사상계』 1958. 9.

金聖悅, 「혁신정당의 전모」, 『새벽』 1960. 10.

金成熺, 「한국정당 小史」, 『신세계』 1957. 1.

김순태, 「제주4·3 당시 계엄의 불법성」, 『제주4·3연구』, 역사비평사, 1999.

김안국, 「수탈 없고 계획적인 번영책」(『중앙정치』 1957. 12), 권대복 편, 『진보당』, 지양사, 1985.

金泳謨, 「한국보수세력의 형성과정」, 『청맥』 1965. 4.

「해방 후 대자본가의 사회이동에 관한 연구」, 『1950년대의 인식』, 한길사, 1981.

金泳三, 「진보당운동의 반민주노선」, 『신세계』 1956. 7.

金永上, 「국회 내 각파 세력의 분포도」, 『신천지』 1949. 3.

金永泰, 「노동운동 20년 小史」 3~6, 『노동공론』 1971. 2, 3, 4, 5.

김영택, 「아직도 맺힌 6·25의 恨, 함평양민학살사건」, 『사회문화』 1997. 12.

金潤煥, 「한국노동운동의 역사적 과제와 방향」, 『한국경제의 전개과정』, 돌베개, 1981.

金益烈, 「4·3의 진실」, 『4·3은 말한다』 2, 전예원, 1994.

金一榮, 『이승만통치기 정치체제의 성격에 관한 연구』 성균관대 정치외교학과 박사논문, 1991.

김재명, 「이승만의 정적 최능진의 비극」, 『정경문화』 1983. 10.

「김성숙 선생의 묘비명」, 『정경문화』 1985. 10.

「장건상 선생 파란의 역정」, 『정경문화』 1985. 11.

「정화암 선생 고투기 기록」, 『정경문화』 1985. 12.

「삼균주의 선각자 趙素昻 선생」, 『정경문화』, 1986. 6.

김재용, 「냉전적 반공주의와 남한문학인의 고뇌」, 『역사비평』 1996 겨울.

「폭력과 권력, 그리고 민중」, 『제주4·3연구』, 역사비평사, 1999.

김종민, 「제주4·3항쟁－대규모 민중학살의 진상」, 『역사비평』 1998 봄.

「4·3 이후 50년」, 『제주4·3연구』, 역사비평사, 1999.

金鍾泌, 「동란 전후 나는 육본 숙직장교였다」, 『신동아』 1968. 6.

김주환, 「한국전쟁중 북한의 대남한점령정책」, 『한국전쟁연구』, 태암, 1990

金珍培, 「초대 대법원장 街人 김병로」, 『신동아』 1983. 5.

金振雄, 「노동운동과 노동법」, 『사상계』 1960. 9.

金鎭炫, 「부정축재처리전말서」, 『신동아』 1964. 12.

김창록, 「1948년 헌법 제100조−4·3계엄령을 통해본 일제 법령의 효력」, 법과사회이론연구회 주최 헌법50주년 기념 심포지엄, 1998.

김창우, 「한국전쟁 초기 미국의 전쟁정책과 북한점령」, 『한국전쟁연구』, 태암, 1990.

김창진, 「1950년대 한국사회와 진보당」, 『1950년대 한국사회와 4·19혁명』, 태암, 1991.

김창후, 「1948년 4·3항쟁, 봉기와 학살의 전모」, 『역사비평』 1993 봄.

金哲, 「5·2선거보고서」, 『신태양』 1958. 7.

「한국혁신운동의 입장」, 『신태양』 1958. 9.

「사회주의 사회 건설이 목표」, 『인물계』 1960. 7.

金春鳳, 「진보당 사건의 법률적 해부」, 『인물계』 1958. 9.

김태광, 「해방 후 최대의 양민참극 '보도연맹'사건」, 『말』 1988. 12.

「속 '보도연맹'사건」, 『말』 1989. 2.

金泰淸, 「국민방위군의 기아행진」, 『신동아』 1970. 6.

金學俊, 「남북한에 있어서 통일논의의 전개」, 『한국민족주의론』, 창작과비평사, 1982

金虎影, 「인물평론−李範奭」, 『신세계』 1956. 3.

남궁곤, 「사상계를 통해 본 지식인들의 냉전의식연구」 서울대 외교학과 석사논문, 1987.

남찬순, 「제네바정치회담」, 『신동아』 1983. 7.

盧景彩, 『한국독립당연구』 고려대 사학과 박사논문, 1992.

문현아, 「한국전쟁 직후 지배이데올로기의 형성과정에 관한 연구」 이화여대 정치외교학과 석사논문, 1993.

閔丙台, 「6·25의 현대사적 의의」, 『신동아』 1970. 6.

閔錫泓, 「현대사와 자유민주주의」, 『사상계』 1960. 6.

「4월혁명의 사관」, 『세계』 1960. 6.

朴古峴, 「金俊淵論」, 『인물계』 1959. 12,

朴己出, 「남북통일의 평화적 해결책」, 『신태양』 1957. 4.

「민주당 내분을 보고 야당연합운동을 상기한다」, 『인물계』 1959. 12.

「혁신세력의 패인」, 『세계』 1960. 10.

「소위 혁신세력의 통합과 평화통일문제를 위한 독백」, 『인물계』 1961. 4.

832

　　「야당연합운동을 상기한다」, 『내일을 찾는 마음』, 新書閣, 1968
　　「자유당정권을 반대한다」, 『내일을 찾는 마음』, 신서각, 1968.
　　「조국통일문제의 비판」, 『내일을 찾는 마음』, 신서각, 1968.
　　「인간 조봉암」, 『내일을 찾는 마음』, 신서각, 1968.
朴東緒, 「한국의 行政像」, 『신동아』 1965. 10.
박명림, 「한국전쟁사의 쟁점」, 『해방전후사의 인식』 6, 한길사, 1989
　　「한국전쟁의 전개과정」, 『한국전쟁연구』, 태암, 1990
　　「1950년대 한국의 민주주의와 권위주의」, 『1950년대 남북한의 선택과 굴
　　절』, 역사비평사, 1998
朴文玉, 「행정과 경제」, 『한국행정의 역사적 분석 1948~1967』, 한국행정문제연
　　구소, 1969
朴炳培, 「국회농성과 나의 위치」, 『인물계』 1959. 2.
박원순, 「전쟁부역자 5만여 명 어떻게 처리되었나」, 『역사비평』 1990 여름.
　　「일본전쟁범죄 처벌 지금도 가능한가」, 『역사비평』 1993 봄.
　　「프랑스 과거청산의 교훈 : 페탕 원수와 라발 수상의 재판」, 『역사비평』
　　1996 봄.
朴應七·尹汝寯, 「농업협동조합」, 『신동아』 1967. 10.
朴載淳, 「교육질서 유린하는 특권계급」, 『신태양』 1957. 5.
朴鍾喆, 「1공화국의 국가구조와 수입대체산업의 정치구조」, 『한국정치학회보』
　　22-1, 1988.
朴贊一, 「미국의 경제원조의 성격과 그 경제적 귀결」, 『한국경제의 전개과정』,
　　돌베개, 1981.
朴喆圭, 「유솜(USOM=주한미국경제협조처)」, 『신동아』 1965. 5.
박태균, 「1954년 제3대 총선과 정치지형의 변화」, 『역사와 현실』 제17호, 1995.
박태진, 「조봉암」, 『현대한국정치가 91인집』, 신조사, 1957.
朴柆, 「5·15 대구개표사건과 경무대」, 『인물계』 1959. 9.
朴海楨, 「産銀연계자금 대부사건의 진상」, 『인물계』 1958. 9.
朴玄埰, 「중소기업문제의 인식」, 『민족경제론』, 한길사, 1978.
　　「해방 후 한국노동운동의 원인과 대책」, 『한국노동문제의 구조』, 光民社,
　　1978.
　　「자립경제의 실현을 위한 모색」, 『한국경제의 전개과정』, 돌베개, 1981.
박혜숙, 「미군정기 농민운동과 전농의 운동노선」, 『해방전후사의 인식』 3, 한길
　　사, 1987.

朴喜範, 「경제개발 계획과 한국의 민족주의」, 『신동아』 1966. 12.
裵成東, 「일본사회당」, 『현대 일본의 혁신세력』, 법문사, 1990.
백운선, 「민주당과 자유당의 정치이념 논쟁」, 『1950년대의 인식』, 한길사,
      1981.
      『제헌국회내 '소장파'에 관한 연구』 서울대 정치학과 박사논문, 1992.
白完基, 「한국행정과정」, 『한국정치론』, 박영사, 1989.
서동만, 『북조선에서의 사회주의체제의 성립』 日本 : 東京大대학원 총합문화연
      구과 박사논문, 1995.
徐珉濠, 「거창양민학살사건의 전모」, 『신동아』 1970. 6.
서병숙, 「고등학교의 반공교육에 관한 연구」 고려대 교육대학원 윤리교육전공
      석사논문, 1983.
서중석, 「이승만대통령과 한국민족주의」, 『한국민족주의론』 2, 창작과비평사,
      1983.
      「1950년대 이후의 혁신정당론」, 『靑嚴송건호선생화갑기념문집』, 두레,
      1986.
      「일제시기 사회주의자들의 민족관과 계급관」, 『한국근현대의 민족문제연
      구』, 지식산업사, 1989.
      「미군정·이승만정권·4월혁명운동기의 지방자치제」, 『역사비평』 1991
      여름.
      「조봉암·진보당의 진보성과 정치적 기반」, 『역사비평』 1992 가을.
      「현대의 기점 문제」, 『국사관논총』 50, 1993.
      「민주당·민주당정부의 정치이념」, 『한국정치의 지배이데올로기와 대항
      이데올로기』, 역사비평사, 1994.
      「진보당연구」, 『국사관논총』 66, 1995.
      「한국전쟁 후 통일사상의 전개와 민족공동체의 모색」, 『분단 50년과 통일
      시대의 과제』, 역사비평사, 1995.
      「한국에서의 민족문제와 국가」, 『근대국민국가와 민족문제』, 지식산업사,
      1995.
      「이승만과 북진통일」, 『역사비평』, 1995 여름.
      「이승만정부 초기의 일민주의」, 『진단학보』 83, 1997.
      「현대사 사료의 문제」, 『국사관논총』 73, 1997.
      「분단체제론」, 『김용섭교수정년기념논총 1 — 한국사 인식과 역사이론』,
      지식산업사, 1997.

834

「제1공화국기 정치세력의 노선과 활동에 대한 연구」, 『한국사론』 27,
1997.

「민족통합을 위한 한국현대사교육」, 『민족통일논집』 13(경상대학교 통일
문제연구소), 1997.

「분단체제 타파에 몸던진 장준하」, 『역사비평』, 1997 가을.

「이승만정권 초기의 일민주의와 파시즘」, 『1950년대 남북한의 선택과 굴
절』, 역사비평사, 1998.

「한국통일론의 전개과정과 새로운 전망」, 『민족통일을 앞당기는 국학』,
집문당, 1998.

「제주4·3의 역사적 의미」, 『제주4·3연구』, 역사비평사, 1999.

「1950년대와 4월혁명기의 통일론」, 『통일시론』 1999 봄.

成仁基, 「중동의 분규와 소련의 음모」, 『세계의 초점-동구의거와 중동분쟁』,
공보실, 1956.

「암중모색하는 혁신세력」, 『신태양』 1956. 10.

孫鳳淑, 「한국자유당 12년사의 연구」 이화여대 정치외교학과 석사논문, 1967.

손영원, 「1950년대 반공이데올로기의 사회적 성격」, 『한국현대사를 어떻게 볼
것인가』, 열음사, 1987.

손호철, 「한국전쟁과 지배이데올로기 지형」, 『한국전쟁과 남북한 사회의 구조
적 변화』, 경남대학교 출판부, 1991.

「분단 후 한국사회에서의 '진보적' 투표형태에 관한 연구」, 『사회비평』
11, 1994.

宋建鎬, 「한국보수주의의 병리」, 『새벽』 1960. 9.

「혁신은 혁신되어야 한다」, 『새벽』 1960. 10.

「한국지식인론」, 『민족지성의 탐구』, 창작과비평사, 1975.

「민족지성의 반성과 비판」, 『민족지성의 탐구』, 창작과비평사, 1975.

「한국민족통일운동사론」, 『분단현실과 통일운동』, 민중사, 1984.

宋南憲·鄭泰榮, 「대담·고초로 점철된 혁신계 50년」, 『역사비평』 1995 봄.

宋邦鏞, 「무소속의 1년」, 『국회연감 1956』, 정치신문사, 1956.

宋元英, 「徐相日論」, 『인물계』, 1959. 7.

「李範奭論」, 『인물계』 1959. 9.

愼道晟, 「신당운동은 왜 실패했나?」 1~7, 『한국일보』, 1955. 4. 4.~4. 11.

「여당이냐 야당이냐」 1~7, 『한국일보』, 1956. 1. 22.~2. 1.

「민주당」, 『사상계』 1956. 2.

「수탈 없는 경제정책의 수립」, 『신세계』 1956. 7.

「계획경제에 대한 자유·민주 양당의 평을 駁함」(『신세계』 1956. 9), 『죽산 조봉암 전집』 4, 세명서관, 1999.

申範植, 「한국사회주의세력의 진로」, 『세계』 1960. 7.

신병식, 『한국의 토지개혁에 관한 정치경제적 연구』 서울대 정치학과 박사논문, 1992.

申相楚, 「진보당운동의 관념성격」, 『신세계』 1956. 6.

「혁신정당론」, 『사상계』 1957. 1.

「진보·민혁당론」, 『신세계』 1957. 1.

「사회주의운동 15년」 상, 『사상계』 1960. 8.

沈載澤, 「4월혁명의 전개과정」, 『4월혁명론』 1, 일월서각, 1983.

安逸, 「세도출몰 10년사」, 『인물계』 1958. 8.

安在鴻, 「신민족주의와 신민주주의」, 『민세안재홍선집』 2, 지식산업사, 1983.

「1주년 회고와 전망」, 『조선일보』, 1949, 8. 15.

「통일의 요청과 현실」(1949. 11. 26), 『민세안재홍전집』 2, 지식산업사, 1983.

안정애, 『주한미군사고문단에 관한 연구』 인하대 정치외교학과 박사논문, 1996.

梁默堂, 「기존 정당을 비판한다」, 『신태양』 1956. 10.

梁正心, 「제주4·3항쟁에 관한 연구」 성균관대 사학과 석사논문, 1995.

「주도세력을 통해서 본 제주4·3항쟁의 배경」, 『제주4·3연구』, 역사비평사, 1999.

梁漢模, 「남로당」, 『전환시대의 논리』, 조선일보사, 1982.

梁興模, 「이승만 박사와 군대」, 『신동아』 1965. 9.

嚴堯燮, 「한국사회 10년사」, 『사상계』 1955. 10.

延定悳, 「제2대 국회내 공화구락부-원내자유당의 활동에 관한 연구」 성균관대 사학과 석사논문, 1997.

오연호, 「조봉암 처형 전야의 미국공작원들」, 『말』 1993. 8.

「나는 왜 이 6·25전쟁 이야기를 쓰지 못했나」, 『말』 1998. 6.

오유석, 「진보당사건 분석을 통한 1950년대 사회운동 연구」, 『경제와 사회』 1990 여름.

『한국 사회균열과 정치사회구조 형성 연구』 이화여대 사회학과 박사논문, 1997.

「서울의 과잉도시화 과정 : 성격과 특징」, 『1950년대 남북한의 선택과 굴

836

     절』, 역사비평사, 1998.

吳制道, 「진보당 사건에 대한 나의 견해」, 『인물계』 1959. 4.

柳建浩, 「여순반란사건」, 『전환기의 내막』, 조선일보사, 1982.

劉官鍾, 「후퇴작전 비화」, 『신동아』 1970. 6.

柳根一, 「1950년 후반의 국가와 헤게모니 투쟁 : 진보당 이념에 대한 하나의 시각」 서울대 정치학과 석사논문, 1987.

柳根鎬, 「戰前 일본혁신세력의 역사적 전통」, 『현대 일본의 혁신세력』, 법문사, 1990.

劉秉默, 「사회대중당의 산업국유화정책」, 『사상계』 1960. 10.

柳秉震, 「재판관의 고민」, 『신태양』 1957. 7.

柳承範, 「협상선거법의 맹점」, 『신태양』 1958. 6.

유재일, 「한국전쟁과 반공이데올로기의 정착」, 『역사비평』 1992 봄.

     『한국정당체제의 형성과 변화』 고려대 정치외교학과 박사논문, 1997.

尹謹植, 「제1공화정 – 냉전체제하의 반공정권」, 『한국정치론』, 박영사, 1989.

尹吉重, 「진보당 조직의 의의와 그 주장」(『새벽』 1956. 3), 『죽산 조봉암 전집』 4. 세명서관, 1999.

     「진보당이 나가는 길」(『신세계』 1956. 3), 『죽산 조봉암 전집』 4, 세명서관, 1999.

     「계획성 있는 경제체제」(『중앙정치』 1957. 12), 『진보당』, 지양사, 1985.

     「협상선거법을 비판함」, 『인물계』 1958. 2.

尹錫五, 「경무대 四季」, 『남기고 싶은 이야기들』, 중앙일보·동양방송, 1977.

尹宗鉉, 「법무행정 짓밟는 특권계급」, 『신태양』 1957. 5.

원희복, 「역사에 요구하는 조봉암의 재평결」, 『인물계』 1989. 7.

李甲燮, 「미 대한정책의 공과」, 『사상계』 1965. 9.

李敬南, 「족청계의 영광과 몰락」, 『신동아』 1982. 8.

     「다큐멘타리 全學聯」, 『신동아』 1982. 10.

     「독불장군 김준연의 정치곡예」, 『정경문화』 1984. 9.

이광일, 「한국전쟁의 발발 및 군사적 전개과정」, 『한국전쟁의 이해』, 역사비평사, 1990.

李克燦, 「한국 근대 정치의식의 발전」, 『사상계』 1964. 1.

李起鵬, 「자유당의 반성과 할 일」, 『신태양』 1957. 8.

李大根, 「6·25의 사회경제사적 의미」, 『한국자본주의론』, 까치, 1984

     「해방 후 귀속사업체의 실태와 그 처리과정」, 『근대조선의 경제구조』, 비

봉출판사, 1989

李東華, 「한국혁신정당운동의 인맥과 활동 평가」, 『민족지성』 1987. 2.

李斗山(두산은 이동화의 호임), 「정권·혁명」(完), 『사상계』 1956. 10.

　　　「인민민주주의를 비판한다」, 『사상계』 1957. 7.

　　　「인민민주주의를 비판한다」(속), 『사상계』 1957. 8.

　　　「철학적 빈곤의 극복을 위하여」(속), 『사상계』 1957. 12.

李萬甲, 「사회불안의 전위 인텔리 실업자」, 『사상계』 1961. 2.

李蒙, 「安浩相論」, 『신태양』 1956. 10.

李邦錫, 「민족사회주의와 한국」, 『세계』 1960. 7.

　　　「민주사회주의」, 『사상계』 1962. 5.

　　　「진보세력 말살론」, 『청맥』 1965. 4.

李範宣, 「적 치하 90일」, 『전환기의 내막』, 조선일보사, 1982.

李炳勇, 「세칭 '진보당사건' 심판 해부」(『한국평론』 1958. 7), 『죽산 조봉암 전집』 5, 세명서관, 1999.

李丙允, 「정신의학자가 본 이승만 박사」, 『신동아』 1965. 9.

李炳洪, 「反民者의 심정」, 『신천지』 1949. 4.

李北滿, 「조선의 민주화와 일제잔재 숙청문제」, 『새한민보』 1~5, 1947. 8. 중순.

이삼성, 「한국전쟁이 냉전과 한미관계에 미친 영향」, 『한국전쟁과 남북한 사회의 구조적 변화』, 경남대출판부, 1991.

李相斗, 「제3정치세력의 歷程」, 『사상계』 1968. 8.

　　　「해방 40년 혁신계정당의 부침」, 『신동아』 1985. 9.

李相鎭, 「노총의 과업과 노동운동의 진로」, 『노동』 5 - 1, 1957. 1.

李信澈, 「조국통일민주주의전선연구」 성균관대 사학과 석사논문, 1995.

李榮根, 「진보당 조직에 이르기까지」(일본 『통일조선신문』 제426~428호, 1969, 7. 26~28), 鄭太榮, 『조봉암과 진보당』, 한길사, 1991.

이완범, 「한반도 신탁통치문제 1943~1946」, 『해방전후사의 인식』 3, 한길사, 1987.

李用熙, 「정치명분으로서의 근대화」, 『신동아』 1965. 8.

李元式, 「5·15선거 餘話」, 『한국일보』 1956. 5. 30.

이임하, 「1950년 제2대 국회의원선거에 관한 연구」 성균관대 사학과 석사논문, 1994.

　　　「이승만정권의 농촌단체 재편성」, 『식민지 경제구조와 사회주의운동』, 풀빛, 1998.

838

이장희, 「노근리사건 소멸시효 적용 안돼」, 『한국일보』 1999. 10. 4.
李廷植, 「혁신정당은 가능한가」, 『靑脈』 1964. 9.
李鍾極, 「자유당」, 『사상계』 1956. 2.
    「공무원의 사명과 본질」, 『신세계』 1956. 2.
    「이성의 빈곤」, 『사상계』 1957. 2.
    「헌정 10년의 위헌사」, 『사상계』 1958. 7.
李鍾燻, 「한국자본주의 형성의 특수성」, 『한국경제의 전개과정』, 돌베개, 1981.
李珍京, 「조선민족청년단 연구」 성균관대 사학과 석사논문, 1994.
이진모, 「나치의 유태인 대학살과 '평범한' 독일인들의 역할」, 『역사비평』 1998
    봄.
李昌烈, 「실업문제」, 『사상계』 1958. 9.
    「한국실업의 특수 원인」, 『사상계』 1961. 2.
이철국, 「4·19시기의 교원노동조합운동」, 『역사비평』 1988 봄.
이태섭, 「6·25와 이승만의 민중통제체제의 실상」, 『역사비평』 1989 여름.
李泰榮, 「이승만 박사와 언론」, 『신동아』 1969. 4.
李漢鎔, 「민주당론」, 『신세계』 1957. 1.
李亨根, 「개전 초기의 육본 군수뇌진」, 『신동아』 1970. 6.
李昊宰, 「전후 한미관계의 재조명」, 『현대사를 어떻게 볼 것인가』, 동아일보사,
    1987.
李孝敏, 「농지개혁을 싸고도는 국회 내 각파의 동향」, 『신천지』 1949. 4.
임대식, 「친일·친미경찰의 형성과 분단 활동」, 『분단 50년과 통일시대의 과
    제』, 역사비평사, 1995.
    「반민법과 4·19, 5·16이후 특별법 왜 좌절되었나」, 『역사비평』 1996 봄.
    「1950년대 미국의 교육원조와 친미 엘리트의 형성」, 『1950년대 남북한의
    선택과 굴절』, 역사비평사, 1998.
    「제주4·3항쟁과 우익청년단」, 『제주4·3연구』, 역사비평사, 1999.
임두홍, 「대나오름의 기억」, 『제주민중항쟁』 1, 소나무, 1988.
任松子, 「미군정기 대한독립촉성노동총연맹에 관한 연구」 성균관대 사학과 석
    사논문.
林鍾明, 「조선민족청년단 연구」 고려대 사학과 석사논문, 1995.
任重彬, 「난세의 정치인 張澤相」, 『신동아』 1983. 4.
임헌영, 「전후 문학에 나타난 한국전쟁 인식의 변모」, 『한국전쟁연구』, 태암,
    1990.

任洪彬, 「죽산 조봉암의 죽음」, 『신동아』 1965. 8.
　　　　「죽산 조봉암의 죽음과 사법권」, 『신동아』 1965. 12.
　　　　「죽산 조봉암은 왜 죽어야 했나」, 『신동아』 1983. 8.
장미승, 「북한의 남한점령정책」, 『한국전쟁의 이해』, 역사비평사, 1990.
장상환, 「농지개혁과정에 관한 실증적 연구」, 『해방전후사의 인식』 2, 한길
　　　　사, 1985.
　　　　『한국의 농지문제와 농지정책에 관한 연구』 연세대 경제학과 박사논문,
　　　　1995.
張世胤, 『재만 조선혁명당의 민족해방운동연구』 성균관대 사학과 박사논문,
　　　　1997.
張俊河, 「브니엘」, 『'사상계'지 수난사』, 사상, 1988.
　　　　「민족통일전략의 현단계」, 『민족주의자의 길』, 사상, 1988.
　　　　「민족주의자의 길」, 『민족주의자의 길』, 사상, 1988.
張昌國, 「피로 물든 제주도」, 『제주민중항쟁』 1, 소나무, 1988
張澤相, 「신당운동과 나의 白書」 1~4, 『한국일보』 1955. 4. 26.~4. 29.
장하진, 『1950년대 한국사회 구조에 관한 계급론적 연구』 이화여대 사회학과
　　　　박사논문, 1985.
　　　　「이승만정권기 매판지배집단의 구성과 성격」, 『역사비평』 1989 가을.
전광희, 「한국전쟁과 남북한 인구의 변화」, 『한국전쟁과 한국사회변동』, 풀빛,
　　　　1992.
전상인, 「한국전쟁과 정계구도의 변화」, 『한국전쟁과 한국사회변동』, 풀빛,
　　　　1992.
정계정, 「'4월혁명기' 학생운동의 배경과 전개」 성균관대 사학과 석사논문,
　　　　1996.
정근식, 「한국전쟁과 지방사회의 갈등」, 『한국전쟁과 한국사회변동』, 풀빛,
　　　　1992.
정기열, 「대학인의 삶을 찾아서」, 『민족이여 통일이여』 풀빛, 1987.
정영태, 「일제말 미군정기 반공이데올로기의 형성」, 『역사비평』 1992 봄.
鄭允炯, 「경제성장과 독점자본」, 「한국경제의 전개과정』, 돌베개, 1981.
鄭一溶, 「원조경제의 전개」, 『한국자본주의론』, 까치, 1984.
鄭泰榮, 『사회민주주의정당연구, 1945~1961』 건국대 정치학과 박사논문, 1995.
정해구, 『남북한 분단정권 수립과정연구』 고려대 정치외교학과 박사논문, 1995.
　　　　「휴전회담 교착과 미국의 전략」, 『역사비평』 1989 여름.

鄭憲柱, 「민주당정부는 과연 무능했는가」, 『신동아』 1985. 4.

趙德松, 「流血의 제주도」, 『제주민중항쟁』 3, 소나무, 1989.

趙炳玉, 「내가 본 내외정국」 7, 『한국일보』 1955. 6. 1.

　　　「남북통일의 가능한 길」, 『신태양』 1957. 4.

　　　「신민주주의를 제창함」, 『민주주의와 나』, 영신문화사, 1959.

　　　「민주당의 지향하는 길」, 『민주주의와 나』, 영신문화사, 1959.

　　　「민주주의 수호를 위하여」, 『민주주의와 나』, 영신문화사, 1959.

　　　「이대통령께 드리는 공개장」, 『민주주의와 나』, 영신문화사, 1959.

曹奉岩, 「존경하는 朴憲永 동무에게」(권대복 편, 『진보당』, 지양사, 1985 ; 鄭太
　　　榮, 『조봉암과 진보당』, 한길사, 1991에 수록되었는데 전자를 사용하였
　　　음)

　　　「노동문제의 이념과 정책」, 『大湖』, 1948. 8.

　　　「광복절 기념사」(1953. 8. 15), 『죽산 조봉암 전집』 1, 세명서관, 1999.

　　　「나의 政治白書」(鄭太榮, 『조봉암과 진보당』, 한길사, 1991 ; 권대복 편,
　　　『진보당』, 지양사, 1985에 수록되었는데 전자를 사용하였음)

　　　「민생문제는 올바로 해결되고 있는가」, 『지방행정』 1954. 2.

　　　「평화통일의 구체적 방안」(『신태양』 1957. 4), 『진보당』, 지양사, 1985.

　　　「평화통일에의 길」(『중앙정치』 1957. 10), 『진보당』, 지양사, 1985,

　　　「내가 본 내외정국」 1~26, 『한국일보』, 1955. 6. 16~7. 11.

　　　「내가 본 내외정국」, 『조봉암과 진보당』, 한길사, 1991.

　　　「신당은 어떻게 될 것인가」, 『의정공론』 1955. 7.

　　　「민의와 민주주의」(『신세계』 1956. 4), 『죽산 조봉암 전집』 1, 세명서관,
　　　1999.

　　　「투표에 이기고 개표에 지고」, 『내가 걸어온 길 내가 걸어갈 길』(『신태양』
　　　별책), 신태양사, 1957.

　　　「내가 걸어온 길」(『희망』 1957. 2·3·5), 『조봉암과 진보당』, 한길사,
　　　1991.

　　　「군정법령 제55호 비판」, 『사상계』 1957. 8.

조성구, 「현장취재 : 경남·전라지역의 보도연맹원·양민학살」, 『역사비평』
　　　1990 여름.

趙世衡, 「4·19 5·16과 보수세력의 제패」, 『청맥』 1965. 4.

조용중, 「조봉암 복권 신청」, 『월간조선』 1985. 2.

趙寅九, 「진보당사건 판결이 주는 영향」, 『한국평론』 1958. 9.

朱碩均, 「방향론」, 『사상계』 1953. 12.
朱燮日, 「프랑스의 나치협력자 대숙청」, 『역사비평』 1995 봄.
朱耀翰, 「진보당사건의 정치적인 의의」, 『인물계』 1958. 9.
지수걸, 「조선 정치사상범 탄압을 문제삼아야 할 이유」, 『역사비평』 1998 겨
　　　울.
최강문, 「학살 배후에 경찰이 있었다－한국전쟁 당시 양민학살 자행한 강화
　　　특공대원의 고백」, 『말』 1999. 7.
최강선, 「6·25양민학살 이제는 밝혀야 한다」, 『한겨레신문』 1994. 1. 8.
최봉대, 『미군정의 농민정책에 관한 연구』 서울대 사회학과 박사논문, 1994.
　　　「농지개혁 이후 농촌사회의 정치적 지배집단의 형성」, 『1950년대 남북한
　　　의 선택과 굴절』, 역사비평사, 1998.
崔章集·정해구, 「해방8년사의 총체적 인식」, 『해방전후사의 인식』 4, 한길사,
　　　1989.
崔章集, 「한국전쟁에 대한 하나의 이해」, 『한국전쟁연구』, 태암, 1990.
崔朱喆, 「진보당운동 비판」, 『사상계』 1956. 10.
崔虎鎭, 「민국경제 10년사」, 『인물계』 1958. 8.
崔勳, 「곰사냥작전의 전말」 상·하, 『신동아』 1972. 5·6.
卓熙俊, 「건전한 노동조합운동」, 『사상계』 1960. 6.
　　　「노동조합과 정치·정당」, 『사상계』 1960. 9.
太倫基, 「인신구속에 이상이 있다」, 『사상계』 1958. 2.
하유식, 「이승만정권 초기 대한청년단의 조직과 활동」 부산대 사학과 석사논문,
　　　1996.
한강하, 「아아, 민족자주와 통일의 그 날이여!」, 『민족이여 통일이여』, 풀빛,
　　　1987.
韓培浩, 「권위주의적 정책 결정」, 『신동아』 1962. 12.
한상구, 「1948~1950년 평화적 통일론의 구조」, 『분단 50년과 통일시대의 과
　　　제』, 역사비평사, 1995.
韓英鳩, 「일본혁신정당(일본사회당 및 일본공산당)의 대외관계와 대한반도 정
　　　책」, 『현대 일본의 혁신세력』, 법문사, 1990.
한지희, 「국민보도연맹의 결성과 성격」, 숙명여대 사학과 석사논문, 1995.
　　　「국민보도연맹의 조직과 학살」, 『역사비평』 1996 겨울.
韓徹永, 「제3세력 조봉암」, 『한국의 인물』, 문화춘추사, 1952.
韓泰淵, 「한국의 지식계급」, 『사상계』 1959. 5.

「정치사를 어떻게 적을 것인가」, 『사상계』 1959. 6.

「보수세력의 系譜」, 『사상계』 1960. 8.

咸尙勳, 「평화통일을 주장하는 제3세력」, 『신태양』 1957. 4.

咸錫憲, 「생각하는 백성이라야 산다」, 『사상계』 1958. 8.

「38선 넘나들어」, 『사상계』 1959. 11.

현기영, 「내 소설의 모태는 4·3항쟁」, 『역사비평』 1993 봄.

洪思重, 「국민방위군사건」, 『전환기의 내막』, 조선일보사, 1982.

洪錫律, 「이승만정권의 북진통일론과 냉전외교정책」, 『한국사연구』 85, 1994.

「한국전쟁 직후 미국의 이승만 제거계획」, 『역사비평』 1994 가을.

『1953~61년 통일논리의 전개와 성격』 서울대 국사학과 박사논문, 1997.

황남준, 「전남지방정치와 여순사건」, 『해방전후사의 인식』 3, 한길사, 1987.

黃炳晙, 「집단적 사회현상으로서의 失業群」, 『사상계』 1961. 2.

황상익, 「의학사적 측면에서 본 '4·3'」, 『제주4·3연구』, 역사비평사 1999.

황인원, 「1950년대 한국정치와 진보당」, 서강대 정치외교학과 석사논문, 1990.

정태영 증언, 「조봉암 사형, 미국은 왜 침묵을 지켰나」, (대담 오유석), 『역사비평』 1990 겨울.

後廣學人, 「건국 10주년의 人物群像」, 『인물계』 1958. 8.

「이승만 제거 비상계획」, 『정경문화』 1984. 7.

「진보당」, 『중앙일보』 1982. 8. 23.~1983. 1. 13.

편집부 역, 「제20차 소련공산당대회 총평」, 『사상계』 상·중·하, 1956. 11.~1957. 1.

「좌담회 : 1956년도 국내외 정세를 논한다」, 『신세계』 1956. 2.

「지상좌담회 : 한국전쟁은 재발할 것인가」, 『진상』 1957. 6.

「3대 정당 합석 좌담회 : 우리 당의 통일안은 이렇다」(『중앙정치』 1957. 10), 『진보당』, 지양사, 1985)

「기자좌담 : 3대 국회의 질과 인간과 공죄」, 「신태양」 1958. 1.

「지상인터뷰 : 정치종횡담」, 『사상계』 1958. 2.

「좌담 : 4정당의 선거 연두대결」(『현대』 1958. 3), 『죽산 조봉암 전집』 4, 세명서관, 1999.

「좌담 : 한국의 숙제」, 『신태양』 1958. 12.

「좌담 : 보수나 혁신이냐」, 『새벽』 1960. 7.

「토론 : 민주사회주의를 말한다」, 『세계』 1960. 7.

「좌담회 : 카오스의 미래를 향하여」, 『사상계』 1960. 7.

「좌담 : 대한노총 결성 전후」 8, 『노동공론』 1972. 7.

「좌담 : '좌경'에의 도전」, 『민족이여 통일이여』, 풀빛, 1987.

「사료 : 1950년대의 정치적 중요사건」, 『1950년대의 인식』, 한길사, 1981.

「당을 움직이는 인물들」(진보당 편), 『인물계』 1958. 2.

櫻井浩, 「한국농지개혁의 재검토」, 『한국현대사의 재조명』, 돌베개, 1982.

란보조우(藍博洲), 「대만−2·28에서 50년대로 이어지는 백색테러」, 『역사비평』 1998 봄.

나세르, 「에집트혁명론」, 『사상계』 1956. 1.

메릴, 「제주도반란」, 『제주민중항쟁』 1, 소나무, 1988(김동춘 엮음, 『한국현대사연구』 I, 이성과현실사, 1988에도 수록되었음)

「무초 대사가 털어놓은 건국비화」, 『정경문화』 1986. 4..

번스타인, 「휴전에 대한 논쟁 : 포로의 본국송환」, 『한국전쟁과 한미관계』, 박의경 역, 청사, 1987.

스튜엑크, 「압록강까지의 진군 : 워싱톤의 시각」, 『한국전쟁과 한미관계』, 박의경 역, 청사, 1987.

아이젠하워, 「자유세계의 승리를 위하여」, 『사상계』 1956. 8.

워든, 「묵과할 수 없는 한국사태」, 『신태양』 1958. 2.

커밍스, 「한미관계의 경과, 1943~1953」, 『한국전쟁과 한미관계』, 박의경 역, 청사, 1987.

코취, 「미국의 대한 안보공약의 기원」, 『한국전쟁과 한미관계』, 박의경 역, 청사, 1987.

톨리아티, 「코포라티즘과 파시즘」, 『자본주의 위기와 파시즘』, 김세균 편역, 동녘, 1987.

찾아보기

【ㅂ】

【ㅊ】

【ㅋ】

【ㅌ】

▨ 저자 : 서중석 (徐仲錫)

1948. 8. 충남 논산군 연무읍 출생
1967. 3~1984. 8 서울대 문리대 사학과에 입학하여 인문대 국사학과 졸업
1984. 9~1987. 8 연세대 사학과 대학원(석사)
1988. 3~1990. 8 서울대 국사학과 대학원(박사)
1979. 2~1988. 9 동아일보사 신동아부 기자, 역사문제연구소 부소장 및
                『역사비평』 편집주간(1987~)
현재 성균관대 사학과 교수(1991. 3~)
저서 :『80년대 민중의 삶과 투쟁』(1988), 『한국근현대 민족문제연구』(1989),
      『한국현대민족운동연구―해방후 민족국가건설운동과 통일전선』(1991),
      『한국현대민족운동연구 2―1948~1950 민주주의·민족주의 그리고
      반공주의』(1996), 『시민을 위한 한국역사』(공저, 1997) 등

조봉암과 1950년대 (하)

▨
펴낸날(1쇄) 1999년 12월 15일
        (개정) 2000년 3월 15일
▨
지은이 서중석
펴낸이 장두환
펴낸곳 역사비평사
▨
등록번호 제1 - 669호 (1988. 2. 22)
서울시 종로구 계동 140 - 44
전화 02) 741 - 6123, 6124(영업) / 741 - 6125(편집)
팩시밀리 02) 741 - 6126
E-mail yukbi@nownuri.net
▨
값 14,000원
* 잘못된 책은 구입하신 서점에서 바꾸어 드립니다.

 ISBN 89 - 7696 - 117 - X
 ISBN 89 - 7696 - 115 - 3 (전 2권)